本丛书为
北京外国语大学中国文化"走出去"协同创新中心重点项目

中国文化『走出去』研究丛书

总主编 张西平

中国哲学社会科学『走出去』研究

张妮妮 主编

The Research on the "Going-Global" Strategy of Chinese Philosophy and Social Sciences

北京大学出版社
PEKING UNIVERSITY PRESS

图书在版编目（CIP）数据

中国哲学社会科学"走出去"研究 / 张妮妮主编 .—北京：北京大学出版社，2016.6
ISBN 978-7-301-27207-7

Ⅰ.①中… Ⅱ.①张… Ⅲ.①哲学社会科学 – 研究 – 中国　Ⅳ.① C12

中国版本图书馆 CIP 数据核字 (2016) 第 126797 号

书　　名	中国哲学社会科学"走出去"研究 ZHONGGUO ZHEXUE SHEHUIKEXUE "ZOUCHUQU" YANJIU
著作责任者	张妮妮　主编
责任编辑	兰　婷
标准书号	ISBN 978-7-301-27207-7
出版发行	北京大学出版社
地　　址	北京市海淀区成府路 205 号　100871
网　　址	http://www.pup.cn　新浪微博：@ 北京大学出版社
电子信箱	zpup@pup.cn
电　　话	邮购部 62752015　发行部 62750672　编辑部 62754382
印刷者	北京大学印刷厂
经销者	新华书店
	730 毫米 ×1020 毫米　16 开本　29.75 印张　460 千字 2016 年 6 月第 1 版　2016 年 6 月第 1 次印刷
定　　价	82.00 元

未经许可，不得以任何方式复制或抄袭本书之部分或全部内容。
版权所有，侵权必究
举报电话：010-62752024　电子信箱：fd@pup.pku.edu.cn
图书如有印装质量问题，请与出版部联系，电话：010-62756370

中国文化"走出去"研究丛书
编辑委员会

主　任：韩　震　彭　龙
副主任：孙有中　张朝意

总主编：张西平
副总主编：何明星　管永前　郭景红
编辑委员会成员：（以姓氏笔画为序）
　　　　　　　　　叶　飞　朱新梅　刘　琛　吴应辉
　　　　　　　　　何明星　张西平　张妮妮　张晓慧
　　　　　　　　　宫玉选　姚建彬　钱　伟　郭奇军

总 序

提高中国文化国际影响力的新尝试

2013年11月12日,党的十八届三中全会通过的《中共中央关于全面深化改革若干重大问题的决定》,首次明确提出"加强中国特色新型智库建设,建立健全决策咨询制度"。2014年10月27日,习近平总书记在中央全面深化改革领导小组第六次会议中强调,要重点建设一批具有较大影响和国际知名度的高端智库。2014年2月10日教育部印发《中国特色新型高校智库建设推进计划》,2015年1月20日,中共中央办公厅和国务院办公厅联合印发了《关于加强中国特色新型智库建设的意见》,这标志着我国由政府统筹的高校智库建设正式启动。

《关于加强中国特色新型智库建设的意见》中对高校智库提出专门的要求,文件指出:"推动高校智库发展完善。发挥高校学科齐全、人才密集和对外交流广泛的优势,深入实施中国特色新型高校智库建设推进计划,推动高校智力服务能力整体提升。深化高校智库管理体制改革,创新组织形式,整合优质资源,着力打造一批党和政府信得过、用得上的新型智库,建设一批社会科学专题数据库和实验室、软科学研究基地。实施高校哲学社会科学'走出去'计划,重点建设一批全球和区域问题研究基地、海外中国学术研究中心。"教育部在《中国特色新型高校智库建设推进计划》文件中就高校智库要"聚焦国家急需,确定主攻方向",将"文化建设"列为主攻方向之一,文件指出"围绕提升国家软实力、深化文化体制改革等重大问题,重点推进社会主义核心价值体系建设、中华优秀传统文化传承创新、文化产业发展、中国文化'走出去'等重点领域研究"。

中国文化"走出去"是一个伟大的事业,"提高中国文化国际影响力"是几代人共同的奋斗目标,因为这样一个目标是和整个世界格局的转变联系在一起的。我们必须认识到中国文化"走出去"绝非一路凯歌,中国文化将随着中国国家整体实力的崛起,重新回到世界文化的中心,在整个过程中伴随着与西方文化占主导地位的世界文化格局的博弈,这个历史过程必将充满变数,一切都是崭新的。因此,中国文化"走出去"的战略研究需要有我们对中国文化自我表达的创新研究为基础,有对中国文化在世界各民族的传播轨迹与路径、各国汉学(中国学)发展与历史变迁、世界各国的中国形象形成的机制等问题的系统深入的学术研究做支撑,才能真正揭示文明互鉴中的中国文化的世界性意义,做出有学术含量和有实际指导意义的战略研究。

一、文化自觉是中国文化"走出去"的前提

中华文明是人类历史上最古老的文明之一,是唯一流传至今,仍生机勃勃的文明。中华文化不仅始终保持着独立的、一以贯之的发展系统,而且长期以来以其高度的发展影响着周边的文化。从秦至清大约两千年间,中国始终是亚洲历史舞台上的主角,中华文明强烈地影响着东亚国家。在19世纪以前,以中国文化为中心,形成了包括中国在内的日本、朝鲜、越南的中华文化圈。由此,成为与西方的基督教文化圈、东正教文化圈、伊斯兰教文化圈和印度文化圈共存的世界五大文化圈之一。

近代以来中国文化历经磨难,即便此时,中国知识分子对其的祈盼从未停顿。"纵有千古,横有八荒。前途似海,来日方长。美哉我少年中国,与天不老,壮哉我中国少年,与国无疆。"[①]梁启超这激越的文字给处在转折中的中国人多少理想。

---

① 梁启超:《少年中国说》。

19世纪以来,中国已经不可能在自己固有的文化发展的逻辑中演化前进。作为后发现代化的中国,在西方外来势力的干扰下,打断了它自身发展的逻辑,而中华文化其固有的深厚底蕴,中国人民顽强的奋进和努力的探索,也不可能使外来文化毫不改变地移植到中国。"中国近现代新文化既非单纯的西学东渐,也非中华传统文化全方位的直接延续,而是西学与中国传统文化相杂交、相化合的产物。"①

当代中国的发展有着自己的逻辑,它所取得的伟大成就并非空中楼阁,中华文化是其伟大成就的思想支撑。中国的古代、近代和现代文化并不是一个断裂的文化,中国古代文化并未死亡,它以新的形态存活在当代文化中,从近代以来中国传统文化所面临的主要问题是如何消化西方文化的问题,完成自己的社会转变。中国有着自己的文化和历史,它不需要,也不可能完全按照西方的道路实现自己的现代化,而是要学习西方乃至世界各种先进和优秀的文化为我所用,在自己文化的基础上创造新的文化。近四百年的中国文化的演变大体是沿着这样的逻辑发展的。中国文化并不是一个博物馆的文化,一个只是发古人之幽思的死去的文化,它活着,它是发展的。中国文化从晚明以来的四百年历史有着一个一以贯之的逻辑和思想:学习西方、走自己的路,这样的自觉性使得中国文化获得新生。三千年、一百年、六十年,环环相扣,代代相传,万变不离其宗,中国文化,历经磨难,凤凰涅槃。

国家的独立、民族的自觉是中国文化百年变更的一个最重要成果,中华民族在1949年获得国家的独立和民族文化的再生有着中国历史和文化的内在逻辑。美国著名中国学家费正清告诫西方人"要了解中国,不能仅仅靠移植西方的名词,它是一个不同的生命。它的政治只能从其内部进行演变性的了解"。他又说:"中国的国家和社会的当代的形式,是一个基本上独立的进化过程的最终产品,它可以与希腊—罗马的犹太—基督教的西方相比,但绝不是一样的。"②文化民族主义、在西方帝国主义压迫下的国家独立与民族存亡的思想、

---

① 冯天瑜、何晓明、周积明:《中华文化史》第2卷,上海:上海人民出版社,2005年,第924页。
② [美]R.麦克法夸尔、[美]费正清:《革命的中国兴起》,北京:中国社会科学出版社,1990年,第14、15页。

中国几千年的传统文化，所有这些构成了中国当代历史发展的逻辑基础。历史中国和当代中国是融合在一起的一个完整的中国。

今天发展的中国以更大的包容性吸收着各种外来文化，在这个"三千年未有之变局"的伟大历史转折中，中国的传统文化作为它的底色，为现代文化的创新提供了智慧和思想，近现代文化的变迁和发展成为我们今天创造新文化的出发点。正像经过六百年的消化和吸收，中国彻底完成了对佛教的吸收一样。四百年来对西方文化的吸收与改造为今天中华文化的重建打下了坚实的基础，中国以其特有的古代文化的资源和现代文化再生的历程可以给当代世界展示其文化的独特魅力，可以为今天的世界提供一种古代与现代融为一体的智慧与思想。中国传统文化经过近代和当代的洗礼，以新的形态存活在中国人的心中，经过近现代西方文化洗礼后的中华文化仍是我们中国人的精神家园。

在探索中行进的中国人并未迷路，在困顿中创新的中国人并未停顿探索。分歧和争论时时发生，矛盾与苦恼处处缠绕着我们，但我们知道这是一个更为成熟的新的文化形态形成的标志；思想从未像今天这样活跃，社会生活从未像今天这样复杂多面，历史的转型从未像今天这样急速，但我们知道，我们在开创着历史，这一切都是崭新的。在向世界学习的过程中，我们的文化观念开始开阔，在消化外来文化之时，我们开始自觉。在发展中我们获得新生，在伟大的历史成就面前我们有理由为我们的文化感到自豪。中国近三十年所取得的伟大成就完全可以和人类史上任何一段最辉煌的历史相比，我们有理由将自己积淀在三千年文化基础上，历经百年磨难后在这个伟大的时代所迸发出来的思想和智慧介绍给世界，与各国人民分享中国的智慧。

二、全球视野是中国文化"走出去"的学术基础

梁启超当年在谈到中国历史的研究时曾说过，根据中国的历史的发展，研究中国的历史可以划分为："中国之中国""亚洲之中国"以及"世界之中国"三个阶段。所谓"中国之中国"的研究阶段是指中国

的先秦史,自黄帝时代直至秦统一。这是"中国民族自发达自竞争自团结之时代。"所谓"亚洲之中国"的研究阶段,是为中世史,时间是从秦统一后至清代乾隆末年。这是中华民族与亚洲各民族相互交流并不断融合的时代。所谓"世界之中国"的研究阶段是为近世史。自乾隆末年至当时,这是中华民族与亚洲各民族开始同西方民族交流并产生激烈竞争之时代。由此开始,中国成为世界的一部分。

梁公这样的历时性划分虽然有一定的道理,但实际上中国和世界的关系是一直存在的,尽管中国的地缘有一定的封闭性,但中国文化从一开始就不是一个封闭的文化。中国和世界的关系,并不是从乾隆年间才开始。中国文化在东亚的传播,如果从汉籍传入为起点已经有一千多年①,中国和欧洲的关系也可追溯到久远年代,在汉书中已经有了"大秦国"的记载②,而早在希腊拉丁作家的著作中也开始有了中国的记载,虽然在地理和名称上都尚不准确③。我将西方对中国的认识划分为"游记汉学阶段""传教士汉学阶段"和"专业汉学阶段"三个阶段,虽然这样的划分有待细化,但大体说明欧洲人对中国认识的历史进程。这说明中国文化从来就不是一个完全封闭性的文化,它是在与外部世界文化的交流和会通中发展起来的。因此,在世界范围展开中国文化的研究,这是中国文化的历史本质所要求的。唯有此,才能真正揭示中国文化的世界性意义。

中国文化要"走出去",必须具有全球视野,这就要求我们要探索中国文化对世界各国的传播与影响,对在世界范围内展开的中国文化研究给予学术的关照。在中外文化交流史的背景下追踪中国文化典籍外传的历史与轨迹,梳理中国文化典籍外译的历史、人物和各种译本,研究各国汉学(中国学)发展与变迁的历史,并通过对各国重要的汉学家、汉学名著的翻译和研究,勾勒出世界主要国家汉学(中国学)的发展史。

---

① 参阅严绍璗:《日本中国学史》,南昌:江西人民出版社,1999年。
② 参阅[德]夏德:《大秦国全录》,朱杰勤译,郑州:大象出版社,2009年;[美]费雷德里克·J.梯加特:《罗马与中国》,丘进译,郑州:大象出版社,2009年;[英]H.裕尔:《东域纪程录丛》,张绪山译,昆明:云南人民出版社,2002年。
③ [法]戈岱司:《希腊拉丁作家远东古文献辑录》,耿昇译,北京:中华书局,1987年。

严绍璗先生在谈到近三十年来的海外汉学（中国学）研究的意义时说："对中国学术界来说，国际中国学（汉学）正在成为一门引人注目的学术。它意味着我国学术界对中国文化所具有的世界历史性意义的认识愈来愈深入；也意味着我国学术界愈来愈多的人士开始认识到，中国文化作为世界人类的共同精神财富，对它的研究，事实上具有世界性。或许可以说，这是 20 年来我国人文科学的学术观念的最重要的转变与最重大的提升的标志。"①

我们必须看到中国文化学术的研究已经是一项国际性的学术事业，我们应该在世界范围内展开对中国人文学术的研究，诸如文学、历史、哲学、艺术、宗教、考古，等等，严先生所说的"我国人文科学的学术观念的最重要的转变与最重大的提升"，就是说对中国人文的研究已经不仅仅局限在中国本土，而应在世界范围内展开。

当年梁启超这样立论他的中国历史研究时就有两个目的：其一，对西方主导的世界史不满意，因为在西方主导的世界史中中国对人类史的贡献是看不到的。1901 年，他在《中国史叙论》中说："今世之著世界史者，必以泰西各国为中心点，虽日本、俄罗斯之史家（凡著世界史者，日本、俄罗斯皆摈不录）亦无异议焉。盖以过去、现在之间，能推衍文明之力以左右世界者，实惟泰西民族，而他族莫能与争也。"这里他对"西方中心论"的不满已经十分清楚。其二，从世界史的角度重新看待中国文化的地位和贡献。他指出中国史主要应"说明中国民族所产文化，以何为基本，其与世界他部分文化相互之影响何如"，"说明中国民族在人类全体上之位置及其特性，与其将来对人类所应负之责任"。② 虽然当时中国弱积弱贫，但他认为："中国文明力未必不可以左右世界，即中国史在世界史中当占一强有力之位置也。"③

只有对在世界范围内展开的中国文化研究给予关照，打通中外，从世界的观点来看中国才能揭示中国文化的共同价值和意义。

---

① 任继愈主编：《国际汉学》第 5 期，郑州：大象出版社，2000 年，第 6 页。
② 梁启超：《中国历史研究法》，《饮冰室合集》专集之七十三，第 7 页。
③ 梁启超：《中国史叙论》，《饮冰室合集》文集之六，第 2 页。

三、中国文化学术"走出去"的宏观思考

发展的中国需要在世界范围内重塑自己的国际形象,作为世界大国的中国需要在世界话语体系中有自己的声音,作为唯一延续下来的世界文明古国的中国应向世界展示中华文明特有的魅力,而要做到这一点,进一步推动中国文化走向世界,在世界范围内从更高的学术层面介绍中国文化已经成为中国和平发展之急需。

中国现在已经成为世界性大国,中国不仅在全球有着自己的政治利益和经济利益,同时也有着自己的文化利益。一个大国的崛起不仅仅是经济和政治的崛起,同时也是文化和价值观念的崛起。因此,我们不仅需要从全球的角度谋划我们的经济和政治的发展,同时也需要对中国学术和文化在全球的发展有战略性的规划,从而为中国的国家利益提供学术、文化与价值的支撑。

语言是基础,文化是外围,学术是核心,这是世界主要国家向外部传播自己的文化和观念的基本经验。我们应认真吸取这些经验,在继续做好孔子学院和中国文化中心建设的同时,开始设计中国人文社会科学"走出去"的战略计划,并将中国人文社会科学"走出去"的规划置于国家软实力"走出去"整体战略的核心,给予充分的重视和支持。我们应清醒地认识到:真正能够最终为国家的战略发展服务,使中国影响世界,确保中国发展的和平世界环境,并逐步开始使中国掌握学术和思想的话语权的是中国人文社会科学的研究在世界范围内产生影响。所以,要有更大的眼光,更深刻的认识来全面规划中国人文社会科学的"走出去"战略,提升中国软实力"走出去"的层次和水平,从而使中国的"走出去"战略有分工,有合作,有层次,有计划,形成整个中国软实力"走出去"的整体力量,为中国的进一步发展服务。

在传播自己文化和学术时最忌讳的是将国内政治运作的方式搬到国外。中国人文社会科学学术"走出去"的大忌是:不做调查研究,不从实际出发,在布局和展开这项工作中不是从国外的实际形势出发,完全依靠个人经验和意志来进行决策。在工作内容上,只求国内

舆论的热闹，完全不按照学术和文化本身的特点运作，这样必然最终会使中国学术"走出去"计划失败。不大张旗鼓，不轰轰烈烈，"随风潜入夜，润物细无声"，这是它的基本工作方式。在工作的布局和节奏上要掌握好，要有全局性的考虑，全国一盘棋，将学术"走出去"和国家的大战略紧密配合，连成一体。

在全球化的今天，在中国已经成为世界大国的今天，我们应反思我们过去外宣存在的问题，以适应新的形势和新的发展。要根据新的形势，重新思考中国学术"走出去"的思路。以下两个思路是要特别注意避免的。

意识形态的宣传方式。冷战已经结束，冷战时的一些语言和宣传的方法要改变，现在是你中有我，我中有你。从全球化的角度讲中国的贡献；从世界近代史的角度讲中国现代历史的合理性；在金融危机情况下，介绍中国道路和中国模式。这样要比单纯讲中国的成就更为合理。冷战结束，并不意味着西方对中国文化的态度转变。但目前在西方对中国的态度中既有国家的立场，也有意识形态的立场。如何分清西方的这两种立场，有效地宣传中国是很重要的。要解决这个问题就必须站在全球化的背景下考虑国家的利益，站在世界的角度为中国辩护。

西方中心主义的模式。在看待中国和世界的关系时没有文化自觉，没有中国立场是个很严重的问题。一切跟着西方跑，在观念、规则、方法上都是西方的，缺乏文化的自觉性，这样的文化立场在国内已经存在很长时间，因而必然影响我们的学术"走出去"。中国有着自己的历史和文化传统，不能完全按照西方的模式来指导中国的发展。要从文化的多元性说明中国的正当性。那种在骨子里看不起自己的文化，对西方文化顶礼膜拜的观念是极其危险的，这样的观念将会使中国学术"走出去"彻底失败。

四、对话与博弈将是我们与西方文化相处的常态

随着我国综合国力的不断增强，中华文化在世界文化格局中的地位越来越重要。当前，推动中华文化"走出去"、提高中华文化国际

影响力,可谓正逢其时。同时也应清醒地认识到,中华文化"走出去"的过程不可能一帆风顺,必然要付出一番艰辛努力。在这个过程中,我们要认真吸收借鉴世界其他民族的优秀文化,使之为我所用;同时要在世界舞台展现中华文化的魅力,让世界了解中华文化的价值。

近代以来,西方国家在世界文化格局中一直处于主导地位。我国在政治制度、文化传统等方面与西方国家存在较大差异,一些西方媒体至今仍惯用冷战思维、戴着有色眼镜看待中国,甚至从一些文化问题入手,频频向我们提出质疑、诘问。如何应对西方在文化上对中国的偏见、误解,甚至挑衅,是推动中华文化"走出去"必须要认真对待和解决的问题。我们应积极开展平等的文化交流对话,在与其他国家文化交流互动中阐明自己的观点主张,在回击无理指责、澄清误读误解中寻找共同点、增进共识。习近平主席在许多重要外交场合发表讲话,勾画了中华文化的基本立场和轮廓,表达了对待西方文化和世界各种文化的态度。他指出:"当代中国是历史中国的延续和发展,当代中国思想文化也是中国传统思想文化的传承和升华,要认识今天的中国、今天的中国人,就要深入了解中国的文化血脉,准确把握滋养中国人的文化土壤。"这是对中国历史文化发展脉络的科学阐释,为推动中华文化"走出去"、为世界深入了解中华文化提供了基本立足点和视角。他还指出,"文化因交流而多彩,文明因互鉴而丰富",为不同文化进行平等交流提供了宽广视野和理论支撑。

推动中华文化"走出去",既需要我们以多种形式向世界推介中华文化,也需要国内学术界、文化界进一步加强与拓展对其他国家优秀文化传统和成果的研究阐发。同时,对其他国家,尤其是西方国家来说,认识和理解历史悠久又不断焕发新的生机的中华文化,也是一个重要课题。对话与博弈,将是未来相当长时间我们与西方文化相处的基本状态。

在文化传播方面改变西强我弱的局面,推动文化平等交流,需要创新和发展我们自己的传播学理论,努力占据世界文化交流对话的制高点。这需要我们深入探究当今世界格局变化的文化背景与原因,探索建构既具有中国特色,又具有国际视野的文化话语体系,进一步增强我们在世界文化发展中的话语权。需要强调的是,文化与意识形态紧密联系,文化传播工作者一定要把文化传播与维护意识形态安全作为一体两面,纳入自己对中华文化"走出去"的理解与实践。应时刻牢记,"不断扩大中华文化国际影响力,形成与我国国际地位相称的文化软实力,牢牢掌握思想文化领域国际斗争主动权,切实维护国家文化安全"是中华文化"走出去"的根本与前提。

五、发挥外语大学的学术优势,服务国家文化发展战略

北京外国语大学在65年校庆时正式提出北外的战略使命是"把世界介绍给中国和把中国介绍给世界"。这是我国外语大学第一次自觉地将大学的发展与国家的战略任务紧密结合起来。因为中国文化"走出去"是说着外语"走出去"的。同时,中国文化"走出去"作为一项国家战略,急需加强顶层设计、建设高端智库,从中国的国家实力和地位出发,为中国文化"走出去"设计总体战略、中长期发展规划提供咨询;急需充分发挥高校的人才培养的优势,解决当下中国文化"走出去"人才匮乏,高端人才稀缺的不利局面;急需动员高校的学术力量,对中国文化在海外传播的历史、特点、规律做系统研究,为中国文化"走出去"提供学术支撑;急需从国家文化战略的高度做好海外汉学家的工作,充分发挥汉学家在中国文化海外传播的重要作用,培养传播中国文化的国际队伍与本土力量。正是在这样的思考下,北外在2012年建立了中国文化"走出去"协同创新中心,与国内高校、国家机关、学术团体等联合展开中国文化"走出去"的战略研究,为中国文化全球发展提供智慧,为中国文化全球发展培养人才队伍。

战略研究、人才培养、政策建言、舆论引导和公共外交是智库的五大功能。北京外国语大学作为以中国文化在全球发展为其研究目标的智库,这五大功能更有着自己特殊的意义。

就战略研究来说,中国文化"走出去"是一个伟大的事业,"提高中国文化国际影响力"是几代人共同的奋斗目标,因为这样一个目标是和整个世界格局的转变联系在一起的。我们必须认识到中国文化"走出去"绝非一路凯歌,中国文化将随着中国国家整体实力的崛起,

重新回到世界文化的中心,在整个过程中伴随着与西方文化占主导地位的世界文化格局的博弈。因此,中国文化"走出去"的战略研究需要有我们对中国文化自我表达的创新研究为基础,有对中国文化在世界各民族的传播轨迹与路径、各国汉学(中国学)发展与历史变迁、世界各国的中国形象形成的机制等问题的系统深入的学术研究做支撑,只有这样才能真正揭示文明互鉴中的中国文化的世界性意义,做出有学术含量和有实际指导意义的战略研究。

就人才培养来说,北京外国语大紧密配合中国国家利益在全球发展的利益新需求,在做好为国家部门、企业和社会急需的跨文化交流人才培养,做好文化"走出去"急需的复合型专门人才、战略性语言人才和国际化领袖人才的培养方面已经取得了重要的成果,成为我国高端外语人才的培养基地,中国文化"走出去"高端人才培养基地,中国外交家的摇篮。

就政策建言来说,《中国文化"走出去"年度研究报告》是我们的主要成果,这份年度报告至今仍是国内唯一一份跨行业、跨学科,全面展现中国文化"走出去"的研究报告,也是国内高校唯一一份系统考察中国文化"走出去"轨迹,并从学术上加以总结的年度研究报告。2013年我们已经出版了《中国文化走出去年度研究报告(2012卷)》,这次我们出版的《中国文化"走出去"年度研究报告(2015卷)》给读者呈现中国文化在全球发展的新进展、新成果以及我们对其的新思考。为全面总结中国文化"走出去"战略的实施,总结经验,这次我们编辑了近十年来在中国文化"走出去"的各个领域的重要文章。读者可以从这些文集中看到我国各个行业与领域对中国文化"走出去"的认识。

就舆论引导而言,2015年央视多个频道播出了由北外中国海外汉学研究中心主编的大型学术纪录片《纽带》,受到学术界各方面的好评。

2016年是北外中国海外汉学研究中心成立20周年。北外中国海外汉学研究中心作为北外中国文化"走出去"协同创新中心的核心实体单位做了大量的工作。高校智库建设是"以学者为核心,以机构建设为重点,以项目为抓手,以成果转化平台为基础,创新体制机制,整合优质资源,打造高校智库品牌"。作为我校中国文化"走出去"协同创新中心的核心实体单位,为进一步做好智库建设,2015年6月我们将"中国海外汉学研究中心"更名为"国际中国文化研究院",新的名称含有新的寓意,这就是我们的研究对象不再仅仅局限于海外汉学研究,而是把中国文化在海外传播与发展作为我们的研究对象;新的名称预示着我们有了新的目标,我们不仅要在中国文化海外传播的历史、文献、规律等基础学术研究上推出新的研究成果,同时,也预示着我们开始扩张我们的学术研究领域,将当下中国文化在全球的发展研究作为我们的重要任务之一。这次更名表明了我们不仅要在海外汉学研究这一学术研究领域居于领先地位,而且要将我们的基础研究转化为服务国家文化发展的智慧,努力将"国际中国文化研究院"建设成一流的国家智库。

在"我国前所未有地靠近世界舞台中心,前所未有地接近实现中华民族伟大复兴目标、前所未有地具有实现这个目标的能力和信心"这样伟大的历史时刻,回顾我们20年的学术历程,或许李大钊先生的"铁肩担道义,妙手著文章"是我们最好的总结,将安静的书桌和沸腾的生活融合在一起将是我们今后追求的目标。

谨以此为序。

张西平

2016年3月5日写于岳各庄东路阅园小区游心书屋

前　言

　　中国哲学社会科学"走出去"是中国文化"走出去"的一个重要部分。近年来,学界对这一话题讨论热烈。发表文章的数量不断上升,涉及的内容不断扩大,研究的深度也在不断加强。本书选录其中有代表性的篇章,分类编辑,要点介绍,为读者提供一个该领域研究现状的大体轮廓,以便读者进一步展开研究。

　　本书主要分四个部分:中国哲学社会科学"走出去"综合研究、中国学者哲学社会科学研究的国际发表及其影响研究、中国哲学社会科学学术平台"走出去"研究、中国哲学社会科学"走出去"的语言问题。

　　改革开放创造了中国经济发展的奇迹,中国与世界经济的联系日益紧密,影响愈益增强。然而在文化软实力方面,中国在国际上并没有获得与经济相应的地位。实施中国哲学社会科学"走出去"战略对提升我国文化软实力具有重大的意义,也是全球化大背景和中华民族和平崛起伟大事业对我国文化发展的必然要求。鉴于此,专家学者探讨了自己对中国哲学社会科学"走出去"的看法并提出对策建议。本书第一部分收录10篇研究文章,主要分成三个板块:第一,中国哲学社会科学"走出去"的国家计划;第二,中国哲学社会科学"走出去"的意义及途径;第三,中国哲学社会科学国际化与"走出去"。

　　中国学者在国际哲学社会科学期刊上发表论文的情况是衡量我国哲学社会科学"走出去"程度的重要指标,而如何对该指标进行统计则涉及中国哲学社会科学研究成果国际化的评价体系的问题。本书第二部分收录 8 篇研究文章,主要分成两个板块:第一,中国哲学社会科学学者论文国际发表情况研究;第二,哲学社会科学研究成果国际化评价体系研究。

哲学社会科学学术平台是为学者研究提供的传播渠道和交流空间,其国际化程度的高低直接体现了中国社会科学"走出去"的成效和国际影响。主办哲学社会科学英文学术期刊、数字出版的数据库海外输出、国家建立"中华学术外译项目"等,都属于中国哲学社会科学学术平台"走出去"的举措。本书第三部分收录的 9 篇研究文章围绕这一主题展开,包括三个板块:第一,中国哲学社会科学期刊"走出去"研究;第二,中国哲学社会科学数字出版"走出去"研究;第三,国家社科基金"中华学术外译项目"施行情况研究。

中国哲学社会科学"走出去"不得不面对的问题是语言问题,本书第四部分收录的 6 篇研究文章都与这个主题相关。6 篇研究文章中,既有涉及"走出去"语言战略的宏观层面的文章,也有对"走出去"工作中中译外翻译问题的讨论,还有的文章则涉及其他具体的领域,比如,对非英语国家学者的国际发表研究、对在华召开的国际学术会议工作语言的思考等等。"走出去"过程中语言问题是必然要面对的,但这方面的研究还不是很充分,我们需要继续关注这方面研究的进展。

本书编纂工作得到以下人员的帮助:李存娜、全慧、刘菁、郭小香帮助查找和筛选了部分文章;林兴枝做了本书编纂的前期工作,包括全面查找和收集文章、对文章进行初步分类、撰写文章要义;林兴枝、招佩玲、董天奇、刘彦斌做了论文格式转换和编辑工作;张妮妮做了本书的构思和后期工作,后期工作包括补选一些重要主题的文章、进一步筛选录用文章、架构文集结构、编排文章顺序、撰写前言和四个部分的导言、后期联系论文作者授权等。

目 录

第一编 中国哲学社会科学"走出去"综合研究

3 导 言

7 努力开创高校哲学社会科学"走出去"工作新局面
　　李卫红

18 推进哲学社会科学"走出去"战略,加强国际文化和学术的沟通与交流
　　施建军

25 我国高校哲学社会科学"走出去"的策略与路径
　　文少保

34 关于新时期我国人文社会科学国际化发展若干问题的思考
　　张　伟

48 国际化:社会科学研究的蜕变与革命
　　——关于我国社会科学研究国际化战略的前瞻思考
　　殷冬水　曾水英

60 高校哲学社会科学研究"走出去"问题与对策
　　——对高校科学研究优秀成果奖的数据分析
　　陈　平

72　中国人口学科国际化水平及其影响因素
　　　叶文振　李静雅

92　中国史学:在与世界史学互动中前行
　　　——以国际历史科学大会为中心的考察
　　　张广智

111　中国思想库的国际化建设
　　　朱旭峰　礼若竹

127　中国重点高校国际化发展状况的数据调查与统计分析
　　　程　莹　张美云　俎媛媛

第二编　中国学者哲学社会科学研究的国际发表及其影响研究

147　导　言

150　中国社会科学研究国际化现状
　　　刘雪立　盛丽娜　丁　君　郑成铭　刘睿远　张诗乐

174　中国经济学的学术国际影响力研究
　　　——基于对 Econlit 数据库的统计分析
　　　李　钢　梁泳梅　刘　畅

187　基于 Elsevier Science 共享平台的文献量化统计分析
　　　——以国际顶级旅游学刊 ATR(2005—2012)
　　　　发表中国作者论文为例
　　　邵　磊　瞿大风　张艳玲

197　中英两国在社会科学领域的合作与对比研究
　　　白　云

213　中英两国在人文科学领域的合作与对比研究
　　　徐　昕

228　人文社会科学的多元评价机制:超越 SSCI 和 A&HCI 的模式
　　　王　宁

235 学术国际化与社会科学评价体系
　　——以 SSCI 指标的应用为例
　　　许　心　蒋　凯

245 中国社会科学的国际化与母语写作
　　　熊易寒

第三编　中国哲学社会科学学术平台"走出去"

261 导　言

265 SCI(E)、SSCI、A&HCI 收录中国期刊的最新统计结果分析
　　　诸　平　史传龙

301 对中国人文社科学术期刊国际合作模式的思考
　　　徐　枫

320 中国社科学术期刊"走出去"现状研究
　　　刘　杨

337 中国人文社会科学英文学术期刊发展现状、问题及建议
　　　徐　阳

344 《运动与健康科学》国际化稿件处理流程的设计与实践
　　　鲍　芳　冉强辉　张　慧　高　伟

353 我国学术期刊的国际话语权缺失与应对
　　　梁小建

364 入世十年我国数字出版"走出去"现状及问题研究
　　　肖　洋　谢红焰

370 我国数字出版"走出去"发展及策略探析
　　　陈少华

375 中国文化"走出去"的起步与探索
　　——国家社科基金"中华学术外译项目"浅谈
　　　杨庆存

第四编　中国哲学社会科学"走出去"的语言问题

383　导　言

386　国际学术交流领域的语言规划研究:问题与方法
　　　沈　骑　夏　天

399　中华文化典籍的翻译与传播
　　　张　辉

405　关于加强中译外研究的几点思考
　　　——许钧教授访谈录
　　　许　方　许　钧

416　当代中国法律领域价值理念的国际传播问题浅析
　　　吴志攀

428　非英语国家学者国际发表问题研究述评
　　　徐　昉

439　在华召开的国际学术会议的工作语言问题
　　　李　希　杨洪娟

451　附录:中国哲学社会科学海外传播研究论文存目
　　　（2012—2014）

第一编

中国哲学社会科学"走出去"综合研究

导　言

第一部分收录 10 篇研究文章,主要分成三个部分:第一,中国哲学社会科学"走出去"的国家计划;第二,中国哲学社会科学"走出去"的意义及途径;第三,中国哲学社会科学国际化与"走出去"。

一、中国哲学社会科学"走出去"的国家计划

推动中华文化走向世界是党的十七届六中全会提出的战略部署,而哲学社会科学"走出去"是中华文化"走出去"的重要组成部分。2011 年 11 月,中共中央办公厅、国务院办公厅转发教育部《关于深入推进高等学校哲学社会科学繁荣发展的意见》,明确提出实施高校哲学社会科学"走出去"计划。随后,教育部、财政部印发《高等学校哲学社会科学走出去计划》,对高校哲学社会科学"走出去"的重要意义、工作方针、主要目标、建设重点和保障措施进行了明确定位和全面规划。该文件指出,在新的起点上,实施高等学校哲学社会科学"走出去"计划,对于深入推进哲学社会科学繁荣发展,进一步提升高等教育国际化水平,扩大中国学术的国际影响力,妥善回应外部关切,增进国际社会对我国基本国情、价值观念、发展道路、内外政策的了解和认识,展现我国文明、民主、开放、进步的形象,增强我国国际话语权,具有十分重要的意义。按照该文件要求,实施高校哲学社会科学"走出去"计划的目标是要经过十年左右的努力,通过加强国际学术交流合作的内涵发展、品牌建设,国际学术交流合作体制机制更

加完善,高端国际型人才培养体系基本形成,服务国家外交战略能力大幅提升,国际学术对话能力和话语权显著增强,中国学术海外影响明显扩大。

2012年4月,教育部社科司在广州召开高校哲学社会科学"走出去"工作会议,教育部副部长李卫红发表讲话,题目是《努力开创高校哲学社会科学"走出去"工作新局面》。李卫红从人员交流、学术成果国际影响、传播中国学术的平台建设、国际问题研究机构体系等方面对哲学社会科学"走出去"成就进行了回顾和总结,指出高校哲学社会科学"走出去"已形成良好的发展态势,成为我国开展国际人文交流合作的重要组成部分,质量和水平逐步提高。李卫红还从全球化背景下提升中国软实力,向世界展示中国新形象,以及贯彻执行中央六中全会精神等方面阐述了哲学社会科学"走出去"的新使命、新要求。并就如何推进"走出去"工作谈了三方面的想法:以人才培养为突破口,培养大批具有国际水平的优秀人才,着力解决"走出去"的瓶颈问题;以文化传承创新为主线,推出大批有国际影响力的优秀成果,着力解决"走出去"的话语体系问题;以交流平台建设为抓手,深化国际学术合作水平,着力解决"走出去"的渠道问题。

二、中国哲学社会科学"走出去"的意义及途径

施建军在《推进哲学社会科学"走出去"战略,加强国际文化和学术的沟通与交流》中,对"走出去"战略的意义和价值进行了分析,认为哲学社会科学"走出去",可以满足世界各国想要了解中国经济高速发展原因的好奇心、满足国际上对与中国文化交流的渴望。另外,"走出去"也与哲学社会科学的国际化趋势相符合。还有,中国哲学社会科学"走出去"也是汉语国际推广的长远目标,今天的汉语教育与推广,就是未来中国的国际影响力和核心竞争力。该文还就如何"走出去"提出了四点思考:(1)建立一批国际、区域和国别问题研究中心和"智库",提升中国在国际问题上的话语权;(2)把中国优秀的哲学社会科学成果翻译和传播出去,推进中国优秀文化走向世界;(3)全力打造国际学术交流的平台,推进中国哲学社会科学走向世

界;(4)运用高校资源,组织师生开展国际文化交流和文化演出等活动,增强国际社会对我国的亲和力和友谊。

文少保在《我国高校哲学社会科学"走出去"的策略与路径》中提出,在高校哲学社会科学"走出去"战略实施过程中,目标的具体化现实化是必须迫切解决的现实问题。因此,我国高校哲学社会科学"走出去",不能急功近利,必须制定行之有效的策略和路径。文章提出了五方面的策略与路径:推出具有中国特色世界水平的高校哲学社会科学研究成果;构建高校哲学社会科学海外传播的本土化策略;培养和选拔促进高校哲学社会科学"走出去"的各类人才;构筑高校哲学社会科学国际交流平台;实现政府推动市场化主导的输出模式。

三、中国哲学社会科学国际化与"走出去"

中国哲学社会科学国际化可以看作是"走出去"的另一个表达。以下7篇文章讨论了中国哲学社会科学的国际化对于提升中国学术在国际学术领域话语权的意义,讨论了如何提高国际化水平的问题,还就某些社会科学领域、社科行业领域的国际化现状进行了分析。

张伟在《关于新时期我国人文社会科学国际化发展若干问题的思考》中提出,以"自主创新、内涵提高"为主,借鉴与遵循国际学术标准为辅,是新时期我国人文社会科学国际化发展道路的正确选择。这一道路的提出,不仅是对目前我国人文社会科学国际化理工思路的纠正,而且在我国全面推进小康社会建设、建设创新型国家和构建社会主义和谐社会的新时期具有重要的意义。"自主创新、内涵提高"为主,借鉴与遵循国际学术标准为辅的道路,具有深刻的内涵,对于具有"国际通行"的人文社会科学和"中国特色"鲜明的人文社会科学有不同的要求。学科体系设置、研究范式与研究方法、教师国际学术能力以及现行的学术绩效考核评价体系,是影响我国人文社会科学国际化发展的主要因素。在推进我国人文社会科学国际化发展时,要正确处理好战略与战术、形式与内容、本土化与国际化、传统与创新、竞争性与吸引性的关系。

殷冬水等在《国际化:社会科学研究的蜕变与革命——关于我国

社会科学研究国际化战略的前瞻思考》中认为,社会科学研究的国际化,既是后发国家在现代化背景下为提升学术研究水平、获得后发优势所兴起的一场学术运动,也是后发国家知识界在国际学术话语权配置不平等的条件下主动融入国际学术圈、适应国际学术市场、寻求国际学术圈认可的一个漫长学习过程。社会科学研究国际化,是经济全球化时代的内在要求,也是提升我国社会科学研究水平的重要途径和完善国际学术共同体学术生态结构的重要手段。社会科学研究国际化,要关注中国问题,强调社会科学实证研究方法的学习和运用,继续实施开放的研究战略,鼓励学术研究的分工,提升学术研究专业化水平。

陈平在《高校哲学社会科学研究"走出去"问题与对策——对高校科学研究优秀成果奖的数据分析》中,从学科、学校、获奖者教育背景和年龄分布等四个维度,对第四届至第六届高校科学研究优秀成果奖(人文社会科学)国际成果申报、获奖数据进行统计分析,以期反映高校哲学社会科学研究各学科国际化程度,把握承担"走出去"任务的主要力量和特点,以此揭示高校哲学社会科学研究"走出去"存在的问题,并提出加强引导、设立高校哲学社会科学优秀外文成果奖、分学科分层次稳步推进"走出去"步伐等有效促进哲学社会科学研究"走出去"的建议。

叶文振、李静雅的《中国人口学科国际化水平及其影响因素》,张广智的《中国史学:在与世界史学互动中前行——以国际历史科学大会为中心的考察》,朱旭峰、礼若竹的《中国思想库的国际化建设》,程莹、张美云、俎媛媛的《中国重点高校国际化发展状况的数据调查与统计分析》从社会科学的具体研究领域和行业入手,分析了中国哲学社会科学研究的国际化问题,为考察哲学社会科学"走出去"提供了微观视角。

努力开创高校哲学社会科学"走出去"工作新局面

李卫红

党的十七届六中全会《决定》指出:要"推动中华文化走向世界。开展多渠道多形式多层次对外文化交流,广泛参与世界文明对话,促进文化相互借鉴,增强中华文化在世界上的感召力和影响力,共同维护文化多样性。创新对外宣传方式方法,增强国际话语权,妥善回应外部关切,增进国际社会对我国基本国情、价值观念、发展道路、内外政策的了解和认识,展现我国文明、民主、开放、进步的形象"。这些重要思想和论断,是我们党对推动中华文化"走出去"的重大战略部署,为高校哲学社会科学"走出去"指明了方向。

哲学社会科学"走出去",是中华文化"走出去"的重要组成部分。2011年9月,中共中央办公厅、国务院办公厅转发《教育部关于深入推进高等学校哲学社会科学繁荣发展的意见》(以下简称《繁荣发展意见》),明确提出实施高校哲学社会科学"走出去"计划。教育部、财政部印发《高等学校哲学社会科学繁荣计划(2011—2020年)》《高等学校哲学社会科学"走出去"计划》等配套文件,对如何实施高校哲学社会科学"走出去"进行了全面规划。我们要深入贯彻落实中央精神,总结成绩,明确任务,科学谋划,整体推进,努力开创高校哲学社会科学"走出去"工作的新局面。

一、发扬成绩,总结经验,切实增强高校哲学社会科学"走出去"的自觉与自信

党的十六大以来,高校哲学社会科学进一步解放思想,以开放促改革、以开放促发展,坚持"走出去"与"请进来"相结合,不断深化国际交流与合作,扩大了高校的国际学术影响力,取得了显著成绩。

一是人员交流更加频繁,高校学者在国际学术舞台日趋活跃。各地各高校通过国外研修、科研合作、人员互派等方式,大力支持优秀学者赴海外讲学访学,积极吸引世界一流专家学者来华从事合作研究。"十一五"期间,高校哲学社会科学研究人员国外考察派出3.45万人次,国外进修学习派出2.75万人次,受国外聘请派出讲学1.59万人次;国外合作研究派出1.16万人次,来华1.21万人次,参与国际合作项目2600多个。一批高校学者活跃在国际学术舞台,有的在国际学术组织中担任重要职务,在各种场合发出自己的声音,充分展现了中国学者的学术水平和风范。北京大学林毅夫教授当选为世界银行副行长兼首席经济学家,多次在国际论坛上发表演讲;武汉大学易显河教授在意大利国际法研究院大会中当选为联合院士,马费成教授受聘为国际权威杂志《信息科学学报》唯一中国籍编委;华东师范大学冯绍雷教授多次赴俄参加学术会议,就上海合作组织和中俄关系发展问题做重要发言,并与普京、梅德韦杰夫等政要进行直接对话。

二是学术成果的国际影响更加广泛。"十一五"期间,高校学者在国外期刊上发表论文2.53万多篇,比"十一五"增加近2倍,同时有2442部高校学者的专著被翻译成外文。2006年以来,仅中国人民大学出版社就向海外输出版权600多种,人大书报资料中心"精选千家报刊,荟萃中华学术"的系列产品发行至世界90多个国家和地区,这些学术精品的海外推广构建了传播中国思想文化的平台;陈雨露教授的《人民币读本》、金灿荣教授的《大国的责任》英文版、韩文版、日文版、波兰文版和俄文版陆续翻译出版。南京大学匡亚明教授主编的《中国思想家评传丛书》(共200部)韩文、日文、英文三个语种

的出版工作全面启动;北京大学叶朗、朱良志教授的《中华文化读本》陆续推出了英、法、德、俄、日、韩、西班牙、阿拉伯等8种译本;复旦大学章培恒教授的《中国文学史新著》、葛兆光教授的《中国思想史》,分别以英文、日文、韩文以及中文繁体在美国、日本、韩国及港台地区出版;北京师范大学李晓西教授的《2005中国市场经济发展报告》由英国知名出版公司出版发行,被我国驻外100多个商务参赞处作为对外沟通使用。许多高校学者的相关研究成果得到国际学术界认可,获得了一系列国际重要奖项。北京大学王世洲教授获2009年度德国洪堡科研奖,仲跻昆教授的《阿拉伯文学通史》获沙特"谢赫·扎耶德图书奖",严绍璗教授获日本第23届"山片蟠桃奖",任光宣教授获俄罗斯"尼·奥斯特洛夫斯基奖",中国政法大学黄道秀教授荣获俄罗斯总统颁发的"友谊勋章",何秉松教授荣获法国"荣誉军团骑士勋位勋章",费安玲教授获得意大利第四届"第三千年"国际奖,天津师范大学王晓平教授用中、日两种语言发表的《智水仁山》等研究成果,2010年荣获日本第二届"奈良万叶国际奖"。

  三是建立了一批展示传播中国学术文化的重要平台。近年来,高校举办创办了一批高层次学术论坛,在众多重要领域主导了学术话语权。2003年以来,北京大学以"文明的和谐与共同繁荣"为主题,连续举办了八届"北京论坛",吸引了来自全球两千余位知名学者和政要名流出席;复旦大学主办的"上海论坛",成为"学界、政界、商界"三方交流互动平台;北京外国语大学创建的"国际中国文化研究会",在全球轮流召开中国学研究高端学术会议,形成了世界研究中国学的学术网络和互动机制。云南大学承办的国际人类学与民族学联合会第十六届世界大会,有来自100多个国家和地区的4000多位专家学者参加,产生了较大的国际影响。吉林大学等高校推动建立的"东北亚大学教授协议会",为本地区的合作与发展提供咨询,有效提升了中国学者在东北亚区域研究方面的话语权。高校还积极打造具有国际影响的数据库、学术期刊和学术网站。中国人民大学的中国综合社会调查(CGSS)发展成为规范化、专业化、国际化的大型综合调查项目,被国际社会调查合作组织(ISSP)接纳为代表中国的成员单位,成为我国经济与社会数据采集国际合作的平台与窗口。复旦大学 Fudan Journal 已入选六大社会科学国际著名索引数据库的全文索引杂志;《浙江大学学报(人文社科版)》被 8 家重要国际数据库的 15 个索引收录;华中师范大学主办的《外国文学研究》被 SSCI 和 A&HCI 收录;四川大学的符号学网站,在国际上已具有较高知名度和影响力;上海外国语大学的中国外语战略研究网、外国文学研究网和中国国际舆情网,构建了多语种特色网站。暨南大学的海外汉语教材《中文》共 48 本,已在美国、澳大利亚、新西兰、日本等 40 多个国家和地区发行了 300 多万套,深受海外师生好评。高校与国外院校合作,目前已在 105 个国家和地区设立了 358 所孔子学院和 500 个孔子课堂,成为各国人民学习汉语、了解中国的重要渠道,为推动中华文化走向世界奠定了良好的基础。

四是国际问题研究机构初步形成体系,打造了一批有重要影响的"智库"。据统计,目前高校有各类涉及国际问题、国际关系、国别研究以及相关学科、相关问题的研究机构 300 多所。教育部重点建设了东北亚、南亚、东南亚、中东、俄罗斯、美国、欧洲、朝鲜半岛等地区和国别重点研究基地,以及亚太经济合作组织、世界贸易组织、国际法、世界文明史、世界经济等一批国际问题及相关研究基地。许多基地与外交部、商务部等有关部门建立了密切联系,其出色工作得到高度肯定。南开大学亚太经合组织(APEC)研究院为我国参与 APEC 合作及我国领导人出席历次 APEC 领导人峰会和部长级会议提供了决策参考;对外经济贸易大学世界贸易组织(WTO)研究院为中国入世谈判和制定相关对策提供了大量的咨询报告和建议;吉林大学东北亚研究院与美国斯坦福大学、俄罗斯科学院远东研究所共同开展研究,受到国家有关部门的高度重视;延边大学开展的中韩高句丽史研究,对促进中韩两国学术交流、增进相互理解提出了许多建设性意见;上海外国语大学中东研究所朱威烈教授在上海世博会期间为开展民间外交作出了积极的贡献。

总体上说,高校哲学社会科学"走出去"已形成良好的发展态势,成为我国开展国际人文交流合作的重要组成部分,质量和水平逐步提高。从广度看,不仅与亚洲、欧美地区的传统交流合作得到巩固和提升,而且拓展了与大洋洲、拉美、非洲等地区的交流合作;不仅部属高校,而且很多地方高校成为国际学术交流合作的活跃主体。从深度看,已从邀请国外学者来华讲学、举办国际学术会议,向国外讲学、海外发行外文刊物、在国外单独或共建研究机构、联合开展课题研究等深度合作转变。

在肯定成绩的同时,也应清醒地认识到,与时代要求和国家需求相比,高校哲学社会科学在"走出去"方面还有较大差距。首先是高层次外向型人才不足。具有国际视野、通晓国际规则、具有良好外语水平的复合型人才不足,是制约高校哲学社会科学"走出去"的瓶颈所在。其次是层次和水平不高。对中国经验、中国道路的总结凝练还不够深入,话语体系还不够适应,对外介绍、传播力度还不够大,宣传推广的手段和渠道还比较有限。再次是机制不活。投入不够,资源比较分散,缺乏整体规划和配合,相关政策措施并不配套,没有形成有效的整体合力。

二、抢抓机遇,科学分析,深刻认识高校哲学社会科学"走出去"工作的新使命新要求

高校是我国哲学社会科学事业的主力军,在实施文化"走出去"战略、建设社会主义文化强国的伟大进程中,承担着光荣使命和崇高责任。我们一定要科学分析、准确把握国际国内新形势新要求,深刻认识新时期高校哲学社会科学"走出去"工作的新使命新任务,增强紧迫意识、责任意识。

第一,高校哲学社会科学"走出去"是应对全球化挑战、提升国家文化软实力的必然要求。当今世界正处在大发展大变革大调整时期,经济全球化、世界多极化、文化多元化的趋势更加明显,国家文化软实力已成为综合国力竞争中的战略主导角色。面对金融危机、能源资源、气候变化、粮食安全、公共卫生、重大自然灾害等各类全球性重大挑战和威胁,需要人类的共同智慧去应对。可以说,世界的问题就是中国的问题,中国的问题也是世界的问题。从这个意义来讲,传统的关起门来搞研究,已经行不通了。如何应对国际利益格局的新变化,更好地抓住机遇,提升国家文化软实力;如何应对全球性问题

的挑战,提升我国的学术创新能力和国际影响力,成为摆在我们面前的重大而紧迫的课题,迫切需要哲学社会科学深入研究和科学回答。

第二,高校哲学社会科学"走出去"是将中国介绍给世界,展示中国新形象的重要途径。改革开放以来,我国经济社会快速发展,综合国力显著增强,各项事业取得了举世瞩目的伟大成就,已成为全球第二大经济体,进入由大国向强国迈进的关键阶段。"中国奇迹"在国际上的吸引力、影响力越来越大,世界各国对我国发展经验和理论更加关注。当前,中国学术的国际影响力与中国在世界上的经济政治地位极不相称,西方国家掌握国际话语权的大格局没有根本改变,西方对中国的了解远远不及中国对西方的了解。如何将中国介绍给世界,向国际社会广泛深入地宣传介绍中国特色社会主义发展理念、发展道路和制度特点,宣传介绍当代中国的崭新面貌和发展前景,宣传介绍中华文化对人类文明的卓越贡献,使中国发展道路和经验在国际上得到更多的理解和认同,为我国改革开放和现代化建设事业营造良好的国际舆论环境,是哲学社会科学工作者所面临的重大而紧迫的任务,高校有实力、更有责任担当起这一重大责任。

第三,高校哲学社会科学"走出去"是贯彻落实六中全会精神,深入推进哲学社会科学繁荣发展的重大举措。六中全会《决定》把繁荣发展哲学社会科学作为推动社会主义文化大发展大繁荣,建设社会主义文化强国的一项重要内容,提出实施哲学社会科学创新工程,着力推出代表国家水准、具有世界影响、经得起实践和历史检验的优秀成果。中办国办转发的《繁荣发展意见》提出,到2020年基本建成高等学校哲学社会科学创新体系。实现这一奋斗目标,需要我们以更加开阔的思路、更加得力的措施,加强多层面、多渠道、多学科的对外学术交流,吸收和借鉴人类社会一切有益的思想成果和研究方法,进一步拓宽研究领域,提升研究水平,产生中国理论,创建中国学派,扩大中国学术的国际影响力和话语权。

三、明确方向,突出重点,全面推进高校哲学社会科学"走出去"工作

《高等学校哲学社会科学"走出去"计划》提出了未来十年的主要目标和建设重点,对如何实施"走出去"进行了全面规划部署。我们要进一步研究确定主攻方向,突出工作重点,力争在"走出去"的薄弱环节上取得突破性进展。

第一,以人才培养为突破口,培养大批具有国际水平的优秀人才,着力解决"走出去"的瓶颈问题。高校哲学社会科学"走出去",基础是人才,关键是人才。要把人才队伍建设作为首要任务来抓。一要重点加强高素质、高层次人才的培养,造就一大批具有国际视野、通晓国际事务的专家学者,在学术文化交流中发挥积极作用,在各重要领域发出中国的声音。同时,要着力加强梯队建设,注重培养优秀中青年人才,把在国际上具有一定影响的学术骨干作为重点培养对象,创造条件,帮助他们尽快成长为"走出去"的核心力量。二要创新人才培养方式,加大人才培养力度。进一步加大对国外研修、合作研究、人员互访等国际交流合作的支持,着力培养引领学术发展的外向型专家和中青年拔尖人才;支持高校办好若干示范性中外合作办学项目,加强全英文课程建设,开展全英文人才培养、联合培养和中外暑期学校等项目。外语院校和外语实力较强高校要重视培养具有较好专业素养的创新型、复合型外语人才,重点培育一批高水平、专业化的翻译团队,培养造就一批造诣高深的翻译名家。要积极推动一批优秀学者走上国际舞台,向海外介绍他们的最新研究成果,支持他们赴海外境外开展高层次交流合作。三要立足本土培养和有计划引进相结合,充分发挥海外专家学者的作用。积极吸引世界一流专家学者和中青年学术骨干来华从事合作研究,有计划地引进海外高端人才和学术团队。选拔推荐优秀人才参与国际组织的招聘,进一步充实国际职员和复合型人才培养和储备。

第二,以文化传承创新为主线,推出大批有国际影响力的优秀成果,着力解决"走出去"的话语体系问题。哲学社会科学"走出去"的

核心是先进思想文化,是具有时代意义的学术精品。高校是优秀文化传承的重要载体和思想文化创新的重要源泉,要在掌握前人积累的文化成果基础上,扬弃旧义、创立新知,积极开展对外学术文化交流,增强我国文化软实力和中华文化国际影响力,努力为推动人类文明进步作出更大贡献。一要深入研究宣传马克思主义中国化的最新理论成果。中国特色社会主义理论体系的研究和诠释,是当代中国哲学社会科学研究的首要任务和核心内容,是让世界了解中国特别是当代中国的关键所在。要积极鼓励高校哲学社会科学工作者立足于中国改革开放的伟大实践,对中国特色社会主义道路、科学发展、和谐社会等重要理念作出深入的阐释和解说,不断概括出理论联系实际的新概念、新范畴、新表述,形成有说服力、感染力、影响力的中国话语体系,向国际社会展现我国文明、民主、开放、进步的形象,使中国发展道路和经验在国际上得到更多的理解和认同。二要积极推介弘扬中华优秀传统文化。大力宣传我国优秀传统文化,促进中华学术精品的海外推广。实施"当代中国学术精品译丛""中华文化经典外文汇释汇校"项目,做好学术精品、文化经典的精准翻译。发挥孔子学院在学术交流合作中的作用,充分利用这个平台,在推广汉语言文化的同时,宣传中华优秀传统文化和哲学社会科学优秀成果,积极推进与孔子学院所在高校和国家在人才培养、科研合作等领域的深度交流与合作。三要加强全球性问题研究。高度关注和深入研究当今全球化进程中人类所共同面临的重大问题,提高研究的战略性、前瞻性和针对性,体现中国对世界的贡献并积极谋求国际共识,为世界的和平发展作出贡献。四要积极参与国际学术组织和举办学术论坛。鼓励高校参与或设立国际学术组织、参与和推动国际学术组织有关政策、规则、标准的制定;举办创办高层次国际学术会议,设置议题,主导舆论,争取更多的话语权。同时,要注意把握好话语导向,贴近话语对象,善于用他人能够理解和接受的方式发出中国声音。

第三,以交流平台建设为抓手,深化国际学术合作水平,着力解决"走出去"的渠道问题。高校实施哲学社会科学"走出去"战略,必须创新思路方法,拓宽方式途径,以易于理解和接受的方式逐步融入世界主流传播渠道中,经过长期努力达到润物无声的效果,构建稳固的交流合作平台。鼓励高校与国外高水平的研究机构和政府建立稳定的学术合作关系,拓展政府间、院校间、学者间的多种交流合作形式。支持高校探索合作建立海外中国学术研究中心,积极参与重大合作项目。面向海外学者设立中国问题研究专项,吸引海外学者参与研究项目。积极推动高校优秀学术成果在国外权威机构出版,进入国外主流发行传播渠道以及图书馆和数据库。重点建设一批国际知名的学术期刊,支持教育系统出版机构设立海外出版发行基地,推动学术成果的国际发表和出版。加大外文学术网站和数据库建设力度,使之成为国际学者研究中国及相关国际问题的信息数据中心,展示中国哲学社会科学优秀成果的窗口,宣传最新成果和优秀人才的平台。二要加强国际问题研究及机构建设。当前国内学术界在国际问题方面的研究整体上比较薄弱,有些领域甚至是空白。要做好战略规划,完善布局,针对国家亟须的、当前研究薄弱领域要组织力量攻关;加强区域和国别问题的基础研究,注重经济、政治、文化、社会、宗教、军事等各个领域的系统和综合研究教育部将加大政策引导、项目资助,有计划地支持高校建设一批国际问题研究机构,对已有的重点研究基地支持做大做强,并加紧薄弱领域建设,形成布局合理、覆盖全面的高校国际问题研究机构体系。三要积极探索内地(大陆)高校与港澳高校、研究机构合作的新机制,构建学术研究交流的新平台,借"港澳之船"扬帆世界。中国拥有海外华人群体近8000万人,华人学者本身有着巨大的学术需求,又熟悉国外学术话语体系,是"走出去"的一支重要力量,要充分发挥他们的作用,共同推动中华文化"走出去"。

第四,以深化改革为动力,整合优质资源,形成推进合力,着力解决"走出去"的机制问题。高校哲学社会科学"走出去"是一项复杂的系统工程,涉及外事、教学、科研、人事等方方面面,容易造成资源分散、多头管理。要推进科研管理体制和评价机制改革,建立起符合哲学社会科学特点、激励创新创造、有利于"走出去"的科研管理体制和多元评价体系。教育部将加大改革力度,建立沟通协调机制,整合力量,充分调动各方面的积极因素,为全面推动"走出去"提供制度保障。各地各高校也要加大改革力度,做好顶层设计和实施方案,加强制度建设,完善协同创新的合作机制,扎实、稳步、持续地推动"走出去"工作。

四、狠抓落实,稳步推进,努力开创高校哲学社会科学"走出去"工作新局面

当前,高校哲学社会科学"走出去"工作的任务和要求已经明确,关键是要不折不扣地抓好落实。各地各高校要贯彻中央要求,增强大局意识、责任意识,进一步加强领导、完善制度、强化管理,切实把文件精神转化为推进工作的动力和举措,并付诸实际行动。

第一,加强领导,整体谋划,切实将"走出去"工作放在更加突出的战略位置。各地高校要高度重视"走出去"工作,充分认识国际国内形势深刻变化带来的重要机遇和繁荣发展哲学社会科学的时代要求,将其放在服务国家战略、维护国家文化安全、提升国家文化软实力的战略高度,纳入重要议事日程;科研、外事等相关单位要加强协调配合,形成领导有方、措施有力、责任明确、管理到位的工作机制。各高校要结合国家需求,从地方和学校层面对如何实施"走出去"进行深入的思考和规划,将加强国际学术交流合作、推动哲学社会科学"走出去"作为一项重要内容纳入学校的繁荣计划之中,提出切实可行的步骤和方式,有选择、有步骤、有层次地推进"走出去"。

第二,完善制度,优化环境,形成"走出去"工作的强大合力。做好高校哲学社会科学"走出去"工作,必须加大投入力度,完善相关制度和政策,制订配套措施,上下联动,各方协同,形成推进合力。教育部将加强全球问题、区域和国别研究基地建设,实施学术精品国际推广项目、国际优秀学术人才资助项目,在高校人文社会科学优秀成果奖中设立"外文优秀成果奖",加大对优秀成果和优秀人才的奖励宣传等举措,鼓励、引导高校开展"走出去"工作。各高校要根据自身特点和优势,在人事考核、科研评价、资源配置等方面创造有利条件,出台相应的政策措施,制定相应的实施细则和工作方案。高校哲学社会科学工作者要增强"走出去"的自觉与自信,树立国际视野,掌握国际学术规则,加强国际交流与合作,不断创造体现时代内涵和实践要

求的新观点、新理论。

【本文为教育部副部长李卫红 2012 年 4 月 13 日在高等学校哲学社会科学"走出去"工作会议上的讲话节选】

推进哲学社会科学"走出去"战略,加强国际文化和学术的沟通与交流

施建军

改革开放的伟大成就,提升了中国的经济实力,创造了中国经济发展的奇迹,形成了中国特色社会主义的发展之路,推进了生产力的繁荣与发展。改革开放30多年来,我国成为世界第二大经济体。国内生产总值(GDP)总量保持在年均10%左右的增长速度,人均GDP也在不断提升,2012年有望达到1,700美元以上。我国进出口贸易额不断攀升,2012年可能超过3.5万亿美元,成为世界前列的进出口大国。自中国加入WTO之后,中国经济与世界经济同发展、同繁荣。由于开放政策的有效实施,我国的国际化参与率愈来愈高,与国际经济联系日益紧密,国际间的人流、物流、商流的运动和加速,需要我们全面思考中国文化繁荣和发展与世界经济互动的大课题。

在世界经济一体化的进程中,国际经济发展的一般现象表明:我国文化建设滞后于经济建设,中国文化的国际传播落后于部分发达国家的文化传播,经济的国际化程度大于文化的国际化程度,经济的国际推广力远远大于文化的国际推广力。在这样的背景下,推动社会主义文化事业的大发展大繁荣,提升国家文化软实力,特别是推进中国文化和哲学社会科学走出国门,强化中国哲学社会科学的国际影响力,具有十分重要的意义。

一、深刻理解哲学社会科学"走出去"的意义和价值

（一）哲学社会科学的经济支持属性决定了其"走出去"的意义和价值

从哲学社会科学角度看,世界各国对中国的经济制度、体系和发展道路,充满了好奇,期待了解改革和开放的中国,特别是经济高速发展的动因和机制,这要求我们给出正面的回答,用有价值的研究结果予以解释和说明,提出我们的哲学社会科学的研究结果。在这样的形势下,我们必须大力推进哲学社会科学"走出去",在国际交往中满足各国对中国哲学社会科学了解的需求、对了解中国发展之谜的需求和对哲学社会科学交流和合作了解的需求。社会需求是哲学社会科学发展的基础,广泛而深入的需求是我国哲学社会科学"走出去"的基本缘由。巨大的需求表明了国际社会对发展中的中国充满合作与交流的经济动机,经济动机是发动机,只要大家对中国的经济发展有兴趣,就一定会有力地推进中国哲学社会科学"走出去"。

（二）哲学社会科学与文化互动属性说明了国际间对文化交流的渴望和哲学社会科学"走出去"的意义

语言和文化、经济与文化、科技与文化、哲学社会科学与文化等,都有着良好的互动关系。文化是意识形态、价值观念、宗教信仰、道德水平等多方面的集中体现,是潜在的、隐形的国家发展软实力。推进哲学社会科学"走出去",需要借助中国传统文化的魅力,通过文化载体,加强哲学社会科学的国际交流和传播。近年来,中国文化交流和语言学习的国际需求不断加大,大学间的国际学术交流与合作日益增多,这说明各国对于中华五千年文明的文化充满了兴趣。不可否认,在国际交往中,国际和本土文化的充分交融和流动,才是先进的文化形态。中国的,也是世界的。把中国文化传播出去,推进中西文化的理解和融合,加强中国文化自信,对于今天的中国经济和文化发展,具有无比重要的价值。

（三）哲学社会科学的国际化属性决定了哲学社会科学"走出去"的意义和价值

哲学社会科学是为国家科技、经济、社会发展等问题提供咨询和决策方案的理论支撑，在服务国家战略的时候，必须提供符合国际经济一体化的研究成果。在服务国际化的过程中，我们必须从全球经济发展的角度，研究经济和社会发展的一系列大问题。特别是在中国经济国际化程度日益提升的背景下，需要把哲学社会科学的研究框架放大到国际化大系统下，研究国内外的经济、政治、社会、环境、外交等多系统的变化。要从意识形态、经济安全、国家利益保护、文化软实力以及世界发展方式等方面提出研究课题。由此可知，中国文化必须走出去，在世界范围寻求合作，在国际科技合作中，发展我们的哲学社会科学。

（四）汉语国际教育与推广决定了哲学社会科学"走出去"战略的价值与意义

从世界经济一体化、全球资源配置以及国际贸易发展需求的角度看，汉语的国际推广涉及国家经济发展和国际化的工作。从国际语言推广的一般性规律看，今天的汉语教育与推广，就是未来中国的国际竞争力；从国际多元化文化传播和跨文化沟通、交流需求的角度看，汉语的国际推广涉及国际文化的交流和互动，今天的汉语教育与推广，就是明天的中国国际文化交流能力；从符合生产力规律的国际间科技成果和创新发展的交流需要的角度，汉语的国际推广涉及高新科技国别间的流动，今天的汉语教育与推广，就是未来中国发展的软实力；从国际间的外交政策理解和国际友好交往的角度看，汉语教育与推广可以推进国别间人员的流动和文化认同，有利于和平外交与睦邻友好，今天的汉语教育与推广，就是未来中国人的国际亲和力；从国家安全和全球共同利益保护的角度看，汉语教育与推广有利于人员交流和理解，有利于国家间的安全利益，有利于地球的可持续发展和全球气象、环境等项目的国际合作，今天的汉语教育与推广，就是未来中国的国际影响力和核心竞争力。

二、深入推进高校哲学社会科学繁荣发展的主要任务

一是积极推进马克思主义理论研究和建设工程,深入开展中国特色社会主义道路、理论体系和制度的研究宣传,大力推动实践基础上的理论创新,加强哲学社会科学学科体系和教材体系建设。

二是全面提高高校哲学社会科学教育教学质量,强化哲学社会科学育人功能,深化哲学社会科学教育教学改革,完善思想政治理论课教学体系。

三是提升高校哲学社会科学科研创新能力和社会服务水平,加强哲学社会科学基础研究,强化哲学社会科学综合研究,推进哲学社会科学成果的转化应用,提高哲学社会科学信息化水平,实施我国哲学社会科学"走出去"战略。

四是创新高校哲学社会科学科研体制机制,深化科研管理体制改革,创新科研组织形式,完善以创新和质量为导向的科研评价机制,完善科研经费投入和使用机制。

五是大力加强高校哲学社会科学队伍建设,加大哲学社会科学队伍建设力度,完善哲学社会科学人才培养、培训机制,加强学术自律,推进学风制度建设。从国际化发展的角度,要加大力度推进中国哲学社会科学"走出去",推进中国文化和世界文化的交流与融合,增强中国文化和哲学社会科学的感召力、吸引力和凝聚力,推出一批有价值、高水平的哲学社会科学成果,提升我们的国际话语权,进一步强化我国经济发展的软实力。

三、发挥大学优势、服务国家战略,为推动
哲学社会科学"走出去"作积极贡献

(一)建立一批国际、区域和国别问题研究中心和"智库",
　　　提升中国在国际问题上的话语权

随着中国经济的快速发展和国际化,特别是我国国际化分工程

度不断提升,我们必须提出自己在国际政治、经济、贸易、法律等多种学术问题上的态度和观点,不能随波逐流,听任别人的学术霸权。例如,在WTO组织中,我们必须深入研究国际贸易规则和贸易冲突的解决机制,有独立的观点和立场,促进公平、公正的国际贸易秩序的建立;在国际企业和国家的信用评级、评价方面,同样要有自己的研究与评价,不能在别国的研究结论中进行决策。在中国企业"走出去"战略中,在国际资本直接在我国投资的问题上,都需要提出高水平的国际问题的研究成果。我们需要提升国际化问题的研究能力。当前,函需加强已处于减弱状态的国际化问题研究机构的建立,组织一批高层次、有国际影响力的知名学者队伍,支持追踪国际问题的长期研究,加大国际信息资料建设的力度,真正建立一批水平高、反应快、有能力参与和影响决策的国际问题智囊团。

(二)把中国优秀的哲学社会科学成果翻译和传播出去,推进中国优秀文化走向世界

由于语言交流的障碍,中国传统文化和优秀哲学社会科学成果与思想传播是薄弱环节,与快速增长的经济发展不相适应。我们必须站在世界文化和学术平等交流的立场上,积极并有准备地推动中国文化和学术精品走向世界。一方面,我们的态度要积极、主动,有计划、有组织地去实施,从文化的融通性上,提出学术精品,组织翻译,向世界推广。对大学中一些有重要国际影响的哲学社会科学项目立项计划,要提出国际推广的任务要求。在国内高水平大学建立一批翻译中心,运用各种语言,多方位介绍优秀的哲学社会科学成果。有条件的高校要组织构建外文期刊和网站,及时有效地推进优秀学术成果的传播,增加世界对中国的了解,我们必须一方面产出优秀的哲学社会科学的成果,另一方面,要加大优秀文化成果的推广力度,增强中华文明的亲和力和影响力。

(三)全力打造国际学术交流的平台,推进中国哲学社会科学走向世界

国际学术平台就是国际学术交流和沟通的载体。通过召开国际

学术会议和利用孔子学院这一平台,全面介绍中国的社会、科技、文化、经济等方面的成就和发展概况,系统分析和阐述中国成功的发展之路。在学习他国优秀文化和科技成果的基础上,主动地、有力地推进中国哲学社会科学的国际交流。目前,国外学者有兴趣与我们交流,需求也很大。例如,在对外经济贸易大学商务汉语基地精心的筹划和推动下,"商务中国"巡讲团赴俄罗斯、美国、日本、巴西、韩国、斯里兰卡、孟加拉等国家进行中国发展问题的专题演讲并与当地高校开展国际学术交流活动,巡讲团所到之处反响热烈。巡讲团运用中国发展的翔实数据和有内涵、有价值的研究成果,使各国了解了一个真实的发展中的中国,进一步认识了与中国扩展经贸合作的重要意义,同时也激发了外国学生学习商务汉语和来华工作的热情,为各国人民加深对中国的了解、巩固友谊贡献了力量。商务汉语基地把重点放在了商务汉语以及中国传统文化的国际推广方面,与希腊雅典商业大学联合召开"孔子与亚里士多德的思想对当今世界的影响"的国际商务研讨会,这是全球第一次将中国、希腊古典哲学思想应用到现代经济管理之中。此会议的学术国际影响力不同凡响,希腊总统出席了开幕式,在世界各国引起了东西方古典哲学思想的研究热潮,对运用东方智慧解决西方部分国家的债务危机提出了新的对策和建议,受到国际社会的好评。

(四)运用高校资源,组织师生开展国际文化交流和文化演出等活动,增强国际社会对我国的亲和力和友谊

对外经济贸易大学近期受国家汉办的资助和委派,组织大学生艺术团走出国门,赴美国、沙特阿拉伯、希腊、德国、意大利、奥地利、捷克、匈牙利、斯里兰卡和孟加拉等国巡演。艺术团富有浓厚中国文化和民族特色的演出传递了中国人民热爱和平、建构和谐世界的愿望,反映了当代中国大学生的艺术修养和精神风貌。在文化和艺术巡演的同时,学校积极在各国开展巡展活动,制作"中国印象"系列展板和"中外大学生文化交流"等内容的展板,依托各国孔子学院平台开展展出活动。有关中国历史、地理、文化、商务、教育发展的精美图片和中英文文字全面细致地介绍了中国,吸引了大批当地观众。巡

展与巡演活动有机结合起来,既节约了活动成本,又起到了相互支撑、相互促进的效果;学校还组织实施了"外国歌唱家学中文,唱响中国歌"的活动。"I SING BEIJING——国际青年声乐家汉语歌唱计划"是中国首次为世界优秀的青年歌唱家设立的中文演唱训练计划,此项目在全球7个国家选拔20位青年歌唱家和6位中国青年歌唱家共同学习并演唱中国著名艺术歌曲和现代歌剧选段。经过1个月的训练后,在中国国家大剧院的精彩演出,引起了中国观众的喝彩。

实施高校哲学社会科学"走出去"战略,积极探索高校"走出去"的方式和内容,提升中国学术的国际影响力,是当前高等学校繁荣发展哲学社会科学义不容辞的责任,也是涉外型大学的使命。

我国高校哲学社会科学"走出去"的策略与路径

文少保

高校哲学社会科学"走出去"是中华文化"走出去"战略的重要组成部分,也是高校打造哲学社会科学国际影响力的关键路径。我国高校哲学社会科学要想在国际学术界赢得一定的话语权,在世界学术舞台上占据一席之地,就不能闭关自守,就必须"走出去",在国际学术界发出自己的声音。而要想"走出去",首先就必须想清楚,一是什么走出去,二是走出去干什么,三是如何走出去,通过什么渠道走出去,四是"走出去"后还需不需要"走进去"?因此,高校哲学社会科学"走出去"必须要有新策略和新路径,其中内容策略、传播策略、模式建构等尤其重要。

一、推出具有中国特色、世界水平的高校哲学社会科学研究成果

我国高校哲学社会科学"走出去",就是要在全球化背景下体现中国学术的国际学术对话能力和话语权,即中国学术的海外影响力。"中国社会科学的发展也必须从内向型向外向型转变,亦即我们必须要在切实地研究当下中国的基础之上,贡献出我们自己根据中国的

理想图景,从而为世界学术做出自己独特的贡献。"①当前,我国高校正以文化传承创新为主线,推出具有中国特色、世界水平的高校哲学社会科学研究成果,这些成果包括三个部分,首先是学术著作、学术光碟等,其次是学术思想,最高层次的成果是基于中国立场而对全世界有重要影响的价值观。高校哲学社会科学研究"走出去"应当是这三者有机结合后的"走出去"。

高校哲学社会科学"走出去",首先离不开文化传承。在我国历史上,孔孟老庄的学术思想、古往今来的文学经典,如《论语》《中庸》《二十四史》等确实是经典名著,但是这些经典书籍现在已经以各种外译版本流行海外。如果我国高校哲学社会科学研究界不断翻译已有的孔孟之道等古籍著作,只做文化的"啃老族",那无疑我国高校哲学社会科学"走出去"将是一句空话。对于我国高校哲学社会科学研究者来说,当下的文化传承应是挖掘并整理一些具有中国特色、世界水平的中国古典文化书籍,将之翻译成各种外文在世界各地出版发行。北京大学副校长刘伟说:"北京大学重视总结发掘中华优秀传统文化资源并推向世界,直接吸收国外学者参与中国传统典籍的整理与研究工作,《儒藏》编纂与研究工程吸收日本、韩国、越南等国家30家高校和研究机构近百位专家学者参与其中。"②中国人民大学副校长冯惠玲也总结了本校的经验,即中国人民大学实施"中国文化经典外文汇释汇校"项目,整理研究已有中国古代经典的历代译本,组织汇释汇校,为中国文化"走出去"提供学理支持和文献积累,为海外汉学和中国研究领域提供完备的参考书,促进中西思想的交流与对话。③《儒藏》和"中国文化经典外文汇释汇校"项目的实施,给予我们很大的启示:我国高校哲学社会科学"走出去"的关键,首先在于我们能否拿得出具有中国特色、世界水平并有助于为全人类先进文化发展做出贡献的研究成果。

我国高校哲学社会科学要真正"走出去",除了挖掘整理传统的文化研究成果之外,还应关注当下中国哲学社会科学的研究成果,它

---

① 邓正来:《中国社会科学的当下使命》,《社会科学》2008年第7期。
② 刘伟:《促进不同文明间的交流对话》,《光明日报》2012年4月17日。
③ 冯惠玲:《推出精品,搭建平台,大力提升国际性》,《光明日报》2012年4月17日。

们是"走出去"的主体。为了让全世界人民了解当下中国的政治、经济和文化发展情况,去除长期以来存在的对中国的思想偏见,就需要当下的中国哲学社会科学研究走向世界,让世界听到来自中国的声音。因此,就应该不断推出一批批具有中国特色、世界水平的当今高校哲学社会科学研究的标志性成果,增强中国学术的国际话语权。例如,全国社科规划办设立了"中华学术外译项目",重点资助我国20世纪以来特别是当代哲学社会科学优秀成果的翻译出版。2010年6月,蔡昉主编的《中国经济转型30年》英文版由荷兰博睿学术出版社出版;2011年1月,方立天著的《中国佛教文化》英文版由美国圣智学习出版公司出版。还有如《中国走向法治30年》《中国社会变迁30年》等成果已在国外出版并进入世界主流发行传播渠道,目前反响很好。①

二、构建高校哲学社会科学海外传播的本土化策略

"在走出去的过程中,要了解对方,要知道怎么讲人家听得懂。"②高校哲学社会科学"走出去",提升中国学术的国际影响力,获得国际话语权,不是靠在国外书店摆上一堆有关介绍中国高校哲学社会科学内容的外译本书籍和影碟,也不是在国际媒体(如海外电视和电台)上介绍我国高校哲学社会科学研究成果,而是将我国高校哲学社会科学的精华,通过书籍、影碟、电视、广播的媒介传播形式,让人家主动购买书籍和影碟、主动选择播放中国高校哲学社会科学内容的电视频道,并且能够看懂它、读懂它,从内心深处喜欢它,真正"走进去"。这就需要我们在"走出去"的过程中,不能只站在自己的立场和角度进行传播,而是要了解对方,要知道怎么讲人家才能听明白,要采用赵启正提出的"中国立场,国际表达""中国故事,国际叙述"的对外传播方式,其中"中国立场"和"中国故事"是传播的根本和中心,是立足点和归宿点,而"国际表达"和"国际叙述"是传播的一种

---

① 肖国忠:《推动哲学社会科学"走出去"——全国社科规划办负责人谈国家社科基金中华学术外译项目》,《光明日报》2011年8月23日。
② 吴建民:《文化走出去要戒急功近利》,《人民日报·海外版》2010年9月24日。

环境和一种要求。① 这就需要我们构建高校哲学社会科学海外传播的本土化策略,它包括语言的本土化策略和运作的本土化策略。

语言是学术思想的载体。如果载体都没有做好,学术思想当然也走不了多远。而要构建语言的本土化策略,首先就得明确输出对象。我国高校哲学社会科学要想提升在国际上的学术影响力和话语权,那么输出的目标就是当今国际的主流社会,主要是全球社会的中上流社会群体。因此,高校哲学社会科学在"走出去"之前,应很好地研究输出对象国受众的思维方式、文化背景和阅读需求,要对高校哲学社会科学在语言方面进行专业翻译,要学会用世界的语言来讲述中国的故事,实现语言的有效转换,翻译出适合国外受众阅读、观看和思维习惯的原汁原味的著作和影视作品,使其容易理解和接受,更加贴近输出对象国受众对中国高校哲学社会科学的需求,让国外读者和观众读得懂、看得明白,从内心里真正喜欢它。"只有用自己文化讲述中国,用比较哲学阐释方法,才会将中国文化讲述为西方人能够听懂、理解的东西,才会原汁原味,才会避免扭曲和误解。"②在抓住国外受众心理的基础上,实现哲学社会科学文化最大程度的交流与共享,提高中国学术文化与海外受众的有效接纳,这样进入海外市场也就少了一道语言障碍。

"知之者不如好之者,好之者不如乐之者"。学术影响力的积极效果,在于明智地使知的传播变为乐的接受,使国外受众从内心深处接纳并喜欢。而要构建运作的本土化策略,就需要对输出对象国的政策环境、经济发展水平、市场需求等实际情况进行深入的研究,对输出对象国出版发行体制的惯行方式和操作流程要非常清楚,主动融入对方社会。这就需要我国高校哲学社会科学"走出去"前,应该对输出对象国进行充分的市场调查研究,深入了解输出对象国对哲学社会科学的市场需求,因为不同政治、经济体制的国家,有着不同的文化传播途径。因此,就高校哲学社会科学海外传播的运作本土化而言,主要包括高校哲学社会科学成果的市场准入规则、产品包装

---

① 韦伟:《提高媒体塑造中国国家形象能力》,《军事记者》2010 年第 7 期。
② 田辰山:《文化走出去的须是高端文化》,《人民论坛》2011 年第 11 期。

营销的本土化策略。在市场准入规则方面,要熟悉输出对象国在这方面的国际市场准入规则,使高校哲学社会科学成果能顺畅地进入输出国市场。在产品包装营销本土化方面,一是指对高校哲学社会科学成果产品的封面包装和内容编排要适合输出国受众的阅读和观看习惯,但这只是浅层次的;深层次的包装营销本土化是指将高校哲学社会科学内容特别是将高校哲学社会科学研究思想和价值观用对方接受的语言和方式进行深度包装营销,让输出国受众从内心接受高校哲学社会科学研究所体现的思想和价值观,这才是真正"走出去"的关键,也真正达到"走进去"的效果。

三、培养和选拔促进高校哲学社会科学 "走出去"的各类人才

我国高校哲学社会科学"走出去",人才是关键。总体说来,需要以下三类人才,一是学术研究人才,二是翻译人才,三是国际市场推广人才。

我国高校哲学社会科学要走出国门,在国际学术领域发出具有世界影响力的声音,推出具有中国特色、世界水平的高校哲学社会科学成果,包括高校哲学社会科学研究者基于中国立场对国际问题研究产生的新思想和价值观,就需要高校大力加强学科建设,革新高校学术评价模式,鼓励高校哲学社会科学研究者不断推出在世界上有影响力的学术精品,鼓励高等学校教师在国际学术出版物上发表学术研究成果。建立国际问题研究智库,开展国际、区域和国别问题研究,提升中国在国际问题上的话语权。要达到这些目标,就需要一大批具有国际化视野的在世界上有影响力的哲学社会科学研究人才,开展踏踏实实的科学研究。对于高校来说,可以采取各种途径积极引进国际优秀学者来校工作,还可以通过国外研修、科研合作、人员互派、积极参与国际学术活动和学术组织等方式培养国际优秀学术人才。武汉大学副校长谢红星认为,哲学社会科学"走出去"的基础是要有一支学术基础扎实和具有国际视野的学者队伍。武汉大学高度重视对中青年学者国际化视野的培养,积极支持和鼓励哲学社会

科学学者在国际学术组织中任职和参加重要的国际学术会议,以中青年学术骨干为主要依托,持续实施"海外人文社会科学前沿追踪计划",在国际上推介重要研究成果、学术观点,充分展现中国学者的学术水平和风范。①

如果说哲学社会科学研究人才是高校哲学社会科学研究成果的生产者,那么翻译人才就是高校哲学社会科学"走出去"的桥梁和纽带,通过翻译人才将我国高校哲学社会科学成果翻译成各国文字,最终走向国际学术大舞台。高校哲学社会科学"走出去",表面上是将高校哲学社会科学研究成果向国外输出,其实是中国学术文化与世界学术文化的交流。但是,在不同的语境中,对同一文化的理解和阐释是不同的,而准确的翻译就实现了不同语言的有效转换,促进了跨文化交流。因此,高校哲学社会科学要顺利"走出去",面对的第一个问题就是语言的翻译问题。这就需要培养和选拔一批学贯中西、才德双全的翻译精英,了解国际文化交流的方式方法,这样,翻译出来的作品才会更好地满足国外受众的阅读和观看需求。

除了学术研究人才和翻译人才外,国际市场推广人才也是目前急需的人才之一。他们应该熟悉我国国情和国际政策法规,同时又掌握外语技能、熟悉国际文化市场的运作规律,这样他们就能在对国外市场大量调研的基础上,针对国外消费者的需求状况,结合我国高校哲学社会科学研究成果的特点,从满足国外市场需求的角度适时并不断向海外市场推广我国高校哲学社会科学研究的成果和精品。

四、构筑高校哲学社会科学的国际交流平台

我国高校哲学社会科学要"走出去",国际交流平台必不可少。在构筑高校哲学社会科学国际交流平台的时候,首先要有效利用好自身的传播通道和平台,其次是单独搭建高校哲学社会科学国际交流平台,再次是借助外部力量,与国际学术界合作搭建学术交流平台。

---

① 谢红星:《探索建立长期稳定的国际学术交流新机制》,《光明日报》2012年4月17日。

在有效利用好自身的传播通道和平台方面,可以发挥孔子学院和中餐馆的作用。由于我国在海外已经建立了很多所孔子学院,因而可以以孔子学院为依托,开设具有中国特色的高校哲学社会科学课程,使用我国高校哲学社会科学中文版教材,再辅之以高校哲学社会科学讲座,使我国高校哲学社会科学课程成为孔子学院的一大特色。同时,发挥遍布世界各地的中餐馆的作用,在中餐馆休闲区制作各种各样的书架,书架上摆放我国高校哲学社会科学外译版的著作和影碟,方便前来消费的外国人阅读并购买。还有就是发挥国内通道和平台的作用。如上海国际文化服务贸易平台——坐落于上海外高桥保税区的东方国际文化贸易中心,其文化"走出去"渠道功能定位非常清晰。我国高校可以利用这个平台优势,将高校哲学社会科学研究成果通过这个平台走出国门。

其次,对于高校而言,哲学社会科学要想顺利"走出去",需要高校单独搭建哲学社会科学的国际交流平台。很多高校都有自己的出版机构,高校可以根据实际情况在海外组建出版发行基地,将国内高校哲学社会科学成果出版成各种外译版本并在市场上推广。"中国大陆地区期刊在 SSCI 来源期刊中所占比例和引证率在很大程度上客观反映了中国社会科学在世界学术中的影响力。"[①]高校还需要重点建设一批在国际上知名度高的外文学术期刊。目前,我国哲学社会科学期刊进入 SSCI 收录的期刊非常少,一共还不到 20 本,而 SSCI 收录期刊是当今全世界社会科学领域重要的期刊检索与论文参考渠道。因此,对于我国高校来说,需要打造更多的期刊进入 SSCI 收录期刊系统,提升我国哲学社会科学研究在国际学术界的影响力。

我国高校除了构建纸质出版系统的学术交流平台以外,还应该很好地利用网络,构筑若干大型国际性研究数据库和有影响力的外文学术网站。对我国高校来说,可以实行强强联合,像"985"工程和"211"工程重点大学可以联合建立大型国际性研究数据库,还可以依

---

① 邓正来:《全球化时代中国社会科学的"走出去"战略》,《2008 年度上海市社会科学界第六届学术年会文集(年度主题卷)》。

托学校的网站,建立一批有影响力的外文学术网站,将高校哲学社会科学的优秀成果在外文学术网站进行推介,以方便与国际学者进行交流。

推动海外中国学研究,为海外汉学家研究中国搭建一个良好的平台。我国政府可以在世界各国出资以项目研究的形式设立"中国问题研究"专项,吸引海外学者参与中国研究;还可以鼓励我国高校和国外高校合作建立海外中国学术研究中心,从而推进海外中国学的研究。

再次,对于高校来说,可以选择与国外出版机构、国外学术组织进行合作,将我国高校哲学社会科学研究成果向全球推广。在与国外出版机构合作时,可以在选题、翻译、市场推广等全过程进行合作,翻译出版我国高校哲学社会科学研究优秀成果。和国外学术组织合作,可以基于中国在全球发展的战略高度开展哲学社会科学合作研究,也可以联合举办国际学术会议,推动中国学术界与海外学术界的研究实践互动。

五、建立政府推动、市场化主导的输出模式

我国高校哲学社会科学"走出去",既需要政府的推动,也需要市场化机制的主导,要实现两者的有效融合。我国高校哲学社会科学之所以要"走出去",并不是我国高校哲学社会科学研究已经赶超了西方国家,超过了国际水平,而是我国高校哲学社会科学研究在国际上的影响力还很弱,因此,急需政府的推动。就政府推动而言,需要在政府的倡导下,组织我国出版机构、新闻传播机构和社会团体等组织积极参与到高校哲学社会科学"走出去"的工程之中,为高校哲学社会科学"走出去"牵线搭桥。另外,政府可以出台各种优惠政策,创造公平、公正、公开的市场竞争条件,优化与实施高校哲学社会科学"走出去"战略相适应的外部环境,鼓励并吸引社会各界特别是民间资本参与投资高校哲学社会科学"走出去"工程,政府在财政、金融、外汇和税收政策上应给予大力支持。

仅仅有政府的推动还不行,高校哲学社会科学研究成果只有在

市场上博弈,满足海外市场的需求,才能获得海外生存的机会,才会产生学术的国际影响力。国际学术界是以学术研究成果为纽带建立起来的。学术研究成果的质量高低,决定着它在国际学术界的传播幅度、被接受程度和国际影响力。从一定意义上看,我国高校哲学社会科学"走出去",是我国高校哲学社会科学研究成果的跨国传播和交流,是中国哲学社会科学界与国际哲学社会科学界的平等对话。"在文化软实力问题上要注意是'走出去',而不仅仅是'送出去'。"①

传播学者郭镇之先生说过:"宣传战役(例如'走出去'工程)是一种急风暴雨式的一次性(可能多次)运动;市场操作则是一种细水长流的日常活动。"高校哲学社会科学研究成果与一般的文化产品还不一样,高校哲学社会科学研究成果是一种学术研究成果,除了以显性成果如书籍、影碟等出现外,很大一部分体现为隐性成果,如思想观念、价值观等。要想使我国高校哲学社会科学研究成果成功地走进国际主流社会,发挥我国高校哲学社会科学的全球影响力,就应该实现市场化主导,使我国高校哲学社会科学研究成果亮相国际学术舞台,被国际学术界所称赞和欣赏,使我国的学术观点大量地被国际学术同行引用,这才是我国高校哲学社会科学研究成果市场化主导的关键。另外,我国高校哲学社会科学市场化主导的重点在于学术研究成果的传播方式、传播渠道和营销网络应该实现市场化主导,使我国高校哲学社会科学"走出去"后"走进去",真正为国际学术界所接受。

---

① 郭建宁:《"走出去",而不仅仅是"送出去"》,《人民论坛》2011年第11期。

关于新时期我国人文社会科学国际化发展若干问题的思考

张 伟

1998年5月4日,在庆祝北京大学建校一百周年的讲话中,江泽民同志明确指出:"为了实现现代化,我国要有若干所具有世界先进水平的一流大学。"由此,拉开了国内一批高水平研究型大学向世界一流大学目标冲击的序幕。学科是大学"安身立命"的基础和根本,世界一流的大学必定是拥有世界一流的学科,提升学科的国际化水平,成为我国建设世界一流大学的一项重要任务。然而,在建设世界一流大学的实际进程中,相对于自然科学,人文社会学科的国际化发展却呈现出更多的特殊性和复杂性。人文社会学科的国际化究竟该走什么道路,如何正确评价人文社会科学的国际性,人文社会科学国际化进程中需要克服哪些主要障碍与处理好哪些关系,成为国内以建设世界一流大学为目标的综合性研究型大学、特别是那些以人文社会科学著称的研究型大学亟待研究和解决的重大实践问题和理论课题。

一、关于新时期我国人文社会科学国际化发展道路问题

人文社会科学国际化是一个不断发展的动态过程,在这个过程中的任何一个特定阶段,人文社会科学国际化速度与水平都会有所

不同,并达到不同的国际性程度。人文社会科学国际化发展道路选择的正确与否,不仅直接关系到人文社会科学国际化进程的速度与水平,而且直接影响到人文社会科学所能达到的国际性程度。

(一) 对现行人文社会科学国际化道路的分析

当前,在中国大学、特别是那些综合性、研究型的重点大学的建设事业中,提升人文社会学科国际性、加速人文社会科学的国际化进程,成为迈向世界一流大学目标的必经之路。然而,对于承载着特定国家的历史、民族、文化传统,受一定价值观念、意识形态观念影响,因而具有不同于自然科学特点的人文社会科学[1],如何进行国际化建设、应该走什么样的国际化发展道路,以及如何评价人文社会科学国际性程度,我国高等教育界对这些问题的思考由来已久,但探索仍在进行。

另一方面,长期以来,在以客观标准为重的自然科学国际性评价思维的影响下,人文社会科学国际化基本沿用着自然科学国际化的发展道路,即强调文章国际发表等量化指标的提升,注重加强经费投入、改善实验室、实现硬件环境国际化,倡导"向国际看齐"、积极引入国际学术规范和国际主流学术理论。很显然,自然科学国际化的这种发展道路对于人文社会科学国际化建设是必要的、基础的,但绝非充分的、决定性的;相反,一味单向度地强调这种发展道路很可能会遗忘人文社会科学自身固有特点,在一定程度上忽视对人文社会科学国际交流、国际推广与国际宣传的拓展、促进与扩大,弱化了人文社会科学内蕴的文化软实力的弘扬、创新与发展,淡化了人文社会科学的国别性、民族性和自主性,最终在国际学术舞台上很可能扮演随声附和、人云亦云的小角色,难以占据一席之地。

(二) 新时期我国人文社会科学国际化应走出以
"自主创新、内涵提高"为主的发展道路

当前,我国正处于全面建成小康社会的关键时期和经济建设、政

---

[1] 朱少强:《人文社会科学研究的特征及其对学术评价的影响》,《重庆大学学报(社会科学版)》2007年第13期。

治建设、文化建设、社会建设、生态文明建设五位一体全面深入推进的新时期。建设社会主义和谐社会和创新型国家,加强国家文化软实力,都迫切需要我国人文社会科学应走一条以"自主创新、内涵提高"为主、借鉴与遵循国际学术标准为辅的国际化发展之路。

新时期,以"自主创新、内涵提高"为主、借鉴与遵循国际学术标准为辅的人文社会科学国际化发展道路之所以必需和可行,绝不仅仅在于人文社会科学与自然科学存在着事实因素与价值因素、客观标准与主观标准、共性与特性等方面的种种差异[①],也绝不仅仅在于它是我国高等教育质量提高的一项重要内容,其更深层次的意义在于它是现时代精神的呼唤与体现,是概括和总结我国改革开放事业三十年来建设成就与经验的必然要求,是树立我国改革发展"道路自信、理论自信、制度自信"的内在要求和全面推进中国特色社会主义事业、尽快实现中华民族伟大复兴的根本使命。

第一,走"自主创新、内涵提高"为主、借鉴与遵循国际学术标准为辅的人文社会科学国际化发展之路,是新世纪时代精神的呼唤。21世纪是人类社会全球化纵深发展的一个时代。"全球化"的时代主题给世界各国带来的不仅是科技进步的你追我赶、经济发展的"你中有我、我中有你"以及政治秩序上千丝万缕的联系,而且是各国教育发展日益密切的学习、交流与合作,是各种文化与文明的共存、借鉴与吸引,也是在应对环境、资源等全球问题和重大灾害与突发事件的团结、协作与互助。在这样的时代背景下,我国的人文社会科学,不仅为人类贡献了适应现时代精神需要的"天人合一""仁民爱物"的生态理念与"和而不同""和实生物"的伦理之道等中华文化精髓,而且作为在中国本土传承与发展的文明成果、作为全球化时代文明共同体的重要成员,其以"和谐""发展""共赢"为核心的当代价值体系、主流意识形态和主要思想理论,对世界其他文明形态无疑具有不容忽视的吸引力和影响力,近年来中英、中法、中俄文化交流年的成功举办就是最好的佐证。因而,不盲从、不一味"拿来",发挥自主性、创

---

① 中国人民大学:《规划未来,追求卓越,建设以人文社会科学为主的世界一流大学》,教育部直属高校工作司:《引领创新,追求卓越:高水平大学建设理念与方略》,厦门:厦门大学出版社,2007年。

造性、本土性,充分挖掘和展现我国人文社会科学的当代精神、理论精髓、内蕴本质,并适当关注与遵循国际学术标准,是扩大我国人文社会科学国际影响、增强国际吸引力、提升国际性的根本所在。

第二,走"自主创新、内涵提高"为主、借鉴与遵循国际学术标准为辅的人文社会科学国际化发展之路,是对我国改革开放三十多年建设成就、建设经验的概括、总结与展现的必然要求,是树立我国改革发展"道路自信、理论自信、制度自信"的内在要求。1978年中国改革开放正式实行,三十多年来,改革开放事业取得了世人瞩目的成就,不仅探索建立起社会主义市场经济体制、经济发展保持高速增长,而且在建设有中国特色社会主义理论的指导下,基本解决了13亿人口的温饱问题、城镇基本达到小康水平,并正在向全面建设小康社会迈进。中国改革开放事业的成功,不仅为其他发展中国家探索富国强民之路提供了积极的借鉴与极具价值的参考,而且中国现象、中国问题、中国改革、中国成就、中国经验日益成为世界性的话题,吸引着各个领域国际学术界的目光,"一国两制"的政治体制、社会主义市场经济体制、民主法制进程、"三农问题"与对策、人口问题与对策、管理中思想政治工作和儒家思想的作用等等,都为国际人文社会科学的发展提供极为丰富的资料宝藏和理论贡献。因而,在借鉴国际学术标准的基础上,立足于中国本土,开展中国问题研究,深挖力掘,形成具有中国特色、中国风格、中国气派的人文社会科学新成果,积极推动国际间交流、推广和介绍,是推动我国人文社会科学国际化进程、提升人文社会科学国际性的最有效途径。

第三,走"自主创新、内涵提高"为主、借鉴与遵循国际学术标准为辅的人文社会科学国际化发展之路,是全面推进中国特色社会主义事业、尽快实现中华民族伟大复兴的应有之义。新时期,文化越来越成为民族凝聚力和创造力的重要源泉、越来越成为综合国力竞争的重要因素,中华民族伟大复兴也必然伴随着中华文化繁荣兴盛。当前,在高举中国特色社会主义伟大旗帜、全面建设小康社会的关键时期,文化发展、文化建设任务的地位日益显著。2006年9月13日,中共中央办公厅、国务院办公厅印发《国家"十一五"时期文化发展规划纲要》,提出"文化实力""文化竞争力"的概念,提出了增强文化服务能力、文化创新能力,提高文化整体实力,扩大中华文化在世界上的影响力等文化发展总体目标。2007年10月15日,党的十七大报告明确提出了兴起社会主义文化建设新高潮,推动社会主义文化大发展大繁荣的建设任务,明确提出了国家文化软实力的新概念,明确提出了建设社会主义核心价值体系、增强社会主义意识形态的吸引力和凝聚力,弘扬中华文化、建设中华民族共有精神家园等四项具体任务。同时,随着汉语对外教学逐步开展和一系列海外孔子学院的成立,中华文化世界推广日益深入,中国文化、中国传统的国际影响力和吸引力与日俱增。党和国家对文化软实力、文化竞争力的高度重视和充分发展,不仅为我国人文社会科学的国际化发展提供了良好的机遇和渠道,而且对我国人文社会科学国际化提出了明确的方向和更高的要求与期望,即与当代社会相适应、与现代文明相协调,不断赋予当代中国人文社会科学鲜明的实践特色、民族特色和时代特色,推动我国人文社会科学优秀成果和优秀人才走向世界,不断增强中华文化国际影响力。

第四,走"自主创新、内涵提高"为主、借鉴与遵循国际学术标准为辅的人文社会科学国际化发展之路,是新时期建设创新型国家的内在要求。创新是一个先进民族进步的灵魂。2006年1月9日,在全国科技大会上,时任国家主席胡锦涛首次提出增强自主创新能力、建设创新型国家的战略决策。党的十七大强调,提高自主创新能力,建设创新型国家,这是国家发展战略的核心,是提高综合国力的关键,要坚持走中国特色自主创新道路,把增强自主创新能力贯彻到现代化建设各个方面。中国人文社会科学的发展,是中国科学技术发展的重要组成部分,也是建设创新型国家的重要力量。因而,大力提高我国人文社会科学的原始创新能力、集成创新能力和引进消化吸收再创新能力,积极促进我国人文社会科学成果转化和产学研结合,不仅是全面提升我国人文社会科学整体实力的必由之路,也是提升我国人文社会科学国际竞争力和国际影响力的必由之路。

(三) 以"自主创新、内涵提高"为主、借鉴与遵循国际学术标准为辅人文社会科学国际化道路的基本内涵

作为新时期我国人文社会科学国际化发展的必由之路,以"自主

创新、内涵提高"为主、借鉴与遵循国际学术标准为辅,主要包含以下两部分涵义:

第一部分即"自主创新、内涵提高",这是新时期我国人文社会科学国际化发展的核心和根本。具体说来,一方面,要做到从人文社会科学本身固有的特点出发,立足于中国社会主义建设实践,立足于中国优秀传统文化,立足于中华民族时代精神,面向世界,面向现代化,面向未来,大力推进人文社会科学的理论创新,推进人文社会科学的学科体系、学术观点、科研方法的创新,通过大胆创新、苦练内功来不断提高人文社会科学的实力、质量和水平,真正提升人文社会科学的国际影响力、国际吸引力、国际竞争力,实现我国人文社会科学国际性水平的跨越,从而牢牢屹立于世界人文社会科学之林。另一方面,要多渠道、多形式地加强人文社会科学的对外交流与合作,在提倡国际学术发表的同时,更要高度重视国际交流、国际推广、国际宣传与国际引荐等形式或手段的充分运用,通过网络、期刊、会议、讲座、报告、访学、科研合作、学生交流互换与联合培养等多种平台、多种载体来增强我国人文社会科学的国际吸引力,积极开拓我国人文社会科学的国际学术地盘,有效地树立起我国人文社会科学的国际话语主导权。

第二部分即借鉴与遵循国际学术标准,这是新时期我国人文社会科学国际化发展的基本条件和必要补充。我国人文社会科学的国际化必须以融入国际人文社会科学学术秩序为前提与基础,也就是要遵循与借鉴国际人文社会科学学术的一般惯例、基本规范和主要标准。现阶段,正如国际政治经济秩序以美国为代表的西方发达国家为主导一样,人文社会科学的国际学术秩序也主要是由西方发达国家来倡导与规范。因而,在国际学术发表与交流中,需要使用英语这一国际学术语言,需要遵守行文、引用、投稿、署名等基本学术规范,需要运用或借鉴国际主流研究方法,在一定程度上还需要了解、掌握或借鉴国际主流研究范式或学术话语体系。唯有如此,我国人文社会科学及其成果才能够更快地为国际人文社会科学界所认可、所了解、所肯定,我国人文社会科学国际化目标才能够尽早实现。

"自主创新、内涵提高"为主,借鉴与遵循国际学术标准为辅,是笔者所倡导的人文社会科学国际化的一般道路。就不同类型、不同特点的人文社会科学来说，在具体的国际化道路上则各有侧重，略有不同。大体而言，对于那些具有"国际通行"特色的人文社会科学，即共性较多，与国际研究领域、研究主题、研究方法较为接近的学科，主要指经济学的主要学科领域、特别是金融学、数量经济、统计学等大部分应用经济学，法学中的国际法学、社会学，以及工商管理、公共管理等相当部分社会科学，在坚持"自主创新、内涵提高"国际化之根本的同时，对国际学术秩序关注与遵循要较之那些"中国特色"的人文社会科学更为深入、更为全面；具有"中国特色"的人文社会科学，即中国土生土长的、原生态的因而对外具有强烈吸引力的学科，包括国学、中国哲学、中国历史、中国语言文学、中国美术、中国戏剧戏曲等绝大部分人文学科以及政治学中的中共党史、社会学中的民俗学、民族学中的中国少数民族艺术、农业经济管理与农村发展等部分社会学科，则必须秉持"自主创新、内涵提高"的国际化发展之路，适当吸收与应用国际学术标准，甚或在适当时机有信心、有勇气建立本学科领域的国际学术领导权或国际学术新秩序。

同时，与以"自主创新、内涵提高"为主、借鉴与遵循国际学术标准为辅的我国人文社会科学国际化道路相适应，在对我国人文社会科学国际性评价时，也应当区别人文社会科学与自然科学、区别"国际通行"的人文社会科学与"中国特色"的人文社会科学，引入必要的文献计量方法，但不片面倚重；充分重视论文国际发表及其引用频次，但不绝对化；提倡国际交流、国际推广、国际吸引与国际影响的评价理念，设计与运用合理的评价指标与评价方法，优化定性评价与定量评价的合理结构，实现我国人文社会科学国际性评价的多元化、科学化。

二、关于我国人文社会科学国际化发展面临的主要障碍问题

以"自主创新、内涵提高"为主，借鉴与遵循国际学术标准的人文社会科学国际化发展道路并非一路坦途。特别是在国际学术秩序依

然以西方发达国家为主导的现实条件下,我国人文社会科学的国际化仍然需要在遵循国际学术秩序的前提下进行发展。目前,我国人文社会科学在学科体系本身、学术研究范式与研究方法、教师学术研究能力以及学术绩效考核导向等方面与国际学术发展要求还存在着一些差距,不同程度地影响着我国人文社会科学国际化进程。

首先,在学科体系建设方面,我国人文社会科学(尤其是具有明显国际通行特色的社会科学)与国际一流的人文社会科学有明显差异。以金融学、统计学为例。在学科分类上,金融学在中国属"应用经济学"学科,在美国则属"工商管理"学科;统计学在中国分别在"应用经济学""数学"(概率论与数理统计)、"公共卫生与预防医学"(流行病与卫生统计学)学科下,在美国则属"数学与统计学"学科。学科分类上的差异,影响着中美两国金融学、统计学在学科定位、学科方向以及学科结构等方面发展上的不同。就美国一流的金融学和统计学发展现状来看(见表1),学科定位上注重前沿性、实践性与运用性,学科方向上已在跨学科研究与培养上不断深入拓展。相比之下,作为应用经济学科,中国的金融学、统计学同样强调应用,但在应用的范围、领域、深度等方面都还有限,对金融实践领域以及其他多学科门类应用发展需要的跟踪、把握与回应还不够适时、不够深入,特别是在跨学科人才培养和跨学科研究方面虽已起步,但还没有取得突破性发展。学科定位、学科方向上的差距势必带来学科布局、学科结构等的不足,从而阻碍着我国人文社会科学国际化发展进程。

其次,我国人文社会科学在研究范式、研究方法上还存在一定程度的滞后。新中国高等教育在很大程度上是模仿苏联模式建立与发展起来,在学科发展上主要是采用马克思主义话语研究范式、研究方法。改革开放以后,随着国际文化与学术交流的不断深入,西方学术话语谱系、西方科学研究范式以及西方数理模型分析等科学方法纷纷引入,打破了我国人文社会科学原有单一的研究范式和单纯的理论研究方法;同时,对中国传统文化的重新认识、重新评价与重新挖掘,也焕发了中国传统学术话语、学术范式的新生命。正是在对现代西方学术发展成果的借鉴、吸收、为我所用中,在对中国传统文化的继承、创新和发展过程中,我国人文社会科学开辟了以马克思主义为指导,多种学术话语、多元研究范式、多样科学研究方法并用的新局面。但在另一方面,在研究范式与研究方法上,我国人文社会科学对西方科学研究范式、研究方法的吸收与借鉴还不够娴熟、不够自如,对西方前沿研究范式的理解与运用还不够透彻、不够恰当,对西方最新研究方法、分析工具还不甚明了,学术表达与学术交流方面仍与国际一流水平的要求有一定差距。加之中国传统学术研究范式的国际影响力在总体上仍然有限,尚未成为国际学术主流,因而在学术研究范式与研究方法上的进一步改善和提高,是推进我国人文社会科学国际化进程的一项基本任务。

表1 美国一流的金融学、统计学学科发展的共同趋势①

		美国宾夕法尼亚大学、西北大学② 金融学学科共性	美国斯坦福大学、卡内基梅隆大学③ 统计学学科共性
学科定位	前沿性、实践性运用性	研究领域聚焦于银行业和金融制度、公司理财、国际金融、货币管理、投资管理、资本市场;强化金融实务教学与研究: • 开设一系列关于特定投资银行运行、华尔街金融改革和保值基金、LBO基金近期发展的金融课程 • 西北大学投资银行与资本市场(IBCM)项目,由来自投资银行、华尔街、金融协会资深专家授课。 • 注重经济学、数学、统计学分析技术的运用与培养	注重统计学运用: • 具有工程、计算、物理以及生物科学等理工类学科背景学生广受欢迎 • 强调统计技术运用而非纯粹统计理论发展 • 加强统计学运用与多学科密切联系,如与经济学、教育学、电子工程、地理和环境科学、卫生健康研究和政策、政治学等文理学科

---

① 美国大学2007年金融学专业排名中,宾夕法尼亚大学(沃顿商学院金融系)排名第一,西北大学(凯尔洛格学院金融系)排名第十;美国大学2007年统计学专业排名中,斯坦福大学(统计系)排名第一、卡内基梅隆大学(统计系)排名第十。资料来源:美国 U. S. News & WORD REPORT,http://www.usnews.com。

② 宾夕法尼亚大学金融学:http://www.wharton.upenn.edu/faculty/acad_depts/fncedept.cfm;西北大学金融学:http://www.kellogg.northwestern.edu/finance/index.htm。

③ 斯坦福大学统计学:http://www-stat.stanford.edu;卡内基梅隆大学统计学:http://www.stat.cmu.edu。

续表

		美国宾夕法尼亚大学、西北大学① 金融学学科共性	美国斯坦福大学、卡内基梅隆大学② 统计学学科共性
学科方向	跨学科学位项目	宾夕法尼亚大学跨学科项目： • 管理科学与应用经济学博士学位项目	斯坦福大学跨学科项目： • 金融数学硕士学位项目（与经济管理系、科学工程系、商学院联合培养） • 卡内基梅隆大学跨学科项目 • 统计学和公共政策博士学位项目（与海因兹公共政策管理学院联合培养） • 统计学和机械制造博士学位项目（与机械制造系联合培养）
	跨学科研究	• 涵盖信息技术、统计学、人力资源、战略、市场、经济学、工程学等多学科研究领域	• 学科领域向文、理、工、医、管理及应用等领域纵深发展 • 卡内基梅隆大学统计学研究领域还拓展到神经系统科学、宇宙学、地震学、遗传学等最热门前沿学科

最后，作为推动人文社会科学发展的主体，教师队伍的整体国际化水平偏低以及教师个人的国际学术能力的参差不齐，是阻碍我国人文社会科学国际化发展的又一个重要因素。从教师队伍整体来看，除极少数个别高校、个别学科外，目前我国人文社会科学教师队伍国际性程度较低，获得海外博士学位的教师比重明显偏低，在国际

---

① 宾夕法尼亚大学金融学：http://www.wharton.upenn.edu/faculty/acad_depts/fncedept.cfm；西北大学金融学：http://www.kellogg.northwestern.edu/finance/index.htm。
② 斯坦福大学统计学：http://www-stat.stanford.edu；卡内基梅隆大学统计学：http://www.stat.cmu.edu。

学术领域知名的或有重要影响的学者少,国际获奖学者少之又少,在国际重要学术期刊发表论文的教师不多,能进行较高水平的全英文授课的教师也不多。从教师个人看,教师国际学术能力个体之间存在不同水平的差异(见图1),国际发表与国际交流能力均强的教师是极少数人,多数教师属于第三类即国际发表能力弱、国际交流能力强,第二类、第四类教师各占一部分。因此,采取多种措施多种途径,大力加强教师个人国际发表与国际交流能力的培训与提高,积极推动教师队伍国际性整体水平的提高,是推进我国人文社会科学国际化的必然要求。

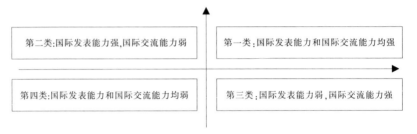

图1 我国人文社会科学教师个人国际学术能力差异国际发表能力

此外,在我国现阶段,对教师国际学术能力的重视、教师对国际发表的热情与动力,与学术绩效考核制度密切相关。然而,现有的学术绩效考核制度与标准,并没有显示出对国际化发展的特别倚重,缺乏学术绩效考核与评价的国际化导向和正面激励,是关系到教师国际性水平提高、进而影响我国人文社会科学国际化发展的制度性因素。特别是当国际发表所需投入大,投稿周期长、评审费用高等不利条件下,学术考核与评价机制上要提倡和鼓励教师积极从事国际学术研究;制定国际人文社会科学核心期刊目录,在适当时机参照国际标准自主创办一流的英文学术期刊,为教师国际发表提供便利创造条件;在教师职称评聘、岗位聘任、任期考评等方面对于国际发表给予重点倾斜与支持,从而有效地带动教师国际发表等学术能力的提升,真正促进我国人文社会科学国际化发展。

三、关于人文社会科学国际化发展过程中应正确处理的关系问题

我国经济社会发展、综合国力水平与西方发达国家仍有一定差距，我国人文社会科学水平与国际一流的人文社会科学水平仍有明显距离，这在根本上决定着我国人文社会科学要达到世界一流水平、要在国际学术领域占据主要席位或主流地位，绝非一朝一夕之功，也非一蹴而就。以"自主创新、内涵提高"为主的我国人文社会科学国际化道路将是一个较长期的过程。在这个过程中，建设我国人文社会科学必须正确处理好以下五个关系：

第一，战略与战术的关系。在战略上，要充分认识到我国人文社会科学国际化的重要意义，充分发挥人文社会科学在提升国家文化软实力、扩大文化国际影响、促进国际文化交流的作用与职能；在战术上，既要重视对国际学术规范、标准等国际学术秩序的了解、遵守与借鉴，重视国际发表，更要充分发挥国际宣传、引荐、推广等多种形式多种渠道的国际交流活动，通过广泛、深入的交流来扩大我国人文社会科学的国际吸引力、影响力和竞争力。

第二，形式与内容的关系。以"自主创新、内涵提高"为主，借鉴与遵循国际学术标准为辅的我国人文社会科学国际化道路必然要求形式与内容多样性的统一，即统一于我国人文社会科学达到国际一流水平的最终目标，形式上包括国际科研合作、国际会议、国际学术访问、国际论文发表、学生联合培养与交流、全英文课程与学位项目、文献互译等各种国际形式的全面参与；内容上则因学科不同特点而易，对国际通行学科则积极融入、力争"入主流、在前沿"，对中国特色学科，则当仁不让，积极谋求国际上的中国学术话语主导权，促进中国文化、中国经验的国际交流、总结与传播。

第三，本土化和国际化的关系。在整个人类的经济文化生活日益全球化的今天，当知识的创造与积累越来越成为一种由不同国家的学者共同进行的事业时，人文社会科学日益成为跨越国界的研究领域，各国人文社会资源和人文社会科学发展优秀成果的交流、共

享、渗透与融合推动着人文社会科学本身的繁荣与发展。在这个意义上,人文社会科学的国际化成为人文社会科学发展的同义语。另一方面,基于民族文化与历史传统、价值观念和心理习惯、现实社会土壤的差异,人文社会科学的生命力仍深深扎根于本国的历史与现实之中。因而,我国人文社会科学的国际化发展,必须坚持"和而不同",既要以开放、大度的心态,积极"拿来",善于辨别,关注和吸收国际人文社会科学优秀成果和最新发展,又要深刻地体认和尊重本土历史文化传统,立足于对我国文化传统和我国社会发展实践的深入理解和系统研究,形成以中国现实、中国现象、中国问题为根基又与世界人文社会科学知识进展相契合的研究意识与水平,要大胆"走出去",善于对外推广,从而与国际学术界进行平等的、实质性的交流对话,确保人文社会科学的中国特色、中国风格、中国气派。可见,本土化是我国人文社会科学国际化的前提,而国际化则是我国人文社会科学本土化的提升和超越。

第四,传统与创新的关系。创新特别是原始创新,是知识和学术的生命之源,也是保持和焕发我国人文社会科学生命力、提升我国人文社会科学国际性的必经之路。然而,创新本身是一个过程,是需要条件准备、基础积淀以及"机缘"或"灵光"或"顿悟"等偶然因素的作用。这一点对于一切科学的创新都是适用的。人文社会科学,作为承载和记录人类自身发展轨迹及自我提升的艰辛和感受的历史性科学,它的创新与发展恰恰是建立在对人文社会科学传统及其各个历史阶段优秀成果的积累和传承之上,人文社会科学的发展也正是在传统与创新的互动中不断前进。同样的,我国人文社会科学国际化发展,也需要对中西文化传统及其精华加以很好的学习、积累与吸收,为学术创新做好铺垫和准备。离开了传统、没有积累、为了创新而创新的做法,不仅创不了新,反而滋长了浮躁的学风。这种急功近利的"创新"无助于人文社会科学的发展,反而会落得为国外同行嗤笑的尴尬,影响我国人文社会科学国际化进程。

第五,"竞争性"与"吸引性"的关系。人文社会科学是对人文科学和社会科学的统称,包含多个学科门类和众多具体学科。根据这些学科与国际相应学科相关性的程度,大体上可以将我国人文社会科学分为两大类：第一类是"竞争性"学科，即国际性相关度高因而应积极参与国际竞争的学科，主要是指经济学的主要学科领域，特别是金融学、数量经济、统计学等大部分应用经济学，法学中的国际法学，社会学，以及工商管理、公共管理等相当部分社会科学；第二类是"吸引性"学科，即国际性相关度偏低、属于中国原生态的、对外具有较强吸引力因而应积极参与国际交流、国际推广的学科，主要指国学、中国哲学、中国历史、中国语言文学、中国美术、中国戏剧戏曲等绝大部分人文学科以及政治学中的中共党史、社会学中的民俗学、民族学中的中国少数民族艺术等部分社会学科。因此，在人文社会科学国际化发展中，对于"竞争性"学科与"吸引性"学科不能简单地一概而论，应针对其不同特性在国际化的具体要求、国际化发展战略与举措、国际性评价结构与评价方法、评价指标体系的设计等方面有所区分。

国际化:社会科学研究的蜕变与革命
——关于我国社会科学研究国际化战略的前瞻思考

殷冬水　曾水英

自 20 世纪 80 年代社会科学在我国恢复重建以来,有关社会科学研究的国际化和本土化,始终是我国社会科学发展中面临的两个重要、迫切且密不可分的问题。一方面,我们有融入国际学术共同体、让我们所生产的知识产品赢得国际学术共同体尊重、理解、接受、欣赏和消费的国际化需求;另一方面,我们也有摆脱文化殖民和学术依附状态、寻求学术独立和为国际学术界贡献才智的本土化雄心。改革开放 30 多年来,我国人文社会科学研究有了较大发展,人文社会科学国际化程度也有了较大提升,我国社会科学研究正在经历一场研究国际化的蜕变和革命。然而,必须指出的是,我国社会科学国际化水平仍有待进一步提升,部分学科的研究还处于国际学术话语圈之外。虽然目前国内的社会科学研究拥有庞大的研究队伍,但"在国际主流文科类刊物上鲜见有中国学者的成果"[1],在国际学术话语体系中,仍很少有来自我国的声音,社会科学研究仍处于"集体失语"状态,"这是让中国社会科学的组织者、规划者、引领者和评估者严重失望与苦恼的问题"[2]。跟上国际化的发展趋势,增强社会科学领域

---

[1] 邹诗鹏:《"人文社会科学研究国际化"的质疑与反思》,《中国社会科学报》2010 年 3 月 18 日。
[2] 高丙中:《海外实地调查与中国社会科学的国际化》,《中国社会科学报》2009 年 9 月 22 日。

国际学术对话的能力,仍是今后我国社会科学发展的一个重要目标。那么,何谓社会科学研究的国际化呢?社会科学研究为何要推进国际化和实施国际化战略呢?如何推进和实施社会科学发展的国际化战略呢?这是本文要回答的三个问题。

一

社会科学研究的国际化,既是后发国家在现代化背景下为提升学术研究水平、获得后发优势所兴起的一场学术运动,也是后发国家知识界在国际学术话语权配置不平等的条件下主动融入国际学术圈、适应国际学术市场、寻求国际学术圈认可的一个漫长学习过程。社会科学研究的国际化,要求后发国家知识界能面向国际学术市场进行知识生产,要求其所生产的知识产品被国际学术界尊重、理解、接纳、承认和共享。社会科学研究国际化的过程,实质上是知识生产的封闭状态、知识产品传播的不平等状态、知识生产主体的霸权状态不断改变以及知识产品共享程度不断提升的过程。对后发国家而言,社会科学研究的国际化,体现为其研究将面临三个复杂的转变过程。

首先,社会科学研究的国际化,体现为社会科学研究从封闭研究向开放研究转变。改革开放以来,我国社会科学界认识到"交流是科学及其发展的一个极富生命力的组成部分"[1],极力提升社会科学研究合作的水平。目前,我国社会科学研究开放程度有了很大程度提高,走出国门的学者越来越多,不同国家与地区之间的学术交流合作也越来越频繁。然而,整体说来,我国社会科学研究成果的国际认可度不高,"中国的人文社会科学工作者在国际上的声音则十分微弱"[2],学术研究仍有一些封闭色彩。我国社会科学研究的封闭性,一是体现在社会科学内部各个学科之间的学术研究相互隔离、缺乏交流与合作;二是社会科学研究方法的滞后,大多数研究仍停留在文

---

[1] [美]J.布里顿:《社会科学的国际性:情报传递的含义》,岳啸译,《国外社会科学》1985年第2期。
[2] 王宁:《人文社会科学评价的多元化和国际化标准》,《重庆大学学报(社会科学版)》2009年第4期。

本研究阶段,研究者仍习惯于传统的坐在"书斋"做学问的方式,不太了解社会的实际状况,研究成果的政策咨询功能较弱;三是我国社会科学的研究,大多数未向国际学术界开放,研究成果停留在国内学术研究的不断复制和再生产的阶段。一些社会科学研究者视野狭隘,对国际学术界研究的前沿问题,国际学术市场的真正需要,所从事学科学术机构研究实力的全球排名情况,所从事研究领域的国际学术期刊,以及所从事研究问题的知识谱系和研究现状不甚了解,进而难以对自身研究所产生的学术贡献进行客观而准确的评价。这三种封闭性使得我国社会科学的部分研究成果具有自娱自乐和自我欣赏的色彩。因而,提升社会科学研究的开放性,是我国社会科学研究国际化努力的一个基本方向。

其次,社会科学研究的国际化,体现为社会科学研究从独立研究向合作研究转变。我国社会科学学术研究合作程度低,一是体现为国内学者与研究团队的内部合作程度低;二是体现在国际化的研究课题中国内学者与研究团队的参与程度低;三是体现在国内学者的研究课题中国外学者与研究团队的介入程度低。改革开放以来,我们国家开始逐渐组建社会科学领域的学术研究团队,并取得一定程度发展,逐渐完成了从以学科为中心到以社会问题为中心的团队发展理念的转变。社会科学研究要求直面社会问题,满足社会发展的重大需求,围绕这些问题展开跨学科的合作研究,组建学术研究团队。围绕社会重大问题,我国社会科学学者确实展开了大量合作研究,组建了诸多学术团队。然而,整体说来,与自然科学的研究团队相比,大多数社会科学研究团队的合作研究程度仍较低,处于分散研究、独立思考的状态。学术研究团队成员缺乏明确的学术分工,成员之间也缺乏真正的学术合作,甚至可能出现非学术意义的相互贬低、人身攻击。与此同时,我国社会科学研究,院系与校际之间的合作大多数也停留在形式层面。这种形式上的合作,更多是国内各个学术团队为了争取学术资源所采取的一种策略。改革开放以来,我国政府创造诸多条件,支持国内学者参与国际学术交流与合作,派遣了诸多访问学者以及研究生到世界著名学府去学习、交流与访问。与自然科学领域的学者较好融入国际学术界的状况相比,我国社会科学学者由于研究水平的制约，尤其是研究方法的滞后，对于海外学者所主持的跨国研究很难有实质意义的参与，社会科学领域的国际合作大多数停留在形式上，更多的是西方社会科学知识体系的单向输入。我国社会科学研究国际化程度低，也体现在我国展开的社会科学研究课题，国外的学术团队也很难有实质意义的介入。社会科学项目研究，从人员结构配备上，缺乏国外学者与研究团队的参与，这不利于社会科学研究的国际化，助长了学术研究的封闭性。

最后，社会科学研究的国际化，体现为社会科学研究成果从自我欣赏到知识共享的转变。社会科学研究的国际化表达了一种强烈输出本土知识的愿望，这种愿望"要使中国的知识产品走向世界，让世界听到中国的声音"①。改革开放以来，我国社会科学的研究成果，部分被国际学术界所接纳、承认和认可。然而，整体而言，我国社会科学研究成果的国际认可度仍较低，据相关统计，截至 2007 年度，被 SSCI 收录的 1960 种刊物中，大陆地区主办的刊物只有两种。我国社会科学研究成果的国际认可度仍较低具体表现在如下三个方面：一是国内社会科学研究成果在国际学术期刊发表的数量偏低；二是国内社会科学研究成果所发表的国际学术期刊层次不高，大多只在汉学界有影响力，并且影响因子较低，在专业刊物排名也往往较靠后；三是已在国际学术期刊发表的部分社会科学研究成果国际认可度低。统计发现，"1978—2007 年，我国大陆发表的 SSCI 论文总量为 6548 篇，年均 218 篇。1978—2007 年，我国大陆发表的 SSCI 论文总数占同期世界 SSCI 论文总量的 0.16%"②。一些学者将这种状况归因于西方话语的霸权、意识形态的偏见抑或语言上的障碍。虽然这些可能都是造成这种状况的原因，但更重要的原因可能还是我国社会科学研究方法滞后、研究水平较低所致。在我国社会科学界，一方面一些学者极力推崇社会科学研究的国际化，倡导与国际学术接轨；另一方面一些学者则在极力倡导社会科学研究的本土化，提醒

---

① 朱剑：《学术评价、学术期刊与学术国际化——对人文社会科学国际化热潮的冷思考》，《清华大学学报（哲学社会科学版）》2009 年第 5 期。
② 刘莉：《改革开放三十年我国大陆 SSCI 论文定量研究——兼论社会科学研究国际化》，上海大学博士论文，2009 年 7 月答辩。

社会科学研究应防止被西方文化殖民化。实际上,我国社会科学发展的任务是双重的,双重任务之间存在一定张力,但并不总是相互矛盾。一方面,我国社会科学研究必须融入国际学术界,在模仿中发展;另一方面,我国社会科学研究也必须直面中国社会的情境,在探索中创新。社会科学研究的国际化进程,既要反对拿来主义,也要反对排外主义,既要反思我们究竟需要什么样的国际化,也要反思我们究竟需要什么样的本土化。拿来主义的国际化,排外主义的本土化,都会成为社会科学研究发展的障碍。必须承认,当下我国社会科学研究国际化程度不高,一是社会科学研究成果难以发表在国际期刊上,难以为国际学术界共享和承认,二是社会科学界对发表在国内学术期刊的研究成果,存在相互吹捧的现象,缺少客观且严肃的学术批评,尤其是一些刊物的《书评》栏目失去了它应有的作用。

二

社会科学研究为何需要国际化,研究的是我国社会科学研究国际化的必要性、重要性和紧迫性。

首先,社会科学研究国际化,是经济全球化时代的内在要求,也是我国实施对外开放战略的重要内容。在经济全球化背景下,国与国之间的依赖性增强了,居民所面临的社会风险增加了。依赖性的增强和社会风险的增加,使得任何国家都难以摆脱全球合作体系、完全独立自主地发展。在经济全球化背景下,"中国虽在世界之中却在世界结构之外,是'世界游戏'的局外人"[①]的状态已完全改变,社会科学研究难以封闭发展。经济全球化提升国与国依赖性的同时,也对国与国之间的合作提出了更高要求。在全球化背景下,人类面临越来越多的全球性问题,比如全球气候变暖问题、能源危机问题、粮食危机和生态危机问题等,这些问题需要全球合作应对,"共同的研究问题促进学术的国际化和全球化"[②]。在应对这些全球性问题的

---

① 邓正来:《全球化时代的中国社会科学发展》,《社会科学战线》2009 年第 5 期。
② 李正风等:《试论"学术"国际化的根据、载体及当代特点与趋势》,《自然辩证法研究》2002 年第 3 期。

过程中,各国政府的作用是至关重要的,国际学术界的专业知识也是不可或缺的。应对这些问题,国际学术界有其专业优势,也有其合作研究的机制与学术交流平台,更有影响各国政府决策的途径和手段。社会科学研究国际化,是经济全球化时代的内在要求。社会科学研究国际化,为各国共同应对全球性的问题奠定了知识基础,也为各国政府间的合作提供了共同交流的平台。在经济全球化背景下,面对这些全球性的问题,无论是发达国家还是发展中国家的知识界,都应有强烈的参与意识、责任意识、人类意识和相互依存的观念,积极参与全球问题的治理,为提高人类整体生活质量勇担责任、贡献智慧。对后发国家而言,社会科学研究的国际化,一个重要价值在于它为后发国家知识界参与全球问题的应对提供了机会,为人类消除发展中的不利因素创造了条件。社会科学研究的国际化是我国对外开放战略的重要组成部分。众所周知,我国的对外开放战略不是局部的,而是全方位的。全方位的开放战略不仅要求政治和经济领域开放,也要求社会和文化领域的开放,社会科学研究的国际化则是文化领域开放的内在要求和重要体现。这种开放战略既有利于传递中国学者的声音,在应对全球问题中提升本土知识的影响力,也有利于发挥国际学术共同体在推动我国社会文明进步中的作用。

其次,社会科学研究国际化,是提升我国社会科学研究水平的重要途径。如何提升社会科学研究的整体水平,一直是我国社会科学发展面临的一个重要问题。社会科学研究的国际化,有利于国内社会科学界了解国际学术前沿动态,站在国际学术视野研究前沿问题,展开学术对话,加强学术交流与合作,减少学术研究的重复建设现象,降低"对个人生命和公共资源的浪费"[①]。20世纪以来,社会科学研究领域,后发国家与发达国家在学术研究水平上呈现出了一定差距,社会科学研究国际化的过程,实际上是后发国家向发达国家不断模仿和学习的过程,这种模仿与学习有利于缩小后发国家与发达国家在学术研究水平上的差距,降低后发国家学术研究探索的成本。

---

① 刘景钊:《20世纪西方哲学的主流与中国学术的国际化——蔡曙山教授访谈录》,《晋阳学刊》2006年第2期。

社会科学研究国际化,有助于我国社会科学界了解知识生产所依赖的知识谱系和学术传统,准确把握不同领域不同问题的学术研究现状,提升社会科学学术产品的评价能力,这种评价能力既有利于我国社会科学界客观评价自身的研究水平,也为我国社会科学界提升现有的研究水平指明了努力方向。社会科学研究的国际化,有利于我国社会科学界了解和掌握多元的学术研究方法,针对不同问题,选择不同研究方法展开研究,进而提升我国社会科学研究成果的多样性和竞争力,改变我国社会科学研究方法陈旧和单一的状况。当然,对我国社会科学研究水平的提升而言,社会科学研究国际化的另一重要意义在于,它有助于我国社会科学界了解国际学术界知识的生产机制、传播机制和评价机制。这些机制的存在有利于优秀学术人才的选拔,也有助于人才很好地分流。

最后,社会科学研究国际化,是完善国际学术共同体学术生态结构的重要手段。当前,国际学术共同体的学术生态由如下两种相互矛盾的状态构成:一方面,国际学术共同体尊重学术研究的自由,倡导学术研究的独立和研究主体之间的相互平等,鼓励不同研究主体之间的合作与平等对话,通过对话来达成共识;而另一方面,国际学术共同体内部无论是在知识生产,还是在知识传播和评价上,都存在严重不平等。知识生产的不平等体现为发达国家的社会科学研究有更为悠久的历史,有更为优越的条件来吸引全世界优秀的学术人才,也能获得政府和民间机构提供的更为丰富的资源。这些使得发达国家社会科学研究具备了一些先在的优势,有这些先在的优势和政府的支持,相对于后发国家而言,发达国家有更强的知识生产能力。在学术研究成果的传播上,国际共同体内部的不平等也是显而易见的,从学术传播的语言看,英语是国际学术界知识传播和思想表达的主流语言,文化的差异容易导致英文学术期刊对那些非英语的学术研究成果采取排斥、贬低和不承认的态度,"在今天要想真正进入英语学界,就必须用英语来写作"[1],使得非英语国家的社会科学研究国际化面临一定障碍,也限制了我国社会科学成果的传播范围。在学

---

[1] 梁建东、张隆溪:《当代中国学术的国际化——与张隆溪教授的访谈》,《学术界》2010 年第 9 期。

术研究成果的评价上,不平等也是存在的,非英语国家社会科学研究成果难以进入国际主流学术界。显而易见,学术生态所存在的诸多不平等,对国际学术共同体的健康发展是有害的,容易造成思想僵化,不利于学术研究的进步。社会科学研究的国际化,对于改变目前国际学术共同体这种结构上的不平等具有重要意义,有助于国际学术共同体内部合理分工,也有利于不同研究群体之间的相互了解和相互尊重。

三

社会科学研究如何国际化,研究的是我国社会科学研究国际化的战略、途径和方法。

首先,社会科学研究国际化,要关注中国问题,对中国问题进行深度研究。对于我国社会科学界而言,研究中国问题、对中国问题进行深度研究,这既是其应尽的学术责任,也是其研究迈向国际化的一个重要环节。中国问题是我们熟悉的,与我们自身的生活密切相关,更为重要的是,伴随着中国的发展,中国问题也是国际学术界高度关注的。学术研究应该关注我们的生活,也应该关注政治共同体的共同命运。相对于其他学术研究者而言,我们对自己国家的历史更为熟悉,有更深切的生活感悟,对公共生活面临的问题有更深刻的了解,正是这些生活积累和生命感悟,使得我们在中国问题的研究上,有着国外学者无可比拟的学术研究优势。这种优势是国内社会科学研究融入国际学术界、向国际学术界进行知识输出的基础。改革开放 30 多年来,我国发生了翻天覆地的变化,在没有遵从西方既有发展模式的条件下实现了经济的增长、社会的稳定和繁荣,积累了大量"中国经验","对中国发展经验的理论解释则为中国社会科学走向世界提供了可能"①。社会科学研究国际化,之所以要对中国问题进行深度研究,另一个原因是中国问题是国际学术界高度关注的问题。我国是一个重要的、有影响力的国家,有超过 13 亿的人口,有巨大的

---

① 邓正来:《全球化时代的中国社会科学发展》,《社会科学战线》2009 年第 5 期。

规模经济。作为最大的发展中国家,我国在国际事务中发挥着越来越重要的作用。正是这种变化,使得国际学术界有兴趣来了解这个国家,认识这个国家。国际学术界对中国感兴趣,主要是因为中国问题有着非同寻常的学术意义,为社会科学研究提供了丰富的素材,"通过对地方性问题的研究所得出的地方性知识上升到普遍性的理论,才能更有效地参与国际对话,才能实现中国社会科学走向世界的目的"①。中国正经历巨大变化,从农业文明向工业文明、传统社会向现代社会转型,有关中国政治的未来是难以预测的。正是这种不确定性,增加了学术探索的趣味性,"这为中国社会科学研究者创造一流学术成果、为国际学术界做出重要贡献提供了宝贵的机会"②。与此同时,中国代表了一种特殊类型的文明,这种文明是漫长的、连续的、特殊的、影响深远的,在经济全球化时代,了解、认识这种文明,是社会科学工作者共同的责任。

其次,社会科学研究国际化,要强调社会科学实证研究方法的学习和运用,提升社会科学研究成果的科学化水平。"20世纪社会科学在学术史上的最大贡献,在于科学方法的导入和经验分析的实证研究范式的兴起,提供了诸如观察、访问、实验、模型、统计分析和系统分析等一系列科学研究或分析的方法和技术。"③长期以来,我国社会科学工作者都十分注重中国问题的研究,发表了大量学术研究成果,然而,这些研究成果很少发表在国际学术期刊上,在国际学术界也很少产生影响。这一事实说明,研究中国问题、对中国问题进行深度研究,只是我国社会科学研究国际化的一个环节。我国社会科学研究要真正实现国际化,社会科学研究成果要真正被国际学术界承认,从研究方法上来看,还得进行一场类似于美国曾经发生的"行为主义革命",改变文献研究方法的主体地位。目前国内有的社会科学研究,要么注重西方学术思想的传播,要么注重西方学术思想的重新注解;研究路径要么是哲学思辨的,要么是注重历史文献考据的;研究成果大多数是定性的,量化程度低,理论验证和发展功能较弱。

---

① 郭苏建:《新世界秩序与中国社会科学走向世界》,《中共浙江省委党校学报》2011年第1期。
② 彭玉生:《"洋八股"与社会科学规范》,《社会学研究》2010年第2期。
③ 陈剩勇:《社会调查与社会科学研究》,《浙江社会科学》2001年第2期。

文献研究法使部分社会科学工作者习惯坐在书斋做学问,他们缺乏走出书斋进入社会生活场景的勇气,缺乏对中国问题深度研究所需要的社会科学实证研究方法训练,缺乏实证研究所需要的各种人力、物力和财力。虽然一些社会科学工作者受到政府和民间机构的支持进入了研究现场,但大多数缺乏社会科学方法的系统训练,缺乏实证研究所需要的大量资源,缺乏理论化分析调研数据的能力,这使得他们展开的学术研究难以被国际学术界所承认。必须承认,我国社会科学实证研究虽取得了一定进展,但整体而言,我国社会科学实证研究方法的运用程度仍很低,不同学科之间存在实证研究水平的不均衡现象,这些都可能成为阻碍我国社会科学研究国际化的重要因素。需要指出的是,强调社会科学研究的实证研究方法,并不是要彻底否认文献研究的重要性,更不是全盘否定传统研究路径的价值,而是要呼吁改变社会科学研究方式的一元化状态,实现不同研究路径和谐发展,共同进步。

再次,社会科学研究国际化,要继续实施开放的研究战略。"走向开放是中国哲学社会科学走向繁荣发展的必由之路。"[①]实施开放的研究战略,就要打破社会科学内部相互隔绝、缺乏合作的状态,提升国内社会科学研究水平,进入国际学术界展开实质性的学术对话和学术合作,组建有国际学术视野的学术研究团队。从学术合作的角度上看,既要继续鼓励"走出去",也得倡导"请进来"。从社会科学研究的角度看,研究者应熟悉自己所研究问题相关的学术期刊,定期追踪这些学术期刊的研究成果,提升消化这些成果所需要的语言能力和学术能力,及时向国内传递相关的学术信息。社会科学工作者应改变完全依赖中文图书以及中国知网等数据库做学问的习惯,将阅读范围拓展到 JSTOR,PROQUEST 等数据库所提供的文献,真正做到面向国际学术界进行知识生产。社会科学研究国际化的推进过程,要求国内社会科学工作者既要在国际具有影响力的学术期刊上发表学术论文,也要在国际有影响力的学术出版机构上出版学术专著,更应在一些有重要影响力的学术机构担任职务,并善于通过国

---

① 卓泽渊:《中国哲学社会科学发展的国际化策略》,《中国高等教育》2003 年第 2 期。

际学术会议增加来自中国学者的声音。与此同时，我国社会科学工作者应了解自己所从事专业的相关学术机构的研究实力，熟悉所研究问题的知识谱系，在阅读学术文献和强化学术合作过程中熟悉国际学术界知识生产、传播和评价的机制，为改变国际学术共同体的学术生态而不断努力。在社会科学国际化过程中，我们不仅应学习发达国家学术研究的成果，而且也应借鉴其他后发国家社会科学研究的一些成功经验。当然，与自然科学知识的生产存在不同，社会科学知识的生产，容易受到意识形态的更多规制，也会受到更多利益团体的影响，社会科学工作者有责任协调好他们与政府以及各利益团体的关系，为学术研究的优化赢得更多的政府支持与社会资助。

最后，社会科学研究国际化，要鼓励学术研究的分工，倡导做小学问，提升学术研究专业化水平。人文社会科学的知识生产是有规律的，在社会科学研究中，一方面强调研究者要有宏大视野，对各个学科的发展有一定程度的整体了解；另一方面则强调研究者之间有密切的学术分工，研究者应有长期关注的学术问题和稳定的研究领域，专注于该学术问题的学术研究，保持学术研究的稳定性和连续性。整体而言，我国社会科学研究专业化水平较低，这表现在如下三个方面：一是一些研究者缺乏稳定的研究领域，未对所关注的问题进行长期、系统而深入的研究，学术研究具有很强的应景色彩；二是研究者之间缺乏明晰的学术研究分工；三是研究者所撰写的学术论文和所授课程，都具有宏大叙事的特点。与我国社会科学研究专业化水平较低形成反差的是，国际学术界的学术研究具有很强的专业化特点。在国际学术界，社会科学研究不同学科存在明确的分工，不同学科研究不同社会现象，关注不同社会问题。即便是同一社会科学内部，不同学者之间在学术市场激烈竞争中也形成了不同分工，这种分工既是深化学术研究的内在要求，也是社会科学研究学术合作的需要。社会科学研究的分工，在提升社会科学研究整体水平的同时，也可能限制研究者的视野，分工可能造成不同学科之间的分割，可能造成不同学科之间缺乏真正的整合。对于我国社会科学研究而言，目前最为紧迫的任务是如何推进学术研究的分工，如何在分工的基础上产生大量的致力于做小学问的专家，如何在产生大量做小学问专家的基础上产生做大学问的大师。从知识生产的角度看,没有大量做小学问的专家,就难以产生名副其实的做大学问的大师。对于我国社会科学研究国际化而言,一个最大障碍是我国社会科学研究分工程度较低,做小学问的学者较少,学术研究成果深度不足,难以和国际学术同行展开对话,也无法在知识增量上作出真正的贡献。

高校哲学社会科学研究"走出去"问题与对策
——对高校科学研究优秀成果奖的数据分析

陈 平

2011年11月,中共中央办公厅、国务院办公厅转发《教育部关于深入推进高等学校哲学社会科学繁荣发展的意见》,明确提出了实施哲学社会科学"走出去"战略。根据两办意见精神,教育部、财政部出台了《高等学校哲学社会科学繁荣计划(2011—2020年)》,"繁荣计划"把推动中华文化"走出去",增强中国国际话语权作为其中一项主要任务。教育部进而出台了《高等学校哲学社会科学"走出去"计划》,全面推动高校哲学社会科学"走出去"工作。高校哲学社会科学"走出去"是中华文化"走出去"的重要组成部分。而高校哲学社会科学学术成果的国际发表和出版是高校哲学社会科学"走出去"的重要路径,也是提升国际学术话语权和影响力的有效手段。

"十一五"期间,高校人才引进、培养力度不断增大,大批具有国际视野、通晓国际学术规则的专家学者已经具备进行国际学术对话的能力。如图1所示,高校教师国际刊物论文发表数量逐年增加,且有增速加快的趋势。这说明中国高校学术研究能力和水平不断提升,科学研究的国际化程度不断提高,国际对话能力有了显著增强。尽管高校哲学社会科学研究国际刊物论文发表数量不断增加,但与论文总体数量相比较仍然很低。如图2所示,高校哲学社会科学研究国际刊物论文发表数量占论文总发表数量的比重不足2.5%,与实现高校哲学社会科学"走出去"的战略目标相比仍有巨大差距。

自 1995 始,教育部设立"中国高校人文社会科学研究优秀成果奖"。2008 年,经国务院批准更名为"高等学校科学研究优秀成果奖(人文社会科学)"。该奖项每三年评选一次,迄今已成功评选了六届,共有 3320 项优秀成果获"高校科学研究优秀成果奖(人文社会科学)"作为口前高校哲学社会科学领域最高级别政府奖项,对学科建设、平台建设、学校科研实力的提升以及获奖者本人均具有重要的意义,在高校有广泛的影响力和极高的公信力,具有明显的导向性。随着中国高校哲学社会科学发展进程不断加快,一批高质量的国际成果逐步涌现,在奖项申报和获奖中也得到逐步体现。

从无到有,虽然增长迅速,但高校哲学社会科学研究国际发表成果申报数量一直偏低,平均每届申报数量占总申报数量不足 3%。整体获奖规模依然偏小,与高校哲学社会科学"走出去"的战略目标要求相去甚远。为此,笔者拟对第四届至第六届"高校科学研究优秀成果奖(人文社会科学)"国际发表成果申报、获奖的基本情况以及学科、学校、获奖者教育背景和年龄分布进行统计分析,以期反映高校哲学社会科学研究国际成果申报、获奖的现状,并以此揭示高校哲学社会科学研究"走出去"存在的问题,进而提出进一步"走出去"的对策建议。

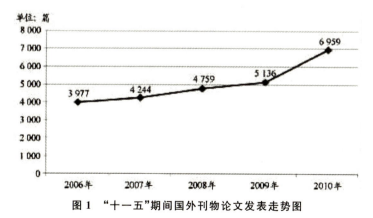

图1 "十一五"期间国外刊物论文发表走势图

注:数据来源于高校社科统计年鉴,图2同。

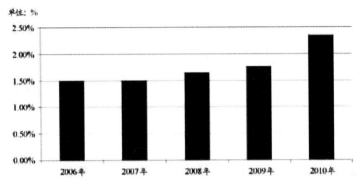

图 2 国外刊物论文发表数量占论文发表总数的比重

一、相关研究回顾

国内对哲学社会科学国际化的研究并不多见,卓泽渊较早提出了哲学社会科学国际化的问题,提出从保持自我、不断创新、全面开放、互动发展四个方面推进哲学社会科学研究国际化进程[①]。赵宴群从中国人文社会科学工作者在 SSCI、A&HCI 期刊发表论文情况进行了统计分析,探讨了影响论文发表的主客观因素,并提出通过加强国际交流、提高研究质量、了解国际学术规则等方面推动中国哲学社会科学研究工作"走出去",提升国际影响力和学术话语权[②]。华薇娜、刘艳华通过对 SSCI、A&HCI 期刊收录的论文按时段进行统计,分析了中国哲学社会科学研究成果国际发表的不同阶段和特征,探讨了对哲学社会科学国际发表贡献较大的学校和学科分布情况[③]。刘艳华、华薇娜、袁顺波也以中国人文社会科学工作者在 SSCI、A&HCI 发表文章为样本对高产作者分布情况进行了探讨,通过对内地学者与香港学者对比,分析了两者间差异和原因[④]。朱有志、胡越福、马贵舫从推动哲学社会科学"走出去"的必要性和可行性

---

① 卓泽渊:《中国哲学社会科学发展的国际化策略》,《中国高等教育》2003 年第 2 期。
② 赵宴群:《对我国人文社会科学工作者在 SSCI、A&HCI 期刊发表论文的分析与思考》,《复旦教育论坛》2010 年第 1 期。
③ 刘艳华,华薇娜,袁顺波:《走向世界的中国高校人文社会科学研究中的高产作者分析》,《中国高教研究》2011 年第 4 期。
④ 华薇娜,刘艳华:《中国高校人文社会科学走向世界的历史进程》,《中国高教研究》2009 年第 12 期。

方面进行了探讨,并提出通过加强研究的国际化,树立精品意识,克服技术性障碍等方面推动哲学社会科学"走出去"①。而朱少强则对哲学社会科学国际化的浪潮提出了思考,认为哲学社会科学研究具有明显的民族性和本土性,不能过于强调适应西方国家的评价标准,而应保持相对的本土化特色②。

前期关于哲学社会科学研究国际化问题的探讨集中于两方面,一是对中国哲学社会科学研究人员在 SSCI、A&HCI 等国际索引文章发表情况进行分析或探讨,通过定量分析探讨哲学社会科学国际化的分布和进程;另一方面是对哲学社会科学研究国际化的重要性、必要性的探讨。而针对高校哲学社会科学国际化的现状和特点的研究并提出有针对性的国际化措施的探讨仍比较欠缺。

对高校科学研究优秀成果奖(人文社会科学)的分析也处于起步阶段。王日春、王玉明以历届奖项的统计数据为基础,分析透视第一到五届高校人文社会科学发展的基本趋势和特征,并提出了新形势下进一步繁荣发展哲学社会科学的建议③。王永斌通过对第四届高校人文社会科学研究优秀成果奖的统计分析,对获奖的学科、学校、地域分布、研究内容、学术影响力进行了分析,并分析了哲学社会科学发展的困境和趋势④。王周谊通过对 2009 年教育部评奖数据的深入分析,揭示高校人文社科研究的总体面貌与发展趋势以及高校之间在整体实力、成果竞争力和学科建设水平方面的差异状况⑤。总体而言,前期研究主要集中于对高校科学研究优秀成果奖(人文社会科学)某一阶段或某一届别的数据进行整体分析,着重探讨某一阶段高校哲学社会科学发展的学科、地域、学校等分布情况和变化趋势。

---

① 朱有志、胡越福、马贵舫:《推动我国哲学社会科学优秀成果和优秀人才走向世界》,《管理论坛》2008 年第 2 期。

② 朱少强:《人文社会科学研究的特征及其对学术评价的影响》,《重庆大学学报(社会科学版)》2007 年第 5 期。

③ 王日春、王玉明:《高校人文社会科学研究的变化与发展——基于历届优秀成果奖的数据分析》,《中国高等教育》2009 年第 20 期。

④ 王永斌:《高校人文社会科学研究学术影响力报告——基于第四届中国高校人文社会科学研究优秀成果奖的实证分析》,《中国地质大学学报(社会科学版)》2007 年第 11 期。

⑤ 王周谊:《高校人文社科研究状况实证分析——以 2009 年教育部奖为例》,《社会科学管理与评论》2010 年第 1 期。

而针对某一具体问题对某一具体方面的数据进行挖掘和分析处理的研究仍有待进一步加强。

二、国际发表成果申报与获奖的基本情况

(一) 申报总体趋势

从申报情况看,近三届高校科学研究优秀成果奖(人文社会科学)国际发表成果申报数量逐届增加,且增幅较大。国际发表成果申报所占总申报量的比重也逐届提高,提高幅度也有不断加大趋势。如第四届申报总数为 51 项,申报数量占总申报数量的 1.78%;第五届申报总数为 119 项,申报数量占总申报数量的 2.28%;第六届申报总数为 213 项,占总申报量的 3.82%。

尽管国际发表成果申报数量纵向比较有了较大幅度的提高,但与整体申报数量相比仍偏低,申报数量最多的第六届也仅占总申报数量的 3.82%,仍有很大的提升空间。

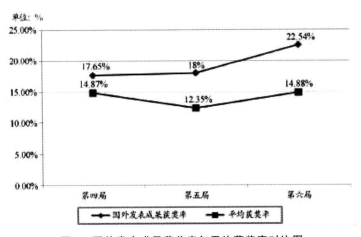

图 3　国外发表成果获奖率与平均获奖率对比图

从获奖情况看,国外发表成果获奖数量逐年提高,获奖数量占总获奖数量的比重逐年提高,如第四届至第六届国外发表成果获奖分别为 9 项、22 项和 49 项。同时,国外发表成果获奖数量占总获奖数量的比例也逐年提高,如第四届高校科学研究优秀成果奖(人文社会

科学)外文成果共获奖9项,获奖比例达17.65%,高于14.87%的总获奖比例,获奖数量占总获奖数量的2.12%。第五届高校科学研究优秀成果奖(人文社会科学)外文成果共获奖22项,获奖数量占总获奖数量的3.47%,获奖率18.49%,远高于12.35%的平均获奖率。第六届高校科学研究优秀成果奖(人文社会科学)获奖49项,获奖比例达23%,高于总获奖比例的14.88%,获奖数量占总获奖数量的5.9%。

从近三届高校科学研究优秀成果奖(人文社会科学)国外成果申报情况和获奖情况看,尽管申报数量偏低,但国外成果获奖比例远高于总体获奖比例。如图3所示,其中获奖比例最高的第六届国外发表成果获奖比例高达22.54%,且国际发表成果获奖比例有逐年提高的趋势,表明国外发表成果质量明显高于平均水平。

(二) 申报与获奖结构

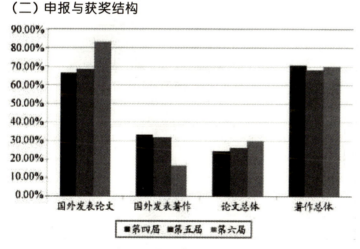

图4 国外发表论文、著作获奖结构与整体结构对比图

从近三届高校科学研究优秀成果奖(人文社会科学)获奖结构看,论文类成果明显多于著作类成果,而这与整体获奖结构有着明显差异。如图4所示,近三届著作获奖占总获奖数量的近70%,而论文获奖占获奖数量的不足30%。国际发表成果获奖情况则与整体情况相反,论文成果获奖数量超过总获奖数量的70%,而著作类成果占获奖数量的不足30%。除申报数量的原因外,也反映出国际发

表论文成果的整体质量较高,而一些最新的研究结果和研究观点能够尽快通过论文公布的特点。

三、国际发表成果申报与获奖的分布

(一)学科分布

如图 5 所示,从国外发表成果申报学科分布看,学科分布越来越广,如从第四届的 14 个、第五届的 18 个,直到第六届 19 个学科,进一步说明高校哲学社会科学研究已经全面开始国际化进程,尤其是管理学、经济学两个学科申报数量占了总申报数量的近一半,其他学科除语言学外,其余均为社会学科。截至第六届,只有马克思主义/思想政治教育、国际问题研究没有国际成果申报。

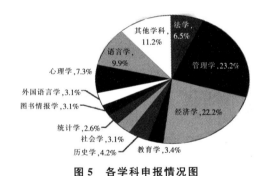

图 5　各学科申报情况图

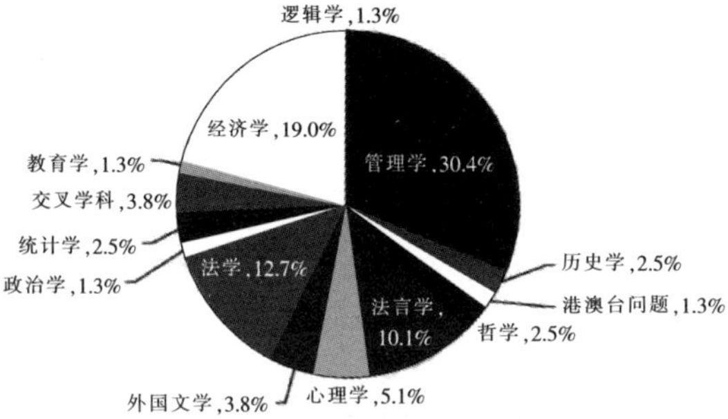

图 6　各学科获奖情况图

从申报成果获奖情况看,各学科申报数量与获奖数量基本呈正相关,获奖情况学科分布如图 6 所示。

（二）获奖学校分布

从获奖单位分布情况看,获奖单位分别从第四届的 6 所、第五届的 14 所,增加至第六届的 28 所高校,近三届共计 38 所高校有国外发表成果获奖。这说明高校哲学社会科学"走出去"步伐和覆盖面越来越广。

从整体数量来说,近三届共有 80 项国外发表成果获奖,在有获奖成果的 38 所高校中,北京大学获奖 19 项,占全部获奖数量的 23.75%,处于绝对领先地位;排名前 7 位的高校获奖数量 41 项,占全部获奖数量的 51.25%,如表 1 所示。

表 1　国外发表成果获奖的学校排名

序号	学校	数量	排名	序号	学校	数量	排名
1	北京大学	19	1	20	华东理工大学	1	6
2	对外经济贸易大学	5	2	21	华南师范大学	1	6
3	清华大学	4	3	22	暨南大学	1	6
4	武汉大学	4	3	23	江苏师范大学	1	6
5	复旦大学	3	4	24	南京航空航天大学	1	6
6	华南理工大学	3	4	25	南京农业大学	1	6
7	中山大学	3	4	26	山东财经大学	1	6
8	北京外国语大学	2	5	27	汕头大学	1	6
9	黑龙江大学	2	5	28	上海财经大学	1	6
10	华东师范大学	2	5	29	上海交通大学	1	6
11	南京大学	2	5	30	天津大学	1	6
12	南开大学	2	5	31	同济大学	1	6
13	厦门大学	2	5	32	武汉纺织大学	1	6
14	浙江大学	2	5	33	西安交通大学	1	6
15	中国科学技术大学	2	5	34	西南大学	1	6
16	北京师范大学	1	6	35	西南政法大学	1	6
17	大连理工大学	1	6	36	中国传媒大学	1	6
18	电子科技大学	1	6	37	中国人民大学	1	6
19	湖南大学	1	6	38	中南财经政法大学	1	6

(三) 获奖者年龄结构

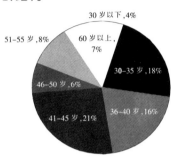

图 7　年龄结构分布图

从年龄结构分布图 7 看,获奖成果发表平均年龄第四届为 47.78 岁、第五届为 40.55 岁、第六届为 41.78 岁,整体呈现年轻化趋势。其中,管理学、经济学、法学、心理学、统计学等社会科学学科获奖成果发表年龄普遍较小,即使存在年龄偏大的个案,多数获奖成果也有中青年教师的参与;而语言学、外国文学、历史学、哲学等人文学科获奖成果发表年龄普遍较高。显然,31－45 岁的中青年学术骨干已经成为获奖成果的主要群体,占到总数的 68.8%。

(四) 获奖者教育背景

从获奖者教育背景看,其教育背景趋于多样化。获奖成果作者从单纯的具有海外教育背景到教育背景多样化,如第四届 9 项获奖成果作者中 8 人有海外教育背景＞1 人具有海外访问学者经历;第五届 22 项获奖成果作者中有 15 人具有海外教育背景＞3 人具有香港教育背景且有海外访问学者经历,3 人具有海外访问学者经历,仅 1 人无海外教育及访学背景;第六届 49 项获奖成果作者中 23 人具有海外教育背景,7 人具有香港教育背景及海外访学经历,13 人具有海外访学经历,6 人没有海外背景。很显然,国家公派留学的访问学者对哲学社会科学"走出去"有着重要的促进作用;香港教育质量与国际接轨程度高,可以有效利用香港这一交流平台推动哲学社会科学"走出去";国内教育质量有了明显提升,一批国内培养的博士也在国外期刊产出了一批具有影响力的高质量成果。

四、对策建议

高校哲学社会科学"走出去"自 2003 年教育部首次出台"繁荣计划"以来取得了长足的进步,一些学者在相关领域产出了一批具有较大影响力的学术成果,积累了良好的经验。2011 年,教育部出台新的"繁荣计划",为高校哲学社会科学"走出去"创造了新的机遇。部分高校也通过各种途径加强国际学术交流,推动哲学社会科学研究"走出去"。整体而言,高校哲学社会科学研究"走出去"仍处于初级阶段,应该通过加强规划和分类指导,以鼓励高校根据自身特点和优势积极探索"走出去"的路径和方式,提升"走出去"的质量和水平。

(一) 充分发挥高校科学研究优秀成果奖(人文社会科学)的示范、引导作用,鼓励教师、科研人员在国外发表高质量成果

由于组织严密、程序公正,历届获奖成果都具有较高的公信力和影响力,高校普遍将其视为哲学社会科学领域的最高奖项。高校科研成果优秀奖(人文社会科学)对高校哲学社会科学发展具有明显的引领、示范作用。近三届国外发表的高质量成果申报数量和获奖数量呈现明显的增长态势,且增速不断加快。在今后的评奖过程中应当进一步加强高校科研成果优秀奖的导向作用,推动高校哲学社会科学"走出去"步伐。

(二) 设立高校外文优秀成果奖

随着高校哲学社会科学繁荣计划的不断推进,高校哲学社会科学"走出去"计划等一批配套计划陆续发布并实施,可以预见高校哲学社会科学"走出去"的步伐会不断加快,国外发表的高质量研究成果会越来越多。国外发表成果申报数量从第四届的 51 项到第六届的 213 项,增速达 418%,预计下一届申报规模将超过 500 项。目前高校科研成果优秀奖(人文社会科学)采取严格限项申报的模式,如果设立外文成果奖并适当增加申报限额,申报规模会有明显提升。通过设立高校哲学社会科学外文优秀成果奖,可以充分发挥政策的

导向作用，引导教师在国际知名期刊、国际著名出版社发表成果。既能弥补当前评价体系中没有专门针对国外发表成果评奖的不足，又能有效加快高校哲学社会科学"走出去"的步伐。逐步建立并完善港澳台及国际专家库，邀请国际知名专家借助信息化手段参与评奖过程。利用国际知名专家通晓国际学术规则和专业知识优势，提升评奖工作的科学性，同时通过吸引国际知名专家参与评审工作可以有效提高高校科研成果优秀奖的国际知名度和影响力。

（三）分学科稳步推进高校哲学社会科学"走出去"

从近三届申报和获奖情况看，管理学、经济学、法学、语言学等学科已经在"走出去"方面积累了相当数量的成果，具备了一定的国际学术对话能力，而心理学、统计学、外国文学、社会学等学科"走出去"步伐也在逐步加快。高校哲学社会科学"走出去"作为一项长远规划，要实现"走出去"计划设定的战略目标需要一个长期的过程。在推进过程中应该充分考虑学科特点和现状，巩固已有良好基础的学科，提升具有较大发展潜力的学科，对符合国家"走出去"战略需求，但基础比较薄弱的学科加大培育和扶持力度，逐步提升其国际学术对话能力。

（四）针对不同学科特点，在推进哲学社会科学人才"走出去"过程中有所侧重

从近三届获奖者获奖成果发表年龄分布情况看，中青年教师已经成为国际优秀成果发表的主力，并有进一步年轻化的趋势，尤其是管理学、经济学、法学、心理学等社会科学学科领域尤其明显。人文学科领域获奖成果发表年龄相对较大，但也以40－55岁中年学术骨干为主。因此，在实施人员派出计划或培养国际化人才过程中应该结合各学科特点分类实施，各有侧重。在社会科学领域，应当加大中青年学术骨干派出力度，鼓励和支持青年教师积极参与国际学术交流和对话；鼓励和支持有较好基础的中青年学术骨干强化质量意识，在国际上发表具有广泛影响力的精品力作，逐步建立相关学科的国际话语权。在人文学科领域，一方面要支持和引导中青年教师在国际上发表论文、出版著作,培养中青年教师的国际视野和国际合作研究能力;另一方面,对已经具有相当学术积累的中青年学术骨干重点培养,积极创造条件,帮助他们成长为"走出去"的核心力量。

(五)充分发挥骨干高校的示范作用,鼓励具有研究基础的高校积极参与国际学术交流与合作

高校哲学社会科学走出国门已经逐步成为高校的共识,各高校根据自身学科特点和优势积极探索参与国际学术合作与交流的方式和路径,取得了明显的效果。北京大学通过加快教师队伍国际化进程,加强国际学术交流合作,建立外文学术网站和期刊等措施向其他国家介绍中国学术研究的最新动态和前沿成果,取得了良好的效果。武汉大学通过支持和鼓励哲学社会科学学者在国际学术组织中任职和参加重要的国际学术会议等措施积极推介优秀人才和优秀成果;通过在学科优势明显、国际化程度比较高的学科领域,与国际知名高校和研究机构共建国际合作的专业平台,举办、参加国际高端学术会议等措施增强国际学术影响力和话语权。中山大学通过发挥毗邻港澳的优势,通过重点研究基地与港澳高校共建合作机构,共同承担国际合作项目,共同发表国际学术成果等方式,借助港澳高校的国际学术网络,积极增强学校在海外的辐射力和影响力,为哲学社会科学研究"走出去"、提升国际影响力积累了良好经验。这些高校在哲学社会科学"走出去"道路中开展的有益探索加快了高校哲学社会科学"走出去"的步伐,积累了宝贵经验。各高校应当广泛借鉴骨干高校的示范带头作用,根据自身学科特点和优势,探索符合自身发展道路的"走出去"方式和途径,进一步解放思想,坚持"走出去"与"请进来"相结合,不断提高国际交流与合作的质量和水平。

中国人口学科国际化水平及其影响因素

叶文振　李静雅

在联合国人口活动基金的关注与支持下,与计划生育工作一起发展起来的中国人口学科,曾经在 20 世纪 80 年代有过比较高的对外开放度,是当时最具国际化的一个学科[①]。国际化反过来也给中国人口学科增添了活力,成为中国社会科学当中发展最快、活动最频繁的学科之一,并扩大了在国际人口学界的知名度与学术影响。

而今,中国人口学科的国际化程度是继续走高,还是保持不变,甚至出现回落?本文将在前人研究的基础上,结合我们最近举行的专题问卷调查结果,试图对这个问题做出尽可能客观的回答,并通过主要影响因素的分析,提出推进中国人口学科进一步国际化的主要对策。

一、研究背景

(一)文献综述

人口问题是一个世界性问题,作为一门关于"人口"的学问,人口学自诞生之日起就是一门国际化的学科,加上中国又是世界人口的第一大国,所以国际化更是中国人口学科必须具备的学科特色,也是

---

① 叶文振、石红梅、陆洋:《中国人口学科的发展与挑战》,《人口研究》2009 年第 6 期。

中国人口学科发展成熟的一个重要标志。为了推进中国人口学科国际化进程,中国人口学者不仅用自己的国际化行为参与到这个进程中来,而且还对这个进程给予学术关注,进行了数量不是很多但对加快中国人口学科国际化建设具有指导意义的调查研究。

比较早关注这个问题的是我国著名人口学者、北京大学的张纯元教授[①],他认为,学科的国际交流活动是测量一个国家学术繁荣程度的一把尺子,然而从20世纪90年代中后期开始,人口学界的国际交流活动却在急剧减少。1990年有7人次出席国际学术会议,9人次短期出国进修,16人次出国进行学术性考察,5人次出国留学,可谓多样而活跃;可到1995年只有4人次(对方资助)出席国际性学术会议,1人参加地区性项目合作研究;到了2000年只有2人次(对方资助)出席国际性学术会议,2人次出国短期进修,其他活动也就没有了。对中国人口学科于20世纪90年代后期进入所谓的"转折阶段"的评论,除了张纯元教授的"萎缩论"以外,还有"正常论"和"发展论"的说法[②],但持"萎缩论"观点的学者显然占多数[③][④][⑤]。南开大学张再生教授通过对自己所参加美国东西方中心人口问题研讨会、美国人口学会(PAA)、国际人口科学联盟(IUSSP)大会等国际重要人口科学学术研讨会的有关情况分析,发现国际人口会议上中国人口学者参会人数与中国人口规模极不相称,认为这种不相称与中国人口科学发展中存在着人口学研究与计划生育政策、人口学家规模与国际基金资助情况两个高度相关有着密切的关系,与相关学科的发展及其收入状况明显改善导致优秀人口学家流失有着密切的关系,强调中国人口科学研究必须走出传统的"人口学"桎梏,走出"唯计划生育研究"的思路,努力克服人口科学研究缺乏综合性和创新性等诸多问题,真正走上与社会发展及国民经济建设的实际需要相结合的道路,以及国际化、综合化、微观化和应用化发展的道路,特别要重视

---

① 张纯元:《中国人口科学现状、问题、对策之我见》,《市场与人口分析》2001年第6期。
② 田雪原:《中国人口科学发展的昨天、今天与明天》,《人口研究》2002年第4期。
③ 刘坤亮:《加强学科解释性功能:中国人口学振兴的"内因"需求——有关振兴中国人口学的思考》,《人口研究》2003年第4期。
④ 张再生:《从国际视角看中国人口科学研究发展的现状与趋势》,《人口学刊》2002年第2期。
⑤ 叶文振、石红梅、陆洋:《中国人口学科的发展与挑战》,《人口研究》2009年第6期。

理论研究与实证研究、对策研究的紧密结合,改变忽视理论研究的倾向。叶文振等学者更是直接指出,联合国对华的人口资助项目帮助中国人口学科打开了对外的国际交流大门,成为诸学科当中最具国际化的一门学科,但是这种对外的合作交流优势并没有保持下来,真正发挥推动学科发展的重要作用。派出去的人口学留学人员留在海外的转行不少,学成归来的也日趋回归本土,加上一些制度缺陷的挫伤,如在国际人口学刊物上发表的文章不能参加优秀成果评奖等,继续活跃在人口学国际学术交流第一线的研究人员为数不多,和外国学者一起合作研究的学者更是少见,中国人口学科的国际化水平在严重下降,人口学界跟踪国外学术前沿的热情、与外国学者同台竞技的学科意识和能力都不同程度地弱化了。

以上综述表明,虽然我国学者意识到人口学科国际化的时期变化问题,但相关方面的学术研究明显不足,尤其是以此作为专题的调查研究更是稀少。加上关于学科国际化的概念界定与统计测量、理论解释的框架搭建等问题还没有解决,以及缺乏第一手资料无法展开定量的统计描述与实证检验,都说明我们有必要把中国人口学科国际化作为一个重要领域,联合更多的人口学者在理论思考与统计调查相结合的层面上进行更多的学术投入。

(二) 理论设想

国际化(internationalization)本来是和产品性能适应性相关联的概念。后来国际化被应用到学科领域,甚至成为许多国家的发展战略与政府的执政理念。在这里,我们把学科国际化理解为,是一门学科与国际学界的融合程度。从融合的方式来看,它主要包括"请进来"与"走出去"两类别,如我国人口学者到国外参加国际或其他国家举办的人口学术会议,以及每年都有一些外国人口专家来参加我们的中国人口学会年会;从融合的内容来看,那就更加丰富多彩,仍以人口学科为例,既有人口科研课题的国内外合作、人口高端论坛的中外联合举办,又有东西方联手编写人口学的通用教材、中外合作培养人口学的高级人才,还有我们中国人口学者在国际人口学学术刊物上发表文章,或者在国际人口学界担任重要学术职务等等。一门具有比较高国际化水平的学科应该达到与国际学界的双向融合以及在学科建设与发展的各个方面的多元融合。所以，在以下的概念测量以及描述分析中，我们会从纵向的时期变动角度、从中国人口与世界总人口的比例关系视角、从中国人口学界与国际人口学界在人口学科的各个方面互相参与与合作的具体表现来展开，进而对中国人口学科国际化进程做出较为客观的判断。

关于中国人口学科国际化程度的理论解释，我们以为，中国人口学界整体的国际化意识与能力是最直接的影响因素，如果20世纪90年代以来，中国人口学科国际化真的是步入一个萎缩期，那么这种的萎缩是和中国人口学界整体的国际化意识与能力减弱有着直接的关系，或者说，联合国人口活动基金始于1980年、长达15年之久的对中国人口项目的资助，虽然在相当程度上帮助复活和繁荣了中国人口学科，但并没有真正转化为中国人口学界自觉与自强的国际化意识与能力，所以联合国对中国人口项目的资助终止后，中国就出现对国际人口学界的学科撤离与渐行渐远。与此同时，我们更要强调，如果中国人口学界整体的国际化意识与能力减弱是直接影响因素的话，那么中国人口学界的学科文化与制度的缺陷则是更为关键的初始变量，是这种缺陷限制了我们在外援期间把更多的资源与机会用来培养与强化我们人口学界的国际化意识和能力。

（三）资料来源与分析方法

本文资料主要来自通过网络实施的《中国人口学科国际化水平问卷调查》。该问卷包含学科整体评价、所在单位状况以及个人国际化行为等三个人口学科国际化层面，共43个选项。为了提高对问卷选项的回答率，我们使用较多的主观指标来反映广大人口学者对中国人口学科、所在人口科研与教学单位以及本人的国际化实践的三个不同层次的评价。问卷选项的设计主要涉及两个维度的多元测量，一是"走出去"指标，包括中国人口学者出席国际人口学术会议，输送人口专业学生出国深造，派遣国内人口学者出国考察、访学与攻读学位，参与国际人口科研项目合作，以及在国外发表人口学学术论文或出版专著的情况；二是"引进来"指标，包括邀请国外人口学专家学者来华讲学或进行科研项目合作的情况,举办人口学国际研讨会,使用国外人口学专业教材和参考文献以及开设英语教学或双语教学的人口学专业课程等。

在中国人口学会的协助下,我们于2011年7月通过邮件形式向全国各人口学教学和研究机构共发放300余份调查问卷。一个月后,我们收到来自全国60多个不同类型人口学研究和教学机构共计95份的有效问卷①。整个被调查群体的主要特征是:

(1)年龄分布,年龄最大的为67岁,年龄最小为21岁,平均年龄为40岁;

(2)性别分布,男性受访者占55.8%,女性占44.2%;

(3)教育背景,博士学位占50%,硕士学位占30.4%,学士学位占19.6%;

(4)职称和职务结构,教授占43.3%,副教授占24.4%,讲师占14.4%,助教及以下占17.8%;其中有承担院长/副院长、所长/副所长、主任/副主任、学科带头人、地区人口学会会长/副会长等行政职务的学者共占47.3%;

(5)从受访者从事人口学教学或研究的年限来看,除个别研究生受访者以外,最长的从业年限为36年,平均从事人口学的时间为13.25年,可见受访者平均从业时间较长,对中国人口学科的发展状况较为熟悉。总体来说,受访者的性别分布合理,学历水平较高,他们较高的学位背景、职称分布和行政职务,以及较长的从事本专业工作年限,特别是在互动当中他们所表现出来的认真态度,都使得这次调查除了收回有效问卷略少一点以外,具有较大的说服力和可信度。

根据前人研究的发现与对这次调查结果的统计整理,本文侧重于让被调查者来评价中国人口学科国际化的现有水平与时期变化,然后结合各位接受调查的人口学者对国际化的主要影响因素与推进对策的个人选项,来检验我们前面提出的理论假设,并展开对提高中国人口学科国际化水平更深入的对策思考。

---

① 由于采用电子邮件方式发放和回收问卷,此次调查的回收率虽然不高,但是从回收问卷的受访者来源机构来看,基本上覆盖了全国大多数人口学的教学和科研机构,来源机构的地区分布较为均衡,,其中超过六成为人口学界知名学者。因此我们认为这些受访者有一定的代表性。

二、人口学科国际化的描述分析

为了更客观地对中国人口学科近30年来的国际化进程作出一个总的判断,我们分别从整个人口学界、所在的人口学教学与科研机构以及受访者本人等三个层次来多元地展开描述分析。

(一)被调查学者个人的国际化实践

经常参加国际人口学术会议是人口学者国际化的一个重要指标,它不仅反映人口学者通过学术会议这个面对面交流的平台了解借鉴国际人口学研究动态与最新成果的学科意识和热情,而且还体现出自己参与国际人口学术交流的水平,以及整合和拥有国际学术资源的能力。当我们向受访者问及其个人对国际人口学术会议的参与程度时,大约快一半(46.8%)的受访者"从来没有参加过"人口学的国际会议,42.6%的受访者表示"偶尔参加过",两个选项的比例总和占到九成,只有一成左右的学者能"经常参加"国际人口学术会议(见表1)。

当进一步询问受访者在使用外国文献、跨国发表文章或出版专著以及参与国际项目合作等方面的情况时,频数分析结果显示,75%的学者"从来没有在国外发表过学术论文或出版过专著",16.3%的学者虽有在国外发表过学术论文或出版专著,但现如今则"越来越少";71.7%的受访者表示自己"从来没有接受过国际机构的人口学课题资助",而57.6%的受访者表示自己"从来没有参与过国外的人口科研项目合作";此外,在全球化日益加快、信息化发展越来越迅速的今天,仍有超过半数的受访者表示自己"从来没有"或"相当少"使用国外人口学的最新教材或教学参考书,而表示"比较多"或"非常多"使用外国文献的受访者所占比例则不到全部受访者的10%(见表1)。

由于这是被访者个人的国际化情况,应该最没有水分或最准确的,没想到这些重要的国际化指标水平都比较低下。其实,参加国际人口会议、国外发表科研成果、接受国际人口课题资助、参与国外人口科研项目合作这些国际化指标是彼此拉动的,没有国际人口课题研究的合作参与,你就没有高质量的科研产出和经费被邀请参加国际人口学术会议,也谈不上在国际人口学术刊物上发表论文,反过来,不参加国际人口学术会议,你也没有机会在国际人口学界展示自己的学术实力与优势,在被国外人口学者认识与认可的过程中,寻找到更多的对国际人口课题研究的参与机会。值得一提的是,使用国外人口学最新教材还是国际化意识与能力在我们人口学科新生力量中传承的重要指标,可是这方面的情况也是不容乐观,比较多与非常多使用的比例还没超过10%(9.8%),意味着每平均10个中国人口学者当中只有不到1个热衷于或有能力在他(她)的教学当中使用国际人口学教材,这种状况将直接影响我们的人口学学生把现时的学习与未来到国外深造、或者立志成为国际化的人口学专家紧密地联系起来。

表 1　受访人口学者国际化的个人表现

参加国际人口会议		国外发表科研成果		接受国际人中课题资助		参与国外人口科研项目合作		使用国外人口学最新教材	
选项	%	选项	%	选项	%	选项	%	选项	%
从来没有	46.8	从来没有	75.0	从来没有	71.7	从来没有	57.6	从来没有	16.3
偶尔参加	42.6	有、但越来越少	16.3	有过,但次数不多	22.8	有过,但次数不多	38.0	相当少	34.8
经常参加	10.6	有,且越来越多	4.3	有过,且次数较多	5.4	有过,且次数较多	4.3	一般	39.1
		几乎每年都有	4.3					比较多	8.7
								非常多	1.1
合计	100		100		100		100		100

(二)被调查学者所在单位的国际化情况

从被调查学者所反映的单位情况来看,我国人口学科研与教学机构的国际化也没有发展到一个令人满意的水平。尽管有超过四成的受访者认为从总体上看,其所在单位的人口学国际化程度"呈上升态势",但是,当我们向受访者问及其对所在单位参与人口学术国际会议、派遣专业人员出国培训、在国外发表文章、邀请国外专家学者来华讲学、参加与申请国际人口科研课题、使用国外人口参考文献等方面情况的分项评价时,所得到的结果却很不容乐观(见表2)。

表2 被访人口学者所在单位的国际化情况

国际化评价指标	越来越少	没什么变化	越来越多	说不清	总计
1 人口学专任教师参与国际人口会议的情况	25	36.1	36.4	12.5	100
2 派遣人口学专任教师出国考察/访学与攻读学位情况	33	29.5	25	12.5	100
3 输送人口学专业学生出国深造的情况	32.9	32.9	18.8	15.3	100
4 学者在国外发表学术论文或出版专著的情况	17.2	40.2	33.3	9.2	100
5 使用国外人口学专业教材或教学参考文献的情况	14.8	36.4	34.1	14.8	100
6 邀请国外专家学者来华讲学或进行科研项目合作情况	19.1	29.2	43.8	7.9	100
7 申请接受国际基金科研项目资助的情况	32.2	32.2	17.2	18.4	100
8 学者参与国际科研项目合作的情况	23.9	30.7	31.8	13.6	100
9 培养人口学专业外国留学生的人数	23.8	43.8	11.3	21.3	100
10 开设英语教学或双语教学的人口学专业课程的情况	15.5	40.5	23.8	20.2	100
11 举办人口学国际研讨会的情况	23.2	30.5	26.8%	19.5	100

从表2的统计结果可以清晰发现,在11个具体的国际化水平评价指标中,没有一个指标的正向评价(即选择"越来越多"的选项)是超过半数的,而选答绝对萎缩(即越来越少的)与相对萎缩(即没什么变化,这是在整个国家以及其他学科越来越国际化的背景下,没有同

步变化,也是一种萎缩)的比例却都超过 50% 以上,其中接近或超过 6 成的国际化指标有"派遣人口学专任教师出国考察/访学与攻读学位"(62.5%),"输送人口学专业学生出国深造"(65.8%),"学者在国外发表学术论文或出版专著"(57.4%),"申请接受国际基金人口科研项目资助"(64.4%),"培养人口学专业外国留学生的人数"(67.6%)等。所以从人口学研究与教学机构层面来观察,在过去 30 年,中国人口学科的国际化进程不是加速,而是日渐和缓;国际化水平不是继续走高,而是停滞不前甚至逐步走低。

(三)被调查学者对人口学科国际化的主观评价

与以上所描述的受访学者国际化的个人表现和对其单位国际化水平的主观评价不吻合的是,有超过六成的受访者认为,我国人口学科整体的国际化程度"呈上升态势"。我们以为,这种的不相一致,除了与对"国际化"的界定本身存在个体理解差异有关以外,主要还是归因于被访学者从事人口学事业的时间长短不一。不同年代的人口学者对学科的评价难免会带有自身经历的印记和影响,一个经历过 20 世纪 80 年代人口学"黄金"阶段的学者与一个 90 年代以后才入行、特别是入行不久的年轻学者对学科过往的认知和感受必然有所不同。我们将不同的从业年限与对人口学科国际化水平的整体评价、对所在单位国际化水平的个体评价分别做了交叉分析。从表 3 中可以看到,从事人口学的年限越长,认为人口学科国际化水平"呈下降趋势"的学者在该年龄组中所占比例也越大,二者成正向相关。如果把相对萎缩也考虑进来,那么从事人口学研究与教学 20 年以上,也就是经历过当年联合国人口基金扶持年代的中老年人口学者中,持萎缩论观点的比例却提高到 7 成以上,达到 71.2%。整体评价与个人以及单位的评价之间的差别消失了。

表 3 从事人口学年限与对人口学科国际化水平评价的关系

对单位国际化水平的评价	从事人口学的年限分组			合计
	从业 10 年及以下	从业 11-20 年	从业 20 年以上	
呈下降趋势	11.6	16.7	27.8	16.5
没什么变化	14.0	11.1	33.3	17.7
呈上升趋势	74.4	72.2	38.9	65.8
合计	100.0	100.0	100.0	100.0

表 4 从事人口学年限与对所在单位国际化水平评价的关系

对单位国际化水平的评价	从事人口学的年限分组			合计
	从业 10 年及以下	从业 11-20 年	从业 20 年以上	
呈下降趋势	26.2	29.4	44.4	31.2
没什么变化	23.8	35.3	22.2	26.0
呈上升趋势	50.0	35.3	33.3	42.9
合计	100.0	100.0	100.0	100.0

与人口学科的整体评价一样,从事人口学的年限越长,被访者认为所在单位国际化程度"呈下降趋势"的在该年龄组中的人数也越多(分别是 26.2%、29.4%、44.4%),而且再把相对萎缩计算在内后,不论从业 20 年以上,还是从业 11—20 年的人口学者,认为国际化水平逐步下降的比例都超过 6 成以上,分别达到 64.7% 与 66.6%(见表 4)。当我们进一步控制被访学者人口背景和个人经历这些因素之后,线性回归分析结果显示,从事人口学的年限对于个体对所在单位国际化水平评价的影响具有统计显著性(解释方差为 3%,显著性水平为 0.045),这充分说明,从事人口学时间越长、越是有经历过当初"辉煌"时代的学者,对当前人口学国际化的现状越是担忧。

三、人口学科国际化的解释分析

综上可见,自联合国人口活动基金终止对中国人口项目资助以后,不论是在人口学者的个人层面,还是在人口研究与教学机构以及整个学科层面,中国人口学的国际化程度走的是一段日趋萎缩或减弱的历史过程,即使到了今天,也还是处于比较低下的水平,今后的发展前景也不很明朗。那么是什么原因导致在众学科当中率先国际化的中国人口科学至今停滞不前,甚至与时俱退呢? 我们先来看看被访学者在调查中给我们提供的解释。

从国际化的单项指标来看,对于那些从未参与过国际会议的人口学者而言,"缺乏相关信息"被认为是首要原因,选项比例高达 29.5%;位居第二的原因则是"单位的限制和不鼓励",以及"资历不够"。这三项多选原因实际上还是体现在对学科国际化的态度上,在信息化时代的今天,本来不应该出现国际学术信息相对闭塞的这个问题,当我们国际化意识不强时,即使遇到甚至国际人口学界送来这样的信息,我们也可能视而不见,更谈不上主动地去传递这些消息或者开通更多的渠道获取更丰富的学术信息。至于"单位的限制和不鼓励"与"资历不够"更反映一个单位主观上的国际化意识之淡薄,以及这种淡薄已经严重地限制了我们人口学新生力量在更多的国际学术会议的参与当中去养成更强的国际化观念与能力。

从人口学科国际化的整体评价来看,当我们向受访者问及"如果您认为中国人口学科国际化水平逐年走低的话,那么主要原因是什么"时,被排在影响最大的前五个选项分别是"缺乏激励和扶持"(42.1%),"单位不重视不支持"(33.7%),"缺乏国际化经费"(32%),"国际化氛围不浓"(28.4%)以及"国际化意识淡薄"(26.3%)等(见图1),其中前面三项可以说是所谓的外部制约,后面两项则是内部障碍。下面让我们展开更为具体的分析:

(1) 从学科发展的外部环境来说,20世纪整个80年代到90年代中期,中国人口学在国内需求和国际援助的共同刺激下,大大缩短了其落后国际人口学界整整30年的差距,并在许多方面跟上了国际人口学界的步伐,但由于这种繁荣主要来自外力的作用,因而只能是短暂的、甚至有些"泡沫"的成分。实际上从90年代中期开始,中国人口学便陆续感受到来自国内、国外发展环境变化所带来的双重压力。

从国内环境来看,从1980年中国开始全面推行"一胎化"人口政策之后的很长一段时间内,中国人口学研究都主要集中在控制人口增长以及为计划生育活动做宣传和指导。国家的重视、政策的需要使人口学不再成为禁区而逐渐成为一门社会科学的显学。然而,这种"显学"的背后却潜藏着巨大的危机——那就是使得中国人口学的大发展从一开始就带着明显的政府庇护和依赖,是个典型的"政策庇护下成长起来的孩子"[①]。当中国的市场经济还没有发育到运用人口科学及其方法进行市场运营的程度,人口科学的需求者不是公司而是政府及其职能部门,这就决定了人口科学的发展条件与空间受到很大限制,经费来源渠道极窄,主要还得依靠政府才能行动。加上

---

① 叶文振、石红梅、陆洋:《中国人口学科的发展与挑战》,《人口研究》2009年第6期。

90年代中期以后,国家教委和社科院系统原本强有力的人口学科发展统筹规划和指挥功能逐渐失灵,研究单位各自为战,有什么搞什么,能搞什么就搞什么,力量分散,难以拧成一股绳,无法联合攻关,中国人口科学的萎缩态势与此不无关系。另外,人口科学的激励机制既单一,力度又小,只每4年一次的评奖活动远远不够,时间长,奖金少,起不到真正的激励作用①。尽管在人口规模得到控制以后,人口学研究热点已逐步向人口素质问题、人口老龄化问题、出生性别比问题、生殖健康问题、人口迁移和流动问题、人口资源环境问题以及人口分析方法和人口学理论的创新等方面拓展和深化,但是当日益深化的市场经济体制需要把人口学发展进一步推向市场的时候,人口科学因政策支持逐步弱化而引发的后遗症便尤为突出。

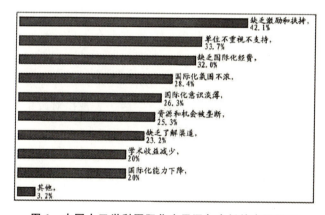

图1　中国人口学科国际化水平逐年走低的主要原因

从国际环境来看,联合国人口活动基金从1980年开始对中国人口研究课题、机构建设和人才培养给予了长达15年的全方位资助,一度使人口学成了中国社会科学当中发展最快、最繁荣、也最具国际化的学科之一②。但是,1990年联合国人口活动基金宣告停止对华人口学科研和教学的援助,支撑人口学科发展的科学研究和人才培养资金支持因此受到了严重的冲击。随后,我们不难发现曾经红红火火的人口学术研讨、频繁的国际交流、迭出的科研成果的一派学术

---

① 张纯元:《中国人口科学现状、问题、对策之我见》,《市场与人口分析》2001年第6期。
② 叶文振、石红梅、陆洋:《中国人口学科的发展与挑战》,《人口研究》2009年第6期。

生机都逐步消退了,一些高校和社科院的人口研究所规模明显"萎缩",或名存实亡或人去楼空甚至个别停办。此外,90年代开始的经济体制转轨引发了某些价值取向的改变,再加上国内和国外支持经费的减少,人口研究工作对一部分学者而言逐步失去经济意义上的吸引力,学界因"下海"、"跳槽"和"滞留海外不归"等现象流失了大批人才,中国人口研究队伍规模不断缩小、人才结构水平日益下降,愿意和能够出席国际人口科学会议的中国学者也逐渐减少,科研成果和学术活动的质量也成了令人担忧的问题。

如果说1995年以后由于国内环境变化和国际援助停止的双重影响致使人口学的发展出现一段时期的"低谷"是在情理之中,那么新世纪的10年已经过去,我们看到的情况并没有发生好转,由此我们不能不反思其中的"内因",根据唯物辩证法,内因是事物发展的根据,也是事物发展运动的源泉和动力,这一点在人口学科脱离政策庇护和国际资助而走向市场化的自力更生发展道路后尤为如此,然而原先的政策服务有余而学科自发能力不强、外力扶持有余而学界自我完善不足终究使得人口学在"断奶"之后仍表现出对政策的过分依赖和期待,且自我成长后劲不足甚至方向迷失的后遗症。

(2)从学科发展的内因来说,凭借20世纪联合国人口活动基金曾经的大力资助和支持,再加上中国人口控制所取得举世瞩目的成效,中国人口学本应该拥有良好的国际化基础和优势,但是很显然,我们并没有充分利用这样的优质资源和优势来提升人口学科的国际化水平,而中国人口实践中不断涌现的新情况和新问题也没能成为人口学者们向国际学界展示自己研究实力的领域。

南开大学张再生教授[①]在研究中具体地揭示了这种弱化的情况,如2002年PAA年会上中国参会学者的人数不及印度的一半;而在2002年IUSSP的会议上,与会代表达838人,其中中国的与会代表仅有10人,不到印度的1/4(44人);在参会的95个国家中排在第18位,而印度仅次于巴西140人、美国132人、法国65人,排第4位。

---

① 张再生:《从国际视角看中国人口科学研究发展的现状与趋势》,《人口学刊》2002年第2期。

学者刘莉[①]的研究也证实这一现象,她将新中国成立以来中国大陆学者发表的被 SSCI 和 A&HC 收录的 9951 篇文献按学科分类统计和分析,得出学科分布状态,排在前列的是心理学、经济学、文学、管理学、卫生学、政治学、人类学与考古学、教育学、社会学等,而单纯的人口学科文献量不是很多,国际学术影响比较微弱。中国人民大学顾宝昌教授在接受此次调查时告诉我们,"总的来说,中国人口学科的国际化最好的是在 80 年代,90 年代后客观上由于联合国人口活动基金中断对中国人口研究经费的支持而出现弱化,但 90 年代是被动弱化,而到了 2000 年以后就是主动弱化了。人们对国际交往的积极性和热情越来越淡化,不感兴趣,而且越到上层越严重,比如,去年在新德里召开的第一届亚洲人口学会的大会,中国的年轻学者积极参会,去了 20 多人,感到很有收获,但资深学者却参会很少。IUSSP、美国人口学会、亚洲人口学会、ESCAP 等国际人口学术组织多次表示希望加强与中国的合作和交流,但都没有获得积极的反响。这是很令人不幸的。"福建师范大学朱宇教授同样认为,在国际人口科学的舞台上难以见到中国学者的身影,这本身与中国人口大国的地位极不相符。在国际人口科学领域,中国学者不仅缺乏有影响力的研究成果和学术精品,而且参与国际交流活动的人数也很少,主要表现在中国学者在国际人口组织中担任顾问和重要职务的人数寥寥无几,与印度等国家相比,亚洲人口学会和国际人口学会中的中国会员人数也十分稀少。朱宇教授在接受访谈时还表示"实际上,中国人口学的国际化学者原本就不多,但关键问题是这些年新增的数量却非常少,80 年代虽然送出去很多的学者,但现在看来,当初被送出去的这些海归人口学者并没有发挥他们对本土学者与学科国际化的带动和影响作用。"

综上所述,我们认为,当前中国人口学科国际化进程不是加速,而是日渐和缓,国际化水平不是继续走高,而是逐步低落。而中国人口学科国际化没有继续攀高的根本原因,不能简单归因于联合国人口活动基金停止对我们的人口专项资助,也不是国际人口学界与组

[①] 刘莉:《我国社会科学研究国际化探究—SSCI 论文视角》,北京:中国社会出版社,2009 年。

织没有提供参与机会,关键是中国人口学者整体的国际化意识和能力都在下降。一方面,由于缺乏激励和扶持,也缺乏国际化的经费,许多人宁愿把注意力放在有较明显经济效益的应用人口课题调研上,把较多的时间和精力放在与人口学相去甚远的其他学科领域的拓展上,正如此次调查结果所显示的,许多人还处于对国际交流不重视不了解也不主动的孤芳自赏中,国际化的意识总体较为淡薄,"走出去"的意愿也不强烈。另一方面,由于把过多的追求放在扩大社会影响、经济收益和提升政治地位上,荒废了学术追求,自然也拿不出有学术分量的成果参与到国际性的交流之中,亦即学术国际化的能力也在下降。或者我们也可以这样说,中国人口学科的国际化发展其实呈现出"内卷化"[①]的状态,即在经历了"辉煌一时"的历史阶段之后,当外部发展环境发生了改变,这个学科不是依靠原来建立起来的与国际学界融合的良好基础和进一步强化自身的国际化意识与能力来扩大中国人口学在国际上的影响力,而是继续在教学、研究和服务社会等各方面重复着较低国际化水平的学科生态,不论是学者的队伍结构还是其背后的人口学学科机构,都始终无法向更高层次的国际化水平迈进,而陷入停滞不前的纠结状态。

尽管我们已经证实是国际化意识与能力下降造成人口学科的"内卷化",但还需要究其更加深层的根源,深入探讨是什么原因制约了我们人口学界国际化意识和能力的继续提升? 或者说,我们需要进一步思考,和其他学科一样,我们都处在整个国家更加开放、国际化进程加快的时代背景下,为什么许多学科却后来居上在国际化跑道上超过我们人口学科呢?

要解答这个问题,我们不妨了解一下会计学科的国际化实践[②]。近30年来,会计学科经历了一个完全与人口学科相反的变化,它从适应于计划经济时代以独立的中国国家化为主要特征的一个学科,

---

① "内卷化"一词源于美国人类学家吉尔茨(Chifford Geertz)的《农业内卷化》(*Agricultural Involution*)。根据吉尔茨的定义,"内卷化"是指一种社会或文化模式在某一发展阶段达到一种确定的形式后,停滞不前或无法转化为另一种高级模式的现象,刘世定、邱泽奇:《"内卷化"概念辨析社会学研究》,《社会学研究》2004年第5期。

② 李嘉亮:《将会计国际化进行到底》,《中国会计报》2012年1月6日。

发展成为适应于全球经济一体化的以国际趋同为主体特征的会计学科。而这种变迁在很大程度上归因于会计学科的国际化文化与制度建设。不论是在拥有会计学国家重点学科的中国人民大学、厦门大学、东北财大、上海财经大学、中南财经大学等重点大学,还是在正积极推进会计学科建设的云南财经大学、浙江财经学院、广西财经学院等地方院校,我们都可以感受到非常浓郁的国际化学科文化氛围,发现与之相对应的各种支持学科国际化的制度创新。如提出"将会计学国际化进行到底"口号的厦门大学会计学科带头人之一的陈汉文教授认为"会计学是一门国际化的学科,学习国外的先进知识理念是向国际看齐甚至超越国际的重要基础"。也就是这样一种学科文化理念,加上设立相对应的国际化制度,引领着厦门大学会计系不断取得学科国际化的新突破。从与英国特许公认会计师公会(ACCA)合作开设 ACCA 成建制班(国际会计班)到《国际会计研究学刊》首届年会在厦门大学隆重举行,再到后来的国际会计准则理事会新兴经济体工作组在中国的成立等等。特别是在所举办的会计国际班中,10%左右的学生选择了继续研究深造,15%左右的学生则选择了出国留学。他们学成归来后,大部分又投入到国际会计班的教学指导中,不仅创造了一套符合会计学国际化人才培养目标的专业课程体系,还打造了一支国际化会计专业双语教师团队。

所以,我们还是要从人口学科文化与制度上找原因。人口学界之所以缺乏国际化意识,主要还是没有借助当时的最好发展时期,进行学科的国际化文化与相对应的制度建设,并把国际化内化为人口学界的学科责任与文化自觉,转化为制度性的对人口学者与人口学机构国际化作为的激励与推动。有了这种国际化的学科文化与制度,我们中国人口学会的年会就可以开成国际化的人口学术会议,我们人口学者就会少一些急功近利的对国内人口课题的重复制作,而多一些对国际人口学术交流与研究合作的积极参与,我们在人口学科国际化方面做出重要贡献的人口学者就会得到更多的学术荣誉与担当更多学科领导责任的机会。从这个意义上来说,没有国际化文化底蕴与氛围,以及与之相配套的制度架构支撑的学科国际化意识和能力是不可持续的,也不可能产生内发的国际化发展动力。我们人口学科国际化水平也就是这样从过去的高处落入今天的低谷,从过去在社会学科中独领国际化风骚转入而今的国际化比较优势的逐步丧失。

四、提高人口学科国际化的对策思考

很显然,人口学科的国际化是经济的全球化、人口流动的全球化以及信息全球化的必然要求,中国人口学科只有走国际化之路,不断加强国际学术交流与合作,才能取得更大的发展[①]。

所以,结合以上原因分析的结果进行对策思考,是激活中国人口学科国际化进程的重要环节。

从本次调查看,受访人口学者对"哪些因素有利于提升我国人口学科的国际化水平"问题的选答,被排在前五位的措施分别是"政府相关部门的重视和引导"(66.3%)、"及时传递国际化的学术信息"(60%)、"加大国际化激励机制建设的力度"(58.9%)、"确保国际化资源与机会的共享"(58.9%)和"强化人口学者自身的国际化意识与能力"(56.8%)(见图2)。很明显,被访人口学者也抓住了问题的关键,把人口学科的国际化文化与制度建设列入了最重要的举措之中。

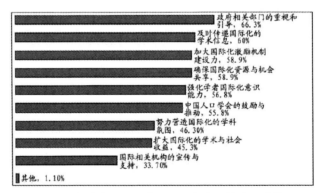

图2 提升中国人口学科国际化水平的主要举措

本文认为,除了依靠政府和有关部门的重视和政策引导之外,我们至少可以从以下几个方面来提升中国人口学学科的国际化水平:

首先,营造人口学界的国际化文化氛围,增强人口学者的国际化

---

① 张再生:《从国际视角看中国人口科学研究发展的现状与趋势》,《人口学刊》2002年第2期。

价值取向与文化自觉。过去十几年间,中国的一部分人口学机构在一定程度上呈现"名不副实"或"名存实亡"的状态,而相当一部分人口学者也在不同程度地表现出"不务正业"的浮躁心态,甚至以功利得失权衡对国际人口学界的学术交往,这种以市场导向为唯一原则、以经济收益为取舍标准的学科状态和学者心态不仅影响人口学的国际化水平,更严重影响了学科的现代化建设,制约其理论和方法体系的建构与创新,弱化中国人口学对世界人口学科的贡献和地位。因此,要把人口学科的国际化文化建设纳入中国人口学界与各个人口学研究与教学机构重建之中,纳入它们所依托的大学现代文化建设当中,让我们人口学者在了解中国人口学科与国际人口学发展的差距及其后果中接受一次先进的学科文化教育,重新呼唤起当年的国际化热情与责任,并注入先进学科文化的内涵与自觉,进而加强人口学机构的学术回归和增强人口学者的国际化意识和能力,为中国人口学科重返国际人口学界和提升自己的国际学科地位担当起时代的责任!

第二,结合国家科研基金管理制度与现代大学制度的改革与创新,加大人口学科国际化激励机制的建设力度。要用国际化的学科文化导向审视和检讨现有的人口学科制度,对所有不利于学科国际化发展的体制机制、政策规定、管理办法都要做出切合实际的调整甚至废除;国家自然与社科基金、国家人口与计生委与国家统计局有关人口项目资助、中国人口学会的重要资源要加大对国际化的人口重大科研课题与人口研究的国际化合作的扶持力度;对人口科研与教学重点基地、常设机构的定期水平评估要加入国际化测量指标,并加大它们在评估指标体系中的权数;还要像前面提到的会计学科那样,建构一种具有国际化文化导向的评价体系与教育体系,把对人口学科队伍的建设、对人口学专门人才的培养带回到国际化的正确轨道上来;对人口学科国际化发展做出重要贡献的人口学者或人口研究与教学机构,要给予精神与物质上的双重鼓励与爱护,为他们或它们创造更好的科研与教学环境,以吸引更多的国际化人口学专家学者来华工作。

第三,构建国际化的科研和学术交流平台,及时传递国际人口学术信息。中国人口学界要注重搭建各种形式的与国际人口学界在经验交流、资料分享、能力建设、人口研究、人才培养、社会服务以及战略发展等方面的合作平台与机制,努力增加中国人口学者在各种国际人口学组织中的会员数量、重要职务的人选,并充分发挥他们展示中国人口学科风采与能力、整合更多国际人口研究与教育资源、传递重要国际人口信息等方面的重要作用。要在国内外人口学界中形成互通有无的长效机制,促使国际人口学术交流活动的信息能够及时有效地传播给国内人口学机构和学者。通过邀请国际的专家学者来华讲学与开展合作研究,以及翻译国际最新的人口学术论文和著作,让中国人口学界及时了解国际人口科学前沿和最新的人口统计技术,为与国际人口学界双向交流增强能力打好基础。

第四,通过"引进来"和"走出去"的双重机制培养国际化的人口学高级人才。一个国际化的学科还需要一个国际化的学术新生力量的培养与储备。只有花大力气培养一批真正具有全球意识和国际化眼光的人口学后起之秀,中国人口学的国际化之路才会越走越宽。我们不仅可以利用中国的人口研究优势将国际人口学者吸引到中国来从事研究,诸如在人口与健康、资源、环境、经济等问题上形成跨国界的合作平台,在此基础上增加人口学学生参与国际化人口研究的学术机会,也可以通过电子传媒共享国外的网络课程,培养人口学学生拥有国际思维的综合素质和与国际接轨的能力,使年轻一代的人口学者拥有"走出去"的自信和实力。

最后,提升学科的解释力和应用性,使人口学的发展与全球社会经济发展实际相结合,增强中国人口学科在国际决策机构建设、国际发展战略咨询、解决重大国际社会经济发展问题等方面的竞争能力。刘坤亮[①]的研究认为,中国人口学的解释性功能差,不能为国家治理(当然包括人口治理)提供理论支持,因而越来越远离了国家和社会的需要,从而招致了冷遇和衰落趋势。其所谓的解释性功能差即理论性差,即只能或只会描述"是什么",而不能或不会回答"为什么"。当前中国人口学界对于理论贡献的追求热情还不高,我们遗憾地看

---

① 刘坤亮:《加强学科解释性功能:中国人口学振兴的"内因"需求——有关振兴中国人口学的思考》,《人口研究》2003年第4期。

到人口学研究因此失去了其应有的理论魅力、思想深度以及对现实世界的指导意义。从这个意义上来说，中国人口学科的国际化还面临着双重的任务，一方面要通过与国际人口学界的互动，加强我们的人口学理论建设与对现实人口问题的科学解释能力，另一方面还要提升我们的国际站位，从过去更多关注本土人口问题转向逐步增加对国际人口问题研究的介入，进而在向世界各国提供有特色的本土研究成果与推出全球人口与社会经济发展的中国人口理论思考两个方面重塑我们中国人口学科的国际形象。

中国史学:在与世界史学互动中前行
——以国际历史科学大会为中心的考察

张广智

时下,中国史学走向世界的呼声不绝于耳,这自然是不言而喻的。因为中国的和平崛起,在当代世界的地位越来越显示其重要性,正如时贤所呼吁的:"大幅提升中国文化软实力,建立中国文化战略和国家话语,迫在眉睫。"①是的,探讨中国文化的大繁荣与大发展,确实是当务之急。当今在规划文化大繁荣与大发展的目标里,我们不能遗忘历史,不能漠视我们人类共同的精神家园:史学。因为:史学,它是文化中的文化。因此,在华夏文化走向世界的开放性格局的进程中,讨论中国史学之走向世界,兼具学术的与现实的双重考量,具有非凡的意义。倘若我们笃信,中国史学应当在与世界史学的互动中才能前行,那么被学界称之为"历史学奥林匹克",即每五年召开一次的世界性的"国际历史科学大会",就是一个很理想的切入点,它是瞭望西方史学的一扇窗口,一座沟通中外史学交流的桥梁,一处中国史学再出发的起锚地,概言之,它是中国史学走向世界的津逮。

在这里,需要特别指出的是,2015年第二十二届国际历史科学大会将要在中国济南举行②。时不我待,从现在开始,我们就应当为这次会议的成功举办而努力,并应以宽广的视野,高瞻远瞩,去考察

---

① 王岳川:《在文化创新中建立强国文化战略》,《探索与争鸣》2012年第6期。
② 本文原载于《文史哲》2014年第2期。

国际历史科学大会的"前世"与"今生",从而去评估它的学术价值、理论意义和历史地位。自 1985 年中国成为国际历史科学委员会成员国之后,每届大会都派历史学家参加。会后,有与会者的观感、访谈、介绍等文章发表。但从史学史的视角,对国际历史科学大会发展史作出理论上与学术上的深入探讨,尚付阙如。有鉴于此,拙文对此略说一二,谨请学界同仁教正。

一、国际历史科学大会:与西方史学相向而行

国际历史科学大会诞生于欧洲,它的发生与发展无不受到西方文化的浸润与熏陶,而这种文化语境,又深深地制约与牵连着西方史学。从 1898 年开始的国际历史科学大会的百年史,不仅能折射出时代的风云,也反映着西方史学的流变。

这里需要对国际历史科学大会的发展进程作一点历史的铺垫。总体来看,国际历史科学大会自 19 世纪末萌生,它的百余年历史可以粗略地分为创立、发展和国际化三个阶段,而这三个阶段又无不与百年来现当代的西方史学进程相互关照、相互回应。

第一阶段:创立时期(1898—1950),从 1898 年海牙预备会议,到 1950 年第九届巴黎会议前。

19 世纪末,西方史学发生了一次新的转折,由此开启了从传统史学走向新史学的百年漫漫路。国际历史科学大会就发生在这个时期。1898 年,在海牙召开的外交史大会上,与会代表同意两年后在巴黎举行首届国际历史科学大会。海牙会议是国际历史科学大会创立前的"序曲"[①],没有它,就没有两年后的国际历史科学大会。

1900 年 7 月,第一届国际历史科学大会在巴黎召开,注册的与会代表约有 864 人,其中东道主法国的历史学家竟有 540 人,法国学者提交会议报告的论文有 44 篇(总数为 95 篇)[②],这简直成了展现法

[①] K. D. Erdmann, *Toward a Global Community of Historians: the International Historical Congresses and the International Committee of Historical Science (1898—2000)*, eds. J. Kocka, J. Mommsen, A. Blansdorf, trans. A. Nothnagle, New York: Berghahn Books, 2005, pp. 6—10.

[②] Ibid., pp. 383—384, p. 377.

国历史学家才智的学术年会①。事实上,实际的与会人数不过一二百人,而大会议程总体是包容在同时举办的"巴黎世界博览会"之内的。但这些并不重要,重要的是,首届巴黎大会召开于世纪之初,它倡导比较研究,为20世纪之初的新史学引入特具魅力的"方法论意义上的概念:比较史学(comparative history)"②,至1928年第六届奥斯陆国际历史科学大会时,马克·布洛赫更系统地提出了"比较史学"的识见。更为重要的是,在这世纪交替之际,不只是在史学新方法,而且在历史学的功能及其社会地位上,都给历史学家增添了对未来的信心,这种自信萌生在新世纪发端之时,将会对后世发生深远的影响。万事开头难,就这一意义而言,巴黎首届大会,有了一个良好的开端,一个令人欢欣鼓舞的开端,虽则它离国际历史科学大会的"国际性"还相距甚远。

自此,至1950年第九届巴黎大会前,国际历史科学大会半个世纪的历史,它的发展进程有如下三个特点:

一是其史学旨趣留有19世纪西方传统史学的深刻印记。本阶段历届国际历史科学大会,其主题多以西欧地区的民族史/国别史为中心而展开,历史学家充当了为本国历史作"代言人"的角色,这与19世纪的民族国家或正在形成的民族国家的历史进程有着千丝万缕的联系,而这又与19世纪西方传统史学的指向,尤其与兰克史学中的民族史(地区史)写作,因其有"科学史学"的支撑而大行其道,因而,即使在20世纪前期它也未式微。进入20世纪,世界主义的滋长曾一度对民族主义进行过有力地冲击,但随着第一次世界大战爆发而止步。在本阶段,正如曾任国际历史科学委员会主席的德国历史学家于尔根·科卡所言:"民族历史的框架成了至上的最具威力的叙

---

① 会场内外,到处都活跃着法国历史学家的身影,比如亨利·贝尔在1900年创办《历史综合评论》杂志(*Revwe de synthesehistorique*)倡导历史学需要与其他学科(尤其是社会学)的合作,进行历史的比较综合研究,而是时正逢巴黎国际历史科学大会的召开,这就为贝尔展示其识见提供了一次难得的机会。贝尔的这些思想极大地影响了午鉴学派的创始人,可以这样认为,正是他的史学思想哺育了年鉴学派。

② [德]于尔根·科卡:《国际历史学会:历史学家如何超越民族史、国别史》,陈启能、王学典、姜芃主编:《消解历史的秩序》,济南:山东大学出版社,2006年,第74页。

述结构。"①总之,西欧中心论与西方史学的桎梏,牢牢地主宰着与会者,并成为这一阶段历届大会的指导思想。

二是其性质还是区域性的,还谈不上是一个"国际历史科学"的世界性组织。此时,不仅从内容来看,还跳不出西方传统史学的藩篱,而就其举办地也是在欧洲诸国"轮流坐庄",从第一届的巴黎大会至 1938 年(第二次世界大战前)的第八届苏黎世大会,其举办地依次是巴黎—罗马—柏林—伦敦—布鲁塞尔—奥斯陆—华沙—苏黎世。与会人数也不多,说它是欧洲人的"自娱自乐"并不为过。

三是其组织体制还不够规范,不够健全。虽然,1926 年成立了国际历史科学委员会,它作为国际历史科学大会的常设机构,运作与举办各项活动,为它走上正轨创造了有利条件。但在 20 世纪前期,发生了两次震撼全球的世界大战,第一次世界大战爆发,对这个未成年的"孩子"打击不小,至第二次世界大战爆发,未进不惑之年的它,其成长也充满了困惑与坎坷,剧烈遽变的国际政治格局,带来的消极影响是可想而知的。总之,这个"创立时期"还只能是个"草创时期"。

第二阶段:发展时期(1950—1990),从 1950 年第九届巴黎大会至 1990 年第十七届马德里大会。

本阶段四十年的世界形势与国际格局大变,这种形势当然对国际史学也产生了重大的影响,国际史学上的这种变化也充分反映在这期间召开的历届国际历史科学大会上。略举一二,以作说明:

变化之一,西方史学的内在变革。第二次世界大战后,国际史学,至少就西方史学而言,发生了"路标转换",这就是巴勒克拉夫在 1955 年出版的《处于变动世界中的历史学》一书中所要揭示的主题——"重新定向"②。在这一"重新定向"的呼唤下,欧美史学呈现出了新格局与新面貌。总之,西方新史学终于在 20 世纪 60 年代获得了迅猛的发展,至 70 年代是它的"巅峰时代"。可以说,20 世纪前期还有实力与新史学抗衡的传统史学,此时已日渐衰微而落寞了。从这一时期的历届国际历史科学大会的主题来看,无不显示了西方

---

① [德]于尔根·科卡:《国际历史学会:历史学家如何超越民族史、国别史》,陈启能、王学典、姜芃主编:《消解历史的秩序》,济南:山东大学出版社,2006 年,第 73 页。
② G. Barraclough, *History in a Changing World*, Norman: University of Oklahoma, 1955, p. 27.

新史学的强势,且一届更比一届强。比如,在1955年第十届罗马大会上,出现了三个史学流派:西方传统史学派、西方新史学派和马克思主义史学派。这里的西方新史学派即是指法国的年鉴学派。年鉴学派史家的史观与史著,比如马克·布洛赫的《封建社会》、布罗代尔的《菲利普二世时代的地中海和地中海世界》等,在与会史家中传阅。随着年鉴学派的进一步发展,它的国际影响也随之增强,这也反映在国际历史科学大会上,如在第十五届布加勒斯特大会上的"东欧—诸文明的会聚区"、第十六届斯图加特大会上的三大主题之一"印度洋"以及专题"山脉、河流、沙漠和森林是文化会聚线还是障碍物"、第十九届奥斯陆大会上的三大主题的首题"历史上的人类与自然"等等。这些论题,无疑均与重视地理环境的研究传统及布罗代尔的时段理论相关联,而这也无一不打上年鉴学派的印记。

变化之二,东西方史学的交流与沟通。本阶段时逢世界当代史上的"冷战时代",美苏争霸,资本主义和社会主义两大阵营对立,对国际史学都发生了重大的影响。苏联以及东欧的社会主义国家的历史学家参加了1955年9月在罗马举行的第十届国际历史科学大会,他们受到了与会者的热烈欢迎和极大关注,因为这是第二次世界大战后东西方历史学家的第一次公开会晤。出席大会的苏联历史学家代表团非常重视这次会议,只要稍看一下《苏联史学家在罗马第十届国际史学家代表大会报告集》就可一目了然了。此次会议后,参会的苏联历史学家潘克拉托娃发表长篇评论文章,她在总结参加第十届国际历史科学大会时明确指出:"经验证明:为了巩固和平与发展科学,马克思主义的历史学家与各资本主义国家的资产阶级学者之间的合作是可能的,也是必要的。"①听其言,也要观其行,其后苏联历史学家确实为此而努力,1957年在列宁格勒召开了国际历史科学委员会会议,1970年在莫斯科召开了盛大的第十三届国际历史科学大会。令人惊叹的是,这次大会竟吸引了东西方历史学家3305人参加,这一纪录至今仍未突破。又过了十年,中国历史学家也组团与

---

① [苏]A. M. 潘克拉托娃:《第十届国际历史学家代表大会的总结》,陈敏、一知译,《史学译丛》1956年第5期。这篇长文,原发表在苏联《历史问题》1956年第5期。

会,并于 1982 年正式成为国际历史科学委员会的成员国。可以这样说,在苏东剧变前,这四十余年的国际历史科学大会不再是西方史家的一言堂,也有来自东方历史学家的声音,这就是苏联版马克思主义史学与具有中国特色的马克思主义史学的声音。

第三阶段:国际化时期(1995 年之后)。本阶段的起点,确切地说,从政治编年史角度而论,应从 1991 年苏东剧变后"冷战时代"结束开始;从史学史视角来分,具体日期当从 1995 年第十八届蒙特利尔国际历史科学大会开始至今。

我们之所以把本阶段称为"国际化时期",基于以下几点理由:从举办地而言,它已真正"跳出欧洲",从欧洲延及北美,伸向亚太,从发达国家到发展中国家,直至 2015 年落户在中国,在地域上它已是"国际化"的了。从大会主旨而言,本阶段的历届大会,其主要论题,逐渐彰显史学国际化的趋势,这也与 20 世纪后期全球化的趋势紧紧相扣。比如 2000 年第十九届奥斯陆大会,其三大主题之首就是"全球史的前景:概念和方法论"。在专题讨论中,与会者普遍认同:今后的历史研究从选题,方法或成果评估等,都要纳入全球化的趋势中进行全盘考虑。[①] 2005 年第二十届悉尼国际历史科学大会,成了真正的"历史学奥林匹克",开幕式演讲围绕"历史学的全球化及其限制"展开,华裔美籍历史学者王晴佳在与会后撰文称:从全球化的视角进行文明之间和区域之间的比较研究,已经成为历史研究的一个重要潮流[②]。

从史学思想而言,我认为史学思想是史学之魂,是历史学家孜孜以求的目标,锲而不舍的追求。这就要说到每五年召开一次的国际历史科学大会的深层意义了。在国际历史科学委员会成立时的章程中,明确昭示该会成立的旨意是:"通过国际合作的途径,促进历史科学的发展。"[③]这一宗旨当然也是国际历史科学大会所要达到的目标,为此,大会与委员会都在竭力寻求一条通往国际历史学家合作与

---

① 张顺洪:《第 19 届国际历史科学大会学术见闻》,《史学理论研究》2001 年第 1 期。
② 王晴佳:《文明的比较、区域研究和全球化:第 20 届国际历史科学大会所见之史学研究新潮》,《山东社会科学》2006 年第 1 期。
③ 张芝联:《介绍国际历史科学委员会(简称国际史学会)》,《历史研究》1957 年第 6 期。

融通的途径。当代德国历史学家厄尔德曼的《走向史家之大同世界：国际历史科学大会和国际历史科学委员会，1898—2000》一书，正是通过对国际历史科学大会和国际历史科学委员会发展进程的解析，阐述题旨，这与国际历史科学委员会成立时的宗旨是相吻合的。进言之，每五年举行一次的国际历史科学大会的国际影响力，正越来越大，对世界史学的发展所具有的深远意义也随之在扩大。因此，对各国各地区的历史学家的合作与融通的途径也在不断扩大。在全球化时代，走向史家之大同，也许并不是一个幻想，同世界文学、世界哲学一样，世界史学也不是一个乌托邦。对此，我们且拭目以待吧。

综上所述，国际历史科学大会正是我们瞭望西方史学的一个窗口，从中让我们了解与认识现当代西方史学的发展与变化、传承与革新、趋势与前景。这当然不是唯一的途径，但却是重要的与便捷的。

二、中国历史学家与国际历史科学大会的联系

在 20 世纪前期，国际历史科学大会是局限于欧洲范围内西方人的"自娱自乐"，它似乎与现代中国史学没有什么关联。其实不然，考察现当代中外史学交流史，中国历史学家与国际历史科学大会和国际历史科学委员会，早在 1928 年初，国际历史科学委员会就邀请中国参加是年 8 月在挪威奥斯陆召开的第六届国际历史科学大会，但当时中国的回答是"暂不派人出席"[①]，与它擦肩而过。中国与国际历史科学大会实际接触是在 1930 年代。此后，中国与它始终处在或若即若离，或藕断丝连，或情有独钟的状态，从 20 世纪 30 年代直至 21 世纪的第二个十年。上述状态，可以分为三个时段来加以考察与分析。

（一）在战火纷飞年代里的初步接触。

在这里，一段尘封的历史揭开了，那就是胡适于 1938 年 8 月参加在瑞士苏黎世召开的第八届国际历史科学大会。1938 年，时值中

---

① 《外交公报》1928 年 3 月 14 日。

国进行全面抗日战争的第二个年头,虽然是年3月至4月的台儿庄战役,重创日军,挫其嚣张气焰,但毕竟敌强我弱,是年秋,重镇武汉与广州又相继失守,中国抗战正处于困难与危机的时候。但难能可贵的是,在如此艰难困苦的情况下,中国对应邀参加国际历史科学大会,仍给予了相当的重视。

1936年12月17日,时任国际历史科学委员会(简称"国际史学会")主席哈罗德·泰姆普利(Harold Temperley,一译"田波烈",或"吞泼来")致函国民政府中央研究院,函称:据我从南京、北京、上海等地的所有权威人士及教育部长那里进行长期的调查而得出的结论:中国申请加入国际史学会的时机已经成熟①。泰姆普利主席对中国加入国际史学会,确实颇为热心。1936年底,他应邀由日本来华,在北京、南京、上海等地讲学,广泛接触中国学界人士②。11月16号,他在北京作了题为"致中国史学家"的演讲,在这次演讲中,他这样赞美中国:"我既不是诗人,也不是政治家,我属于一个国际组织,不会很随意地去表达我对某个特殊国家的偏好,但是有一点我很确定,全世界没有一个国家能声称自己在思想和知识方面做出的贡献比中国多。中国吸收西方的知识,丰富自己不朽的传统,她一直很伟大。"③泰姆普利鼓励中国应融入国际社会,走向世界。他进而说道:"中国仅仅发展和吸收西方的文化是不够的,她应该带着复兴的民族文化而向世界。每一个国家都应该有一个包含其文化的国际形象,就像它应该拥有一个包含其文化的民族形象一样。每一个国家都会对世界其他国家有一些贡献,并从其他国家那里获得一些收获。国家就像蜜蜂,从四处都收获一点来酿造国际生活的蜜,创造放之四海皆可的通用科学。"④泰姆普利的这番话,既睿智又不失形象,他的话,旨在诚挚邀请中国加入国际史学会。作为国际史学会主席,扩充

---

① 刘鼎铭、林周佳、徐志敏辑译:《中国申请加入国际史学会及派胡适参会相关史料一组》(以下简称《中国参会史料》)第1号附件,《民国档案》2007年第3期。

② 哈罗德·泰姆普利来华行踪,当时报刊时有报道,不只是《图书展望》所显示的一鳞半爪。

③ 《中国参会史料》第1号附件,《民国档案》2007年第3期。这一番话,是泰姆普利于1936年11月16日在北京大学、清华大学及国立北平图书馆公宴席上的讲演,题为"致中国史学家",该讲演的中文译稿由康选宜、李东自合译,最初发表在1936年的《史地半月刊》上,与此处引用的刘鼎铭等译文比较,似乎是个摘译。

④ 《中国参会史料》第1号附件,《民国档案》2007年第3期。

阵营,发展新会员国,这也是他的职责。为此,他热情地说:"如果中国敲了这扇门,我想她不用等太久就可以进来了。中国史学者兄弟们,这是一个多么美好的机遇啊!……如果能在我任上得以实现,那将是我一生中最伟大的时刻!"①

对于泰姆普利的盛情邀请,国民政府中央研究院与教育部进行了认真的磋商,达成一致:由国民政府中央研究院代表中国申请加入。1937年7月,抗日战争全面爆发,但中方旨意已决,决不改变,时任国民政府教育部长的王世杰在给泰姆普利的信函中重申:"这项工作不会因为战争的危机局势而受到任何影响。"②不仅如此,中方还将力求在国际历史科学委员会中,争得重要的位置。时任国民政府中央研究院史语所所长傅斯年致教育部函中明确指出:"中国在此会中必得最优待遇,即英、法、意、德之待遇是也。中国历史最长,不可在此会中沦为二等国,故必求其有此权利。"③又云:"中国不能居第二位。"这从一个侧面表明了中方对入会的高度重视和严正立场。

那么,中方派谁去呢?经过多方考虑,初定为胡适和蒋廷黻(时任中国驻苏联大使),最后确定由胡适一人前往。在傅斯年看来,由于胡适的学术地位、国际声望和外语能力,担此重任者非他莫属。还有一个说来有点可怜的原因,那就是胡适身在欧洲,顺道赴会,百镑足用,可节约开支,傅斯年说:"此时国家困难,无此多钱,胡先生一人足矣。"④其时,国家财力之拮据,由此可见一斑。彼时的胡适,早在抗战全面爆发之后,1937年9月就受蒋介石委派,以北京大学文学院院长的身份,出访美欧,以寻求国际援助和支持中国抗战。首站美国,他在那里待了十个月,于1938年7月抵英。于是就在这样繁忙的外交活动期间,奉命以普鲁士科学院通讯研究员的身份受邀参

---

① 《中国参会史料》第1号附件,《民国档案》2007年第3期。
② 《中国参会史料》第14号,《民国档案》2007年第3期。
③ 《中国参会史料》第16号,《民国档案》2007年第3期。
④ 同上。

会①,代表中国参加了在瑞士苏黎世召开的第八届国际历史科学大会②,使这次在欧战全面爆发前的苏黎世大会上,首次听到了中国历史学家的声音③。

胡适在其日记中,为我们留下了中国历史学家参与国际历史科学大会初次接触的点点滴滴。翻看这一期间的胡适所写的日记,从1938年8月24日至9月4日,约略可知他参与国际历史科学大会的行踪④:出席第八届国际历史科学大会的开幕式与闭幕式,报告他提交的论文《新发现的关于中国历史的材料》("Newly Discovered Materials for Chinese History"),国际历史科学委员会开会接纳通过中国为新会员,出席国际历史科学委员会下属的远东委员会,旁听他人的学术报告,还有参观与游览。总之,胡适是有始有终地参加了这届大会,可以说是完成了任务。大会闭幕后还不到十天,胡适于是年9月13日即被国民政府委任为中国驻美大使一职,他在9月13的日记中这样写道:"今天得外部电,说政府今天发表我任驻美大使。……二十一年的独立自由的生活,今日起,为国家牺牲了。"⑤于是迅速离欧返美赴任,而国际历史科学大会之事,当然被置之脑后,这段学术旅程也被战火湮没了。

---

① 参见胡颂平:《胡适之先生年谱长编初稿》,台北:联经出版事业公司,1990年,第1645页。此处转引自桑兵:《二十世纪前期的中国史学会》,《历史研究》2004年第5期。

② 就我个人视野所见的胡适传记的著作,比如,1992年江西百花洲文艺出版社出版的章清著《胡适评传》,2008年由中国社会出版社出版的桑逢康著《胡适评传》,两书对胡适参与国际历史科学大会一事,都只字未提。这也难怪,此时中华民族已到了生死存亡的关头,谁还会关注此时的胡适这短暂的"学术之旅"。我不知道其他研究胡适的著作中,会对此留有笔墨,敬祈方家补正。

③ 关于胡适1938年代表中国参加在瑞士苏黎世召开的第八届国际历史科学大会之事,国内学界关注甚少。在众多通贯性的胡适评传此类书中,比如,前已列举的两书都未曾体现。又,江勇振的《舍我其谁:胡适》(北京:新星出版社,2001年)乃最新的胡适传记力作,第一部下限是1917年,不知在第二部有无此事的记载。至于论文,桑兵的《二十世纪前半期的中国史学会》(《历史研究》2004年第5期)、胡逢祥的《现代中国史学专业学会的兴起与运作》(《史林》2005年第3期)等文中,有涉及,但语焉不详。桑兵在《晚清民国的学人与学术》(北京:中华书局,2008年)一书中,对上文涉及中国史学界参加国际历史科学大会一事作了增补,增补的主要内容是:国际历史科学大会的组织体制、国际历史科学委员会主席田波烈(泰姆普列)来华与运作中国人会诸事,中方为此而做的筹备工作等。至于胡适参与第八届国际历史科学大会一事,桑氏援引两函及胡适日记中的材料作了简述。在研究胡适的专著中,就我个人视野所及,迄今仍付阙如。可见,前人对胡适此次参会的阐述与评估,还留下颇多的学术空间,尤其从中外史学交流史的视角而言,更有进一步探讨的必要。

④ 曹伯言整理:《胡适日记全编》第7册,合肥:安徽教育出版社,2001年,第158—173页。

⑤ 同上书,第173页。

然而,这是一页不能遗忘的历史。从1938年整整过去了66年,2004年在上海,时任国际历史科学委员会主席的德国历史学家于尔根·科卡还与中国学者探讨过1938年中国入会的这段往事①。我认为:1938年中国参加国际历史科学大会并被正式接纳为国际历史科学委员会成员国,以及胡适与会的更多历史细节,不仅不应忘却,不应遗漏,而且要加以重新发掘、整理和评估。这无论于中国现代史学史,还是中外史学交流史,都是不可缺少的一页,否则2015年在我国举办国际历史科学大会不就成了无源之水、无本之木了吗?

(二) 在"闭关锁国"年代里的"藕断丝连"。

1949年新中国成立,开始了中国历史的新进程,也开创了中国史学的新篇章。从中外史学交流史的角度而言,那时中国对西方史学采取了"闭关锁国"的态度,一概排斥,拒之门外。而此时的国际历史科学大会,在经历了因第二次世界大战中断后的12年已恢复正常活动,1950年,在巴黎召开了第九届大会,而此时的中国已与它脱钩失去了联系。是为"藕断"。

值得注意的是,在20世纪五六十年代域外史学的引进中,发生了路标的转换,从引进西方资产阶级史学向引进苏联的马克思主义史学转变。随着中国的马克思主义史学在50年代初进入勃发时期,苏联史学更是以迅猛之势传入我国,据1949年10月至1956年6月的统计资料,译自苏联的俄文出版物,占此时出版总量的8300,占据着绝对的优势。这就深深地影响着现代中国文化,也包括历史学。在这里,不容我们纵论苏联史学输入中国所带来的积极的或消极的影响②,但有一点可以肯定,借助苏联史学之输入,让我们从门缝中看到了西方史学,当然是被扭曲了的西方史学。这也包括对国际历史科学大会和国际历史科学委员会的了解。

这就说到了"丝连",虽则中国与国际历史科学大会和国际历史

---

① [德]于尔根·科卡:《国际历史学会:历史学家如何超越民族史、国别史》,陈启能、王学典、姜芃主编:《消解历史的秩序》,济南:山东大学出版社,2006年,第71—83页。

② 张广智:《珠晖散去归平淡——苏联史学输入中国及其现代回响》,陈启能、王学典、姜芃主编:《消解历史的秩序》,济南:山东大学出版社,2006年,第224—246页。

科学委员会失去了联系,但还是可以从引进的苏联历史读物中,略知前者的一鳞半爪。

现略举一二,以此说明,虽"藕断",但仍"丝连"。

一种是从苏联史学期刊中的译介。比如,前已涉及的潘克拉托娃的长文《第十届国际历史学家代表大会的总结》,可以看出俄文与中译文刊发的时间是同步的,这就很及时地向中国学界传达了第十届国际历史科学大会的情况。此外,还有俞旦初译自苏联《历史问题》的《第十届国际历史学家代表大会上的现代史学的主要流派》[①],薛煉柔译自同上刊物的《历史学家的国际组织》[②],何兆武译自同上刊物的《第十一届国际历史学家代表大会的科学报告》[③]等。在此,需要说的是《历史问题》杂志乃苏联史学界的权威刊物,一如我国史学界的《历史研究》。

一种是译自苏联历史学家的论文集。比如,三联书店1957年出版了中译《苏联史学家在罗马第十届国际史学家代表大会报告集》,这本论集收文七篇,系总结苏联历史科学成就和俄苏历史的若干个案研究,从史学观上凸显了苏联版马克思主义史学的特征。

此外,还有一种是由中国学者撰写的介绍文章,比如张芝联写的《介绍国际历史科学委员会(简称国际史学会)》一文,篇幅虽短,但所披露的信息,诸如国际历史科学委员会的性质、宗旨、体例等,多有介绍,因发表在《历史研究》上而引人注目,至今仍被参阅。

当然,上述这些文字,在当时时代环境与文化氛围中,显然并不起眼;但不容否认的是,中国历史学界对国际历史科学大会和国际历史科学委员会,仍是一往情深,藕断丝连,这也就为我国新时期与它的对话打下了基础。

(三)在改革开放年代里的重新连接。

从1978年开始,我国实行改革开放的政策,为中外史学交流营

---

① 《史学译丛》1956年第6期。
② 《史学译丛》1957年第3期。
③ 《史学译丛》1957年第6期。这份由历史研究编辑委员会主办的双月刊杂志,刊发专题论文、学术信息和书评等译文,是当年中国学界从"门缝"中了解域外西方史学的一个重要途径。

造了一种如沐春风的时代氛围和客观环境,多年来国门紧锁的封闭状态被打开了,中国的历史学家从这种封闭状态中"走出去",迈步走向世界。比如,前已提及,在学界素有民间"学术交流大使"美誉的张芝联先生,以他敏锐的史识、卓越的史才和娴熟的外语(英法均通),穿梭于东西,往返于中外,首先在1980年罗马尼亚布加勒斯特召开的第十五届国际历史科学大会上,让国外同行再一次听到了中国历史学家的声音,尽管此时中国史学会是以观察员的身份派代表列席参加的。以什么身份参会固然重要,但更重要的是中国历史学家与国际历史科学大会,在中断了四十余年之后,又重新连接起来了,这对于中国史学走向世界具有非凡的意义。

1982年,国际历史科学委员会正式接纳中国为该会的会员国,1985年8月,中国历史学家首次以会员国的身份参加在联邦德国斯图加特召开的第十六届国际历史科学大会,在开幕式上,当国际历史科学委员会秘书长阿威勒夫人介绍中国代表团时,大厅里顿时爆发出热烈的掌声。她在会议总结报告中又特别强调了中国之参加大会和国际历史科学委员会,大大提高了国际历史科学大会和国际历史科学委员会的代表性[①]。中国学者在会上提交的学术论文,受到国外同行的重视和好评,已由中华书局汇编为《第十六届国际历史科学大会中国学者论文集》于1985年正式出版。

此后的从第十七届至二十一届,中国历史学家均组团与会,参会人数不等,最多的一次是在2005年悉尼召开的第二十届,约有三十多位历史学家参加(还不包括自费前往的学者)。与会者在会后,纷纷撰文,或介绍大会盛况,或畅谈各自感想,或纵论国际史学新趋势,林林总总,在此不赘。

在世界史学史上,中国史学具有久远的传统,为后世留下了丰厚的史学遗产。在第十六届的会议期间,国际史学界人士都普遍盼望在不远的将来,能在中国这样一个"史学大国",举办一届国际历史科学大会。其实,这也是我们的愿望,申办工作一直在不断地进行,其

---

① 张广达:《当代史学研究的趋势——参加第十六届国际历史科学大会的观感》,《北京社会科学》1986年第2期。

间也经历了不少周折①。

2010年,我国终于在荷兰阿姆斯特丹第二十一届国际历史科学大会上,申办成功,获得了2015年第二十二届国际历史科学大会的主办权,明年就要在山东济南召开。对此,不仅我们,所有国际史学界人士都很期待。

以上对中国与国际历史科学大会关系之进程,作了简单的梳理与回顾,远不足以展现这其中的艰难历程,丰富内容和历史细节,但这些也让我们悟到,中国与国际历史科学大会的"不了情",这"情",出自中国历史学家的不懈追求,出自于中国史学走向世界的时代诉求,进言之,出自于中国从"史学大国"走向"史学强国"的历史使命。

三、开辟中国史学的新天地

风从东方来,九州尽锦绣。在华夏民族规划文化大发展大繁荣的今天,高度重视中国的人文研究,乃是时代的诉求,历史的使命,更是在文化创新中建立文化强国的战略需要,这于当下中国历史学,亦可作如是观。

我常常表述这样的意思:中国史学之进步,既需要依靠内力,也需要借助外力。前者说的是中国传统史学,这当然不是原封不动地继承,而需要改造,以发掘它潜在的和现代的价值;后者说的是引进域外史学,以汲取异域之精华,为我所用。倘此说不谬,我以为国际历史科学大会就是一种外力,一种不可多得的外力,这就道出了国际历史科学大会与中国史学之关联,尤其是与中国史学走向世界的紧密联系。由此,我想到的是:

彰显中国史学的个性与特色,此其一。中国史学具有源远流长的传统,拥有丰赡宏富的史学遗产,梁启超曾云:"中国于各种学问中,唯史学为最发达;史学在世界各国中,唯中国最为发达。"②不是吗?影印文渊阁《四库全书》都醒目地摆放在世界各大图书馆内,这

---

① 刘明翰:《创建有我国特色的世界史学科》,《历史教学》2001年第1期。
② 梁启超:《中国历史研究法》,北京:东方出版社,1996年,第11页。

足以呈现中国历史的绵延不断以及记录这一历史进程的中国史学之光彩。是的,在中国传统史学中,的确蕴含着丰富的智慧、卓越的思想,这些智慧不会因时而亡,而那些卓越的思想也不会因时而废,值得我们去认真发掘,但我们不能靠老祖宗留给我们的遗产过日子,那会坐吃山空,也是没有出息的。我们需要的是继承传统而又超越传统,在传承中超越。惟其如此,才能使它成为一种积极的力量,从而去推动现代史学的开拓与创新。我们正是可以借用国际历史科学大会这座平台,通过这扇窗口,在与国际历史学家的对话与交流中,彰显中国史学的特色。与此同时,它向世界展示了一种新的中国视野,这就为国际史学界进一步了解中国史学乃至文化,创造了便捷的条件。事实上,国际历史科学大会也许是域外历史学家最集中和最具权威性地了解中国史学的良机。这无论从年鉴学派参加国际历史科学大会并走向世界的经验来看,还是从苏联历史学家与会以及出版的《苏联史学家在罗马第十届国际史学家代表大会报告集》[①]一书来看,都应验了"越是民族的,就越是世界的"这一真理。

中国史学要立足于国际史坛,也应当借鉴他们的经验。从前述中国历史学家参与国际历史科学大会的历史进程中可以看出,我们也正在走这样的路,从1938年第八届国际历史科学大会胡适所提供的《新发现的关于中国历史的材料》到参加1985年第十六届国际历史科学大会及会后出版的《第十六届国际历史科学大会中国学者论文集》[②]以及其后的情况来看[③],无不散发出浓郁的中国史学的特色,

---

① 这本论文集,由王九鼎等译,收录论文七篇,其首篇为西多罗夫的《苏联历史科学发展的基本问题及某些总结》,这篇长文发出了苏联版马克思主义史学的声音,其余六篇为从古代俄罗斯国家的形成到俄国历史,到十月革命,到第二次世界大战史,都尽显苏联史学的个性特色。

② 这本论文集,收录论文13篇,首篇为刘大年的《论历史研究的对象》,是一篇从史学理论上考察与阐述史学的长文,引经据典,又辅之以中外史学的个案,以之作证,凸显中国马克思主义史学家的识见,恰似《苏联史学家在罗马第十届国际史学家代表大会报告集》中的西多罗夫的长文。又,会议开幕恰逢第二次世界大战—世界反法西斯战争胜利四十周年,故中国学者提交的三篇论文,详论中国的抗日战争在世界反法西斯战争中的历史地位,显示中国学者在这一重大问题上的观点,其余各篇多为中国历史的专题研究成果,也充分体现了中国历史学家的学术个性。

③ 比如有《中国近代的革命和改良》(第十七届)、《18世纪的中国与世界》(第十九届)、《近现代时期的中国与世界》(第二十届)等专题学术研讨会,均获成功。中国历史学家阐发了自己的论见,引起了与会学者的广泛重视,这就在很大程度上提升了中国史学的国际影响力。

同时也让国际历史学家听到了中国历史学家的真知灼见,倘如此下去,这就足以消解中国是一个"没有历史的国家"或中国史学只有实录而"没有理论思维"的说法,向国际史学界传播了一个真实的中国史学形象。

在对话与交流中发展中国史学,此其二。纵看当下,时代巨变,当今"全球化"的趋势不可逆转,世界处在一个多元化与多变的时代。在这样的时代背景和文化语境下,跨文化的对话成为可能,于是史家与史家之间这种国家与国家、民族与民族、地区与地区、东方与西方之间的互通、互介、互学、互访,就显得十分必要了。具有远见卓识的国际历史学家,以对方为"他者"以反观自己,重新审视自己的国家或民族的史学传统,并尽可能地吸收他国的经验与智慧,来克服自身的问题,以求开拓史学的新境界,这已为越来越多的事实所证明。这里用得上"比较史学"一法,正如海外历史学家杜维运所言:"把世界出现过的史学,放在一起作比较,优越的世界史学,始能出现。"①此法被年鉴学派创始人之一马克·布洛赫称之为"有神力的魔杖",汤因比撰《历史研究》12卷将人类世界出现过的26种文明已作过这样的比较研究了。全球化的浪潮,史学国际化的趋势,跨文化对话的必要性,"他者"与"自己"角色的转换,简言之,我们正可借助国际历史科学大会,在对话与交流中向域外输出和传播中国史学;与此同时,也在这互动中寻求中国史学的新突破,让国际史学界进一步了解与认识中国史学②。

谱写世界史学史上的中国史学的新篇章,此其三。这是一个未来的目标,在可以预见的未来,将实现在中国从"史学大国"走向"史学强国"的进程中。然而,现实与未来的目标,总是不尽如人意。从国际历史科学大会历史与现状来看,正如王晴佳数次与会后,深有感触地说:一方面,"欧洲中心论"(或"西方中心主义")在会上受到了质疑和挑战,西方学者对我国史家如何在引进西方史学的同时,进而寻

---

① 杜维运:《变动世界中的史学》,北京:北京大学出版社,2006年,第51页。
② 历史事实表明,以中西而论,西方对中国的了解远不及中国对西方的了解,比如,2005年,中国对美国版权贸易逆差为244000(见王岳川:《在文化创新中建立强国文化战略》,《探索与争鸣》2012年第6期)。史学上的这种"逆差",也许更严重些。

求中国的"本土立场"以开拓创新多表现出浓厚的兴趣与赞赏;另一方面,在那里,"欧洲中心论"的影响远未消失,各届实际与会人数还是以欧美史家为主,大会使用的语言为英语和法语,在会上还是西方人拥有更多的"话语权",掌控着"学术霸权"。① 李红岩也说,在中国史研究领域,从目前的情况来看,大体上还是外国学者"冲击",中国学者"回应"的状况,除了中国马克思主义史学外,似乎还没有一个中国学者提出一种概念受到西方汉学界的普遍性重视②。因而,要实现如王学典所说的中国"在给西方史学界继续输出材料、输出初级学术产品的同时,必须尽快同步输出'概念化'和'理论化'的高级学术产品",从而成为"国际学术界的思想和理论'大师'"③,看来尚需时日。在中国和平发展的今天,中国历史学家当志存高远,肩负时代的重任、历史的使命,以十分的信心、百倍的努力,不畏艰难,敏思进取,不断以创新性的、彰显中国史学特色的学术成果④,在国际史坛上争得与其国际地位相应的地位,并在世界史学史上留下中国史学的新篇章。换言之,在重绘的世界史学地图中,占有自己应有的位置。

任重而道远。中国史学的再出发,途径诸多,但殊途同归,目标一致:走向世界。在这里,我们要再一次提及七十多年前,国际历史科学委员会主席哈罗德·泰姆普利在题为"致中国史学家"的演讲中,那段中国文化(中国史学)应当"面向世界"和树立"国际形象"的话。在当今,中国的经济与政治力量大国的"国际形象",还需要文化支撑。相对而言,中国文化的"国际形象"显得还很薄弱,为此我们应迅速规划和制定"文化强国"的目标和措施,立志让中国文化"走出去",成为像泰氏所期望的"放之四海"的文化。在这一历史进程中,

---

① 王晴佳:《文明的比较、区域研究和全球化:第20届国际历史科学大会所见之史学研究新潮》,《山东社会科学》2006年第1期。
② 李红岩:《边界淡化包含隐忧》,《社会科学报》2011年12月1日。
③ 王学典:《概念化:中国经验走向世界史坛的必由之路》,《历史学家茶座》卷首语,2010年第4辑。
④ 比如最近出版的瞿林东主编的《中国古代历史理论》(三卷本,合肥:安徽人民出版社,2011年),这部著作第一次对中国古代历史理论进行了系统而又深入的揭示与梳理,建立了中国古代历史理论的范畴体系,以有力的历史证据回答了西方学界那种认为中国古代没有历史理论,也没有能力"给思想创造一个范畴的王国"的谬说(参见李红岩、李振宏:《中国古代历史理论源远流长、丰富厚重》,《中华读书报》2012年3月20日)。在我看来,这种厚重的、彰显中国史学特色的学术精品,应当及时向国际学术界推介,并以自己的"本土话语"来影响国际史学。

具有宏富遗产的中国史学将会在不断的开拓与创新中,为此作出自身的重大贡献。

我们有理由说,在当今借助国际历史科学大会,不失为提升中国史学的国际影响力的一条途径、一条逐步实现中国史学走向世界的通道、一条圆多少年来梦寐以求"史学强国"之理想的坦途。从国际历史科学大会再出发,前景灿烂。不是吗?再过一年,全球的历史学家们将汇聚于济南千佛山下,相遇在泉城大明湖畔,纵论古今,畅谈东西,百花齐放,各显芳菲。总之,这是一种多么值得期待的史学景观。在这一次百年一遇和盛大的"请进来"的文化活动中,积极推动中外史学交流,让世界了解中国,进而了解中国文化和中国史学。东道国的身份,为我们提供了难得的历史机遇,改革开放的环境,又为我们提供了适宜的实践基础,中国史学走向世界,正其时也。中国史学之走向世界,这自然不会是一个有条不紊的过程。然而,中国史学的深厚积淀,当代中国史学的迅速发展,为重绘新世纪、新的世界史学地图创造了良好的条件。现实的情况告诉我们,历史机遇稍纵即逝,时代氛围弥足珍贵,让我们牢牢地把握这个机会,从现在开始就精心准备,发展中国史学,并在与世界史学的互动中不断前行。

历届国际历史科学大会一览表[①]

届次	召开时间	举办国	城市	备注
	1898 年	荷兰	海牙	预备会议
第一届	1900 年	法国	巴黎	
第二届	1903 年	意大利	罗马	
第三届	1908 年	德国	柏林	
第四届	1913 年	英国	伦敦	
第五届	1923 年	比利时	布鲁塞尔	
	1926 年	瑞士	日内瓦	是年 5 月,国际历史科学委员会成立
第六届	1928 年	挪威	奥斯陆	

[①] 此表由复旦大学历史系周兵副教授提供。

续表

届次	召开时间	举办国	城市	备注
第七届	1933 年	波兰	华沙	
第八届	1938 年	瑞士	苏黎世	是年 8 月,中国派胡适首次参加,并正式入会
第九届	1950 年	法国	巴黎	
第十届	1955 年	意大利	罗马	
第十一届	1960 年	瑞典	斯德哥尔摩	
第十二届	1965 年	奥地利	维也纳	
第十三届	1970 年	苏联	莫斯科	
第十四届	1975 年	美国	旧金山	
第十五届	1980 年	罗马尼亚	布加勒斯特	中国派观察员与会
第十六届	1985 年	联邦德国	斯图加特	中国于 1982 年重新入会后第一次组团参加
第十七届	1990 年	西班牙	马德里	
第十八届	1995 年	加拿大	蒙特利尔	
第十九届	2000 年	挪威	奥斯陆	
第二十届	2005 年	澳大利亚	悉尼	
第二十一届	2010 年	荷兰	阿姆斯特丹	
第二十二届	2015 年	中国	济南	中国作为东道主承办此次国际历史科学大会

中国思想库的国际化建设

朱旭峰　礼若竹

思想库(或称智库、智囊团等)一般指相对稳定的独立运作的公共政策研究和咨询机构。随着公共政策研究机构在决策中的作用越来越突出,思想库的概念在中国已被广为接受。党的十七大报告指出:"推进决策科学化、民主化,完善决策信息和智力支持系统",要"鼓励哲学社会科学界为党和人民事业发挥思想库作用,推动我国哲学社会科学优秀成果和优秀人才走向世界"。这为中国思想库的下一阶段建设任务指明了方向。同时,在实施"走出去"战略步伐明显加快的今天,思想库走向世界是必然选择,并将更为有力地推动中国全面参与国际竞争与合作,推动对外开放的持续健康发展。

近年来,中国思想库旨在"走向世界"的国际交流活动初见成效。如通过举办座谈会、论坛、峰会、出访、接待来访等方式进行人员往来和信息交流;通过发表外文论文、出版外文著作等方式进行学术交流等,有效地起到了沟通信息、加强了解和增进合作的作用。

但也必须看到,在全球思想库国际化浪潮中,中国思想库并没有占得足够的先机,也并没有获得国际社会充分的认可。例如,美国《外交政策》季刊推出一份研究报告显示,全球七大区域13个地区政策话语中心中,亚洲及大洋洲思想库的话语中心城市是澳大利亚悉尼、马来西亚吉隆坡和日本东京,中国城市未列其中①。再比如,国家科技部发布的《2009—2010全国软科学研究机构统计调查报告》显示,中国目前共有各类型软科学研究机构2408家②,与宾夕法尼亚大学《全球思想库报告(2008年)》统计的中国拥有74家思想库的数据有很大的出入③,尽管这个数据差异大部分来自于该报告统计上的遗漏,然而这也从另一个角度说明,中国大量思想库不被外界所知晓。因此,必须建设一批与中国国际地位、经济水平和社会规模相匹配的思想库,并引导其不断提高国际化水平、加速走向世界的步伐,并且树立良好的国际声誉,获得国际社会理解和支持。

在此,首先梳理当前全球思想库呈现出来的四方面的国际化趋势,总结中国思想库"走向世界"方面已取得的成绩和存在的不足,进而提出在实现"走向世界"目标的过程中,中国思想库需要破解的主要问题。

一、全球思想库的国际化趋势

当前,各国思想库发挥的作用已经超越国家界线,在全球政策过程中发挥着越来越重要的影响力。总结起来,全球思想库的国际化趋势可以概括为四个方面,即"研究领域的国际化""交流活动的国际化""组织结构的国际化"和"影响力的国际化"。

(一)研究领域的国际化

思想库研究领域的国际化主要是指思想库开展研究工作的内容从传统的聚焦国内问题,扩展为研究全球性公共议题和他国问题,并且在研究方法的选用和研究成果的应用方面更注重跨国比较和国际视野。

---

① 蔡虹、李鹏:《中国智库国际化》,《北京科技报》2009年7月13日。
② 在中国,思想库和软科学机构的概念类似,都是为政策制定提供咨询研究的机构,只是在具体涵盖范围方面略有差异。因此,我们可以将中国软科学研究机构的调查统计近似地作为对中国思想库的调查统计。
③ The Think Tanks and Civil Societies Program, "The Global Go To Think-Tanks 2008: The Leading Public Policy Research Organizations in the World", University of Pennsylvania, 2009.

全球金融危机与国际金融体系改革、气候与环境、能源安全、国际军控、国际反恐、公共卫生与食品安全、贫困与疾病等问题是全球面对的共同挑战。对此,各国思想库投入大量精力开展研究,将研究领域不断向这些全球议题扩展。如针对全球气候问题,除了美国皮尤全球气候变化中心、德国的波茨坦气候影响研究所等专门的气候研究思想库常年开展大量研究外,诸如英国皇家国际事务研究所、布鲁金斯学会、卡托研究所等综合思想库也设立了专门的研究中心、研究计划或是研究板块专注于全球气候问题的研究。又如在国际发展问题上,除了美国布鲁金斯学会、伍德威尔逊国际学者中心、战略和国际研究中心等世界顶尖思想库取得了重大进展之外,其他国家思想库的相关工作也受到了关注:如英国海外发展研究所(ODI),德国发展研究所(GDI),芬兰联合国大学世界发展经济研究所(UNU-WIDER),丹麦的丹麦国际研究所(DIIS),南非的南非国际事务研究所(SAIIA),韩国的韩国发展研究所(KDI)和塞内加尔的非洲社会科学研究发展委员会(CODESRIA)等。

除了研究全球性公共议题,思想库研究领域的国际化还体现在对他国问题的关注上。随着全球化的深入,国与国之间的联系越来越紧密,许多时候某一国家的国内政策也可能对其他国家产生重大影响,从而要求思想库必须及时关注、广泛涉猎和深入研究其他国家问题,才能为本国决策提供有效决策支撑,甚至影响他国政策。这种情况又可以分为两个层次,一方面是某一国家的国内政策可以作为其他国家的参考,比如在公共卫生政策问题上,无论何种政治体制和社会文化背景的国家都会遇到相类似的情况,国家间的比较研究具有重大的借鉴意义。因此很多思想库在研究自己国内政策的同时,还研究国外同领域政策。另一方面是一个国家的国内政策会对其他国家的利益有比较显著、重大或者长远影响。比如美国和欧洲思想库近年来对中国的货币政策倍加关注。

(二)交流活动的国际化

思想库的国际化不仅体现在研究领域上,还体现在交流活动所涉及的范围从国内向外国甚至全球扩展方面。思想库主要通过面向国际受众提供咨询服务、举办会议活动和国际倡导等活动来实现交流活动的国际化。如兰德公司 2007 年同中国天津开发区合作,开展滨海新区科学技术愿景规划研究,为中国政府提供决策支撑。法国的欧罗普基咨询公司平均每年要和 580 个企业签订咨询服务合同,其中 60％是国外企业①。国际冲突小组(ICG)在 2012—2014 的战略框架中明确提出要"更为国际化",且主要的实现途径为将政策倡导工作的覆盖范围扩展至更多的主要地区组织(如非洲联盟)和地区中心城市(如比勒陀利亚、阿布贾、德里和巴西利亚)。日本国际事务研究所(JIIA)每年举办约 30 场论坛,邀请日本国内和国外学者聚集在一起讨论国际关系和日本外交政策,如 2012 年举办的"福岛事件后的中东局势与能源战略"和"美国总统竞选前景及其对美国安全政策的影响"等②。新加坡国际事务研究所每年举办若干个系列的国际会议,如"东盟和亚洲论坛""全球洞见"和"年度成员会议"等③。成立仅 10 年的加拿大国际治理创新中心,在 2012 年开创了若干个国际会议系列,如"全球政策论坛系列"和"错误的二分法全球经济会议"。英国查塔姆研究所(又名英国皇家国际事务研究所,CH)设立了查塔姆研究所奖,倡导鼓励促进国际关系方面发挥重要作用的政治活动家。透明国际为倡导各国政府建设透明廉政政府,每年都会发布各个国家的清廉指数及排名,引起国际社会广泛的关注。

(三) 组织结构的国际化

思想库研究领域和业务活动的国际化,很大程度上是通过思想库组织结构的国际化来实现的。其中一般包括人员构成国际化、组织形态国际化、网络关系国际化三方面的表现。

思想库人员构成的国际化是思想库以较高效率向国际化方向迈进的方式,既可以顾问的形式聘请临时或是兼职的外国专家,也可以大规模的招录不同国家、不同种族、不同文化背景的专职研究者。例

---

① 胡春艳:《全球化时代思想库的国际化趋势——兼论我国思想库发展的对策》,《探求》2006 年第 1 期。
② 日本国际事务研究所官方网站:http://www.jiia.or.jp。
③ 新加坡国际事务研究所官方网站:http://www.siiaonline.org。

如,美国布鲁金斯学会设立访问专家项目,诸如东北亚研究中心的访问研究员项目,常年聘任外国著名专家在美国开展半年期访问研究,并为学会提交研究报告。

思想库组织形态的国际化主要有两类表现形式,一是原有的国内思想库在其他国家设立分支机构,甚至形成在多个国家设有机构的网络态势;二是以跨国方式组建新的思想库,在思想库成立之初就明确其跨国的组织形态。前者是在传统思想库的基础上寻求国际化的突破,进而完善自我,拓展业务,提升国际影响力。早在20世纪六七十年代,许多国家的传统思想库就已经开始在组织形态方面的国际化步伐。斯坦福研究所在1977年更名为斯坦福国际咨询研究所,并陆续在欧洲苏黎世和斯德哥尔摩、亚洲的东京和曼谷、澳洲的悉尼以及中东等地设立办事机构,在世界各地还有近400个"合伙公司"。20世纪90年代起,兰德公司拓展了一条从欧洲到中东再到亚洲的国际化路径,包括兰德欧洲(包括英国剑桥和比利时布鲁塞尔两个分支)、兰德卡塔尔政策研究所、兰德阿布扎比办公室在内的众多分支机构,构成了兰德公司国际化的版图。后者则是对思想库传统组织形态的一种创新,直接突破国界的限制,组建国际化特征明确的思想库。如东盟五国于1968年在新加坡成立了"东南亚研究所",研究人员分别来自东盟5个国家。欧洲共同体(欧盟的前身)于1982年在布鲁塞尔成立了"欧洲政策研究中心",作为一个地区性的研究咨询机构,为当时的欧洲共同体国家的政策制定提供服务。

在人员构成和组织形态呈现国际化的同时,思想库逐渐开始形成国际网络或是嵌入到一些国际性的联盟和国际组织当中。例如,成立于1999年的全球发展网络(GDN),是一个联合了众多学者和研究机构的独立国际组织,其联盟成员包括11个地区性网络合作者,以及许多国际捐赠者、政府组织、研究机构、学术机构、思想库和超过11000位独立学者。其核心业务是提升发展中国家和转型国家的社会科学研究能力,培植崭新的创新路径和动员手段以促进发展理念的传播,促使南半球支持发展的学者、知识、专家意见和资源能够相互连接。①

(四) 影响力的国际化

思想库传统上是为本国的政策制定者提供建议,并对国内的政策制定者、精英群体和大众舆论产生影响的,而今在思想库研究领域、交流活动和组织结构日趋国际化的同时,其影响力也已经打破国界的限制,直接对跨国政策制定者、他国政策制定者和国际社会的精英群体、大众舆论产生了作用。例如,2003 年 9 月由中国、日本、韩国、文莱、缅甸、菲律宾、印度尼西亚、马来西亚、新加坡、泰国、老挝、柬埔寨和越南等国组建并在北京成立的东亚思想库网络(NEAT),通过定期向包括"10+3"领导人非正式会议和各部长级会议提交研究报告等形式直接与官方接触,实现对跨国或他国政策制定者的直接影响力;通过影响各国学术同行和企业界等方式实现对国际社会精英层面的影响力;以通过现代媒体和面向公众的社会活动等形式对自身的知识以及理念进行广泛宣传,从而对各国大众舆论产生影响力。②

国际公共政策决策体系的特殊性以及国际社会的外部需求为思想库影响力的国际化创造了条件。一方面,由于国际公共政策决策领域的制度化程度比在国家内部公共政策的决策体系要弱,因而思想库可以在塑造政策制定相关因素、定义政策问题等方面获得比在国内更大的影响力③,这形成了思想库在国际社会发挥影响力的内在动力。另一方面,思想库的国际化对各国间利益、政策主题和政治理念起到了融合的作用④,可以为国际社会和平合作、全球平衡发展作出贡献,因而国际社会对思想库发挥国际影响力存在需求。综合这两方面来看,在可以预见的未来,在此双重需求的共同驱动下,越

---

① 全球发展网络官方网站:http://www.gdn.int。
② 朱旭峰:《国际思想库网络——基于"二轨国际机制"模型的理论建构与实证研究》,《世界经济与政治》2007 年第 5 期。
③ Diane Stone, "Global Public Policy, Transnational Policy Communities, and Their Networks", *The Policy Studies Journal*, 2008, 36(1):29.
④ Diane Stone, "Recycling Bins, Garbage Cans or Think Tanks? Three Myths Regarding Policy Analysis Institutes", *Public Administration*, 2007, 85(2):266.

来越多的思想库将加入到国际化的行列,实现自身发展,提升国际化影响力,为全球公共领域贡献专业知识。

二、中国思想库在实现走向世界过程中取得的进展

为全面概括中国思想库在走向世界过程中取得的进展,这里采用科技部于 2010 年 10 月至 2011 年 5 月开展的"2009—2010 全国软科学研究机构统计调查"数据。该调查涵盖许多与思想库国际化水平相关的指标,比较全面地展现了中国思想库目前在走向世界过程中所付出的努力。本次调查由科技部办公厅和中国科学技术发展战略研究院具体开展,调查的范围为全国 31 个省、市、自治区的软科学研究机构。共下发问卷 2451 份,回收有效问卷 2360 份。调查内容包括人员、经费、设备等基本情况,论文发表、引用等学术情况,举办国际国内会议、开展国际交流、接待来访、出国考察等活动情况,接受专访、发表报刊网络署名文章等与媒体合作情况等方面的指标。其中包括至少 14 个与思想库国际化问题相关的指标[①]。在中国,思想库和软科学机构的概念类似,都是为政策制定提供咨询研究的机构,只是在具体涵盖范围方面略有差异。因此,可以将中国软科学研究机构的调查统计近似地作为对中国思想库的调查统计。根据对 2009—2010 年全国软科学研究机构调查数据进行的统计分析,中国思想库在走向世界的过程中取得了如下成绩。

(一)国际化水平逐步提高

从数据情况来看(见图一),中国思想库的国际化程度有所提高。向国外发表的论文从 1993 年的每年 2552 篇,增长至 2009 年的 6595 篇,开展国际合作项目数量从 808 项增至 1782 项。出席国际会议或出国考察次数的增长最为显著,从 1242 项增至 10347 项。这些数字背后所蕴含的是过去 20 年间,中国思想库在对外交流和国际学术方

---

① 中国科学技术部办公厅中国科学技术发展战略研究院:《2009—2010 全国软科学研究机构统计调查报告》,2011 年 10 月。

面所做出的探索和获得的成绩,体现了中国思想库的国际化水平提高之路初见端倪。

经过多年的发展,中国思想库在走向世界的工作中积累了比较丰富的活动载体。从统计结果来看,中国思想库开展的国际学术活动种类是比较丰富的:既有被邀请参与的,也有主动举办的;既有中国思想库"走出去"的,也有将国外相关人士、团体"请进来"的,如国际合作、向国外发表学术期刊论文、向国外发表会议论文、外文研究著作、出国考察、接待来访、参加国际会议、举办国际会议和参与国际讨论等。

中国各省份的地方思想库也在走向世界的进程中付出了努力。中国幅员辽阔,省份众多,各地政策制定和政治社会运行都有其各自特征,需要既具有广阔视野,又能够扎根当地情况的地方思想库为政府提供各项咨询服务和智力支撑。为顺应地方的决策需求,提高地方发展的国际化水平,各地的思想库大都作出了许多尝试和努力。有的地方侧重于将学术研究成果向国外发表,如山东和广东;有的则侧重同国外开展合作,如江苏;有的省市在参与国际会议方面表现出了积极性,如浙江、上海、四川和天津。

(二) 涌现出一批世界知名的优秀思想库代表

通过不断努力,一批具有国际影响力的中国思想库已经逐渐涌现出来。它们国际化的研究视野和活跃的国际交流活动展示着中国思想库的国际化水平、经验和能力,以及比较成熟的国际公共政策网络资源和国际影响力。作为中国哲学社会科学研究最著名的学术机构和综合研究中心,中国社会科学院在国际社会具有一定声望,在世界思想库排名中有比较好的表现,如在 2010 年和 2011 年分别居全球榜第 24 和 28 名。[1] 此外,如国务院发展研究中心,一直以保持并发展同国际社会的广泛联系为自身职责之一,仅 2012 年开展的外事活动就包括接待美国前国防部长科思以及访问匈牙利、乌克兰、法国

---

[1] The Think Tanks and Civil Societies Program, "The Global Go To Think-Tanks 2011: The Leading Public Policy Research Organizations in the World", University of Pennsylvania, 2012.

和芬兰等二十余项;官方网站"国研网"刊载了大量的专家政策评论和研究成果;机构刊物《中国发展评论》以中英文双语刊发。① 又如中共中央党校,近年来日益走出一条对外开放的道路,与世界上近30个国家的政府部门、研究机构、大学等建立了学术合作关系②,在2010年世界思想库排名中列"政府附属思想库"榜单的第22位,且在2011年上升至第17位。另外,如综合开发研究院(中国深圳)、清华大学国情研究中心、中国人民大学中国经济改革与发展研究院、零点研究咨询集团等事业单位性质、高校附属或者企业法人性质的各类中国思想库也在国际化方面有所作为,甚至建树颇丰。

其中尤为引人注意的是,以国际问题为主要研究领域的思想库是中国思想库着力实现走向世界目标的一类突出代表。它们提供的咨询服务,在内容、方法、视角等方面,具有显著的国际化特征;研究成果能够以活跃多样的方式进行体现,与媒体合作比较密切,能够有效运用互联网进行理念传播;有意识的嵌入到国际公共政策网络当中,力图实现国际影响力的提升,并且为中国政府所需要的政策信息采集和政策扩散宣传同时提供渠道。③ 再如中国现代国际关系研究所、上海国际问题研究院等国际问题方面的专门研究机构均取得了一定的国际影响力,在2010年世界思想库排行榜中取得了突出成绩。④

(三)与海外机构共建思想库

海外机构同高校共建思想库是中国大学思想库近期的发展趋势。双方通过签署合作协议的方式建立合作关系。例如由清华大学和美国布鲁金斯学会联合创办的清华—布鲁金斯公共政策研究中心,在围绕中国经济社会变革及维系良好的中美关系等诸多重要领域提供独立、高质量及有影响力的政策研究。近几年来几十位国际

---

① 国务院发展研究中心官方网站:http://www.drc.gov.cn。
② 中共中央党校官方网站:http://www.ccps.gov.cn。
③ David Shambaugh, "China's International Relations Think Tanks: Evolving Structure and Process", *The China Quarterly*, 2002, 171:576.
④ The Think Tanks and Civil Societies Program, "The Global Go To Think-Tanks 2010: The Leading Public Policy Research Organizations in the World", University of Pennsylvania, 2011.

知名公共政策领域专家学者在中心开展活动,话题涉及中美关系、中国经济模式、东北亚局势、欧债危机、气候变化等诸多方面。另外一个例子是清华大学与卡内基国际和平基金会共同创立的清华—卡内基全球政策中心,它汇集了来自中国、美国以及国际社会的资深专家和学者,合作研究全球所面临的共同挑战。

虽然与海外机构共建情况在目前中国思想库中仅占很小的比例,但其代表了未来思想库国际化发展的一个重要方向,并且具有不容忽视的实际作用。对中国思想库来说,共建能够有效引入国外思想库的优势资源和先进经验,助力中国思想库快速发展;扩宽国际视野、帮助获取前沿信息,满足中国公共政策研究与国际接轨的发展需要;提高中国思想库国际问题研究能力,从而为应对全球化挑战提供高水平对策;有助于加强交流、增进理解,形成非官方的跨国沟通互动机制。对海外思想库而言,这是其自身国际化战略的重要举措,在这种模式下能够有效的传播文化理念;能够结合中国实际开展高水平的中国问题研究;有更多机会接触中国的官员和学者,为影响中国政策提供便利;借助在中国问题上的发言权,这些海外思想库也能在其母国巩固自己在对华政策方面的影响力。

三、进一步推进中国思想库走向世界

中国已涌现出一批日益具备国际化经验、拥有国际化视野和水平的思想库,但与此同时,仍然有很大一部分思想库并没有在走向世界的过程中取得理想成绩。在2009—2010年全国软科学研究机构调查中,两年中从未有人员出国考察的中国思想库有七百余家,没有参加国际会议的中国思想库也达到七百余家,过千家中国思想库没有开展国际合作项目,有过千家中国思想库没有向国外会议或期刊发表论文,有超过一半的中国思想库没有外文著作出版[①]。

这些问题也体现在同其他国家思想库的对比结果上。根据

---

① 中国科学技术部办公厅中国科学技术发展战略研究院:《2009—2010全国软科学研究机构统计调查报告》,2011年10月。

《2012年全球思想库报告》,在2011年"全球最佳30名思想库"排名中,美国获12个名次,英国获4个,比利时、德国、俄罗斯、波兰各获2个,中国则只获1个名次。排行榜中提供了"安全与国际事务""国际发展""环境政策""卫生政策""国内经济政策""国际经济政策""社会政策""科技政策"和"反腐与善治"9个按照研究领域划分的排行榜,较之中国思想库2010年仅在其中一个排行榜中获得名次的情况看,2011年的进步非常显著——在四个排行榜中取得5个名次[①]。但与美国等国在每个领域皆有思想库上榜的情况相比较,中国思想库的实力有待提升。

在这种情况下,为实现走向世界的目标,中国思想库必须在加强自身能力建设、提升国际化水平等方面取得突破。

(一) 加强自身能力建设

中国思想库要实现走向世界的目标,首先要在提高自身的基本能力上下工夫。从国际经验来看,能够从本土成功走向世界的思想库,大多在自身建设方面有其过人之处,能够扎实的开展常规性工作,充分发挥思想库的各项基本功能。因此,中国思想库只有在国内政策过程中逐渐建立起足够的能力和影响力,才能为其国际化发展战略奠定牢固的基础。

1. 提高学术和政策研究能力

中国思想库在政策研究活动上已取得一定的进步,接下来应更为注重同国际政策研究的接轨问题。

2009—2010年度中国思想库向国外发表论文数量已经从20世纪90年代的2000余篇上升到了6000余篇。研究功能为思想库发挥其他功能提供了基础素材和行动依据,其质量直接影响着思想库的格调和口碑。通过向国外发表研究成果和参与国际学术活动来接近和嵌入国际公共政策网络,是思想库国际化发展的一条重要路径。

---

① The Think Tanks and Civil Societies Program,"The Global Go To Think-Tanks 2011: The leading Public Policy Research Organizations in the World", University of Pennsylvania, 2012.

因此,中国思想库应进一步注重学术质量和学术道德建设,加大研究投入,加大对国外期刊和会议的投稿力度,尤其是加强对中国问题研究的国际发表,注重同国外学术机构在国际期刊和会议上的平等争鸣,促使国际社会进一步认可中国思想库对世界学术进步的贡献。

2. 提高决策支撑能力

中国思想库的决策支撑能力仍需要加强。据统计,2009—2010年全国所有思想库一年间共为政府提供内参24483篇,参加政府咨询会10020次,然而真正对政府决策发挥影响的研究报告和内参寥寥无几。思想库最为基本的角色之一是为政府政策制定提供信息,由此对政府产生影响力。这是实现思想库国际化并在国际社会获得重视的基础条件。因此,中国思想库应继续夯实基础、增强活力,同政策制定者进行广泛接触和互动,积极寻求为政策制定者献计献策的机遇。同时,应进一步加强不同规模、不同类型思想库间的互动合作,促进中国思想库整体水平的提升,形成共同生态圈,树立起思想库决策支撑作用的良好形象,从而能获得国际社会的认可与尊重。

3. 提高舆论引导能力

中国思想库近年来在与媒体的互动方面进步显著,进一步合作的空间广阔。2009—2010年中国思想库共在报纸或网络发表署名文章14332篇,接受媒体专访10112次,观点被媒体引用共31277次,比较频繁的与媒体开展了互动。当前世界各国媒体之间的连通性非常高,一国的思想库一旦在本国媒体中频繁亮相,也会相应获得其他国家媒体的关注,这就为各国思想库提供了展示实力、开展合作和参与竞争的良好平台。因此,中国思想库可以进一步挖掘同媒体的互动途径,如大力利用公开研讨会、期刊、丛书、网络等多元的媒介渠道来推广最新研究观点和理念,并且有意识的注重媒体对思想库智力产品的反馈,及时获知业界的动向,引导媒体作为社会辩论、良性竞争和催化共识的场所,并通过媒体提高中国思想库的社会公信力和国际影响力。

（二）提升国际化水平

在加强自身能力建设的基础上，中国思想库应开展一系列具体工作，来实现研究领域、交流活动、组织结构和影响力的国际化。在此过程中，中国思想库应着力关注和破解"参与全球事务""人才资源国际化流动"和"利用互联网工具"三个关键性问题。

1. 积极参与国际事务

在全球性问题和地区性事务中，中国思想库应积极参与，发出自己的声音，增强存在感。应有意识的嵌入国际公共政策网络，积极同国际组织开展合作；更为频繁和高效地为中国政府部门、跨国企业和其他组织的国际行动提供智力支持；同其他国家的政府、企业、利益团体、社会组织等结交更为紧密的关系；同世界各国的社会科学学者和公共政策领域专家开展学术交流；努力提出具有国际水准和能够产生轰动效应的战略观点[1]，尤其是在受到国际社会普遍重视的社会政策、健康政策、科技政策和腐败治理等方面，展示中国思想库的扎实功底和自身特色。在积极参与国际事务的基础上，条件合适的思想库应在走向世界的过程中将自己逐渐建设成为区域性、国际性的思想库组织，如成为东北亚地区的领军思想库、成为亚洲公共政策的智力支持者等。

各个研究领域、各个组织类型、各个省市的思想库应根据自身情况有选择、有步骤地开展国际交流合作，有针对性地参与国际事务。除了专门研究国际问题的思想库，其他研究领域的思想库和综合性思想库也可以尝试加快国际化步伐，尤其是注重与国际同行的交流合作；不同类型思想库的国际化发展应该遵循不同规律，但无论是政府附属的半官方思想库还是民间运营的思想库，都可以用不同方式在国际社会更多的发出声音，彰显中国思想库的整体活力；各省份思想库应根据自身需要，有针对性地开展国际交流活动，支持本地政府部门决策，助力本地区的对外开放。

---

[1] 徐晓虎、陈圻：《全球金融危机与中国智库发展》，《学术论坛》2012年第7期。

2. 推进人才资源的国际流动

人才资源的国际流动是中国思想库走向世界的重要组成部分。人才资源的"引进来"和"走出去"能够直接向国际社会展示中国思想库的开放和活跃程度，能够以人际网络的方式迅速传播思想库的研究理念，能够加强国际社会对中国思想库的整体了解从而消除隔阂、塑造良好的国际形象。因而中国思想库不仅要在研究领域和政府机构中间充当"旋转门"为政府部门和各党派源源不断的输送优秀人才，还要在国际社会和国内公共政策领域之间充当"传送带"，一方面吸引外国专家学者、政界和商界领袖来华交流访问，吸引相关专家、国外优秀毕业生或留学生到中国思想库工作；一方面为国内的优秀学者提供走向世界的便捷通路，为他们扩展国际化视野、提高国际交往能力和建立国际网络关系提供平台。要实现这些目标，中国思想库既需要加强人才国际流动的微观机制设计，政府也需要从宏观政策上营造加强人才国际流动的整体氛围。

3. 充分利用互联网提升国际影响力

互联网是当前各国思想库国际化发展的一个重要影响因素，为思想库提供了在前所未有的传播研究结果、宣传政策主张的途径，使其能够接近更广阔的政策信息消费者和受众。[①] 中国思想库应在官方网站建设、经常性信息发布和网络资源利用等方面有所提升，将互联网建设成为国外政府官员、学者、媒体甚至整个国际社会直观认识中国思想库的窗口。在这个过程中，可以将其他国家的先进做法借鉴过来，例如美国的思想库在互联网的使用方面成效突出，布鲁金斯学会、卡耐基国际和平基金会、战略研究国际研究所等世界著名思想库的官方网站建设都已经达到非常成熟的水平。仅从这些著名的美国思想库网站对中国问题的信息发布来看，几乎每个网站每个月都会发布少则一两篇、多则十余篇的关于中国的论文、评论或者博客，这些信息发布成

---

① Kathleen McNutt, Gregory Marchildon, "Think Tanks and the Web: Measuring Visibility and Influence", *Canadian Public Policy*, 2009, 35(2):219.

为外界了解美国思想库对中国的研究进展和主要观点的优质渠道。

中国思想库在借鉴国外思想库使用互联网的具体做法的同时，需要进一步处理好保密与公开的关系，将可以公开的资料通过互联网以最便捷的形式充分展示出来；将思想库专家博客等研究和讨论平台建立在互联网上，以研究者的学术能力和个人魅力吸引更广泛和更高端的关注；对网络手段的使用和管理要更注重建立以用户为导向的服务心态，注重用户体验，提高时效性和便捷性，使思想库的官方网站成为决策者和公共舆论最触手可及的思考工具和观念来源。

（三）思想库研究的国际化

中国思想库的国际化实践对理论研究提出了日益迫切的需求。国外学术界对思想库国际化问题的研究正在不断推进，学术成果相对丰富。从现有研究来看，对于思想库研究国际化进程大体可分为两类：一是"国际比较视角下的思想库研究"，一是"国际化视角下的思想库研究"。

"国际比较视角下的思想库研究"主要为迎合思想库自身能力建设的需要，以比较政治学和比较公共行政学为基础，对不同国家思想库所处的政治、经济和社会环境进行比较分析，研究影响思想库产生、发展、运行和发挥国内外影响力的条件。对于传统的思想库大国来说，通过把握其他国家思想库的运作机理和行为逻辑，可以有效地利用思想库渠道来观察、了解甚至影响其他国家的政策制定过程。对于思想库起步较晚的国家来说，这种研究的主要目的在于借鉴他国经验教训、利用共性的发展规律，帮助思想库提高参与政策研究和决策支撑能力。

"国际化视角下的思想库研究"主要对象包括本土思想库的国际化发展战略、跨国思想库的产生、思想库国际联盟的活动、思想库同各类国际组织的互动等现象，涉及的主要概念包括全球化、全球治理、全球政策过程、跨国政策制定、知识传播等。其中最为主要的研究是对思想库的跨国网络关系进行的研究，其分析主要关注思想库国际化发展和嵌入到跨国网络关系的途径和原理，指出思想库与其他国家或国际组织展开的各种互动所产生的影响和当中蕴含的规律。这类研究最大的意义在于帮助思想库建立国际影响力，帮助各国政府和国际组织利用思想库的国际化来推动和应对全球一体化。

近年来,中国学术界在"国际比较视角下的思想库研究"方面取得了一定的进展,但大多集中在对英美思想库的分析和借鉴,并没有形成系统的研究成果。接下来需要进一步关注不同国情条件下思想库运作机理的差异,帮助中国思想库在国际社会树立良好形象。而在"国际化视角下的思想库研究"方面,中国学术界的研究成果目前比较少,研究的影响力也并不高。与此同时,学术界对中国思想库国际化的研究,不能仅仅停留在对现象的描述和宽泛的政策建议上,而要以开放的视角同世界各国对思想库的前沿研究和话语体系相接轨,增强国际社会对中国思想库和中国思想库模式的关注、理解和重视,消除误解和隔膜。目前,海外学者中有的对中国思想库的独立性、中立性和影响力产生质疑,甚至有的严重低估和误解了中国思想库发展的现实状况,这就急需针对中国思想库的高水平分析研究予以解读和澄清。只有进一步提高中国学术界对思想库国际化问题的理论关注,才能有效回应当前全球思想库蓬勃发展的国际化实践,有的放矢地帮助中国政策制定者充分利用思想库的特殊作用在国际合作和竞争中占据有利位置。

综上所述,中国的思想库不仅要对内为党和人民的事业提供决策咨询,对外还要积极加快走向世界的步伐,参与国际活动、开展公共外交、与国际公共政策网络接轨,为中国树立起良好的国际形象。同时,在这个过程中,要讲求方法,切忌盲目跟风,各个思想库既要根据自身情况"因地制宜"制定发展战略,也要根据政策制定的需要"因势利导"地开展国际化事务。

中国思想库是展示中国决策科学化、民主化建设的一个重要窗口,代表了中国在国际社会中的民主形象。因此,对当前全球思想库的国际化大势,结合中国思想库走向世界过程中的基本情况,中国思想库应做好足够的应对、顺应和利用国际化趋势的相关工作,并且在认识到思想库国际化重要意义的基础上,主动开拓一条适合自身发展的国际化道路,步伐坚定地将走向世界作为下一阶段的重要目标。

中国重点高校国际化发展状况的数据调查与统计分析

程 莹　张美云　俎媛媛

国际化是各国高等教育发展的共同趋势,也是当前我国高等教育发展的重要目标和任务。自20世纪80年代以来,国内学界开始对高等教育国际化展开多角度的研究,但迄今为止,还没有个人和机构对中国高校国际化发展的实际状况进行过大样本的调查,导致教育主管部门、高校和学界在研究判断中国高校的国际化办学现状时缺乏系统性的数据支撑。

为全面、系统地了解中国高校国际化发展的现状,满足决策咨询和学术研究的需要,中国教育国际交流协会与上海交通大学高等教育研究院合作,启动了"中国高等教育国际化发展"课题研究。2013年9月到12月,课题组对国内217所"211"高校和"中国政府奖学金院校"开展了问卷调查,最终有71所高校提交了数据,问卷回收率为32.7%。本文基于调查所得数据,对中国重点高校国际化发展的状况进行分析和探讨。

一、调查对象及方法

(一) 调查对象

课题组选取"211"高校和"中国政府奖学金院校"为调查对象。"211"高校是我国公认的高水平大学,共有 116 所,其中 4 所高校为"一校两地,独立办学",因此分别统计,考虑到军事院校的特殊性,除去 3 所军事类院校,最后实际统计的"211"高校是 113 所。"中国政府奖学金院校"是教育部根据高校综合发展水平和国际化工作特色确定的,它是来华留学生的主要就读学校,根据教育部 2013 年公布的名单,"中国政府奖学金院校"共计 208 所。考虑到这两类高校的特点,也为叙述方便,本文将二者的并集统称为中国重点高校。共有 217 所。《2012 来华留学生简明统计》显示,当年这些高校占我国招收来华留学生院校的 31.4%,在其中就读的留学生占来华留学生总数的 79.5%[1],说明这 217 所高校是中国高等教育国际化的主力和最高水平。

(二) 调查指标

对高校国际化评价指标的研究已开展 20 多年。发达国家和地区的相关研究始于 20 世纪 90 年代中期,涌现出了丰硕的成果。较早关注高校国际化评价指标的是一些长期致力于推动高校国际交流与合作的国际性组织,如经合组织(OECD)、联合国教科文组织等;随后是英语国家的一些机构和学者,如美国教育理事会、澳大利亚质量署、加拿大学者简·奈特等;再之后是非英语国家和地区的机构和学者,如日本学者吉泽慎吾、德国高等教育发展中心、韩国教育开发

---

[1] 教育部国际合作与交流司:《2012 来华留学生简明统计》,北京:教育部国际合作与交流司印制(内部资料),2013 年。

院、我国台湾地区学者程荣凯等。① 这些评价指标体系有如下特点：

1. 涵盖面基本相同。国外学者和机构设计的评价指标体系各具特点，有的甚至大相径庭，但评价指标反映的基本内容主要都包括政策与战略、组织与支持、课程与教学、学生、教师、科研、管理、跨境教育与服务、其他合作与交流九个方面。

2. 评价目的与侧重点不同。例如，英语国家的高校国际化已经成为普遍现实，其评价指标体系着重评价国际化的质量和成效；非英语国家和地区的评价指标体系主要是了解其高校国际化发展的基本情况；而经合组织和联合国教科文组织的评价指标体系的侧重点则是发现成员国高校在国际化发展过程中存在的共同问题，并寻找解决路径。

3. 质性评价为主，量化评价为辅。就前文中OECD等组织和研究者提出的九个评价指标体系而言，其中六个全部是质性问题，两个是质、量并重，只有一个是量化问题。

我国内地学界对高校国际化评价指标开展研究是近十年的事，相关活动和研究仍处于学习阶段。② 代表性的研究者有李盛兵、王璐、胡亦武、罗英姿、陈昌贵、王鲜萍、王文、张妍等，有少数高校（如山东大学）和地方教育主管部门（如广东省教育厅）也出台过专门的评

---

① KNIGHTJ, WITHD, Quality and Internationalisation in Higher Education[EB/OL]. [2013－06－09]. http://www.keepeek.com/Digital-Asset-Management/oecd/education/quality-and-internationalisation-inhigher-education_9789264173361-en；UNESCO/IAU, Internationalisation of Higher Education: Trends and Developments since 1998[EB/OL]. [2013－06－28]. http://unesdoc.unesco.org/images/0014/001455/145505e.Pdf；Mapping Internationalization on U. S. Campuses: 2012Edition[EB/OL]. [2013－03－23]. http://www.acenet.edu/news-room/Documents/MappingInternationalizationonUSCampuses2012-data.pdf；Australian University Quality Agency Audit ManualVersion 8.0[EB/OL]. [2013－06－28]. http://pandora.nla.gov.au/pan/127066/20110826－0004/www.auqa.edu.au/files/auditmanuals/audit_manual_version_8.Pdf；[加拿大]简·奈特：《激流中的高等教育：国际化变革与发展》，刘东风、陈巧云译，北京：北京大学出版社，2011年；ASHIZAWAS, Upon Issuing of final Report of Research Activities for Fiscal Year 2004—2005Grant-in-Aid for Scientific Research（A）（2）：Developing Evaluation Criteria to Assess the Internationalization of Universities[EB/OL]. [2013－07－10]. http//www.gcn-osaka.jp/project/project-finalreport.htm；BRANDENBURGU, FEDERKEILG, How to measure internationality and internationalisation of higheeducation institutions! Indicators and key figures[EB/OL]. [2013－03－23]. http://www.che.de/downloads/How_to_measure_internationality_AP_92.pdf；李秀珍、马万华：《韩国高等教育国际化指标体系评述》，《外国教育研究》2013年第2期；程荣凯：科技大学教育国际化指标建构之研究[EB/OL]. [2013－08－01]. http://ndltd.ncl.edu.tw/cgibin/gs32/gsweb.cgi? o＝dnclcdr＆s＝id＝%22097NTNU5037005%22.&searchmode=basic.

② 吴坚：《当代高等教育国际化发展》，北京：人民出版社，2009年，第138页。

价指标体系。① 这些研究者和机构提出的高校国际化评价指标体系具有如下特点：

1. 评价内容基本相同。国内研究者大多遵循"梳理已有文献—研究国内现状—形成指标体系"的研究路线，因此，各评价指标体系的内容范围基本一致，大体可概括为：国际化办学理念、管理国际化、教师国际化、学生国际化、教学国际化、科研国际化、国际学术交流、中外合作办学、国际化支撑条件共九个方面。

2. 量化指标为主，质性指标为辅。与国外相比，我国内地的评价指标体系中量化指标的比例较大，在课题组所搜集到的评价指标体系中，量化指标所占比例均介于60%到90%之间。

3. 强调教育输入。与发达国家和地区同时关注教育输入和输出不同，内地学者提出的评价指标更关注教育输入，强调外籍教师的聘用、本国教师的海外经历、师生出国交流人次、中外合作办学项目数等利用国外优质资源服务我国教育发展的指标。

课题组认为，国内学者关于高校国际化评价指标体系的研究已经较为成熟，可以这些体系中共识度较高的指标为基础来设计调查指标体系。此外，课题组还重点考虑了学校实际填报的可能性，要求调查指标的数据口径必须能被准确定义，并且是学校能相对方便地从现有统计数据或学校职能部门获取的。基于这一思路，课题组设计了"中国本科高校国际化发展状况调查指标体系"（见表1）。

---

① 李盛兵：《大学国际化评价指标体系初探》，《华南师范大学学报（社会科学版）》2005年第6期；王璐、陈昌贵：《高等学校国际化水平评估指标体系构建》，《湖北社会科学》2007年第1期；胡亦武：《中国大学国际化评价及其机制研究》，广州：华南理工大学出版社，2009年；罗英姿等：《高校研究生教育国际化评价指标体系构建初探》，《学位与研究生教育》2009年第11期；陈昌贵，等：《中国研究型大学国际化调查及评估指标构建》，《北京大学教育评论》2009年第10期；王鲜萍：《大学国际化发展程度评价指标体系的构建》，《高教发展与评估》2010年第3期；王文：《论我国大学国际化评价体系的构建》，《社会科学家》2011年第7期；张妍：《大学国际化水平评价指标体系的构建》，《中国高等教育评估》2012年第1期；山东大学国际化评估体系（2010年度）（院/系/所自评试用稿）[EB/OL].[2013-08-02]. http://www.doc88.com/p-04566361183.html；广东省高等教育国际化评价指标体系（试行）[EB/OL].[2013-03-30]. http://jxgl.fimmu.com/kaoe/readpro.asp? id=1714。

表1 中国本科高校国际化发展状况调查指标体系

指标类别	主要观测点
教师国际化	专任教师中外籍教师数以及其非语言类教师数
	专任教师的海外经历(包括具有海外博士学位、一年以上的海外学习工作经历等)
	专任教师的海外影响力(包括在国际学术性学会、学术刊物担任职务等)
学生国际化	学历和非学历外国留学生的人数
	学历和非学历港澳台学生的人数
教学国际化	外语类课程(如英语、日语、德语等)数
	使用全外语授课的课程(不含外语类课程)数
	使用全外语授课的学科专业数
科研国际化	海外或国际组织资助的科研项目数、经费数
	海外出版的学术论文、学术著作和申请专利数
	国际合作科研机构数
国际交流与合作	教师、学生短期出国交流情况
	学生在海外修读学分情况
	海外学者短期来华交流情况
	学校组织国际会议、校级领导接待海外来访团组情况
	校级国际合作协议数
	中外合作办学机构与项目及其在读学生情况
	双学位项目及其在读学生情况
	学生取得海外学位情况
组织与管理国际化	国际化发展规划的制定情况
	国际化专门机构和专职人员的情况
	与国际化有关的经费情况

注:专任教师指具有教师资格、专职从事教学工作的人员。

本次调查的数据统计时间为2012—2013学年或2012自然年,其中教师、学生、教学等绝大部分指标的数据统计时间为2012—2013学年,科研和各类经费指标的数据统计时间为2012自然年。

(三)调查过程

根据这一指标体系,课题组开发了在线数据填报系统。2013年

9—10月,课题组向217所高校发出填报通知,要求各高校通过网络访问在线数据填报系统;高校完成数据填报工作后将本校数据报告打印出来并加盖单位公章寄回课题组;2013年12月10日,数据填报系统关闭。随后,课题组对高校填报的数据进行了初步检查,对有逻辑问题的数据通过邮件、电话向有关高校核实,并于12月26日最终完成数据收集工作。

为比较不同层次重点高校国际化发展状况的差异,本研究将调查对象分为三类:(1)"985"高校;(2)"211"高校(不含"985"高校);(3)除"985"高校和"211"高校外的其他高校(以下简称"其他高校")。各层次高校的填报率基本一致,"985"高校的稍高,接近40%。样本分布见表2。

表2 调查总样本与有效样本的分布

学校层次	总样本		有效样本		有效样本占总样本的比例
	高校数	占比	高校数	占比	
"985"高校	38	17.5%	15	21.1%	39.5%
"211"高校	75	34.6%	21	29.6%	28.0%
其他高校	104	47.9%	35	49.3%	33.7%
合计	217	100%	71	100%	32.7%

二、主要结果分析

(一)教师国际化

如表3所示,中国重点高校中外籍专任教师的数量还很少,平均每校不到40人,占专任教师总数的2.3%。"985"高校的外籍专任教师数量和占比稍高于其他两类高校,但并不显著。在提交数据的71所高校中,延边大学是有效样本中外籍专任教师最多的高校,其外籍专任教师有240人,占比为1700。与其他母语为非英语的发达国家相比,中国重点高校的外籍专任教师所占比例很低。如日本2008年高校外籍专任教师占教师总数的 3.4%,外籍兼职教师占 6.6%①;再如,德国 2009 年高校外籍教师占教师总数的 9.5%②。

中国重点高校中有海外博士学位或海外长期学习、工作经历的教师人数已初具规模,平均每校有 83 人在海外取得博士学位、345 人有一年以上的海外经历,占专任教师总数的比例分别为 4.3% 和 19.5%。"985"高校在这些指标上的平均值都明显高于"211"高校,"211"高校则略高于其他高校。值得注意的是,北京语言大学中有一年以上海外经历的专任教师比例最高,达到 69%。

中国重点高校教师的国际影响力正在形成。从在国际学术性学会(协会)担任职务,在国际学术刊物担任主编、副主编、编委,在重大国际会议上担任主席(含分会主席),以及获得海外高校名誉学衔等方面的情况来看,"985"高校中,平均每校有数十名教师有此经历和荣誉,"211"高校和其他高校中,平均每校有十余名教师有此经历和荣誉。

(二)学生国际化

如表 4 所示,中国重点高校中平均每校有外国留学生 1000 余人,占在校生总数的比例平均为 3.7%,其中"985"高校的平均值明显高于"211"高校和其他高校,但是,这一比例与欧美发达国家仍有较大差距。OECD 的统计显示,十分注重吸引外国留学生同时又兼具英语优势的澳大利亚和英国两国的外国留学生占在校生的比例分别为 19.8% 和 16.9%,德国和法国等非英语国家的外国留学生也超过了 10%。③

外国留学生中,学历留学生的占比不到一半,平均每校不到 500 人,占全日制在校生数的 2.4%,其中,北京语言大学的学历留学生人数最多,有 3557 人,占全日制在校生的 57.7%。无论是学历留学

---

① 陈曦:《日本高等教育国际化策略——以"留学生 30 万人计划"为例》,《比较教育研究》2010 年第 10 期。
② 袁琳:《德国高等教育国际化发展研究》,西南大学博士论文,2011 年答辩。
③ Education at a Glance 2013: OECD Indicators [EB/OL]. [2014-04-21]. http://dx.doi.org/10.1787/eag-2013-en.

生人数还是其占比,"985"高校的平均值都明显高于"211"高校和其他高校。

中国重点高校中的港澳台学生规模普遍较小,平均每校不到180人,仅占在校生总数的0.5%,且分布不均。值得一提的是,半数以上的港澳台学生就读于暨南大学,这导致包括暨南大学在内的"211"高校的港澳台学生平均人数明显高于"985"高校和其他高校。

表3 中国重点高校教师国际化指标表现统计

指标名称	985高校		211高校		其他高校		所有高校	
	平均值	标准差	平均值	标准差	平均值	标准差	平均值	标准差
专任教师中外籍教师数	69	42.5	48	68.8	21	23.1	39	48.4
专任教师中外籍教师所占比例(%)	2.8	1.3	2.5	4.2	2.1	3.0	2.3	3.1
专任教师中非语言类外籍教师数	40	30.2	24	44.2	6	13.7	18	32.1
专任教师中有海外博士学位的人数	208	115.3	83	68.6	29	20.2	83	95.1
专任教师中有海外博士学位者所占比例(%)	8.5	4.4	4.4	2.9	2.5	1.9	4.3	3.6
专任教师中有一年以上海外经历的人数	883	396.1	337	204.7	172	139.8	345	332.3
专任教师中有一年以上海外经历所占比例(%)	31.4	10.3	17.5	8.5	16.3	16.7	19.5	14.6
专任教师中在国际学术性学会(协会)的担任职务的人数	65	90.0	20	28.9	9	22.7	22	47.3
专任教师中在国际学术刊物担任主编、副主编、编委的人数	52	55.2	21	28.0	4	6.8	17	32.4

续表

指标名称	985 高校		211 高校		其他高校		所有高校	
	平均值	标准差	平均值	标准差	平均值	标准差	平均值	标准差
专任教师中有重大国际会议主席(含分会主席)经历的人数	32	34.6	9	13.7	3	4.2	10	19.3
专任教师中被海外高校授予名誉学衔的人数	28	47.0	3	3.0	2	3.2	6	19.0

表 4 中国重点高校留学生指标表现统计

指标名称	985 高校		211 高校		其他高校		所有高校	
	平均值	标准差	平均值	标准差	平均值	标准差	平均值	标准差
外国留学生人数	1993	1683.8	946	1111.5	696	988.4	1044	1284.8
外国留学生占在校生的比例(%)	5.8	5.5	2.9	3.9	3.3	3.5	3.7	4.2
学历外国留学生人数	991	842.7	342	347.7	316	599.2	466	652.6
学历外国留学生占全日制在校生的比例(%)	2.9	2.8	1.1	1.1	2.9	9.8	2.4	7.1
港澳台学生人数	209	323.1	390	1575.9	35	84.6	177	870.5
港澳台学生占在校生的比例(%)	0.6	0.8	1.1	3.8	0.2	0.5	0.5	2.1

(三)课程与教学国际化

如表 5 所示,中国重点高校中平均每校有外语类课程 273 门,占开设课程总数的 9.3%,"985"高校开设的外语类课程门数略高于"211"高校和其他高校,但所占比例与"211"高校基本持平,比其他高校低 6—8 个百分点。

中国重点高校中平均每校使用全外语授课的课程有 72 门,占开设课程总数的 2.5%。其中,大连医科大学使用全外语授课的课程最多,计 478 门,占其课程总数的 25%。

使用全外语授课的学科专业数校均为 10 个,占专业设置总数的

7.4%。"985"高校的平均数略高于"211"高校和其他高校,但占其学科专业总数的比例却低于其他两类高校。

表 5　中国重点高校课程与教学国际化指标表现统计

指标名称	985高校		211高校		其他高校		所有高校	
	平均值	标准差	平均值	标准差	平均值	标准差	平均值	标准差
外语类课程(如英语、日语、德语等)门数	325	299.2	234	143.0	278	270.9	273	242.7
外语类课程门数占开设课程总数的比例(%)	5.0	3.9	5.4	3.6	13.4	15.8	9.3	12.0
全外语授课课程(不含外语类课程)门数	138	87.6	70	82.3	51	89.9	72	91.2
全外语授课的课程(不含外语类课程)门数占开设课程总数的比例(%)	2.4	1.5	2.1	2.7	2.8	5.1	2.5	3.9
全外语授课的学科专业数	16	14.6	8	10.4	8	19.8	10	16.5
全外语授课学科专业数占学科专业设置总数的比例(%)	5.7	8.8	7.5	15.6	8.0	16.7	7.4	15.1

(四) 科研国际化

如表6所示,中国重点高校中由海外或国际组织资助的科研项目还非常少,平均每校为9项、项目经费总额325.8万元,"985"高校所获的项目数和经费明显高于"211"高校和其他高校。

中国重点高校当年被三大索引(指 SCIE、SSCI 和 A&HCI)收录的论文数平均为824篇,师均0.4篇。其中,国际合作论文平均每校为185篇,占三大索引收录论文总数的22.1%,这一比例略高于世界均值(21.6%),但远低于欧美发达国家(一般在35%以上)。"985"高校校均被收录的论文数和师均数明显高于"211"高校和其他高校,但就国际合作论文占收录论文总数的比例而言,各层次高校基本相同。

中国重点高校的研究人员在海外出版社出版的学术著作平均每校为23本,被国外专利授权机构授权的专利平均每校为2项。由于浙江师范大学在海外出版的著作数达到589本,导致其所属的"211"高校的平均值明显高于"985"高校和其他高校。中国重点高校与海外联合建立的研发机构/实验室数平均每校有6个,"985"高校的平均值略高于"211"高校和其他高校。

表6 中国重点高校科研国际化指标表现统计

指标名称	985高校		211高校		其他高校		所有高校	
	平均值	标准差	平均值	标准差	平均值	标准差	平均值	标准差
海外或国际组织资助的科研项目数	33	31.1	3	3.4	1	1.6	9	18.9
海外或国际组织资助的科研经费总额(万元人民币)	1162.9	1248.9	70.4	112.6	118.1	323.6	325.8	746.8
三大索引收录的论文篇数	2177	1594.8	624	520.9	336	555.1	824	1131.4
师均三大索引收录的论文篇数	0.9	0.6	0.3	0.2	0.3	0.5	0.4	0.5
三大索引收录论文中,与海外学者合作发表的论文篇数	543	449.7	121	95.4	63	125.1	185	297.5
三大索引收录论文中,与海外学者合作发表的论文所占比例(%)	24.8	7.1	22.8	11.8	20.5	18.4	22.1	14.6
在国外出版社出版的学术著作数	9	11.6	34	125.6	23	113.2	23	103.7
被国外专利授权机构授权的专利数	5	9.7	0	0.3	1	2.3	2	5.4
与海外联合建立的研发机构/实验室	14	19.4	5	12.1	2	6.1	6	12.6

注:三大索引指汤森路透公司出版的科学引文索引(SCIE)社会科学引文索引(SSCI)和人文艺术引文索引(A&HCI)

(五)国际交流与合作

1. 国际交流

如表7所示,在教师方面,当年通过学校办理短期出国讲学与合作科研的专任教师(停留三个月及以上)平均每校为45人,占专任教师总数的2.4%;通过学校办理短期出国考察、访问、参加国际学术会议的专任教师平均每校为254人次,平均每位教师0.13次;接待短期来华讲学与合作科研的海外学者(停留一个月及以上)平均为52人。总体上,"985"高校高于"211"高校,"211"高校高于其他高校。

表7 中国重点高校国际交流指标表现统计

指标名称	985高校		211高校		其他高校		所有高校	
	平均值	标准差	平均值	标准差	平均值	标准差	平均值	标准差
专任教师中,当年通过学校办理短期出国讲学与合作研究的人数(停留三个月及以上)	108	95.7	36	26.5	22	26.7	45	59.1
专任教师中,当年通过学校办理短期出国讲学与合作研究的人数(停留三个月及以上)所占比例(%)	3.8	3.2	2.1	1.3	2.0	2.7	2.4	2.6
专任教师中,当年通过学校办理短期出国考察、访问、参加国际学术会议的人次	784	462.6	211	240.1	68	68.9	254	366.8
专任教师中,当年通过学校办理短期出国考察、访问、参加国际学术会议的师均人次	0.33	0.17	0.12	0.10	0.06	0.08	0.13	0.15

续表

指标名称	985高校 平均值	985高校 标准差	211高校 平均值	211高校 标准差	其他高校 平均值	其他高校 标准差	所有高校 平均值	所有高校 标准差
当年通过学校办理的海外学者来华短期讲学与合作研究的人数(停留一个月及以上)	165	119.4	34	40.8	16	37.1	52	86.2
在校生中,当年通过学校办理赴海外修读学分的人数	460	325.8	89	56.9	128	158.8	186	233.1
在校生中,当年通过学校办理赴海外修读学分的人数所占比例(%)	12	11	3	2	6	9	6	9
在校生中,当年通过学校办理的短期出国学习(不修学分)、考察、访问、参加会议或竞赛的人次	379	335.3	132	133.9	81	124.1	156	218.9
当年主办或承办一般性国际会议的次数	27	21.3	8	7.3	3	3.3	10	14.4
当年主办或承办重大国际会议的次数	3	7.8	1	1.9	1	3.7	2	4.6
当年校级领导接待海外来访团组的次数	113	164.9	38	42.1	37	36.5	53	86.5
在有效期内的校级国际合作协议总数	188	98.9	75	84.7	62	60.9	92	91.1

在学生方面,当年通过学校办理赴海外修读学分的在校生平均每校为186人,占在校生的0.6%;当年通过学校办理短期出国学习、访问、参加学术会议的在校生平均每校为156人次。总体上,"985"高校明显高于"211"高校和其他高校。

在举办国际会议和签订国际合作协议方面,当年平均每校主办或承办的一般性国际会议次数为10次、重大国际会议次数为2次,接待海外来访团组53次,当年在有效期内的校级国际合作协议书平均为92个。总体上,"985"高校的各项平均值明显高于"211"高校和其他高校。

2. 中外合作办学

如表8所示,在中外合作办学方面,就机构/项目数而言,不同层次高校之间相差无几;就在读学生数而言,"985"高校和"211"高校的在读本科生平均人数明显少于其他高校,"985"高校的在读研究生平均人数明显多于"211"高校和其他高校。

在双学位项目方面,就项目数而言,"985"高校经教育部审批的双学位项目平均数比"211"高校和其他高校少,而计划内的双学位项目平均数明显高于其他两类高校;就学生数而言,"211"高校在读本科生平均人数略高于"985"高校和其他高校,"985"高校在读研究生平均人数则明显高于"211"高校和其他高校。

在毕业生取得海外各级学位方面,平均每校有98人,"985"高校比"211"高校和其他高校多。

表8 中国重点高校中外合作办学指标表现统计

指标名称	985高校		211高校		其他高校		所有高校	
	平均值	标准差	平均值	标准差	平均值	标准差	平均值	标准差
经教育部审批的中外合作办学机构总数(不计具有独立法人资格者)	1	0.9	1	1.1	0	0.8	1	0.9
经教育部审批的中外合作办学机构总数	2	2.3	1	1.6	3	3.3	2	2.8

续表

指标名称	985高校		211高校		其他高校		所有高校	
	平均值	标准差	平均值	标准差	平均值	标准差	平均值	标准差
经教育部审批的中外合作办学机构/项目中的在读本科生人数	193	279.6	283	790.2	528	1005.7	395	848.0
经教育部审批的中外合作办学机构/项目中的在读研究生人数	182	422.4	30	70.6	12	23.5	50	195.9
经教育部审批的双学位项目总数	1	1.0	1	1.7	1	1.5	1	1.5
计划内的双学位项目总数	15	16.4	3	4.7	5	6.8	6	9.4
双学位项目中(含教育部审批和计划内两种)的在读本科生人数	130	246.6	270	774.5	243	423.2	226	498.4
双学位项目中(含教育部审批和计划内两种)的在读研究生人数	91	86.2	11	32.9	5	16.8	19	48.6
取得海外各级学位的毕业生数	190	189.7	57	120.0	98	141.7	98	146.9

(六) 组织与管理国际化

国际化发展已成为中国重点高校办学的重要工作内容。如表9显示,校机关管理人员中专职负责外事工作的平均每校有13人,其中,具有三个月及以上海外经历的人员所占比例平均为53.4%,当年有过海外出访经历的占51.4%。不同层次的高校略有差异,但并不明显。

中国重点高校年度国际交流与合作的预算经费为校均800万元,提供给留学生的奖学金为校均95万元左右,获海外捐赠校均为

270万元左右。"985"高校在这三方面的经费收支方面都高于"211"高校,"211"高校高于其他高校。

表9 中国重点高校国际化工作的组织与管理指标表现统计

指标名称	985高校 平均值	985高校 标准差	211高校 平均值	211高校 标准差	其他高校 平均值	其他高校 标准差	所有高校 平均值	所有高校 标准差
校机关行政管理人员中专职负责外事工作的人数	24	13.0	10	4.5	11	11.6	13	11.6
专职外事管理人员中具有三个月及以上海外经历者所占比例(%)	45.8	18.5	57.0	21.3	54.4	19.8	53.4	20.1
专职外事管理人员中当年具有出访海外经历者所占比例(%)	55.5	22.7	50.2	20.6	50.5	21.3	51.4	21.2
当年国际交流与合作的预算经费总额(万元人民币)	2067.5	1511.6	568.7	692.6	408.4	629.8	800.5	1102.0
当年学校提供给留学生的奖学金总额(万元人民币)	175.2	253.0	116.0	266.2	51.3	80.5	94.8	191.8
当年获海外捐赠的资金总额(万元人民币)	623.5	1484.4	394.9	1116.6	51.1	192.5	267.7	919.5

三、结论

(一)中国重点高校的国际化发展水平整体偏低

改革开放30多年来,虽然中国出国留学人员规模逐渐扩大,来华留学生人数稳步增长,高校对外交流与合作迅速增加,中外合作办学渐成规模,但本次调查的结果显示,中国重点高校的国际化发展水平仍然偏低。奈特认为,"教育国际化形式经历了从最初的发展援助到合作交流再到商业贸易三个阶段"①,此划分标准,中国重点高校的国际化发展水平充其量仅处于合作交流阶段。

中国重点高校国际化教育的商业价值微乎其微,而向外国留学生开设的全外语课程数量及其占比非常低,吸引外国学历留学生的使用全外语授课的学科专业数量及其占比也很低,这在很大程度上制约了各校接收外国留学生的人数,在学历留学生方面更是如此。与此形成鲜明对照的是,中国重点高校努力推进科研和学术交流的国际化,尤其是科研论文的国际化程度已经达到世界平均水平,教师、学生参加国际学术交流活动和高校组织国际会议、接待海外来访团组等外事活动渐趋常态化,而这些合作与交流活动并不以盈利为目的。

(二)中国重点高校在教育输入指标上的表现优于教育输出指标

教育国际化是教育资源双向交流的过程,有输出和输入之分。虽然通常情况下两个过程是同时进行的,但是鉴于经济、文化、教育的发达程度不同,发达国家一般主要是教育输出方,而发展中国家则主要是教育输入方。②

本调查中,"专任教师的海外背景""学术交流""中外合作办学"指标属于教育输入范畴,"外国留学生""课程与教学国际化"指标属于教育输出范畴。数据显示,中国重点高校中有海外博士学位或长期工作、学习经历的教师人数已经初具规模,师生参加国际学术交流活动的情况正在稳步发展,中外合作办学呈现总体数量大、学生热度高、办学形式多的态势;而中国重点高校中,外国留学生占比较低,学校使用全外语授课的课程门数和学科专业数量不足以促进留学生市场的发展。从教育输入和教育输出在高校中的发展水平来看,前者明显优于后者,这一现象与我国整体的教育发展水平有关,更与高校国际化发展的目的有关。20世纪90年代以来,在国家的推动和支持下,建设世界一流大学和高水平大学成为众多高校的发展目标,科研活动、师资建设、学科建设等都成为服务于学校总体发展目标的具

---

① Thomson Reuters,In Cites [DB/OL].[2013-09-24].hppt://incites.isiknowledge.com/Home.action.
② 李桂山:《教育国际化与教学模式创新研究》,北京:机械工业出版社,2013年,第13页。

体手段,国际化发展也不例外。

(三) 部分高校的国际化发展形成特色

新中国成立以来,高校布局经过两次大的调整:一次是1952年,政府对全国旧有高校的院系进行全盘调整,仿照苏联模式分科设置;一次是始于20世纪90年代中期的全国高校合并,各高校均朝着学科门类齐全的综合性方向发展。在这一分一合的过程中,在中国高校吸引外国留学生能力非常有限的情况下,那些具有语言特色、中医特色或由于地缘关系有利于发挥其语言和医学特色的综合大学,表现出了独特的优势。

首先,语言类高校中有海外长期工作、学习经历的专任教师比例以及学历留学生的比例都高于样本高校的平均值,这些高校的外语类课程开设充足,如北京语言大学。其次,医科院校中,无论学历留学生占比还是使用全外语授课课程和学科专业数,表现都好于其他各类高校,如大连医科大学。再次,有些高校因其特殊的地理位置、历史联系和语言优势,在国际化发展中形成了特色,如延边大学和暨南大学。

(四) 不同层次高校的国际化发展存在差异

中国重点高校的国际化发展水平虽然整体上较低,但是不同层次高校的国际化发展程度仍然存在一定差异,大体上,"985"高校的发展水平明显高于"211"高校,"211"高校的发展水平略高于其他高校。

以较有代表性的"外国留学生"指标来看,"985"高校中外国留学生人数的平均值分别是"211"高校的2倍,是其他高校的2.6倍,"985"高校中外国留学生所占的比例也比"211"高校和其他高校高2个百分点。学历留学生的人数和占比情况基本类似,"985"高校中学历留学生人数的平均值是"211"高校和其他高校的近3倍,"985"高校中学历留学生的占比高出"211"高校1.5个百分点,略低于其他高校(因为语言类高校和医科类高校大部分属于"其他高校"类别,而二者学历留学生占比较高)。各层次高校在教师、科研、国际学术交流与合作等方面的表现也与此类似,仅在课程与教学、组织与管理方面的表现略有不同,即"985"高校与"211"高校、其他高校各有优势。

第二编

中国学者哲学社会科学研究的国际发表及其影响研究

导　言

第二部分收录 8 篇研究文章,主要分成两个板块:第一,中国哲学社会科学学者论文国际发表情况研究。第二,哲学社会科学研究成果国际化评价体系研究。

一、中国哲学社会科学学者论文国际发表情况研究

中国学者在国际哲学社会科学期刊上发表论文的情况是衡量我国哲学社会科学"走出去"程度的重要指标,不少文章对此做出分析和研究。

刘雪立等在《中国社会科学研究国际化现状》中,利用 SSCI 数据库为统计源,对 2003—2012 年 10 年间中国(包括台湾省)社会科学研究国际化现状进行了全景式分析和评价,重点关注中国各省、直辖市、自治区和特别行政区社会科学研究国际化水平比较及机构排名。结果显示,近 10 年来,中国社会科学研究国际化程度逐年提高,2007 年后国际化趋势明显加快,但中国大陆(内地)、香港和台湾地区社会科学研究国际化程度极不均衡,大陆(内地)地区明显落后于香港和台湾。大陆(内地)各行政区社会科学研究国际化程度同样存在较大差异,北京、上海、浙江、江苏、湖北等行政区优势明显。SSCI 论文的机构分布和学科分布也极不均衡。

李钢等的《中国经济学的学术国际影响力研究——基于对 Econlit 数据库的统计分析》和邵磊等的《基于 Elsevier Science 共享

平台的文献量化统计分析——以国际顶级旅游学刊 ATR(2005—2012)发表中国作者论文为例》则通过专业数据库和专业期刊,对中国学者在特定领域的国际发文情况进行了分析。

白云的《中英两国在社会科学领域的合作与对比研究》和徐昕的《中英两国在人文科学领域的合作与对比研究》两篇文章,借助 Web of Science 检索平台,分别以 1999—2011 年在社会科学和人文科学领域及其下属各学科发表的论文为样本,统计了中英两国学者历年的发文量、被引量和篇均被引次数,以及中英国际合作的发文量和被引量;对比分析了中英两国合作论文与中英两国分别与美国、德国、法国和日本合作论文在发文量和被引量上不同的发展趋势;为中国社会科学和人文科学国际化提出了战略性建议。

二、哲学社会科学研究成果国际化评价体系研究

衡量中国哲学社会科学学者研究成果的国际发表程度,离不开对评价体系的选择。在西方学术话语占主导地位的情况下,评价体系的选择只能用现有通用的指标,比如 SSCI 等数据库收录情况。不少文章对这种情况进行了研究,对中国哲学社会科学研究成果国际化的评价体系进行了思考。

王宁在《人文社会科学的多元评价机制:超越 SSCI 和 A&HCI 的模式》中,在肯定 SSCI 和 A&HCI 自本世纪初引进中国学界以来对中国人文社会科学的国际化进程起到极大推进作用的前提下,提出要引进多元人文社会科学的国际评价标准。除 SSCI 和 A&HCI 之外,还要注重学术专著的出版、与国际同行的学术交流、国际学术奖的获得等。

许心等在《学术国际化与社会科学评价体系——以 SSCI 指标的应用为例》中提出,中国众多高校将在 SSCI 上发表论文的数量引入社会科学评价体系中,作为衡量教师科研质量与能力的重要指标。这种做法有助于促进社会科学研究的国际化与管理评价的客观化,但也对本土研究造成了一些不利影响。如何看待在 SSCI 期刊上发表论文,涉及如何客观地看待学术国际化的问题。因此,中国需要建

立一套多元化、本土化的评价体系,正确而客观地对社会科学成果进行评价。

熊易寒在《中国社会科学的国际化与母语写作》中,批评了抵制国际化的"学术民族主义"和丧失本土意识的"殖民地学术",指出社会科学的国际化不仅仅意味着英文论文、国际会议和国际期刊,更重要的是采用科学的研究方法、积极参与国际学术对话和竞争,提出有国际影响力的理论范式,与国际同行共同设置研究议程。中国社会科学的发展需要处理好经验与理论、"在中国"与"为中国"、英文写作与中文写作的关系。国际化并不意味着丧失本土问题意识,对西方学术界亦步亦趋,也不意味着母语写作的自我矮化。高水准的中文学术写作也是国际化的一个组成部分。

中国社会科学研究国际化现状

刘雪立　盛丽娜　丁　君　郑成铭　刘睿远　张诗乐

　　SSCI来源期刊上发表论文数量的多少反映一个国家、地区和机构社会科学研究国际化程度。利用SSCI数据库为统计源,对2003—2012年10年间中国(包括台湾省)社会科学研究国际化现状进行了全景式分析和评价,重点关注中国各省、直辖市、自治区和特别行政区社会科学研究国际化水平比较及机构排名。结果显示,近10年来,中国社会科学研究国际化程度逐年提高,2007年后国际化趋势明显加快。但中国大陆(内地)、香港和台湾地区社会科学研究国际化程度极不均衡,大陆(内地)地区明显落后于香港和台湾。大陆(内地)各行政区社会科学研究国际化程度同样存在较大差异,北京、上海、浙江、江苏、湖北等行政区优势明显。SSCI论文的机构分布和学科分布也极不均衡。

　　20世纪80年代末期,南京大学率先把《科学引文索引》(Science Citation Index,SCI)收录论文数引入中国科研绩效评价系统[①]。截至目前,SCI和影响因子已经渗透到国际、国内科学评价的各个领域,如在英国,SCI和影响因子广泛应用于科技期刊和论文质量评

---

① 刘雪立:《全球性SCI现象与影响因子崇拜》,《中国科技期刊研究》2012年第2期。

价、研究者业绩评价①②③,在德国和芬兰甚至把 SCI 数据库收录论文数量应用于研究者学术职务任命、研究计划的基金资助和其他研究计划的资金支持④⑤。在中国,SCI 和期刊的影响因子也广泛应用于科学评价的各个领域,甚至用于研究生管理与评价⑥⑦⑧,许多高校把能否在 SCI 来源期刊上发表论文以及发表论文的期刊影响因子高低作为研究生能否毕业的重要和必要条件。2011 年 7 月 4 日发布的国家"十二五"科技发展规划中明确提出了中国科技发展总体目标,首次将 SCI 论文及其被引频次列入国家科技发展战略。具体要求是,到 2015 年,中国 SCI 论文被引用次数进入世界前 5 位⑨。截至目前,ESI(Essential Science Indicators)数据库资料显示,中国 SCI、SSCI(社会科学引文索引)及 A&HCI(艺术与人文科学引文索引)论文被引次数已经由 2011 年的第 8 位上升到目前的第 6 位。

在国际化的大背景下,社会科学研究也呈现国际化的趋势⑩。通常情况下,人们以 SCI、SSCI 和 A&HCI 数据库收录论文的数量

---

① G. Holden, G. Rosenberg, K. Barker, et al. "Should decisions about your hiring, reappointment, tenure, or promotion use the impact factor score as a proxy indicator of the impact of your scholarship", *Medscape General Medicine*, 2006, 8(3): 21.

② R. Smith, "Commentary: the power of the unrelenting impact factor—is it a force for good or harm", *International Journal of Epidemiology*, 2006, 35: 1129—1130.

③ F. M. Suk, G. S. Lien, T. C. Yu, et al. "Global trends in Helicobacter pylori research from 1991 to 2008 analyzed with the Science Citation Index Expanded", *Eur J Gastroenterol Hepatol*, 2011, 23(4): 295—301.

④ *Guidelines for Qualifation as a University Teacher at the Medical University of Vienna*, Wien: Medizinische Universität Wien, 2004.

⑤ D. Adam, "The counting house", *Nature*, 2002, 415(6873): 726—729.

⑥ 范琦、马婕、雷健:《学术期刊影响因子与研究生教育质量评价》,《重庆大学学报(社会科学版)》2007 年第 3 期。

⑦ 姜春林、张冬玲:《期刊影响因子:研究生科研绩效评价的重要指标》,《高等工程教育研究》2005 年第 3 期。

⑧ 张冬玲、姜春林:《关于期刊影响因子在研究生奖学金评选中的应用问题》,《科技管理研究》2005 年第 4 期。

⑨ 中华人民共和国科学技术部:关于印发国家"十二五"科学和技术发展规划的通知[EB/OL]. http://www.bjkw.gov.cn/n1143/n1240/n1315/n1480/8837476.html. 2011—07—04 /2012—05—26.

⑩ F. Y. Moh, H. P. Lu, B. H. Liu, "Contributions to financial crisis research: an assessment of the literature in Social Science Citation Index journals from 1990 to 2008", *Applied Economics*, 2012, 44(36): 4689—4700.

和质量评价一个国家和地区科学研究国际程度[1][2][3][4][5]。何小清等[6]基于 SSCI 和 A&HCI 对 1956—2006 年中国人文社会科学研究的国际化状况进行了定量研究,基本上反映了新中国成立后到 2006 年中国社会科学研究国际化的现状。但是,这一研究仅利用 SSCI 数据库的自动分析功能进行分析,无法对中国各省、直辖市和自治区社会科学研究国际化水平进行比较,而且其搜集的数据不包括台湾省、香港和澳门特别行政区。高奎亭等[7]基于 SSCI 和 A&HCI 对 1975—2010 年中国体育科学研究的国际化进行了研究,董政娥等[8]基于 SSCI 和 A&HCI 对 1975—2009 年东华大学人文社会科学研究的国际化水平进行了分析。台湾政治大学 Huang[9] 专门研究了 SSCI 在台湾社会科学评价体系中的应用。刘莉[10]2009 年的博士学位论文基于对中国改革开放 30 年大陆地区 SSCI 论文的定量研究,详细分析了中国大陆地区社会科学研究国际化的相关问题。这些研究基本上都是应用数据库自身的统计功能,对数据进行了简单处理和分析,多数局限在一个学科,要么局限在一个机构和一个地区,缺乏对近 10

---

[1] F. Y. Moh, H. P. Lu, B. H. Liu, "Contributions to financial crisis research: an assessment of the literature in Social Science Citation Index journals from 1990 to 2008", *Applied Economics*, 2012, 44(36): 4689—4700.

[2] 刘莉、刘念才:《中国大陆、中国台湾,日本,韩国发表 SSCI 论文的比较研究:1978～2007》,《情报杂志》2009 年第 9 期。

[3] 何小清、徐松:《建国以来大陆各地区人文社会科学研究国际化学术产出定量分析——基于 SSCI、A&HCI(1956—2006) 的研究》,《清华大学学报(哲学社会科学版)》2008 年第 4 期。

[4] 高奎亭、孙庆祝、刘红建:《中国体育科学研究国际化探究——基于 SSCI、A&HCI 的文献计量分析》,《中国体育科技》2012 年第 2 期。

[5] 董政娥、陈惠兰:《人文社会科学研究国际化科研水平计量学分析——以东华大学被 SSCI、A&HCI (1975—2009) 收录文献为案例》,《科技管理研究》2010 年第 18 期。

[6] 何小清、徐松:《建国以来大陆各地区人文社会科学研究国际化学术产出定量分析——基于 SSCI、A&HCI(1956—2006) 的研究》,《清华大学学报(哲学社会科学版)》2008 年第 4 期。

[7] 高奎亭、孙庆祝、刘红建:《中国体育科学研究国际化探究——基于 SSCI、A&HCI 的文献计量分析》,《中国体育科技》2012 年第 2 期。

[8] 董政娥、陈惠兰:《人文社会科学研究国际化科研水平计量学分析——以东华大学被 SSCI、A&HCI (1975—2009) 收录文献为案例》,《科技管理研究》2010 年第 18 期。

[9] Hou-Ming Huang, "Science as ideology: SSCI, TSSCI and the evaluation system of social sciences in Taiwan", *Inter-Asia Cultural Studies*, 2009, 10(2): 282—291.

[10] 刘莉:《改革开放 30 年中国大陆 SSCI 论文定量研究——兼论社会科学研究国际化》,上海交通大学博士论文,2009 年答辩。

年来全国社会科学研究国际化的全面分析和评价,对中国各行政区社会科学研究国际化水平的比较未见相关研究报告。我们一方面利用 SSCI 数据库的自动分析功能对 2003—2012 年间中国(包括香港、澳门和台湾)社会科学研究论文产出状况和结构特征进行了系统分析,另一方面对这 10 年间 52036 篇论文进行手工分拣,把中国作为第一研究机构发表的论文分拣出来进行详细分析,从而实现了对中国各省、直辖市、自治区和特别行政区社会科学研究国际化水平进行比较(这是 SSCI 数据库分析功能无法完成的)。

一、研究对象与方法

(一) 研究对象

2003—2012 年中国科研工作者在 SSCI 来源期刊上发表的所有论文及中国机构署名第一、在 SSCI 来源期刊上发表的论文。这些论文基本反映了近 10 年来中国社会科学研究的国际化水平。

(二) 研究方法

1. 数据获取。登录美国汤森路透科技信息集团的 ISI Web of Knowledge 数据平台,点选 Web of Science 数据库,选择使用高级检索,检索式为:CU = (China OR Taiwan) AND PY = 2003—2012,数据库选择 SSCI,这样就检索出了中国(包括台湾省)2003—2012 年在 SSCI 来源期刊上发表的全部文献条目。数据检索日期:2013 年 5 月 8 日。

2. 数据处理。利用数据库的精炼功能,对检索到的文献条目进行精炼,只保留论文(article)、综述(review article)和述评(editorial),其他如更正、通讯、信稿、会议论文摘要等文献条目一律舍弃。利用数据库自带的"分析检索结果"功能,对检索到的文献条目进行分析。然后把检索到的论文的详细信息导出为 PDF 文档,手工分拣出中国作为第一研究机构的论文,将论文的文题、作者、作者机构(研究机构)、来源出版物、出版年、被引频次、所属学科等信息逐一填入 Excel 工作表。

3. 数据分析。利用 Excel 2003 对数据进行一般的统计分析并制作图表。

二、结果与分析

（一）中国 SSCI 论文的增长趋势

2003—2012 年 10 年间，中国社会科学工作者在 SSCI 来源期刊上共发表论文 52036 篇，平均每年发表论文 5203.6 篇，其中中国作为第一研究机构发表论文共 41775 篇，年均 4177.5 篇，占全部论文的 80.3%。2003—2012 年中国社会科学论文总数及中国作为第一研究机构在 SSCI 来源期刊发表论文的增长趋势见图 1。由图 1 可知，近 10 年来，中国被 SSCI 数据库收录论文的数量呈现逐年增长趋势，2007 年后论文增长速度明显加快，SSCI 论文总数和中国作为第一研究机构的论文呈现大致相同的增长趋势。目前，中国自然科学研究的国际化已经达到很高水平，SCI 论文产出量跃居全球第 2 位，仅次于美国。受自然科学研究国际化的影响，国内社会科学研究工作者也把目光瞄准了国际研究前沿，越来越注重参与国际学术交流，并在国际权威社会科学期刊发表研究论文。尽管中国尤其是大陆一些社会科学研究领域的学者国际交流意识还比较淡漠，还有一些社会科学研究工作者认为中国与西方资本主义国家社会制度和价值观的巨大差异，许多社会科学研究领域不太容易与国际接轨，但是有更多学者认识到，随着区域经济一体化和世界经济全球化进程的不断加快，中国同西方国家面临着许多共同的社会问题，如经济和社会发展、国家安全、公共环境与健康、失业和就业、恐怖主义等。因此，中国社会科学研究的国际化是大势所趋，也是社会和经济发展的必然要求。

(二) 中国各行政区 SSCI 论文数及影响力比较

通常用 SCI 收录论文数及被引频次评价一个国家、地区、机构自然科学研究国际化水平,而用 SSCI 数据库收录论文数及被引频次代表社会科学研究国际化程度。在此,我们以中国各行政区(包括省、直辖市、自治区和特别行政区)2003—2012 年在 SSCI 来源期刊上发表论文的数量及被引频次比较近 10 年来中国 34 个省、直辖市、自治区和特别行政区社会科学研究国际化水平。2003—2012 年中国 34 个省级行政区 SSCI 论文数(仅统计中国机构署名第一的论文,参与合作论文不计在内)及影响力比较见表 1。从表 1 可以看出,无论是 SSCI 论文数还是论文被引频次,台湾和香港都遥遥领先于中国大陆(内地)各行政区。发表论文≥500 篇的行政区依次为台湾、香港、北京、上海、浙江、广东、江苏和湖北。如果按照论文被引频次排出前 8 名的话,依次为台湾、香港、北京、上海、江苏、辽宁、广东和浙江,前 4 位(包括排序)均未发生变化,辽宁省挤进了第 5 位,湖北省被挤出前 8 位。这说明,辽宁省论文被引频次比其论文数量更有优势,从各行政区论文篇均被引频次也可以得到印证(辽宁省 SSCI 论文篇均被引频次最高,达到了 8.21)

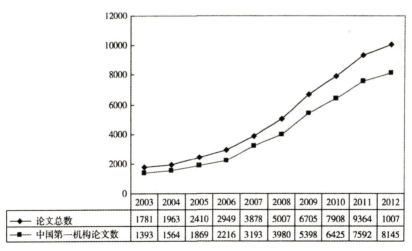

图 1 2003—2012 年 SSCI 数据库收录中国论文的增长趋势

表1 2003—2012年中国34个省级行政区SSCI论文数及影响力比较

行政区	论文数	所占百分比	累计百分比	被引论文数	论文被引率	单篇最高被引频次	合计被引频次	篇均被引频次
台湾	17106	0.4095	0.4095	11542	0.675	901	90862	5.31
香港	11071	0.265	0.6745	8128	0.734	537	74801	6.76
北京	5188	0.1242	0.7987	3411	0.657	194	28635	5.52
上海	1626	0.0389	0.8376	1016	0.625	195	7271	4.47
浙江	754	0.018	0.8556	433	0.574	52	2250	2.98
广东	744	0.0178	0.8734	452	0.607	106	2746	3.69
江苏	743	0.0178	0.8912	436	0.587	124	3387	4.56
湖北	614	0.0147	0.9059	345	0.562	38	1690	2.75
陕西	483	0.0116	0.9175	300	0.621	64	2110	4.37
四川	359	0.0086	0.9261	213	0.593	72	1408	3.92
辽宁	352	0.0084	0.9345	241	0.685	155	2891	8.21
重庆	316	0.0076	0.9421	192	0.608	67	1093	3.46
湖南	315	0.0075	0.9496	205	0.653	124	1793	5.69
澳门	304	0.0073	0.9569	183	0.602	123	966	3.18
天津	277	0.0066	0.9635	160	0.578	42	976	3.52
安徽	271	0.0065	0.97	192	0.708	60	1518	5.6
山东	268	0.0064	0.9764	161	0.601	37	947	3.53
福建	237	0.0057	0.9821	130	0.549	32	672	2.84
黑龙	170	0.0041	0.9862	102	0.6	19	387	2.28
吉林	108	0.0026	0.9888	65	0.602	26	294	2.72
云南	104	0.0025	0.9913	72	0.692	46	431	4.14
河南	83	0.002	0.9932	44	0.53	49	282	3.4
甘肃	57	0.0014	0.9946	35	0.614	92	305	5.35
江西	43	0.001	0.9956	24	0.558	24	108	2.51
河北	39	0.0009	0.9966	24	0.615	85	209	5.36
广西	38	0.0009	0.9975	12	0.316	18	42	1.11
山西	32	0.0008	0.9983	19	0.594	13	108	3.38
新疆	29	0.0007	0.9989	15	0.517	6	35	1.21

续表

行政区	论文数	所占百分比	累计百分比	被引论文数	论文被引率	单篇最高被引频次	合计被引频次	篇均被引频次
海南	13	0.0003	0.9993	5	0.385	23	43	3.31
贵州	11	0.0003	0.9995	8	0.727	11	32	2.91
内蒙古	11	0.0003	0.9998	7	0.636	8	17	1.55
宁夏	5	0.0001	0.9999	3	0.6	4	6	1.2
青海	4	0.0001	1	2	0.5	13	14	3.5
西藏	0	0	1	0	—	0	0	0

中国作为第一研究机构发表的41775篇论文共被引228329次，篇均被引频次为5.47次，13598篇（32.6%）论文从未被引用，零被引率为32.6%（13598/41775），28177篇被引1次以上，论文被引率为67.4%（28177/41775），高于Garfield[①]报告的1900—2005年SCI数据库论文被引率（约50%），也高于刘雪立等[②]报告的中国12种眼科杂志10年论文被引率（53.8%）。其中，被引频次最高为901次，是台湾辅英科技大学Hsieh等[③]2005年发表的。

篇均被引频次大于全国平均水平（5.47次）者仅有5个行政区，依次是辽宁、香港、湖南、安徽、北京，篇均被引频次>5者还有甘肃、台湾、河北等省。

论文被引率反映一组论文发表后被引用的比例。除青海、海南、广西、西藏等4个行政区外，中国30个行政区近10年SSCI论文被引率均大于50%，论文被引率较高的5个行政区分别是香港、贵州、安徽、云南和辽宁。单篇论文最高被引频次>100的行政区分别是台湾、香港、上海、北京、辽宁、湖南、江苏、澳门和广东等。这一排序结果与各行政区论文数和论文被引频次排序呈现较高的相关度。

发表SSCI论文数较多和论文被引频次较高者都是中国著名高

---

① E. Garfield, "The history and meaning of the journal impact factor", *JAMA*, 2006, 295(1): 90−93.
② 刘雪立、方红玲、周志新，等：《科技期刊反向评价指标——零被引论文率及其与其他文献计量学指标的关系》，《中国科技期刊研究》2011年第4期。
③ H. F. Hsieh, S. E. Shannon, "Three approaches to qualitative content analysis", *Qualitative Health Research*, 2005, 15(9): 1277−1288.

校林立、经济发展水平较高的行政区,与刘莉[①]的研究结果和结论是一致的。发表论文较多的香港、台湾、北京、上海、浙江、广东、江苏等行政区均为中国经济、教育、文化十分发达的地区,而湖北、辽宁、四川、陕西、重庆、湖南虽然算不上国内经济发达省份,但其高等教育资源丰富、重点高校较为集中,因此,这些省份社会科学研究的国际化程度也较高。澳门人口较少,高校极少,且高校的影响力也远不如台湾和香港,但凭借其极高的社会开放程度、较强的科学研究国际化意识,10年间其SSCI论文数超过了300篇,排在第14位。而天津拥有天津大学、南开大学等2所"985高校",安徽省拥有实力雄厚的中国科学技术大学、山东省有山东大学、吉林省有吉林大学等,10年间其SSCI论文数均未超过300篇,还不及澳门;另外,仅台湾省和香港特别行政区SSCI论文竟占全国SSCI论文总数的67.45%;再者,中国内地和香港SCI论文数2006年就已跃居全球第2位(2005年为第4位,落后于美国、日本和德国),而当年SSCI论文数仅排在第11位,落后于美国、英国、加拿大、德国、澳大利亚、荷兰、法国、西班牙、意大利、瑞典(SSCI数据库检索结果)。如果除去香港SSCI论文数,仅统计中国内地SSCI论文数,我们可能还会落后于日本、苏格兰、瑞士、以色列和比利时,排在第16位。这在某种程度上反映出中国内地高校、研究机构和科研、教育行政部门对社会科学研究国际化重视程度远远不够。

(三) 论文的机构分布

2003—2012年中国社会科学工作者在SSCI来源期刊上发表的所有论文(包括参与国外合作研究的论文)中,发文量最大的是香港大学,共发表论文4063篇,其次是香港中文大学(3887篇)和台湾大学(3080篇)。10年间发文量≥100的机构及其论文数见表2。由表2可知,SSCI论文数≥100的机构共有121个,其中高等学校110个,占发文量≥100的机构总数的90.9%,其他11个机构中,除了中

[①] 刘莉:《改革开放30年中国大陆SSCI论文定量研究——兼论社会科学研究国际化》,上海交通大学博士论文,2009年答辩。

国科学院、中国社会科学院和台湾"中央研究院"外全部为医疗卫生机构。这是因为,SSCI 数据库收录期刊的学科构成中包含了大量的医学相关学科,如神病学、护理学、药物滥用(包括药物成瘾)、康复、老年病学、卫生政策与服务、公共环境与职业卫生、人体工程学、生物医学与社会科学等。大陆(内地)机构 50 个(41.3%)、香港机构 10 个(8.3%)、台湾机构 61 个(50.4%)。香港地区发文量 100 篇以上的 10 个机构共发表 SSCI 论文 16522 篇,平均 1652.2 篇,远高于台湾的 403.8(24634/61)和大陆(内地)的 366.7(18334/50)。发文量最大的前 10 个机构中,香港 5 个,大陆(内地)3 个,台湾 2 个,几乎香港所有的大学发文量都在 100 篇以上,充分说明香港特别行政区社会科学研究国际化程度远高于大陆(内地)和台湾省,这与香港社会开放程度与包容性、科学文化和教育水平、国际金融中心地位、英语语言优势等因素是分不开的。台湾一个省有 61 个机构 SSCI 论文总量≥100,入选机构比大陆(内地)所有行政区加在一起还多,说明台湾省社会科学研究国际化程度也远远高于中国大陆(内地)地区。

与香港和台湾相比,中国大陆(内地)地区社会科学研究国际化水平存在巨大差距,这一差距甚至达到了令人吃惊的程度。

通过以上分析不难发现,中国大陆地区社会科学与自然科学研究的国际化水平形成了强烈反差,自然科学研究国际化水平远远高于社会科学,可能的原因是:(1)大陆(内地)地区社会科学研究的开放与包容度还落后于政治、经济和社会的开放程度;(2)与香港和台湾相比,大陆(内地)地区社会科学研究工作者还存在很多认识上的误区,总认为我们与西方资本主义国家社会制度不同,信仰迥异,社会科学研究不容易接轨。其实不然,以马克思主义研究为例,SSCI 数据库中收录的、文题中含有"Marxism"一词者共有 3369 篇文献记录,中国作为马克思主义政党执政的国家,马克思主义研究论文仅有 6 篇,多数论文来自美国、英国、加拿大、澳大利亚、法国等资本主义国家。马克思主义在中国可以说是家喻户晓,从中学到大学,再到研究生阶段马克思主义理论课都是必修课,任何一个大学都无一例外地拥有一批马克思主义理论教学与研究人员,关于马克思主义理论中国化产出了丰硕的研究成果,这些重要理论成果为什么不在国外高水平期刊发表论文,参与全球学术交流呢?(3)思想不够解放,国际学术交流与合作意识不强;(4)英语写作水平有限;(5)长期以来国家科技发展政策导向上的重理轻文和科学研究绩效评价机制不完善。

随着中国的和平发展,我们逐渐成为全球注目的经济、科技、文化大国和强国,国际社会呼唤我们在共同面临的社会和经济发展等社会科学研究领域有所作为,做出应有贡献。因此,社会科学研究的国际化问题理应提上重要的议事日程。

表2 2003—2012年SSCI论文数≥100的机构及其论文数

排序	机构名称	参考译名	论文数
1	UNIV HONG KONG	香港大学	4063
2	CHINESE UNIV HONG KONG	香港中文大学	3887
3	NATL TAIWAN UNIV	台湾大学	3080 *
4	HONG KONG POLYTECH UNIV	香港理工大学	2905
5	CITY UNIV HONG KONG	香港城市大学	2373
6	CHINESE ACAD SCI	中国科学院	2077
7	PEKING UNIV	北京大学	1921
8	NATL CHENG KUNG UNIV	成功大学	1735 #
9	HONG KONG UNIV SCI TECHNOL	香港科技大学	1230
10	TSINGHUA UNIV	清华大学	1201
11	NATL CHIAO TUNG UNIV	交通大学	1029
12	NATL CHENGCHI UNIV	政治大学	998
13	NATL CENT UNIV	"中央大学"(台湾)	940
14	BEIJING NORMAL UNIV	北京师范大学	927
15	FUDAN UNIV	复旦大学	803
16	NATL YANG MING UNIV	阳明大学	794
17	HONG KONG BAPTIST UNIV	香港浸会大学	765
18	ZHEJIANG UNIV	浙江大学	736
19	NATL SUN YAT SEN UNIV	"中山大学"(台湾)	734
20	ACAD SINICA	"中央研究院"(台湾)	718
21	SHANGHAI JIAO TONG UNIV	上海交通大学	703

续表

排序	机构名称	参考译名	论文数
22	KAOHSIUNG MED UNIV	高雄医学大学	676△
23	TAIPEI MED UNIV	台北医学大学	654☆
24	NATL CHUNG CHENG UNIV	中正大学	640
25	TAMKANG UNIV	淡江大学	625
26	NATL TAIWAN NORMAL UNIV	台湾师范大学	622
27	SUN YAT SEN UNIV	中山大学	617
28	CHANG GUNG UNIV	长庚大学	615
29	HONG KONG INST EDUC	香港教育学院	558
30	NATL TAIWAN UNIV SCI TECHNOL	台湾科技大学	558
31	NATL TSING HUA UNIV	"清华大学"（台湾）	500
32	LINGNAN UNIV	香港岭南大学	481
33	RENMIN UNIV CHINA	中国人民大学	478
34	NATL CHUNG HSING UNIV	中兴大学	428
35	WUHAN UNIV	武汉大学	413
36	FENG CHIA UNIV	逢甲大学	405
37	HUAZHONG UNIV SCI TECHNOL	华中科技大学	367
38	NATL TAIPEI UNIV	台北大学	366
39	CHUNG YUAN CHRISTIAN UNIV	中原大学	364
40	NANJING UNIV	南京大学	362
41	XI AN JIAO TONG UNIV	西安交通大学	353
42	CHINA MED UNIV	中国医学大学	346 §
43	FU JEN CATHOLIC UNIV	辅仁大学	343
44	MING CHUAN UNIV	铭传大学	336
45	SICHUAN UNIV	四川大学	335
46	YUAN ZE UNIV	元智大学	320
47	UNIV MACAU	澳门大学	320
48	CENT S UNIV	中南大学	318
49	E CHINA NORMAL UNIV	华东师范大学	310
50	XIAMEN UNIV	厦门大学	310

续表

排序	机构名称	参考译名	论文数
51	NATL CHANGHUA UNIV EDUC	彰化师范大学	288
52	TAIPEI VET GEN HOSP	台北荣民总医院	286
53	UNIV SCI TECHNOL CHINA	中国科学技术大学	286
54	CHANG GUNG MEM HOSP	长庚医院	280
55	NATL DONG HWA UNIV	"东华大学"(台湾)	273
56	I SHOU UNIV	义守大学	269
57	ASIA UNIV	亚洲大学	267
58	NATL YUNLIN UNIV SCI TECHNOL	云林科技大学	264
59	SHANDONG UNIV	山东大学	253
60	SHANGHAI UNIV FINANCE ECON	上海财经大学	250
61	SOOCHOW UNIV	东吴大学	249
62	NATL KAOHSIUNG FIRST UNIV SCI TECHNOL	台湾高雄第一科技大学	249
63	CHINESE ACAD SOCIAL SCI	中国社会科学院	242
64	CENT UNIV FINANCE ECON	中央财经大学	240
65	NATL CHIAYI UNIV	嘉义大学	233
66	NATL CHI NAN UNIV	暨南国际大学	232
67	CHINESE CTR DIS CONTROL PREVENT	中国疾病预防控制中心	232
68	NANKAI UNIV	南开大学	227
69	NATL DEF MED CTR	国防医学院	224
70	CAPITAL MED UNIV	首都医科大学	223
71	TONGJI UNIV	同济大学	222
72	BEIJING UNIV AERONAUT ASTRONAUT	北京航空航天大学	222
73	NATL TAIPEI COLL NURSING	台北护理学院	220
74	CHUNG SHAN MED UNIV	中山医学大学	214
75	CHUNG HUA UNIV	中华大学	213
76	NATL HLTHRES INST	健康研究院	211
77	CHINESE CULTURE UNIV	"中国文化大学"(台湾)	207

续表

排序	机构名称	参考译名	论文数
78	KAINAN UNIV	开南大学	204
79	SOUTHEAST UNIV	东南大学	200
80	SOUTHWEST UNIV	西南大学	199
81	CHANG JUNG CHRISTIAN UNIV	长荣大学	197
82	UNIV INT BUSINESS ECON	对外经济贸易大学	188
83	NATL TAIWAN OCEAN UNIV	台湾海洋大学	186
84	CHINA AGR UNIV	中国农业大学	184
85	DALIAN UNIV TECHNOL	大连理工大学	181
86	TUNGHAI UNIV	东海大学	175
87	NATL UNIV KAOHSIUNG	高雄大学	168
88	NATL KAOHSIUNG UNIV APPL SCI	高雄应用科技大学	168
89	CHAOYANG UNIV TECHNOL	朝阳科技大学	159
90	S CHINA NORMAL UNIV	华南师范大学	152
91	BEIJING JIAOTONG UNIV	北京交通大学	149
92	HARBIN INST TECHNOL	哈尔滨工业大学	145
93	PRINCE WALES HOSP	威尔斯亲王医院	144
94	NATL KAOHSIUNG NORMAL UNIV	高雄师范大学	144
95	NATL TAIPEI UNIV TECHNOL	台北科技大学	142
96	S CHINA UNIV TECHNOL	华南理工大学	142
97	TAIPEI CITY HOSP	台北市医院	132
98	PROVIDENCE UNIV	静宜大学	131
99	CHANG GUNG INST TECHNOL	长庚科技大学	130
100	NATL UNIV TAINAN	台南大学	129
101	NORTHEASTERN UNIV	东北大学	129
102	CHINESE ACAD MED SCI	中国医学科学院	128
103	YUANPEI UNIV	元培科技大学	126
104	SHU TE UNIV	树德科技大学	124
105	XIAN JIAOTONG UNIV	西安交通大学	124

续表

排序	机构名称	参考译名	论文数
106	BEIJING INST TECHNOL	北京工业大学	122
107	NATL CHIN YI UNIV TECHNOL	勤益科技大学	117
108	QUEEN MARY HOSP	玛丽医院	116
109	PEKING UNION MED COLL	协和医科大学	115
110	TZU CHI UNIV	慈济大学	114
111	SW UNIV FINANCE ECON	西南财经大学	114
112	HUNAN UNIV	湖南大学	114
113	ANHUI MED UNIV	安徽医科大学	114
114	SHIH CHIEN UNIV	实践大学	113
115	JILIN UNIV	吉林大学	111
116	NATL CHENG KUNG UNIV HOSP	中国电子科技大学	110
117	CHINA EUROPE INT BUSINESS SCH	中欧国际工商学院	109
118	NATL PINGTUNG UNIV SCI TECHNOL	屏东科技大学	108
119	ALETHEIA UNIV	真理大学	107
120	JINAN UNIV	暨南大学	105
121	CHINA MED UNIV	中国医科大学	105
122	DA YEH UNIV	大叶大学	101

(注：＊包括台大医院527篇，♯包括成大医院110篇，△包括高雄医学大学纪念医院144篇，☆包括台北医学大学医院122篇，§包括中国医学科大学医院114篇。)

(四) 国家和地区合作情况

中国所有论文(包括中国机构署名第一和参与国外合作研究的论文)中,合作的国家和地区共137个,其中19个国家和地区与中国仅有1篇合作论文,合作2—9篇者44个,10—49篇者32个,50—99篇者13。与中国合作发表SSCI论文≥100篇者共有29个国家和地区,详见表3。与中国合作较多的基本上都是经济、科技和文化比较发达的国家和地区,如美国、英国、澳大利亚、加拿大和新加坡等。与中国合作较多的亚洲国家依次为新加坡、日本、韩国、印度、泰国和马来西亚。由此可以感知新加坡与中国在人文社会科学研究领域学术交流与合作的密切程度及其研究实力。

表3　2003—2012年与中国合作SSCI论文≥100篇的国家和地区

合作国家	合作论文数	合作国家	合作论文数	合作国家	合作论文数
美国	11197	新西兰	327	泰国	145
英国	2435	比利时	288	奥地利	139
澳大利亚	2086	瑞士	288	挪威	138
加拿大	1739	瑞典	257	马来西亚	118
新加坡	859	西班牙	246	墨西哥	113
日本	803	印度	236	爱尔兰	111
德国	649	苏格兰	226	丹麦	107
荷兰	623	意大利	224	芬兰	107
韩国	508	以色列	166	巴西	105
法国	371	威尔士	152		

（五）与境外机构合作情况

机构合作是国家和地区合作的基础和前提，又是国家和地区合作的具体体现。2003—2012年，中国社会科学研究合作最为密切的境外机构是新加坡国立大学、美国哈佛大学和密歇根大学，合作的论文数分别为507、418和297篇。合作论文数≥100篇的境外机构及合作论文数见表4。由表4可知，与中国合作发表SSCI论文≥100篇的机构共有66个，其中美国机构最多(44个)，其次分别是英国(8个)、澳大利亚(8个)、加拿大(3个)、新加坡(2个)和日本(1个)。与日本的合作仅有东京大学超过100篇论文，且仅有101篇，远不及新加坡国立大学(507篇)，这是我们预先没有想到的。这可能与中、日两国的历史(日本侵华史)和现状(钓鱼岛争端)积聚的民族矛盾有密切关系。与自然科学研究相比，社会科学研究的国际合作能够比较敏感地反映出民族情感的倾向性。

表4 2003—2012年与中国合作SSCI论文数≥100篇的境外机构及合作论文数

机构名称	参考译名	所属国家	论文数
NATL UNIV SINGAPORE	新加坡国立大学	新加坡	507
HARVARD UNIV	哈佛大学	美国	418
UNIV MICHIGAN	密歇根大学	美国	297
UNIV ILLINOIS	伊利诺伊大学	美国	294
UNIV CALIF LOS ANGELES	加州大学洛杉矶分校	美国	293
UNIV TORONTO	多伦多大学	加拿大	293
UNIV SO CALIF	南加州大学	美国	240
UNIV QUEENSLAND	昆士兰大学	澳大利亚	234
UNIV WISCONSIN	威斯康星大学	美国	225
NANYANG TECHNOL UNIV	南洋理工大学	新加坡	224
UNIV N CAROLINA	北卡罗来纳大学	美国	224
STANFORD UNIV	斯坦福大学	美国	223
COLUMBIA UNIV	哥伦比亚大学	美国	217
UNIV BRITISH COLUMBIA	英属哥伦比亚大学	加拿大	213
UNIV CALIF BERKELEY	加州大学伯克利分校	美国	193
UNIV MINNESOTA	明尼苏达大学	美国	191
UNIV WASHINGTON	华盛顿大学	美国	190
PURDUE UNIV	普渡大学	美国	190
UNIV MARYLAND	马里兰大学	美国	185
YALE UNIV	耶鲁大学	美国	179
MONASH UNIV	蒙那什大学	澳大利亚	178
UNIV NOTTINGHAM	诺丁汉大学	英国	177
TEXAS A M UNIV	德州农工大学	美国	177
PENN STATE UNIV	宾夕法尼亚州立大学	美国	173
UNIV SYDNEY	悉尼大学	澳大利亚	167
UNIV MELBOURNE	墨尔本大学	美国	164
KINGS COLL LONDON	伦敦国王学院	英国	161
GRIFFITH UNIV	格里菲斯大学	澳大利亚	158
DUKE UNIV	杜克大学	美国	157

续表

机构名称	参考译名	所属国家	论文数
ARIZONA STATE UNIV	亚利桑那州立大学	美国	154
UNIV NEW S WALES	新南威尔士大学	澳大利亚	151
UNIV CALIF DAVIS	加州大学戴维斯分校	美国	145
JOHNS HOPKINS UNIV	约翰霍普金斯大学	美国	144
NORTHWESTERN UNIV	西北大学	美国	141
UNIV CALIF SAN DIEGO	加州大学圣地亚哥分校	美国	140
UNIV ARIZONA	亚利桑那大学	美国	138
CORNELL UNIV	康奈尔大学	美国	135
RUTGERS STATE UNIV	罗格斯大学	美国	135
UNIV PENN	宾夕法尼亚大学	美国	135
WAYNE STATE UNIV	韦恩州立大学	美国	132
UNIV FLORIDA	佛罗里达大学	美国	128
VANDERBILT UNIV	范德堡大学	美国	128
MICHIGAN STATE UNIV	密歇根州立大学	美国	126
UNIV OXFORD	牛津大学	英国	125
OHIO STATE UNIV	俄亥俄州立大学	美国	125
AUSTRALIAN NATL UNIV	澳大利亚国立大学	澳大利亚	125
UNIV CAMBRIDGE	剑桥大学	英国	124
UNIV TEXAS	德克萨斯大学	美国	120
UNIV CALIF IRVINE	加州大学欧文分校	美国	120
UNIV CALIF SAN FRANCISCO	加州大学旧金山分校	美国	119
UNIV GEORGIA	乔治亚大学	美国	117
UNIV PITTSBURGH	匹兹堡大学	美国	116
UNIV MISSOURI	密苏里大学	美国	116
UNIV BIRMINGHAM	伯明翰大学	英国	112
UCL	伦敦大学学院	英国	111
QUEENSLAND UNIV TECHNOL	昆士兰科技大学	美国	109
UNIV SHEFFIELD	谢菲尔德大学	英国	108

续表

机构名称	参考译名	所属国家	论文数
UNIV WESTERN AUSTRALIA	西澳大学	澳大利亚	104
INDIANA UNIV	印第安纳大学	美国	103
CURTIN UNIV TECHNOL	科廷科技大学	澳大利亚	102
UNIV TOKYO	东京大学	日本	101
EMORY UNIV	埃默里大学	美国	101
BOSTON UNIV	波士顿大学	美国	101
UNIV MANCHESTER	曼彻斯特大学	英国	100
UNIV ROCHESTER	罗切斯特大学	美国	100
UNIV WESTERN ONTARIO	西安大略大学	加拿大	100

(六) SSCI 论文的研究方向

2003—2012 年中国 SSCI 论文分布于 143 个研究方向，论文数产出量最多的 10 个研究方向依次是商业与经济、心理学、计算机科学、工程、教育与教育研究、运筹学与管理学、环境科学与生态学、精神病学、公共环境与职业健康、社会科学其他主题等，产出 SSCI 论文 500 篇以上的研究方向及其论文数见表 5。对 2003—2012 年中国机构署名第一的 SSCI 论文所属学科进行分析，论文数≥500 篇的学科见表 6。比较表 5 和表 6 可以发现，中国机构署名第一的 SSCI 论文的学科分布与中国所有 SSCI 论文研究方向分布基本一致。

表 5 2003—2012 年产出 SSCI 论文≥500 篇的研究方向及其论文数

研究方向	论文数	研究方向	论文数
商务与经济	14179	公共管理	1068
心理学	6759	政府与法律	1008
计算机科学	4662	康复	977
工程	4498	社会科学的数学方法	877
教育与教育研究	3583	地理学	873
运筹学与管理科学	3545	能源与燃料	865

续表

研究方向	论文数	研究方向	论文数
环境科学与生态学	2984	地域研究	854
精神病学	2634	老年医学与老年病学	852
公共环境与职业健康	2580	国际关系	831
社会科学其他主题	2438	通讯	789
护理学	2325	社会学	756
数学	2117	城市研究	749
情报学与图书馆学	1917	科学技术其他主题	707
神经科学与神经病学	1880	内科学	588
语言学	1333	人类学	571
卫生保健与服务	1255	生物医学与社会科学	550
交通运输	1220		

表6　2003—2012年中国作为第一研究机构发表的SSCI论文≥500篇的学科及其论文数

学科分布	论文数	学科分布	论文数
商务与经济	10745	卫生保健与服务	971
心理学	5169	交通运输	943
计算机科学	4062	政府与法律	839
工程	3882	公共管理	877
教育与教育科学	3172	康复	873
运筹学与管理科学	2973	能源与燃料	720
环境科学与生态学	2405	地域研究	715
精神病学	2133	老年医学与老年病学	705
社会科学－其他主题	2017	地理学	685
护理	2010	通讯	655
公共环境与职业健康	1871	社会学	628
数学	1747	社会科学的数学方法	620
情报学与图书馆学	1603	科学技术－其他主题	599
神经科学与神经病学	1520	城市研究	592
语言学	1153		

(七) SSCI 论文的期刊分布

利用 WoS 数据库自动分析功能,对中国近 10 年来发表论文(包括国际合作论文)的 SSCI 来源期刊进行分析,结果显示,中国 SSCI 论文的来源期刊超过 500 种,其中发文量≥500 的期刊为 4 种,分别是 *Expert Systems with Applications*、*Journal of Clinical Nursing*、*African Journal of Business Management*、*Energy Policy*,发文量介于 200－499 者 21 种,100－199 者 55 种。发文量≥200 的 25 种期刊及其发文量见表 7。发文量较大的 25 种期刊中,影响因子最高者为 *PLoS One*(影响因子 3.730,该刊以发表自然科学论文为主,社会科学论文较少。奇怪的是 SSCI 数据库中能检索到该刊论文,但社会科学版 JCR 中却查不到它的影响因子),其次是影响因子 2.775 的 *Computers Education* 和影响因子 2.743 的 *Energy Policy*。而 2012 年社会科学版 JCR 收录的 3016 种期刊中,影响因子最高 18.571,中位影响因子为 0.847,影响因子＞2.775 的期刊有 221 种。

表 7 2003—2012 年发表中国论文数≥200 的 SSCI 期刊及其发文量

期刊名称	论文数	影响因子	期刊名称	论文数	影响因子
Expert Systems with Applications	712	1.854	Applied Economics	245	0.437
Journal of Clinical Nursing	640	1.316	Journal of the Operational Research Society	243	0.989
African Journal of Business Management*	537	—	Educational Technology Society	224	1.171
Energy Policy	533	2.743	Total Quality Management Business Excellence	223	0.894
Social Behavior and Personality	411	0.41	International Journal of Human Resource Management	222	0.792
Computers Education	351	2.775	Service Industries Journal	222	1.017

续表

期刊名称	论文数	影响因子	期刊名称	论文数	影响因子
European Journal of Operational Research	338	2.038	Tourism Management	217	2.571
International Journal of Production Economics	282	2.081	Economic Modelling	215	0.557
PLoS One	281	3.73	International Journal of Nursing Studies	215	2.075
Journal of Advanced Nursing	279	1.527	Computers in Human Behavior	207	2.067
Applied Economics Letters	275	0.295	Journal of Business Ethics	203	1.27
Scientometrics	264	2.133	Research in Developmental Disabilities	203	2.483
Journal of Clinical Nursing	640	1.316	Journal of the Operational Research Society	243	0.989
African Journal of Business Management *	537	—	Educational Technology Society	224	1.171
Energy Policy	533	2.743	Total Quality Management Business Excellence	223	0.894

注：＊该刊 2012 年停止收录，因此无 2012 年影响因子。

三、结论与建议

通过研究得出如下主要结论：

1. 在自然科学研究国际化趋势的引领和影响下，中国社会科学研究国际化进程也逐步加快，尤其是 2007 年以后，呈现加速增长态势。但与自然科学相比，社会科学研究的国际化进程明显滞后，国际化程度还存在较大差距，大陆（内地）各行政区社会科学研究国际化程度差距极端显著。

2. 中国各行政区社会科学研究国际化程度呈现极度不均衡态势，台湾一个省 SSCI 论文数超过了大陆其他所有行政区 SSCI 论文总量,香港特别行政区论文数也接近内地其他所有行政SSCI论文总量。大陆(内地)各行政区之间也呈现同样的不均衡态势,仅北京(5188)和上海(1626)两个直辖市论文数占整个大陆(内地)SSCI论文总量(13598)的50.1%。

3. 从SSCI论文的机构分布来看,香港特别行政区社会科学研究国际化水平普遍较高,论文数居前10位的机构中,5个来自香港,内地仅有中国科学院、北京大学和清华大学跻身前10位,分别排在第6、7、10位。

4. 中国社会科学国际学术交流与合作主要集中在经济、科学技术发达的国家。在亚洲范围内,与新加坡的合作强度超过了与日本的合作,与自然科学领域的合作明显不同。个人认为,国家利益、民族矛盾、国民感情纠葛在人文社会科学研究的国际合作中更容易体现出来。

5. 中国SSCI论文主要集中在商业与经济、心理学、计算机科学、工程、教育与教育研究、运筹学与管理学、环境科学与生态学、精神病学、公共环境与职业健康等学科和研究方向,政治、法律、历史、哲学等经典哲学社会科学研究国际化程度极低。

6. 建议国家科学、文化、教育主管部门进一步加强对社会科学研究的领导和管理,积极引导、科学布局、重点培育具有国际领先水平的社会科学研究。在制定科学技术发展规划时坚持自然科学和社会科学并重,在人才培养、学科建设、研究基金资助和重大科研奖励等方面给予社会科学足够的重视,逐步缩小大陆(内地)地区与香港和台湾地区在社会科学研究国际化程度上的差距。科研绩效评价方法和导向是引领学科发展的重要因素。中国大陆(内地)地区社会科学研究国际化程度低与社会科学研究绩效评价过分依赖CSSCI而忽视SSCI有密切关系。我们应该制定科学可行的社会科学研究绩效评价方法,既要合理反映社会科学研究的民族性,又要正确对待社会科学研究的国际化。在科学研究资源配置上,应该向政治、法律、历史、哲学等与意识形态关系密切的学科适当倾斜,以推动这些国际化程度极低的学科上水平、上台阶,进而实现中国社会科学研究领域全面的国际化。社会科学研究国际化程度较低的政区更应加大对社会科学研究的投入,合理配置学术研究资源,尽快提高本地区社会科学研究国际化水平。希望通过一系列政策措施,加快社会科学研究国际化进程,迅速提高中国,尤其是大陆(内地)各行政区社会科学研究水平和国际化程度。

中国经济学的学术国际影响力研究
——基于对 Econlit 数据库的统计分析

李 钢　梁泳梅　刘 畅

学术"走出去"是中国文化"走出去"最重要的组成部分,本文利用文献计量学的方法,试图对中国经济学国际影响力进行系统的评估。文献计量表明,近10年来中国经济学者学术国际影响力不断提升,发表文章数增长了近10倍;目前,北京大学、清华大学、中国人民大学三所高校发表文章量居全国高校前三甲,中国人民大学、复旦大学、中央财经大学、上海财经大学等高校进步较大;在中国问题研究上,中国学者的话语权明显提高,在该领域发表文章占全部文章比例已经从十年前8%提升为35%。

随着中国经济的快速发展,中国的经济学研究也取得了长足进步。中国经济发展过程中不断引发和显现的各种新问题,为经济学研究提供了丰裕的现实土壤,大量中国学者耕耘于此,获得了许多有意义的研究成果,并在具有国际影响力的期刊上发表了文章。这不仅有利于让世界更好地了解中国经济,同时也有利于扩大中国经济学者的学术国际影响力,提高中国的话语权,推动中国文化走出来。因此,适时地对中国经济学的学术国际影响力进行系统的评估和总结,是大有裨益的。

对经济学者以及经济学研究机构的影响力、研究质量和效率的评估,始于美国。最初的方法较为简单,主要是基于美国各机构在美国经济学联合会的年会上发表的论文①。随后的评估方法主要是在以下两个方面进行了发展:(1)从指标判断上看,根据不同的评价需要,采用了论文发表数量②、论文被引用的次数③或者是两者的综合;(2)从文章发表的范围来看,逐步扩大到以 Econlit 数据库中收录的期刊④⑤或者是 SSCI 中收录的期刊⑥⑦为考核对象,或者是同时以两大数据库为对象⑧⑨。由于 Econlit 数据库具有明确的经济类文献分类标识码(JEL Classification System Code),更易于辨别和统计论文的研究内容,因此,Econlit 数据库逐渐成为主流的文献计量研究的

---

① D. R. Fusfeld, "The program of the American Economic Association", *American Economic Review*, 1956, 46(4): 642—644.

② L. C. Scott, P. M. Mitias, "Trends in rankings of economics departments in the U. S.: An update", *Economic Inquiry*, 1996, 34(2):378—400.

③ P. Davis, G. F. Papannek, "Faculty ratings of major economics departments by citations", *American Economic Review*, 1984,74(1): 225—230.

④ E. Bairam, "Research productivity in New Zealand university economics departments 1988—1995", *New Zealand Economic Papers*, 1996, 30(2): 229—241.

⑤ E. Bairam, "Corrigendum:Research productivity in New Zealand university economics departments 1988—1995", *New Zealand Economic Papers*, 1997, 31(1):133—134.

⑥ R. E. Mueller, D. A. Sumner, "Output counts: Comparing the published contributions by agricultural economists across countries", *European Review of Agricultural Economics*, 1999, 26(4):533—548.

⑦ T. C. Grijalva, C. Nowell, "A guide to graduate study in economics: Ranking economics departments by fields of expertise", *Southern Economic Journal*, 2008, 74(4):971—996.

⑧ A. Cardoso, P. Guimaraes, K. F. Zimmermann, "Trends in economic research: An international perspective", *Kyklos*, 2010, 63(4): 479—494.

⑨ F. S. Lee, T. C. Grijalva, C. Nowell, "Ranking economics departments in a contested disciple: A bibliometric approach to quality equality between theoretically distinct subdisciplines", *American Journal of Economics and Sociology*, 2010, 69(5):1345—1375.

首要选择①②③④⑤⑥⑦。

Econlit 数据库是由美国经济学联合会（American Economic Association，AEA）创办的电子数据库，是经济学研究领域最主要的引文和文摘来源；因坚持严控质量而受到《经济文献期刊》（*Journal of Economic Literature*，JEL）订阅者的长期认可。该数据库提供经济学所有领域的全文文章，包括资本市场、国家研究、计量经济学、经济预测、环境经济学、政府管理、劳动经济学、货币理论、城市经济学以及其他很多内容。Econlit 使用 JEL 分类系统并提供六种文献类型：期刊文章，图书，精选文集，博士论文，工作论文和来自《经济文献期刊》的书评。这些资源总计在该数据库中有超过 110 万条记录。Econlit 全文库除收录有上述文献外，还有近 600 本期刊的全文收录。Econlit 数据库权威性一方面在于其收录文献质量高、代表性强；另一方面在于其创办单位的权威性。美国经济学联合会成立于 1885 年成立，最初是纽约州萨拉托加的一次会议上由一小部分对经济学感兴趣的人组织起来，之后于 1923 年 2 月 3 日正式成立。联合

---

① 与流行的看法认为 SCI 及 SSCI 的创办机构美国科学信息研究所是一个国家研究机构相反，其为私人创办的机构；SCI 及 SSCI 从创办之时就是以商业项目在运作。通过多次的商业行为，这两个索引系统目前都是商业公司汤森路透公司运营的项目，而且其所在公司都有希望通过其推销该公司其他产品的想法。在国际学术界各个领域都有该领域内的权威索引系统，因而 SSCI 在社会科学的各个领域中的影响力是十分有限的。以经济学为例，最权威的索引系统是美国经济学联合会创办的 Econlit。美国或欧洲所进行的一些严肃的经济院系或经济学家影响力定量研究，很多是按 Econlit 所收录的论文作为基础指标。而其他学科也有其专业领域的权威索引系统。

② J. J. Dolado, A. Garcia-Romero, G. Zamarro, "Publishing performance in economics: Spanish rankings(1990—1999)", *Spanish Economic Review*, 1984, 5(2): 85—100.

③ G. Cainelli, et al, "The publications of Italian economists in ECONLIT: Quantitative assessment and implications for research evaluations for research evaluations", *Economic Politiaca*, 2006, 23(3): 385—423.

④ J. Macri, D. Sinha, "Rankings methodology for international comparisons of institutions and individuals: An application to economics in Australia and New Zealand", *Journal of Economic Surveys*, 2006, 20(1): 111—156.

⑤ J. Macri, D. Sinha, "How much influence do economics professors have on rankings? The case of Australia and New Zealand", *Applied Economics*, 2010, 42(12): 1559—1567.

⑥ D. Lu, K. Chong, "Trends in publications of Chinese economic studies: Authors, journals and research fields, 1991—2003", *Asian-Pacific Economic Literature*, 2006, 20(1): 57—67.

⑦ M. Cokgezen, "Publication performance of economists and economics departments in Turkey (1999—2003)", *Bulletin of Economic Research*, 2006, 58(3): 253—265.

会不偏向任何派系观点,也不会授意联合会成员关于现实经济问题采取某一特定立场;这些宗旨一直被联合会所坚持。最初,联合会成员主要由大专院校的经济学教师组成。21世纪以来,随着人们对经济学的普遍关注,联合会吸引了越来越多的来自商业和专业群体的人士加入。迄今,联合会会员数约为18000人;该联合会可以说是目前全球最具影响力的经济学会。联合会创办了《美国经济评论》(*American Economic Review*)、《经济文献期刊》《经济展望期刊》(*Journal of Economic Perspectives*)等具有全球最重要影响的经济理论刊物;这些刊物均授权Econlit独家收录(其他商业数据库仅收录部分年份期刊);从而进一步提升了Econlit行业领导者地位。正是由于以上原因,我们以Econlit数据库作为文献计量研究的基础。

本文试图从较大而广泛的角度来衡量中国经济学的影响力,因而采用论文发表数量作为判断指标,同时,将期刊考核的范围界定在数据库全文收录的期刊(Econlit with Full Text)。本文检索了Econlit数据库全文收录的由中国经济学者撰写的文章,时间跨度为自有记录以来到2012年12月①,文献类别设定为期刊文章(Journal Articles)。通过对这些文章进行定量分析,我们可以大致了解当今我国经济学研究的国际影响力,同时也能近似地反映中国经济学研究机构和经济学者的研究水平。

一、中国学者发表文章的总体情况

在Econlit中以不完全穷举方法进行文献检索发现,从该库有记录以来至2012年,中国学者在该库全文收录的期刊中共发表论文4263篇,其中绝大多数论文发表于2000—2012年,该段时期发表的数量占全部的94.58%。

2002—2012年近十年间,中国学者发表的论文呈稳步上升趋势。其中2006年(255篇)比2005年(125篇)增加一倍。其后到

---

① 由于数据库的更新和实际的刊物出版之间存在滞差,部分期刊2012年的文献没有进入数据库,因此在个别统计中,数据仅统计到2011年12月。

2010年为止,以年均增长110篇左右的速度增加。至2011年达到714篇。这表明,自2006年以来中国学者发表论文的数量经历了大幅增长,至今仍然继续增加,只是增速渐缓(见图1)。

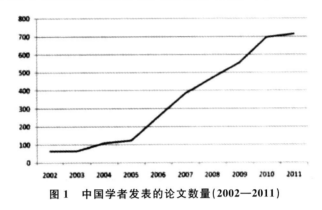

图1　中国学者发表的论文数量(2002—2011)

以相关关键词检索与中国问题相关的论文篇数(详见第四部分),除2002年和2005年外,2002—2012年中国学者发表的有关中国问题的文章占所有中国学者发表的论文的比例都超过50%,平均为53.6%。这表明,具有良好外语能力,能够在国际学术界上发表论文的中国学者不仅较为熟悉中国问题,同时也具有较宽阔的全球视野。

二、中国各高校发表论文情况

以各个高校名称为"作者单位"检索条件[①],检索得到各高校学者发表论文的情况。为了更清楚地呈现高校发表论文的情况,在此,将100所高校进行了归类,并按照不同的类别进行分析。

第一档高校是指发表的全部论文在200篇以上的学校,为北京大学和清华大学。北京大学在总体和近六年各项指标中位居第一,

---

① 按照各高校官方网站提供的英文校名进行检索。纳入统计范围的100所高校依照如下方式选取:1.依照教育部学位与研究生教育发展中心学科评估结果,挑选出位列理论经济学和应用经济学排行中且被Ecolit收录文章篇数大于0篇的高校。见,http://www.chinadegrees.cn/xwyyjsjyxx/xxsbdxz/index.shtml,2013年1月31日访。2.由于上述评估是各高校自愿参加的,因此虽然具有很强的权威性,但可能会出现遗漏,因此根据武书连等编制的中国大学排行中的经济学排行补充了一些高校。参见,武书连主编:《看大学调专业:2012》,北京:中国统计出版社,2011年。

自该库有记录以来至 2012 年总共发表论文 526 篇,2000—2012 年以来总共发表论文 495 篇,2007—2012 年平均每年发表论文 58 篇。清华大学位居第二,自该库有记录以来至 2012 年总共发表论文 370 篇,2000—2012 年总共发表论文 368 篇,2007—2012 年平均每年发表论文 49 篇(见图 2)。科研院所中,中国社会科学院的情况和清华大学相仿,自该库有记录以来至 2012 年总共发表论文 365 篇,2000—2012 年总共发表论文 349 篇,2007—2012 年平均每年发表论文 45 篇。

第二档高校是指自 Econlit 数据库有记录以来至 2012 年间,发表的全部论文数量在 100－200 篇之间的学校。共有 8 所,分别为:中国人民大学(189 篇),复旦大学(185 篇),中央财经大学(184 篇),上海财经大学(181 篇),上海交通大学(146 篇),浙江大学(138 篇),厦门大学(134 篇),对外经贸大学(100 篇)(见图 3)。

第三档高校是指自 Econlit 数据库有记录以来至 2012 年间,发表的全部论文数量在 50－100 篇之间的学校。共有 10 所,分别为:南京大学(95 篇),南开大学(93 篇),西安交通大学(86 篇),中山大学(84 篇),武汉大学(84 篇),华中科技大学(77 篇),北京师范大学(75 篇),西南财经大学(66 篇),湖南大学(51 篇),同济大学(50 篇)(见图 4)。

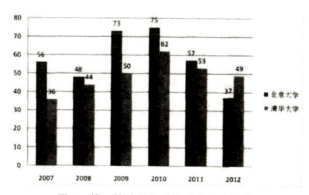

图 2　第一档的代表学校发表论文数量

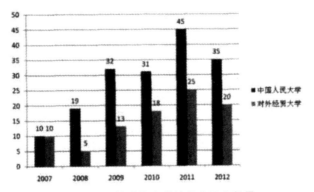

图 3　第二档的代表学校发表论文数量

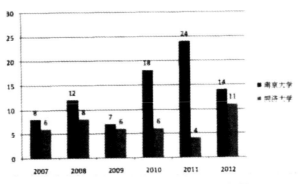

图 4　第三档的代表学校发表论文数量

第四档高校是指自 Econlit 数据库有记录以来至 2012 年间,发表的全部论文数量在 10—50 篇之间的学校。共有 29 所,分别为:华东师范大学(49 篇),山东大学(47 篇),暨南大学(43 篇),南京农业大学(36 篇),华南科技大学(30 篇),四川大学(28 篇),东南大学(26 篇),北京交通大学(25 篇),北京理工大学(22 篇),中南财经政法大学(22 篇),江西财经大学(21 篇),上海大学(20 篇),上海理工大学(19 篇),南京航空航天大学(18),华南师范大学(16 篇),云南财经大学(16 篇),中南大学(16 篇),兰州大学(15 篇),苏州大学(14 篇),吉林大学(13 篇),东北财经大学(12 篇),南京财经大学(12 篇),浙江工商大学(12 篇),北京工商大学(12 篇),中国地质大学(12 篇),西南交通大学(12 篇),首都经贸大学(10 篇),华东科技大学(10 篇)(见图 5)。

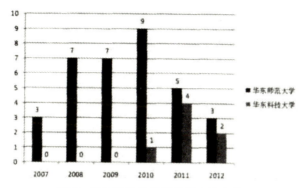

图 5　第四档的代表学校发表论文数

以上自该库有记录以来至 2012 年总共发表论文大于等于 10 篇的高校共有 49 所，占总共统计的 100 所高校的 49%。共发表论文 3544 篇，占总数的 83.13%。

第五档高校是指自 Econlit 数据库有记录以来至 2012 年间，发表的全部论文数量在 1—10 篇之间的学校，共有 51 所，占列入统计范围的 100 所高校的 51%。

第二档和第三档的各个高校基本上从 2008 年开始，发表的篇数呈现明显上升趋势。其中，2007—2012 年，中国人民大学平均每年发表论文 31 篇，对外经贸大学 15 篇，南京大学 14 篇，同济大学 8 篇。第四档的各高校 2007—2012 年论文发表篇数增减不稳定。其中，华东师范大学平均每年表 8 篇，华东科技大学 1 篇。

第五档的各高校 2007—2012 年论文发表篇数很少，而且论文发表呈现间断性特征，部分年份没有论文发表。

从地域上来说，第一档和第二档高校高度集中在北京，表明中国经济学的研究中心位于北京。

以上数据基本反映了国内高校的基本情况，根据同一方法检索，哈佛大学自该库有记录以来至 2012 年总共发表论文 5263 篇，2000—2012 年总共发表论文 3566 篇，2007—2011 年五年间平均每年发表论文 314 篇。芝加哥大学自该库有记录以来至 2012 年总共发表论文 3503 篇，2000—2012 年总共发表论文 2280 篇，2007—2011 年五年间平均每年发表论文 207 篇。这两所高校在总量上都超过了中国前 20 位高校发表论文的总和。由此可见与外国高校相比（对比组选取了哈佛大学、麻省理工学院、芝加哥大学和乔治城大学),中国高校的文献发表数量不管是总量还是逐年量都有极大差距,这种数量级的差距诚然与中国学者有很多学术成果用中文发表有关,但中国高校研究水平急待提高也是不争的事实。

三、中国经济学者发表论文情况

对中国经济学者的不完全统计表明[①],自该库有记录以来至2012年,中国经济学者中发表论文总数超过30篇的有4人,分别为邹恒甫(39篇),林毅夫(37篇),钱颖一(32篇)和蔡昉(32篇)。在20篇至30篇之间的有3人,分别是白重恩(25篇),李稻葵(22篇)和龚六堂(20篇)。在10篇至20篇之间的有5人,为王一江(18篇),黄海洲(15篇),樊纲(11篇),金碚(10篇)和朱玲(10篇)。以上共12人,占统计范围内的28位经济学者的42%。其余的经济学者发表论文数量在10篇以下。

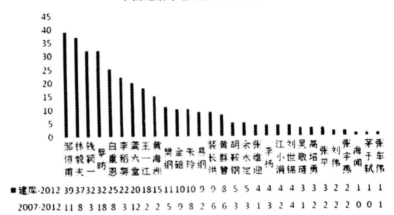

图6 中国经济学者发表论文数量

---

① 主要按照经济学家姓名的汉语拼音(个别以可信的英文名字)进行检索,手动排除了页数不超过2页的评论、编辑前言和缅怀类文章以及其他非学术论文。2013年1月31日访。选取的方式主要是通过对经济学相关专业人士的访谈。需要注意的是,选取这个名单的目的只是一般地考察经济学家作为个体研究人员的国际影响力,而不是一个全面和系统的监测。

2007—2012年近6年来,在统计范围内的中国经济学者发表论文最多的为蔡昉,共发表18篇,其次为龚六堂(12篇),邹恒甫(11篇),金碚(9篇),林毅夫、白重恩和朱玲各发表8篇,裴长洪和黄群慧各发表了6篇,樊纲发表了5篇。其余经济学者发表论文数量均小于5篇,其中有两位经济学者在过去六年中未发表论文(见图6)。

由此可见,个别中国经济学者在国际上发表论文数量逐年保持稳定,显示了一定的国际影响力,在国内处于领先水平。

四、有关中国问题研究的论文发表情况

以中国相关的关键字词为"标题"(TI)、"研究对象"(SU)和"关键词"(KW)为条件进行不完全穷举检索得到自该库有记录以来至2012年世界各国学者所发表的涉及中国问题研究的论文共9714篇,其中2002—2012年共7504篇,占77.25%。从单个年份来看,2006年出现大幅增长,2006年(631篇)比2005年(413篇)增加218篇,增幅52.78%。随后,自2006年至2010年,增长平缓,年均增长105篇。2011年增长放缓,2011年(1080篇)比2010年(1052篇)仅增加28篇。

其中,自该库有记录以来至2012年,中国学者撰写并发表的涉及中国问题研究论文共2293篇,占所有论文的23.68%。2002—2012年共发表2161篇,占所有论文总数的28.80%。2002—2007年中国学者发表的涉及中国问题的论文,无论是绝对数量还是占比均有显著上升,数量从28篇增加到214篇,占所有论文的比例从8.14%增加到了29.32%。2008年和2009年虽然数量依然年均增长44篇,但占所有论文的比例稳定在31%左右。2010年和2011年比2008年和2009年有所增长,发表论文数量分别是371篇和377篇,占所有论文的比例分别为35.27%和34.91%(见图7)。

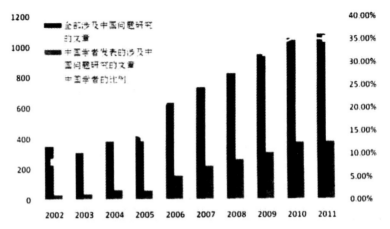

图 7　全部涉及中国问题的论文及中国学者在其中发表的比例(2002—2011)

中国学者在中国问题的研究领域发表论文的数量有较大提升，这一方面表明其国际话语权明显增加；但另一方面，中国问题的研究应该是中国学者最熟悉、最有研究优势的领域，然而中国学者的论文仅占全部论文的三分之一左右。作为中国学者最熟悉的问题，中国学者在这方面的论文数量和比例应还有提升的空间。

五、结论

总体而言，中国经济学的国际影响力在近 20 年来，尤其是 2006 年以来，呈现快速增长之势，这一势头势必还会随着中国经济的不断发展而延续。中国高等院校的研究水平和国际影响力呈现出相当明显的分层分档状况，个别学校已经具有一定国际学术影响力，少数学校紧随其后，大部分学校尚处于起步阶段。从横向国际对比来看，国内排名最高的大学，其论文发表的总量大致只有哈佛大学的十分之一，哈佛大学一所学校所发表论文的总量就超过了我国前 20 名的学校。这说明，我们要追赶甚至超越，还有很长的路要走。在中国经济学者的研究水平和国际影响力方面，个别经济学者能够持续地在国际期刊上发表论文，能够深入参与到国际学术圈的讨论之中。可以说，这一部分学者在某种程度上成为了中国经济学乃至于中国的学术代言人。不管是学科的整体提升，还是学校的科研水平进步，归根到底都要靠研究人员的努力和钻研,因此,中国还需要努力创造更加良好的科研环境,让更多的研究人员能够在国际学术界崭露头角,争取更大的国际影响力。

在中国问题研究方面,中国学者的话语权逐步提高。在国际期刊上发表的中国问题研究论文中,中国学者所占比例在十年间提高了近26个百分点。但是,这一比例显然还处于难以令人满意的水平。可以说,在中国最应具话语权问题上中国学者仍旧没有掌握话语权。中国学者对中国与世界问题的见解并没有被国外学者更不要说被普通民众所了解;中国的现实状况与政策实施的客观条件并不被国外的官员与学者所认知;中国的正当利益诉求甚至善意表达往往被国际舆论所误解或曲解。面对中国的巨变,似乎全世界都准备不足。从这种意义上讲,提升中国学者的国际影响力,不仅有利于中国的和平发展,也有利于世界的和平发展。

国家目前十分重视文化"走出去",但文化"走出去"绝不仅是文艺"走出去",甚至可以说"文艺"不应是目前文化"走出去"的主体;文化"走出去"的关键是学术"走出去"。这是因为国际话语权的核心是思想理论体系的影响力,而外在的媒介仅是其外在形式与工具;因而提升中国文化国际影响力的核心是提升中国学者及其理论成果的国际影响力。我们的研究表明,从总体态势来看,中国经济学的国际影响力提升是明显的;但是与伟大时代的要求还相距甚远;中国经济学家还需要更多努力,进一步提升中国经济学国际影响力,服务于中华民族的崛起。

附表:Ecolit 数据库建库至 2012 年间中国高校发表文章数量前一百名

第一档(2)

北京大学(526)、清华大学(370)

第二档(8)

中国人民大学(189)、复旦大学(185)、中央财经大学(184)、上海财经大学(181)、上海交通大学(146)、浙江大学(138)、厦门大学(134)、对外贸易大学(100)

第三档(10)

南京大学(95)、南开大学(93)、西安交通大学(86)、武汉大学(84)、中山大学

(84)、华中科技大学(77)、北京师范大学(75)、西南财经大学(66)、湖南大学(51)、同济大学(50)

第四档(29)

华东师范大学(49)、山东大学(47)、暨南大学(43)、重庆大学(42)、南京农业大学(36)、华南理工大学(30)、四川大学(28)、东南大学(26)、北京交通大学(25)、中南财经政法大学、北京理工大学(22)、江西财经大学(21)、上海大学(20)、上海理工大学(19)、南京航空航天大学(18)、华南师范大学、云南财经大学、中南大学(16)、兰州大学(15)、苏州大学(14)、吉林大学(13)、东北财经大学、南京财经大学、北京工商大学、中国地质大学、浙江工商大学、西南交通大学(12)、首都经济贸易大学、华东科技大学(10)

第五档(51)

河海大学、深圳大学、浙江工业大学(9)、内蒙古大学(8)、郑州大学、云南大学(7)、辽宁大学、浙江财经学院、宁波大学、江南大学(6)、天津财经大学、河北大学、陕西师范大学、南京审计学院、湖南科技大学、福州大学、沈阳大学(5)、广东外语外贸大学、河南大学、华中师范大学、南京师范大学、武汉理工大学、东北大学、山东师范大学、南京理工大学(4)、杭州电子科技大学、长春理工大学、西北大学、湖南师范大学、上海师范大学、山西大学、新疆大学、中国政法大学、广西大学、北京外国语大学(3)、重庆工商大学、山西财经大学、广东金融学院、青岛大学、湖南商学院、长沙理工大学、湖北大学、中南民族大学、中国石油大学、海南大学、广西师范大学(2)、天津师范大学、西南大学、云南师范大学、重庆理工大学、湘潭大学(1)

有发表文章的部分高校

广东商学院、安徽财经大学、黑龙江大学、上海对外贸易学院、哈尔滨商业大学、吉林财经大学

对照组

中国社会科学院365、哈佛大学5265、芝加哥大学3503、麻省理工学院2940、乔治城大学1104

(注:括号内数字表示发表文章数量)

基于 Elsevier Science 共享平台的文献量化统计分析
——以国际顶级旅游学刊 ATR(2005—2012) 发表中国作者论文为例

邵 磊 瞿大风 张艳玲

目前中国学者在进行科研时主要利用 CNKI 的中国期刊全文数据库获取重要文献信息资源。但利用这一平台研究国际旅游学术领域的前沿与主流问题还是有相当大的局限性。本文通过使用重要的国际学术专业期刊共享平台 Elsevier Science 选取属于 SSCI 的国际顶级旅游学刊 *Annals of Tourism Research*(ATR)上的相关文献进行收集,对其 2005—2012 年间发表中国作者论文的年代分布、地区分布、单位分布、内容分布等进行统计,进而通过探索分析中国学者在国际顶级旅游学术刊物上发表论文的主要原因,促使更多的中国学者,尤其是大陆学者使用国际专业学术期刊平台中的旅游电子期刊数据资源,实现在国际顶级旅游学术刊物发表论文,借以提升中国旅游学术研究的国际影响力。

一、研究目的

近年来,伴随互联网和数字通讯技术的发展,以及新媒体的广泛应用,网络信息资源获取与文献传递成为越来越多学者进行科研的方式。中国期刊网全文数据库是 CNKI 知识创新网中最具有特色的一个文献数据库,它是目前世界上最大的连续动态更新的中国期刊全文数据库,也是中国学者获取学术资源的最核心平台。但利用这一平台研究国际旅游学术领域的前沿与主流问题还是有相当大的局限性。国际专业学术电子期刊以其信息量大、读取便捷等优势,将成为国内学者进行与国际相关领域同步研究的重要文献信息资源,实现与国内学术资源的互补,综合提升中国学者的国际学术研究影响力。

其中 Elsevier Science 是世界上公认的最大的学术期刊出版商,内容涉及生命科学、物理、医学、工程技术及社会科学。1999 年开始向读者提供电子出版物全文在线服务,Elsevier Science 平台承载了以英文原文形式方便地获取高质量的专业期刊学术文献,是国际学术知识共享的重要平台。Elsevier Science 平台提供大量属于 Social Science Citation Index(SSCI)的学术电子期刊,该平台已经成为教学科研重要的支持工具,为中国学者提供高质量的学术资源。

SSCI 收录论文的数量多少通常被看作是评价衡量一个国家的基础科学研究水平、科研实力和科研论文水平高低的重要指标。截至 2012 年 8 月,SSCI 收录旅游、接待、休闲期刊 11 种,其中美国旅游学术期刊 3 种,英国旅游学术期刊 8 种,中国旅游学术期刊未被收录。1995 年 *Annals of Tourism Research*(ATR)首次发表以中国单位署名第二作者的 1 篇旅游学术论文起始,截至 2008 年 8 月共收录了 125 篇中国学者的旅游文献。其中,ATR(旅游研究纪事)34 篇,*Tourism Management*(旅游管理)74 篇,*International Journal of Hospitality Manageent*(国际接待业管理杂志)9 篇,*Journal of Leisure Research*(休闲研究)2 篇,*Tourism Geographies*(旅游地理学)2 篇,*Leisure Sciences*(消闲学)2 篇。在这些文献中,SSCI 收录中国旅游学者署名论文的主要单位是香港理工大学(87 篇)、香港大学(7 篇)与北京大学(5 篇)。

众所周知,作者发表学术论文的旅游学刊被 SSCI 收录还意味着自己受到当今国际旅游学界的特别关注与认可,包括对于研究视角、方法及深度等方面的关注与认可。不仅如此,学术刊物的影响因子也是反映其影响大小的定量指标,标量高低则象征着这个作者的学术地位。就此而论，ATR 的影响因子排名第一（3.259），所以作为当今国际顶级旅游学术刊物可谓名副其实。

为了探索中国学者，特别是香港学者在 SSCI 所收录的 11 种旅游期刊上发表论文的内在规律，笔者选取 ATR 作为统计分析的研究样本，通过对 ATR（2005—2012 年）发表中国作者发表学术论文的年代分布、地区分布、单位分布、内容分布及研究人员等有关情况进行统计分析，从中揭示中国作者在 ATR 上发表论文的主要原因、现存问题及其发展趋势，从而促进大陆高校的旅游研究全面进入国际学术研究领域，加快提升中国旅游学术研究的国际影响力。

二、数据来源及研究方法

ATR 电子期刊是由 Elsevier Science 出版商提供的学术期刊。笔者从 ATR 期刊网站的页面搜索 2005—2012 年间发表学术论文的数据来源，获知该刊每年发表 4 期文献，8 年共计发表 32 期。从 2005 年起，该刊内容每期涉及 5 个栏目，Review Paper、Articles、Research Notes and Reports、Publications in Review 和 Erratum。出于加强学术研究的考虑，笔者选取核心栏目 Articles 中发表论文的中国作者作为统计研究样本。在本文中，笔者所述的中国作者均系该学者当时工作的科研机构、院校及其所在地，包括大陆（内地）、台湾、香港、澳门及在国外科研院当时学习或工作的中国作者。

三、数据指标的统计分析

（一）年代分布的统计分析

2005—2012 年间，ATR 中发表涉及中国作者署名论文的总数为 40 篇。其中，10 篇论文全部署名中国作者，30 篇论文属于中国作者与国外作者合作而成。此外，中国作者是第一作者的合作论文为 31 篇、中国作者的独立署名为 4 篇。这期间，中国作者发表论文的年代分布及其类别的具体情况参见表 1。

表 1　ATR(2005—2012 年)发表中国作者署名论文的年代分布(篇)

年份数量类别	中国作者发表论文数量	全为中国作者	第一作者	独立作者	与国外合作	Articles中的论文总数	有中国作者数/Articles 数
2005	1	0	1	0	1	51	1.96%
2006	9	2	6	1	7	52	7.31%
2007	4	1	4	1	3	50	8%
2008	5	0	3	0	5	47	10.64%
2009	1	0	1	0	0	29	3.45%
2010	6	2	5	0	4	52	11.54%
2011	4	3	4	1	1	68	5.88%
2012	10	2	8	1	8	85	11.76%
合计	40	10	32	4	30	434	9.22%

依照表 1 的数据来看,2005—2012 年间 ATR 在 Articles 栏目中发表涉及中国作者的论文无论是每年数量,还是历年的累计数量都不算多,平均约占 Articles 栏目发表论文总数的 9.22%。从发表论文的数量发展趋势上看,虽然每年论文数量波动较大,但是总量呈现缓慢上升趋势。这表明中国旅游研究学者在国际旅游顶级学术刊物上的发表成果仍然处在持续发展时期,特别明显的是 2012 年中国作者发表论文数量 10 篇,8 篇署名第一作者,8 篇是与国外合作署名发表,论文数量的增加出现明显飞跃,说明中国作者进入国际旅游顶级学术刊物的步伐正在加快。

(二)地区分布的统计分析

2005—2012 年间,ATR 中发表中国作者署名的论文总数为 40 篇,其中,仅有 4 篇署名中国独立作者,其余 36 篇都是两个以上的合作作者。中国作者发表论文的地区分布情况参见表 2。

表2 ATR(2005—2012年)发表中国作者发表论文的地区分布(篇)

年份	国家或地区									合计
	大陆(内地)	香港	澳门	台湾	美国	加拿大	丹麦	英国	德国	
2005	0	0	0	1	0	0	0	0	0	1
2006	2	2	0	2	5	1	0	0	0	12
2007	0	0	0	0	1	2	1	0	0	4
2008	3	0	0	0	1	1	0	1	0	6
2009	0	0	0	1	0	0	0	0	0	1
2010	1	3	0	7	0	0	0	0	0	11
2011	0	1	1	0	3	0	0	2	0	7
2012	7	5	1	0	3	0	0	2	1	19
合计	13	11	2	11	13	4	1	5	1	61

纵观表2不难看出,2005—2012年间ATR发表文章署名中国作者所在地区的分布情况反映出发表论文的中国作者的地域性较为明显,地理分布相对集中,且显现不均衡性。例如,仅就作为中国特别行政区的香港与澳门两者相比而言,香港作者数量较多,澳门作者数量很少,即可说明旅游学术研究地区的不均衡性,地区差异很大。此外,我国的大陆(内地)、香港、台湾,以及美国的中国作者数量为38人,占中国作者总数61人的62%。这些数据说明除中国大陆(内地)以外,中国旅游研究领域的学者主要集中在我国的香港、台湾,以及美国的旅游学科相关机构中,由此说明这些地区或国家的旅游学术研究实力较为雄厚,水平较高,应当视为我国旅游学科研究的海外研究中心。特别值得一提的是其中留美的13位中国作者约占所述作者总量的21%。原因在于美国作为世界第一的超级大国,不仅拥有高等院校数量最多,而且拥有一流质量的高等院校亦为最多,尤其拥有为数众多的旅游专业科研院所及其国家权威机构。因此,美国旅游科研实力和学术水平是世界各国无法比拟的,乃至成为中国旅游研究学者在国外从事旅游学术研究活动的首选国家。

(三) 中国作者署名单位分布状况的统计分析

2005—2012年间ATR中发表中国作者的论文共计40篇,总共涉及学者61人。其中,既有发表论文最多的第一作者或参与作者(4篇),也有发表论文最少的参与作者(1篇)。在 ATR 发表论文的作者通常都是国际旅游学术研究的骨干力量,能多次在 ATR 上发表论文的作者,则可认作为国际旅游学术研究领域的专家或带头人(参见表3)

表3 在 ATR 中(2005—2012 年)发表两篇及以上论文的中国学者个人状况

学者姓名	篇数	职称	教育背景	所在单位
Haiyan Song	4	教授	英国格拉斯哥喀里多尼亚大学博士	香港理工大学酒店及旅游管理学院
Honggen Xiao	3	助理教授	加拿大滑铁卢大学博士	香港理工大学酒店及旅游管理学院
Bing Pan	2	助理教授	美国伊利诺伊大学香槟分校博士	美国查尔斯顿学院酒店及旅游管理系
Li Yang	2	助理教授	加拿大滑铁卢大学规划学博士	西密歇根大学地理系
Gang Li	3	教师	英国萨里大学旅游经济学博士	英国萨里大学旅游经济系
Bihu Wu	2	教授	华东师范大学理学博士	北京大学成环学院城市与规划系

在 ATR 中发表论文的中国学者有 27 人,占总人数 61 人的 44%,其中包括以第一作者或参与者署名发表两篇以上论文的中国学者。在教育背景上,这些学者绝大多数都已获得中国大陆(内地)以外国家或地区的博士学位,职称一般都在讲师以上,主要分布在中国大陆(内地)、香港、台湾,以及美国等地,大多就职在高等院校。他们就读的高等院校都是国际旅游学术研究人才集中的重点大学,诸如香港理工大学、英国萨里大学、加拿大滑铁卢大学、美国普度大学等。若从研究地位来说,这些学者可以作为引导中国旅游学术研究走向国际旅游研究前沿的领军人物,并且能为中国旅游研究进入国际旅游研究领域占有一席之地。若从研究规模来看,有的不仅已是旅游领域的专家或带头人,而且在其带动之下还已形成较为明显的团队优势。

(四)研究内容的统计分析

为了进一步把握 ATR 发表旅游学术论文的内在规律,笔者对于

2005—2012 年间 ATR 署名中国作者为第一作者的 32 篇论文进行整理,且对这些论文内容展开分析。其中,笔者在参考张立生、王雯和郑向敏等人对旅游研究内容分类的基础之上,将 ATR 中发表中国学者论文的研究内容进行归纳(参见表 4)。

表 4　ATR 中发表中国学者论文的内容分类统计

论文类别	论文数量
旅游者行为和心理研究	7
旅游管理与决策	5
政府的政策与策略	4
旅游市场	3
旅游目的地研究	2
文化理论研究	2
知识管理	2
研究方法和资料统计	2
旅游信息	2
宗教种族民族与旅游	1
旅游地理	1
旅游贸易	1
总计	32

从研究的样本来看,根据表 4 中反映的情况,在 ATR 中发表中国学者论文的内容分类统计中的研究文章超过 3 篇的热点问题,主要有以下 4 个方面:

1. 旅游者行为和心理研究

ATR 中发表中国学者论文类别的数量表明,旅游行为和心理研究已经成为旅游学研究的最大热点。主要通过问卷调查、深入访谈取得游客的资料进行分析。其中旅游体验研究占有的比例最大。旅游体验的研究,如 Xinran Y. Lehto、Soojin Choi、Yi-Chin Lin、Shelley M. MacDermid(2009)探讨了家庭度假旅游、家庭的凝聚力、家庭沟通的独特的相互影响,分析家庭休闲旅游过程中家庭交互样式不同。Kuo-Ching Wang,Po-Chen Chan,Chia-Hsun Chung(2010)探讨台湾团体背包旅游中,领队的内在风险和风险知觉。Richard C. Y. Chang,Jakša Kivela,Athea H. N. Mak(2010)阐明中国饮食文化对参与者的旅游餐饮行为的影响,并且探讨参与者之间的餐饮行为模式差异。Wanfei Wang,Joseph S. Chen,Lingling Fan,Jiaying Lu(2012)在中国浙江三个受欢迎的湿地公园测试了服务质量、旅游体验、重游意愿因果之间的关系。Chin-Ee Ong,Author Vitae Hilary du Cros(2012)反驳澳门媒体和学界对大陆年轻背包客的理想和印象的描写。旅游动机的研究,如Janet Chang,Geoffrey Wall,Shi-Ting(Tim)Chu(2006)[1]应用猎奇尺度分析检验游客参观台湾土著文化村落的动机。在理论研究的同时提出了分析模型,如Doris Chenguang Wu,Gang Li,Haiyan Song(2012)使用一个时变参数需求系统模型检验香港的四大旅游客源市场。

2. 旅游管理与决策

对于旅游管理与决策的研究,文章侧重于一般性实证分析。在实地调查的基础之上,引入多种理论进行分析。WenJun Li(2006)[2]根据对中国的九寨沟生物圈保护区的研究,证明尽管当地社区参与决策程度较弱,但当地社区仍可以从旅游之中充分受益。Yen Le,Steven Hollenhorst,Charles Harris William McLaughlin,Steve Shook(2006)[3]确定创新特征是越南酒店企业采用环保实践最具影响力的因素。Zibin Song,Prakash K. Chathoth,Kaye Chon(2012)以海南岛豪华酒店为样本,从一个综合视角开发了一个新的同化具体调整措施(ASAM)测量标准。Kam Hung,F. Petrick(2010)在巡游限制测量表的基础之上开发一种测量表研究约束性旅游。Weibing Zhao,J. R. Brent Ritchie,Charlotte M. Echtner(2011)研究

---

[1] Janet Chang,Geoffrey Wall,Shi-Ting (Tim)Chu,"Novelty seeking at aboriginal attractions",*Annals of Tourism Research*,2006,33(3):729—747.

[2] WenJun Li,"Community Decision making participation in Development",*Annals of Tourism Research*,2006,33(1):132—143.

[3] Yen Le,Steven Hollenhorst,Charles Harris,William McLaughlin,Steve Shook,"Environmental management:A study of vietnamese hotels",*Annals of Tourism Research*,2006,33(2):545—567.

认为社会资本影响个人启动一个旅游创业活动的决策。

3. 政府的政策与策略

政策与策略一直以来都是论述焦点,研究人员大多站在宏观的角度从政府制定政策、政策对旅游业的影响等方面进行研究,促进地区旅游业发展。Abby Liu(2005)[①]探讨了从计划经济向市场经济转变过程中,中国的旅游政策和战略的改变。Bihu Wu 等[②]采用高夫曼的框架分析为研究方法研究了中国独特的黄金周假期政策改革。

4. 旅游市场

在旅游市场研究方面,研究者主要关注的是旅游市场需求分析与预测的实证分析,研究重点是旅游需求的模型构建及其预测。如 Haiyan Song,Jae H. Kim,Shu Yang(2010)提出一种新的偏差修正引导统计方法用来分析香港旅游需求。Shujie Shen,Gang Li,Haiyan Song(2011)对英国出境旅游需求的组合预测产生的绩效胜过最好的个体的预测。Haiyan Song,Robert van derVeen,Gang Li,Jason L. Chen(2012)开发一个基于双模型框架结构的香港旅游满意度评估系统。

总的来说,32篇论文的研究内容主要涉及应用研究,其中包括自然科学、经济和社会的方方面面,可以说是一个丰富多彩、范围广泛的多种学科交叉领域。这种状况表明中国学者的研究思维较为活跃,研究领域正在拓宽且不断深入。特别值得注意的是,前四类论文总计篇数19篇,将近论文总数的60%,已经成为旅游学研究的最大热点。同时发现有22篇论文与中国旅游研究内容直接相关。上述论文的研究方法则主要采用案例与模型分析,偏重于定量研究,代表着国际旅游学术研究的主流方法。

---

① Abby Liu,Geoffrey Wall,"Human resources development in China", *Annals of Tourism Research*,2005,32(3):689—710.

② Bihu Wu, Liping A. Cai, "Spatial modeling: suburban leisure in Shanghai", *Annals of Tourism Research*,2006,33(1):179—198.

四、结语

加快提高中国学者,尤其是大陆学者在国际顶级旅游学术刊物发表论文的数量,以及提升中国旅游研究的国际影响力是一项长期复杂的系统工程,但却无疑是有规律可循的。笔者通过对 2005—2012 年间 ATR 发表中国作者论文的多项指标所做统计分析认为,中国学者在国际顶级旅游学术刊物发表论文的主要原因如下:

(1)国际旅游电子期刊是中国作者进行教学科研的支持工具,为中国作者提供高质量旅游学术资源的最佳解决方案。国内学者应充分使用国际旅游电子学术期刊,发挥其跨国界的学术效益。

(2)绝大多数的中国作者都有长期在欧美相关旅游研究领域的高校或科研机构的学习或工作经历,且在国外获得博士学位。

(3)注意积极与国外学者合作研究,这种合作发表论文的比例高达 75%。

(4)研究内容大多涉及中国特色的旅游文化,这是国际旅游领域关注的焦点与热点之一。

(5)研究方法注重采用数理统计的定量研究与国际接轨,在国外一流旅游学术研究刊物上发表论文的英语语言表达能力没有障碍。

由于受到研究资料与条件限制,笔者仅以 2012 年 SSCI 收录的 11 种旅游学术期刊之中的影响因子最高的 ATR 为例,具有一定的局限性,因而有待于今后选取更多的学术刊物,直至对于这 11 种旅游学术期刊的所有数据进行全面统计分析,以使研究结论更为准确翔实。

中英两国在社会科学领域的合作与对比研究

白 云

为了解中英两国在社会科学领域的发展与合作情况,文章借助 Web of Science 检索平台,以 1999—2011 年在社会科学领域及其各学科发表的论文为样本,统计了中英两国学者历年的发文量、被引量和篇均被引次数、中英国际合作的发文量和被引量、中国分别与英国、美国、德国、法国、日本五个国家历年合作发文量与被引量,特别对中英两国间在社会科学领域的合作情况进行了统计分析,最后得出两国国际化特征结论,并给出合作建议。

一、引言

从宏观研究对象层面来看,科学一般分为自然科学、社会科学和人文科学,联合国教科文组织也围绕着这三方面布置"科"的内涵及活动事务等①。由于自然科学的学科特点,其研究比较容易在国际学术平台上交流,我国自然科学的研究从 20 世纪 80 年代开始逐步走向世界,尤其是从事基础学科研究的学者们瞄准本学科的国际前沿课题,努力与国际学术同行进行平等交流和对话,甚至试图跻身于

---

① United Nations Educational, Scientific and Cultural Organization [EB/OL]. [2012-11-21]. http://www.unesco.org/new/zh/unesco/.

国际相关科学研究的先进行列。据 ISI 的 ESI（Essential Sciences Indicators）统计，2002—2012 年我国大陆学者在国际科技核心期刊（SCI 收录刊）上的论文，位于美国之后，居世界第 2 位①，而且质量也在稳步上升，体现在被引率、篇均被引次数的提高以及高影响因子刊物论文数量的增加。美国科学信息研究所（ISI）在创建了 SCI 这一突破传统文献组织方法的引文数据库之后不久，就将这种方法引入人文和社会科学领域，于 1975 年创建了《社会科学引文索引》（SSCI）和《艺术与人文科学引文索引》（A&HCI），与 SCI 一样，收录世界上学术水平最高的，或有学术影响力的、经过影响因子测算每年滚动筛选的核心期刊所收录的学术成果，在一定程度上能够代表世界学术发展水平。目前 SSCI 收录的社会科学期刊已达 3000 余种②，共涉及人类学、法学、经济学等 50 多个学科领域。尽管用 SSCI 和 A&HCI 这两个姊妹数据库在评价人文社会科学研究活动的适用性方面一直存在颇多争议③，许多学者认为由于文化背景的差异，哲学社会科学的不可比性，SSCI 和 A&HCI 收录中国期刊数量甚微等原因，尤其是社会科学研究的中国本土化问题④，使得 SSCI 不能用来评价中国的哲学社会科学研究。在全球化的时代背景下，把握好本土人文社会科学研究力度的同时推进其国际化进程是时代发展的要求和趋势。邓正来教授主要从事社会科学领域的研究，他曾这样定位中国社会科学研究的国际化：中国社会科学实行"走出去"战略既是实施大国政治战略的重要组成部分，也是维护中华民族"文化安全"、加强中国"文化输出"的重要保障⑤。

2011 年 11 月，教育部印发关于《高等学校哲学社会科学"走出去"计划》的通知，全面实施高等学校哲学社会科学"走出去"计划，坚

---

① [EB/OL]. [2012-11-21]. http://esi.webofknowledge.com/rankdatapage.cgi.
② Thomson Reuters, Social Sciences Citation Index—Journal List [EB/OL][2012-11-21]. http://thomsonreuters.com/products_services/science/science_products/a-z/social_sciences_citation_index/#tab4.
③ 刘明：《科学计量学与当前的学术评价量化问题》，《浙江学刊》2004 年第 5 期。
④ 覃红霞，张瑞菁：《SSCI 与高校人文社会科学学术评价之反思》，《高等教育研究》2008 年第 3 期。
⑤ 邓正来：《全球化时代的中国社会科学发展》，《社会科学战线》2009 年第 5 期。

持"走出去"与"请进来"相结合,增强中国学术国际影响力和话语权①。事实上,中国人文社科研究的国际化发展虽然比自然科学领域的研究国际化滞后,但近年来也有了相当大的进步。据 ISI 的 ESI 统计,2002—2012 年我国学者在社会科学的发文量排名位于美国、英国、加拿大、澳大利亚、德国、荷兰、西班牙之后,居世界第 8 位,被引次数排名第 9 位②。由此可以看出,英国社会科学的研究实力是仅次于美国,位居世界第二。本文主要研究中英两国社会科学的国际化特征,勾勒出发展轨迹、基本格局和总体态势,为促进和预测今后的发展,我们还研究了两国具体的学科特点与合作情况。为完成上述研究内容,唯一可以运用的工具就是 SSCI 和 A&HCI。

二、数据来源与研究方法

为充分了解中英两国在社会科学领域的科学研究情况,以及该领域两国的国际间合作交流情况,我们以 Web of Science 为检索平台,并根据 Web of Science 的学科分类,针对社会科学所包括的 management(管理学)、economics(经济学)、education(教育学)、political science(政治学)、sociology(社会学)、law(法学)、information science library science(图书情报学)、communication(新闻与传播学)、anthropology(人类学)、religion(宗教学)十个学科领域进行分析,以探讨中英两国在社会科学整体状况以及各个研究领域的卓越表现与合作机会,增进两国对各自在社会科学领域研究状况的了解,加强两国间的合作与交流,促进两国在社会科学研究领域的共同发展。本次研究的数据采集年限为 1999—2011 年,主要研究方法为文献计量法③。我们主要采集了 Web of Science 数据库收录社会科学领域中英两国学者历年的论文数量和这些论文的被引数量,以及在该领域中国学者与其他国家的国际合作情况,着重对比了

---

① 教育部关于印发《高等学校哲学社会科学"走出去"计划》的通知[EB/OL].[2012-11-21]. http://www.moe.edu.cn/publicfiles/business/htmlfiles/moe/A13_zcwj/201111/126303.html.
② [EB/OL].[2012-11-21]. http://esi.webofknowledge.com/rankdatapage.cgi.
③ 叶鹰:《文献计量法和内容分析法的理论基础及软件工具比较》,《评价与管理》2005 年第 3 期。

中英合作与中美、中法、中德、中日合作的特征。

三、对比分析

检索结果表明,1999—2011年间 Web of Science 收录的社会科学论文共1,728,889篇(包括10个子领域),其中中国在该领域的发文量为92,794篇,占总量的5%,与国际间合作论文8,721篇,占中国发文量的9.4%,合作的国家/地区达70个,中国发文的累计总被引次数为110,156次。英国在该领域的发文量为167,538篇,占总量的10%,其中与国际间存在合作关系的论文有36,139篇,占英国发文量的21.57%,合作的国家/地区达到110个,英国发文累计总被引次数为728,278次。

数据表明在社会科学领域,中国的发文总量明显低于英国,13年间只有2007年、2008年和2009年三年超过英国,而且英国的国际合作度要明显高于中国,高于中国11个百分点;从被引角度来看,英国学者论文的总被引次数和篇均被引次数均高于中国,其中英国论文总被引次数是中国的6.6倍。英国论文的篇均被引次数(4.35次)约为中国论文(1.19次)的3.7倍,可见英国学者发表的论文具有相对较高的影响力。本报告主要针对中英两国在社会科学领域的总体研究情况及十个分学科的数据和国际合作状况做了对比和分析。

(一)中英两国发文量和被引统计分析

表1从发文量角度,统计了中英两国在社会科学研究领域的总体概况。从表中可以看出,在论文收录的总体数量上两国有一定差距,特别是在1999年到2001年之间差距巨大,英国发文量是中国的几十倍,在2007年之后中国开始反超英国,2010年后又落后于英国。因此中国的论文数量呈现出年份的波动性,例如2007年收录了13,847篇,较2006年增长了2.1倍,而2010年开始发文较上一年减少,到2011年减少至8,284篇,逐年减少幅度为28.3%和36.8%。相比较而言,英国发文量的年度波动性较小,表现出稳中有升的态

势,前八年发文量稳定,2007 年后开始增加,近几年上升到 15,000 余篇。图 1 则清晰地反映了两国发文量的年度变化趋势。

表 1　1999—2011 年中国与英国历年发文量统计(篇)

年份\国家	1999	2000	2001	2002	2003	2004	2005
中国	375	818	1062	2240	2025	3432	5010
英国	11208	12066	11004	10956	10738	11304	11162
年份\国家	2006	2007	2008	2009	2010	2011	合计
中国	6551	13847	17738	18300	13112	8284	92794
英国	11864	13353	15853	16703	15618	15709	167538

表 2　1999—2011 年中国与英国发文历年被引量统计(次)

年份\国家	1999	2000	2001	2002	2003	2004	2005
中国	25	168	589	1333	2029	3033	4726
英国	662	3446	7692	13049	20114	26920	37520
年份\国家	2006	2007	2008	2009	2010	2011	合计
中国	6820	9916	15045	18685	21368	26419	110156
英国	52287	70676	92726	117237	132128	153821	728278

由图 1 可以看出,纵观 13 年,中国在社会科学领域的论文数量呈递增趋势,年平均增长率为 40% 左右,但近几年的波动性较大,特别是近三年有下降趋势。由图 1 可以看到,社会科学领域英国研究优势显而易见,表现为研究基础雄厚而且发展稳定。中国目前正进入发展阶段,发文量骤增主要还是由会议索引论文增加而致。这也从另一个侧面反映了中国在此领域的研究具有很强的储备优势,研究具有可持续性。中英两国在此领域开展合作,可以充分发挥英国研究基础良好的优势,以及中国研究成长性好的特点,进行优势互补,争取两国在该领域都有长足发展。

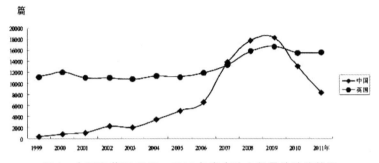

图 1　中国和英国 1999—2011 年发表论文数量统计趋势图

另一方面,我们对 1999—2011 年中英两国在社会科学学科领域所发表文章的历年被引次数作了统计(见表 2)。

由表 2 可以看到,英国论文的被引总量远高于中国,是中国的 6.6 倍。从发文的篇均被引量来看,则反映出两国论文的影响度差异。中国在社会科学论文的篇均被引次数为 1.19 次/篇,英国则达到 4.35 次/篇。由此我们可以看出:中国学者在近 5 年间相对于发表论文的巨大数量,被引量显示了较小的增长,英国则一直保持稳定的发文数量的增长和较高的被引率,近三年的篇均被引次数平均为 8.42 次/篇。

为了更加清晰地展示中英两国之间在社会科学领域年度被引的变化情况和趋势,我们绘制了两国年度被引数据的对比图(见图 2)。

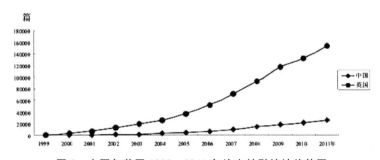

图 2　中国与英国 1999—2011 年论文被引统计趋势图

从图 2 可以看出,中国论文的被引总量约为英国论文的总被引量的 15%。从图中的曲线还可以看出,中国论文的被引量始终低于英国,从近 5 年数据看,差距有不断拉大的趋势,主要原因是英国学者进入这个研究领域较早,而且 90% 的 SSCI 期刊均为英语期刊。这样首先在发文量上就高于中国,而且被引量是一个时间累积性数据,从发文到被引,一般都要经历一段时期。中国在社会科学学领域发文数量是在2006年之后急剧增长,在2007年发文量上已经出现了较大进步,考虑文献被引是一个积累的过程,因此其被引量也会随年度的累积有所提升。加强两国在社会科学领域的合作,对提升中国在这一领域研究与发展有着很大的促进作用,应当引起中国学者的重视,继续增加和英国的合作机会,提升中国在社会科学领域的国际话语权,早日追上国际主流发展水平。

(二)中英两国在社科十个子领域的发文量和被引分析

为了更好的分析中英两国的发文量和被引量的增长变化原因,我们分别将社会科学十个子领域(管理学、经济学、教育学、政治学、图书情报学、社会学和法学、新闻与传播学、人类学和宗教学)1999—2011年历年的发文量、被引量以及篇均被引量做了对比统计,详见表3所示。

由统计数据可以看到,中国近五年在社会科学十个领域虽有一定发展。但与英国相比还有很大差距,只在管理学领域的发文总量上超过英国,在其他各领域无论是发文量、总被引次数还是篇均被引均和英国有很大差距。

由表3数据,可以得出以下分析结论:

1. 在十个学科的发文量上,只有两个学科中国比较突出:中国在管理学的总发文量高于英国近2倍,主要是由于中国的论文数量快速增长造成的。2004年是管理学一个重要的转折点,中国的发文数量在该年份和英国基本持平,之后中国的发文量一直高于英国,2008年已达到英国的4.3倍,说明在管理学领域我国学者更具开阔的国际视野。另外,虽然经济学总体发文量中国依然落后于英国,但是在2007年以后中国发文量已经超过了英国,2008年超过的最多,当年比英国多发表2,831篇。其他8个学科的发文量中国均落后于英国,其中差距最大的是宗教学,英国是中国的50倍之多。社会学、人类学和法学三个领域英国发文量是中国的13倍左右。政治学和新闻与传播学英国是中国的8倍,教育学和图书情报学英国发文量多于中国2倍,值得说明的是在图书情报学领域中国2007年和2008

年发文多于英国 161 篇和 500 篇,说明在这一新兴应用学科上中国具有与世界领先水平保持一致的意识。

表3　中英两国 1999—2011 年社会科学各子领域发文篇均被引量对比

领域名称	中国			英国		
	发文总量(篇)	被引总次数(次)	篇均被引	发文总量(篇)	被引总次数(次)	篇均被引
管理学	40026	40977	1.02	20328	145494	7.16
经济学	34470	44264	1.28	39936	264889	6.63
教育学	7998	6459	0.81	18113	70017	3.87
政治学	3279	4496	1.37	27407	61863	2.26
图书情报学	3199	3811	1.19	6706	27816	4.15
社会学	1667	5010	3.01	22336	83769	3.75
新闻与传播学	680	1908	2.81	4981	15231	3.06
法学	631	972	1.54	8087	25386	3.14
人类学	619	2204	3.56	8266	31671	3.83
宗教学	225	55	0.24	11378	2142	0.19
合计	92794	110156	1.19	167538	728278	4.35

2. 在十个学科的被引量上,中国均远远落后于英国。差别最为悬殊的是宗教学,英国是中国的近 39 倍,其次是法学,两国相差 26 倍。社会学、人类学、政治学和教育学四个领域英国是中国的 10～16 倍,新闻与传播学、图书情报学和经济学英国是中国的 7 倍左右。差距最小的是管理学,英国总数上约为中国的 3.5 倍。对比该学科的发文量情况,说明中国学者在该领域的研究更新速度较快,发表在周期较短、发表要求较低的会议论文较多,但英国学者在该领域研究质量更高,表现为发表论文数量虽然低于中国,但是却在学界的影响力更大。

3. 在十个学科的篇均被引上,差距最大的是管理学和经济学,相差 5～6 篇;教育学、图书情报学和法学相差 1～3 篇;政治学、社会学、人类学和新闻与传播学四个学科中英两国差距较小,不到 1 篇;而宗教学的篇均被引中国略高于英国。

综合上述情况,中英两国更需要在社会科学领域全面加强合作。一方面,利用中国在管理学和经济学领域的快速发展可以加快英国的研究速度;另一方面,利用英国在社会科学领域整体的雄厚基础和广泛的世界影响力,中国学者应积极加强和英国的合作,提升论文质量和学科整体发展水平,进而提高中国在社会科学领域的国际影响力。

(三) 中、英与国际间的合作发文量统计及被引分析

国际间的合作与交流已成为科学研究的必然趋势,国际合作研究也是取得原创性成果和提升国际影响力的重要途径[①]。表4为中英两国1999—2011年与国际间合作的发文量以及占对应年份论文数量的比例。

表4 中英两国1999—2011年与国际间合作历年发文量统计

年份	中国		英国	
	合作发文量(篇)	占对应年份发文比例(%)	合作发文量(篇)	占对应年份发文比例(%)
1999	150	40.00	1530	13.65
2000	305	37.29	1543	12.79
2001	342	32.20	1617	14.69
2002	350	15.63	1865	17.02
2003	317	15.65	1994	18.57
2004	405	11.80	2133	18.87
2005	443	8.84	2209	19.79
2006	552	8.43	2580	21.75
2007	733	5.29	3192	23.90
2008	971	5.47	3834	24.18
2009	1200	6.56	4539	27.17
2010	1350	10.30	4341	27.79
2011	1603	19.35	4762	30.31

---

① 郑如青、张琰:《北京大学科研国际合作的成效与发展对策》,《北京大学学报(自然科学版)》2010年第5期。

从表 4 中可以看出，虽然中英两国的合作发文量有所增加，但中国的国际合作度与英国相比明显存在不足。首先，中国的国际间合作论文仅占总发文量的 9.4%，而英国的国际间合作论文数量占到了总发文量的 21.57%。其次，中国的合作度并未因为发文量的增长而有所增加，在 2007 年之后中国发文量有明显增加的情况下，中国合作论文比例反而出现了下降，近两年情况才有所好转，比例提升到近 20%；而英国则一直保持稳定的增长态势这说明中国在该学科的发展中过于注重本国的研究，亟待加强与国际学术界的合作交流。

表 5 中英两国 1999—2011 年社会科学各子领域国际合作发文量统计表

领域名称	中国		英国	
	合作发文总量（篇）	占总发文量比例（%）	合作发文总量（篇）	占总发文量比例（%）
管理学	2294	2.47	7449	4.45
经济学	3608	3.89	15152	9.04
教育学	525	0.57	2375	1.42
政治学	643	0.69	3179	1.90
图书情报学	541	0.58	1222	0.73
社会学	436	0.47	2506	1.50
新闻与传播学	175	0.19	594	0.35
法学	193	0.21	1408	0.84
人类学	280	0.30	2013	1.20
宗教学	26	0.03	241	0.14

表 5 统计了各子领域 1999—2011 年中英两国的国际合作情况。通过分析发现，中国和英国在经济学领域的国际合作发文量最高，分别达到 3.89% 和 9.04%。其次是管理学领域。其他 8 个领域两国的国际合作度均较低，应当引起两国研究者的重视。为了观察国际间合作论文的学术影响力，我们特别对中英两国与国际间合作论文 1999—2011 年被引量做了统计，结果如表 6 所示，对应的两国合作论文被引量的年度变化如图 3 所示。

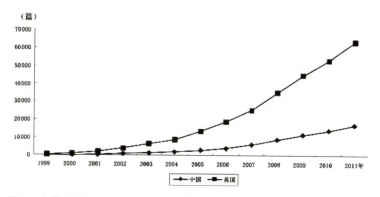

图 3　中英两国 1999—2011 年分别与国际间合作论文被引的年度变化图

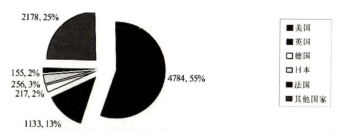

图 4　中国 1999—2011 年与国际间的合作论文数量与比例图

数据分析结果表明,中英两国与国际间合作论文的被引量始终保持着一定的差距,并且差距有不断扩大的趋势,从 2006 年开始每年被引次数都相差 4000 次以上,2008 年以后两者的被引次数差距扩大到了 7000 次,剪刀差已经形成。结合表 4 中的数据,中国与国际间合作论文的篇均被引量为 8.73 次/篇,英国与国际间合作论文的篇均被引量为 14.82 次/篇。为了减小这种差距,实现双赢和共同发展,中英两国需要在此领域加强合作。

(四)中英两国之间合作分析

根据项目任务的需要,我们将中英在社科领域的合作发文情况分别与中美、中德、中法、中日之间的合作逐一做横向的对比分析,以便对中英在该领域的合作现状和合作趋势能有较为全面的认识。为此,我们检索了 1999—2011 年中英、中美、中德、中法、中日在社会科学及相关学科的合作发文量以及历年发文的被引量,通过对比的方式对中英合作的现状和趋势做一全面的了解。表 7—表 11 分别为中国与英国、美国、德国、法国、日本五个国家1999—2011年在社会科学及相关学科的合作发文量和被引量统计,图4为1999—2011年与中国存在合作关系的主要国家的合作发文数量及比例图。

由图4可以看出,中国与美国国际间合作论文的数量遥遥领先,占到了国际间合作总量的55%,与英国合作论文的数量位居第二,占13%。中国与除美国之外的四国之间的合作发文量占国际间合作总量的20%,和其他国家合作占国际间合作总量的25%,说明中国和全球大多数国家进行着广泛的合作交流。虽然中美、英美合作论文的被引量遥遥领先,但对比中英两国论文的被引量可以看出,与合作论文发表情况对应,中英两国合作论文的篇均被引次数也较高,达到6.77次/篇。再有,中国与日本的合作论文,以及英国和德国、法国的合作论文也均有较高的影响力。中国与日本合作论文被引量占中国与上述五国合作论文总被引量的3.2%,篇均被引次数6.96篇/次。英国与德国合作论文占五国合作论文总被引量的12%,篇均被引次数7.23篇/次。英国与法国合作论文虽然不到五国合作论文总被引量的10%,但是篇均被引次数却高于德国,达到7.53篇/次。值得注意的是,中国与英国合作论文被引量占中国与上述五国合作论文总被引量的11.2%,与此相对应的是英国与中国合作论文占五国合作论文总被引量的2.8%,两项比例相差较大,这说明,英国应该加强与中国学术界的交流与沟通,加强对中国问题的研究。从图中还可以看出,中英在社会科学领域已初显一定的合作基础和合作效果,两国合作论文的被引量在2011年达到了近2000篇。因此中英应继续保持这一优势,加大在该领域的合作力度,开拓研究新的生长点和研究深度,多发表社会科学各领域具有国际影响力的成果,努力提高两国的学术水平和国际学术地位。从细节来看,中国与英国的1999—2011年合作发文情况在社会科学十个子领域的表现是不尽相同的,具体数值参见表12。

表 6　中英两国 1999—2011 年国际间合作论文的历年被引量统计（次）

年份 国家	1999	2000	2001	2002	2003	2004	2005
中国	20	107	368	798	1237	1804	2779
英国	217	898	2114	3942	6372	8860	13278
年份 国家	2006	2007	2008	2009	2010	2011	合计
中国	3993	6054	8822	11716	13963	16901	68562
英国	18784	25299	34849	44866	53096	63164	275739

表 7　中英两国 1999—2011 年合作发文量（篇）及被引量统计（次）

年份	1999	2000	2001	2002	2003	2004	2005
发文量	13	30	37	40	33	54	54
被引量	1	5	38	64	105	184	280
年份	2006	2007	2008	2009	2010	2011	合计
发文量	57	104	145	159	174	233	1133
被引量	367	630	947	1326	1667	2051	7665

表 8　中美两国 1999—2011 年合作发文量（篇）及被引量统计（次）

年份	1999	2000	2001	2002	2003	2004	2005
发文量	93	190	207	216	191	238	248
被引量	14	66	266	607	869	1279	1930
年份	2006	2007	2008	2009	2010	2011	合计
发文量	293	381	534	665	703	825	4784
被引量	2804	4107	5934	7608	9047	10812	45343

表 9　中德两国 1999—2011 年合作发文量（篇）及被引量统计（次）

年份	1999	2000	2001	2002	2003	2004	2005
发文量	1	1	17	6	2	8	11
被引量	0	2	1	7	23	37	38
年份	2006	2007	2008	2009	2010	2011	合计
发文量	17	23	17	37	37	40	217
被引量	43	59	95	156	193	290	944

表 10　中法两国 1999—2011 年合作发文量（篇）及被引量统计（次）

年份	1999	2000	2001	2002	2003	2004	2005
发文量	2	6	4	5	2	6	10
被引量	1	5	8	13	11	31	32
年份	2006	2007	2008	2009	2010	2011	合计
发文量	11	13	19	22	28	27	155
被引量	46	66	134	133	167	216	863

表 11　中日两国 1999—2011 年合作发文量（篇）及被引量统计（次）

年份	1999	2000	2001	2002	2003	2004	2005
发文量	2	14	8	8	13	12	10
被引量	0	5	10	26	27	67	72
年份	2006	2007	2008	2009	2010	2011	合计
发文量	21	33	39	38	29	29	256
被引量	108	169	219	334	352	395	1784

表 12　中英两国 1999—2011 年社会科学合作发文量统计

领域名称	合作发文量（篇）	占该领域中国国际合作发文比例（%）	占该领域英国国际合作发文比例（%）	占该领域中国总发文量比例（%）	占该领域英国总发文量比例（%）
管理学	344	15.00	4.62	0.86	1.69
经济学	427	11.83	2.82	1.24	1.07
教育学	76	14.48	3.20	0.95	0.42
政治学	101	15.71	3.18	3.08	0.37
图书情报学	37	6.84	3.03	1.16	0.55
社会学	49	11.24	1.96	2.94	0.22
新闻与传播学	25	14.29	4.21	3.68	0.50
法学	31	16.06	2.20	4.91	0.38
人类学	36	12.86	1.79	5.82	0.44
宗教学	7	26.92	2.90	3.11	0.06
平均	1133	12.99	3.14	1.22	0.68

从表 12 可以看出，中英两国在经济学领域合作的论文绝对数量最高，其次是管理学和政治学科。从相对比例来看，在宗教学领域，虽然合作发文篇数最低，但占中国国际合作发文比例最高，法学领域其次，占 16.06%。图书情报学领域这一比例最低，仅为 6.84%。同时，管理学和新闻与传播学是占英国国际合作发文比例最高的两个科学，所占比例均超过 4%。合作比例最低是社会学和人类学，均不到 2%。这一现象说明，社会科学十个领域的合作论文占中英两国的国际合作发文比例相差悬殊，占中国的比例为 12.99%，而占英国的仅为 3.14%，这多少说明，英国对于中国社会科学研究的关注度过低，还没有形成较为丰富的研究主题。为了更好地促进两国合作，需要两国特别是英国在社会科学的各学科上加强两国交流与合作，使得两国在社会科学上的研究水平进一步提升。

四、结论与建议

针对上述数据与分析，在总结社会科学领域，中国和英国的学科发展情况后，我们给出如下关于中国和英国合作的建议：

（1）中国在社会科学领域近五年来快速发展，自 2007 年以后，中国发文量有高于英国的年份，但总发文量仍低于英国，同时由于引文的时间滞后性，中国论文的被引量仅为英国的 15% 左右。不同子领域的研究发展也不均衡：管理学是近些年发展最为迅速的学科，在总量上已经超过英国近 2 倍，经济学和图书馆学与情报学，中国的年发文量在近五年均有超过英国的年份，但是总量却低于英国。而宗教学、法学、社会学和人类学领域，中国的发文量不足英国的 8%，被引量不到英国的 8%，远远落后于英国和国际正常水平。这一现象说明，中国在社会科学各子领域发展极度不均衡，研究的整体深度和水平离国际领先水平仍有一定距离。因此，中英两国在此机遇下需要加强彼此的合作，一方面，利用英国在该领域发表的具有较高国际影响力的论文，提高中国在这一领域的学术视野。同时，利用中国在这一领域的兴起作为英国研究新的增长点，为英国的研究带来新的研究动力。

（2）在国际合作方面，中英两国都非常重视与国际间的合作，但合作发文比例有一定差距，中国更依赖于与美国的合作，同时从合作论文占对应年份发文比例来看，中国的合作论文所占比例远不如英国的合作论文比例，因此，中国在合作的深度与广度上都不及英国。在国际合作论文的被引量上，中英两国更是有 4 倍多的差距。被引是一个时间累积量，随着中国在社会科学各领域多元化研究的开展与重视，其研究成果也将会不断涌现，影响力也会不断加强。

（3）在中英合作方面，中英两国均有一定的合作基础，两国合作的论文数量也均高于和法国、德国、日本等其他国家的合作，这些都说明了中英两国在这一领域有着良好的合作基础。希望英国能继续注重与中国的合作，充分利用中国丰富多元的研究领域和众多的人才优势，不断扩大英国在社会科学的学术影响力。同时，中英两国合作论文在最近两年被引量持续上升，可见两国间的合作研究成果在国际上也越来越引起广泛的关注，两国需进一步加强在该领域的学术合作，保持良好的合作趋势，这样才能共同提升两国研究在国际上的影响力。

中英两国在人文科学领域的合作与对比研究

徐 昕

为充分了解中英两国在人文科学领域的研究现状和国际间合作交流的情况,文章基于 Web of Science 检索平台,统计和分析中英两国学者 1999—2011 年在人文科学领域论文的文量和被引量,以及中英国际合作的发文量和被引量。对比分析中英两国合作论文与中英两国分别与美国、德国、法国和日本合作论文在发文量和被引量上不同的发展趋势,为中英两国今后在人文科学领域的学术合作提出适当的战略性建议。

一、引言

人文科学是指以人类精神生活为研究对象,对人的存在、本质、价值及其发展等问题进行自我反思,对人类思想、文化、信仰、情感、美感和精神表现进行探究的一门学问[①]。人文科学作为一种科学,它既要求把握人类精神活动的规律性及其产品的客观真实性、合理性,又要为人类构造一个价值世界和意义世界,使其对人类自身的提

---

① 郑文涛:《人文社会科学若干问题辨析》,《首都师范大学学报(社会科学版)》2008 年第 3 期。

高和社会的进步起着正面的积极的作用①。该学科涉及范围较广、研究内容丰富,具有极强的地域性历史、文化特征,与社会现有的生产力水平和物质文明程度无必然的因果关系,但具有极强的个体性或流派性的研究视角和方式。

  人文科学在不同国家、不同种族中已产生、繁衍和发展数千年,自人类发源开始,受到地域、语言、交通和战争的影响,各种意识形态的人文思想无法通过面对面的交流,则通过竹制、纸制文档进行传播。近百年来,自然科学的迅速发展带来了科技的不断进步,世界各地区人民已然可以通过互联网了解不同人文知识,通过翻译学者孜孜不倦的努力和英语语言的大量普及,为不同地域、不同语种的人文学者提供了更广阔的交流平台,创造了人文科学领域更多学术合作机会,促进了世界文化极大的融合。例如马建忠先生所著《马氏文通》首先采用了对比研究的方法,是中国第一部涉及语言对比研究的著作,而中国的语言对比研究是在西方语言学理论和语法学著作的影响下发展起来的②。从17世纪末到18世纪中期,英国社会流行起"中国热",英国对中国的文化如哲学艺术产生很大兴趣。在18世纪前,1622年耶稣会士就用拉丁文翻译《大学》,称它做《中国圣书》③。赵欣④曾撰文概述在"中国热"期间,中国的室内装饰、饮茶和瓷器文化逐渐渗透进入英国皇室和平民的日常生活。钱锺书⑤先生旁征博引英国文学、哲学思想史等作品,对17世纪中国在英国褒贬不一的形象进行讨论和分析。R. E. Allinson⑥和C. Hansen⑦都曾从中国人的思维方式和语言模式等方面对中国哲学思想进行探索和研究。

---

① 陈先达:《寻求科学与价值之间的和谐——关于人文科学性质与创新问题》,《中国社会科学》2003年第6期。
② 赵永新:《中国语言对比研究的发展》,《世界汉语教学》1995年第2期。
③ 周珏良:《英国十八世纪的中国热》,《外语教学与研究》1992年第4期。
④ 赵欣:《英国早期的"中国热"》,《江南大学学报(人文社会科学版)》2010年第5期。
⑤ Qian Zhongshu, "China in the English Literature of the seventeenth Century", *Quarterly Bulletin of Chinese Bibliography*, 1941, (4).
⑥ R. E. Allinson, "An overview of the Chinese mind", R. E. Allinson (Ed.), *Understanding the Chinese mind—the philosophical roots*, Oxford: Oxford University Press, 1989: 1—25.
⑦ C. Hansen, "Language in the heart-mind", R. E. Allinson (Ed.), *Understanding the Chinese mind—the philosophical roots*, Oxford: Oxford University Press, 1989: 75—124.

中英两国均拥有灿烂的文化,在历史的不同阶段都促进了世界文明的极大进步。中英两国众多文学、哲学和语言学等著作、文献都显示,两国学者已对双方人文科学领域卓越的思想成果进行了深入的对比研究。本文以中英两国在人文科学领域发表的论文为样本,统计和分析大量的数据来探讨两国在该领域各自取得的成果,评估两国在人文科学领域合作交流的现状,为两国今后在该学科领域的规划发展提供适当的决策支持。

二、数据来源与研究方法

本文数据来自 1999—2011 年 Web of Science 收录的中英两国人文科学领域论文的发文量和被引次数,以及中国与英国、美国、德国、法国、日本五个国家历年合作发表论文数量与合作论文被引量,采用文献计量法来分析和评估中英两国在人文科学的各个研究领域所取得的成果,增进两国双方在该领域研究状况的了解,加大彼此的合作与交流的力度,促进两国在人文科学研究领域的共同发展。本文所列人文科学研究领域包括:linguistics(语言学)、humanities multidisciplinary(人文综合)、philosophy(哲学)、history(历史)、literature(文学)。

三、对比分析

通过检索我们得到,1999—2011 年 Web of Science 收录的人文科学论文 968,747 篇(包括 5 个子领域),其中中国在该领域的发文量为 4,690 篇,占总量的 0.48%,与国际间存在合作关系的论文有 489 篇,占中国发文量的 10.43%,合作的国家/地区达到 62 个,中国发文的累计总被引次数为 4,066 次。英国在该领域的发文量为 107,670 篇,占总量的 11.11%,其中与国际间存在合作关系的论文有 5,279 篇,占英国发文量的 4.90%,合作的国家/地区达到 94 个,英国发文累计总被引次数为 85,670 次。

数据显示,英国学者在人文科学领域的发文量是中国学者发文量的 22.957 倍,英国国际间合作论文数量也达到中国国际间合作论文数量的 21.070 倍,其国际间合作论文占其发文总量的比例却低于中国同类比例。从被引角度上看,中国学者在该领域论文的篇均被引次数为 0.867 次/篇,高于英国的 0.796 次/篇,由此可以看出中国学者在人文科学领域论文的被引价值略高于英国,具有更大的学术影响力。在人文科学研究的各个子领域中,中国学者的发文量和论文的被引次数上都远不及英国,国际间合作论文的数量和被引量也低于英国。在国际间合作论文的篇均被引次数方面,中国略低于英国,但两国该数值均远高于各自人文科学领域论文篇均被引次数,说明国际间合作论文的学术借鉴性和研究性较高。

(一) 中英两国发文量统计及被引分析

在人文科学领域中,中国学者的发文量远远低于英国学者,为了分析中国和英国 1999—2011 年在该领域历年发文量的变化情况,我们统计和整理了相关的数据,如表 1 所示。

表 1 中英两国 1999—2011 年发文量统计(篇)

年份 国家	1999	2000	2001	2002	2003	2004	2005
中国	97	95	129	175	192	205	217
英国	8011	8433	8360	8310	7871	7151	7032
年份 国家	2006	2007	2008	2009	2010	2011	合计
中国	332	515	457	537	652	1087	4690
英国	7588	7385	8950	9654	8983	9942	107670

从表 1 的数据可以看出,英国在人文科学领域的发文量是中国的 22.957 倍,中国在人文科学领域的发文量增长迅速,在 2011 年达到峰值(1,087 篇),英国在该领域历年发文量则维持在 8000—10000 篇左右,且逐年缓慢递增。虽然中国在该领域发文量年平均增幅高达 24.52%,英国仅有 2.14%,但中国论文基数较小,与英国论文数量的差距仍较为明显。图 1 反映了两国论文数量的年度变化趋势。

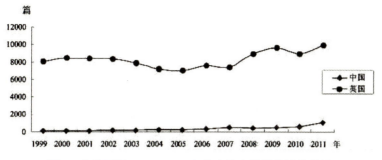

图 1 中英两国 1999—2011 年发表论文数量统计趋势图

我们对中英两国 1999—2011 年在人文科学领域发表论文的历年被引情况作了统计(见表 2),以分析中英两国学者在该领域论文的被引价值,以及各自的学术影响力。

表 2 中英两国发文 1999—2011 年年被引量统计(次)

年份 国家	1999	2000	2001	2002	2003	2004	2005
中国	12	8	30	57	90	168	200
英国	124	536	1189	2017	2949	3629	5178
年份 国家	2006	2007	2008	2009	2010	2011	合计
中国	271	345	434	667	766	1018	4066
英国	6852	8852	10343	13240	14468	16293	85670

从表 2 可以看出,英国论文被引总量达到中国论文被引总量的 21.070 倍,主要是因为英国学者论文的数量远远高于中国学者,被引次数也相应较多。从论文篇均被引次数角度来看,中国学者在人文科学领域的论文篇均被引次数为 0.867 次/篇,英国为 0.796 次/篇,可见中国学者论文被引价值略高,学术影响力略大。

基于表 2 数据,我们绘制了中英两国年度被引数据的对比图(见图 2),图 2 更能清晰地展示中英两国之间在人文科学领域年度被引的变化情况和趋势。

从图 2 可以看到,在人文科学领域,中国论文历年被引次数都远小于英国,近几年的差距不断拉大,在 2011 年,英国论文被引次数超过中国 15,275 次。由于中国论文数量快速增长,中国近五年来论文被引次数以30%左右的速度逐年增加,这说明中国在该领域的论文质量不断提高,逐渐为国际学者所认可,学术研究价值越来越高。英国学者论文的被引次数近五年的平均增幅达到19.19%,远远高于发文量的增长速度,可见英国学者在人文科学领域世界范围内的学术影响力较大。

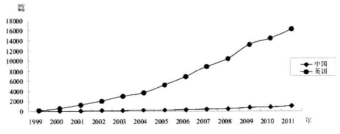

图2　中英两国1999—2011年论文被引统计趋势图

我们对中英两国引文索引和会议索引收录论文的被引情况分别统计和分析发现,中国引文索引论文的篇均被引次数为0.968次/篇,会议论文的篇均被引次数为0.521次/篇,英国论文该数值分别为0.744次/篇和2.186次/篇。由上述数据可知,中国引文索引论文的学术价值略高于英国,而在会议论文方面,中国论文的质量则远远低于英国。为了解决中英两国在两大索引中论文数量和论文篇均被引次数的不平衡,两国应该加大合作力度,创造更多的合作机会,营造良好的学术合作氛围,共同提升两国的学术地位。

表3列出了中英两国1999—2011年人文科学领域五个子领域的篇均被引情况。

表3　中英两国1999—2011年人文社会科学各子领域发文篇均被引量

领域名称	中国			英国		
	发文总量(篇)	被引总次数(次)	篇均被引	发文总量(篇)	被引总次数(次)	篇均被引
语言学	1643	3243	1.97	12883	38711	3.00
人文综合	554	43	0.08	17241	2709	0.16
哲学	592	337	0.57	8658	10811	1.25
历史学	694	266	0.38	45447	29425	0.65
文学	1207	177	0.15	23441	4014	0.17

由表 3 数据可以得到以下结论:(1) 从发文量上看,中国在人文科学领域各个子领域的发文量都远远低于英国,虽然发文量逐年递增,但数量不大,导致两国发文量的差距不断拉大;(2) 从篇均被引次数上看,中国在人文科学领域各个子领域的篇均被引次数都低于英国,但中英两国在人文科学五个子领域的篇均被引次数都不高,主要源于人文科学的根源性、历史性和差异性,易形成各学术流派百家争鸣的局面,人文学者更倾向于提出不同的观点,而非直接引述他人论断;(3) 中国学者在语言学和文学领域的发文量分别占人文科学领域发文总量的 35.03% 和 25.74%,英国学者在历史学领域发文量最大,占发文总量的 42.21%,其次是文学(21.77%)。说明中英两国在人文科学领域的侧重点有所不同,但不排除中国的哲学和历史学研究的区域局限性和语言限制特征,直接导致中国在这两个领域英文文献数量偏少;(4) 人文科学领域世界性会议较少,致使中国和英国会议论文数量极少,各国学者缺少在该领域面对面探讨学术的机会,无法促进世界各国各地区的不同文化、不同历史,以及不同种族的人文交流。

面对中英两国在发文量上的较大差距,以及英国发文量增长缓慢等问题,中英两国学者应该借助政府和院校的平台,举办质量较高的学术研讨会议,增进彼此的了解,利用中国巨大的人力资源优势,共同提高双方在国际学术上的话语权。中国学者也应该借鉴英国学者在引文索引论文上取得丰硕成果的经验,在保证质量的前提下,逐步增加引文索引论文的数量,提高在人文科学领域的学术地位。

(二)中英与国际间的合作发文量统计及被引分析

世界经济发展的全球化促进了各国在人文科学领域的蓬勃发展,不同的文化、制度在界大熔炉里不断碰撞,不断融合,全球性的学术合作层出不穷,国际间合作的论文数量也不断攀升。表 4 为中英两国 1999—2011 年与国际间合作的发文量以及占对应年份论文数量的比例。

表 4 的数据显示,在人文科学领域,中国的国际合作度高于英国,但历年合作发文量占对应年份发文比例波动较大,该比例在

2007年跌至谷底(6.41%)，近年来已有所改善，国际间合作论文占总发文量的比例达到10.43%。反观英国，虽然该比例逐年缓慢增加，国际间合作论文占总发文量的比例仅为4.90%。从合作的国家/地区数量的角度看，与中国在合作关系的国家/地区为62个(不包括台湾、香港和澳门)，与英国存在合作关系的国家/地区则达到94个，可见英国国际间合作范围更广。在人文科学五个子领域中，中英两国国际合作发文比例高低迥异(见表5)，中国在语言学、历史学领域该比例相对较高，分别为16.80%和9.94%，英国则在语言学和哲学领域占得优势，该比例达到12.44%和8.66%。中英两国各有优势领域，应该实行优势互补，促进不同领域的全面发展，百家争鸣，百花齐放。

表4 中英两国1999—2011年与国际间合作历年发文量统计

年份	中国		英国	
	合作发文量(篇)	占对应年份发文比例(%)	合作发文量(篇)	占对应年份发文比例(%)
1999	11	11.34	242	3.02
2000	14	14.74	241	2.86
2001	5	3.88	267	3.19
2002	16	9.14	270	3.25
2003	11	5.73	289	3.67
2004	22	10.73	240	3.36
2005	19	8.76	340	4.84
2006	22	6.63	345	4.55
2007	33	6.41	412	5.58
2008	56	12.25	550	6.15
2009	76	14.15	705	7.30
2010	100	15.34	655	7.29
2011	104	9.57	723	7.27
合计	489	10.43	5279	4.90

表5 中英两国1999—2011年人文社会科学各子领域国际合作发文量统计表

领域名称	中国		英国	
	合作发文总量（篇）	占总发文量比例（%）	合作发文总量（篇）	占总发文量比例（%）
语言学	276	16.80	1603	12.44
人文综合	29	5.23	486	2.82
哲学	34	5.74	750	8.66
历史学	69	9.94	1917	4.22
文学	81	6.71	523	2.23

我们分别统计和分析了中英两国1999—2011年国际间合作论文的被引情况（见表6），借以分析国际间合作论文的学术价值。并根据合作论文的历年被引量数据做出了两国合作论文被引量的年度变化图（见图3）。

表6 中英两国1999—2011年国际间合作论文的历年被引量统计（次）

年份 国家	1999	2000	2001	2002	2003	2004	2005
中国	2	6	11	20	28	30	55
英国	27	104	244	392	578	728	1073
年份 国家	2006	2007	2008	2009	2010	2011	合计
中国	76	112	126	188	241	339	1234
英国	1442	1669	2126	2920	3255	3565	18123

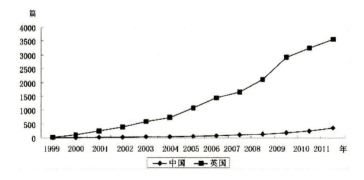

图3 中英两国1999—2011年分别与国际间合作论文被引的年度变化图

从表6和图3中看出，中国国际间合作论文历年被引次数远远低于英国，且差距逐年拉大，2011年两者的被引次数差距达到3,226次。英国国际间合作论文的被引次数随着合作发文量的增加而迅猛增长，总被引次数已经达到18,123次，是中国总被引次数的14.69倍。综合表4中的数据，中国与国际间合作论文的篇均被引量为2.523次/篇，英国与国际间合作论文的篇均被引量为3.433次/篇，中国与国际间合作论文的被引总量占到所有中国论文被引总量的30.35%，英国与国际间合作论文的被引总量占到所有英国论文被引总量的21.15%。由此可知，英国国际间合作论文的被引价值略高于中国，且两国存在国际间合作关系论文的篇均被引次数都远高于两国各自论文的篇均被引次数，说明国际间合作论文获得比非国际间合作论文更高的被引次数，被引价值更高，学术影响力更大。因此，加强中英两国国际间合作成为了提高两国学术影响力的必然趋势。

（三）中英两国与中美、中德、中法、中日之间合作分析

世界范围内各个国家基于科技的迅猛发展日益增进对彼此的了解，但不同文化的差异对经济合作、跨国企业管理、著作翻译以及教育教学等方面带来了诸多障碍。赵曙明[1]提出文化差异给中国企业跨国并购带来巨大挑战，迫使其迅速转型。杨红升[2]深入研究文化差异对认知的影响，发现文化的迥异给人们的心理活动和认知带来深刻的影响。陶友兰[3]针对人们基于不同文化对古诗英译中的接受程度进行分析，提出具体的处理方法。张宏伟[4]从境外旅游的角度对不同文化背景游客的适应性建模分析，以期寻求最适合的旅游经济文化。诸多实例和文献资料显示，在全球化进程中，文化背景的不同给经济、政治和文化的合作与交流带来了不同程度的障碍。文化的积淀来自于各民族在几千年的繁衍过程中形成的迥异语言模式、

---

[1] 赵曙明、张捷:《中国企业跨国并购中的文化差异整合策略研究》，《南京大学学报（哲学·人文科学·社会科学版）》2005年第5期。
[2] 杨红升:《文化差异的认知影响》，《心理科学》2007年第4期。
[3] 陶友兰:《从接受理论角度看古诗英译中文化差异的处理》，《外语学刊》2006年第1期。
[4] 张宏伟:《中国入境旅游的文化差异效应测度研究》，《财贸研究》2009年第4期。

文学素养、哲学思维等,与人文科学的发展紧密相连、不可分割。人文科学自古以来,就在各个方面推动着人类自身及社会的发展,即便在以经济建设为中心、市场规则主导的当今世界,人们也都不知不觉地接受和运用着人文科学提供的思想、观念、价值、态度甚至思维与生活方式,享受着人文科学所带来的实际成果①,并通过人文科学的大融合促进全球经济的蓬勃发展、思想的不断碰撞。中国和英国各自拥有璀璨的文学巨著、跌宕的历史进程和独立的哲学体系,为适应当今世界经济和文化的相互融合和发展,中英两国人文科学领域学者应为两国各领域的合作与交流提供文化差异的指导和咨询,共同提高两国在世界舞台各领域的话语权和学术地位。

我们检索了1999—2011年中英、中美、中德、中法、中日在人文科学领域的合作发文量,以及历年发文的被引量,详细数据见表7—表11,并据此绘制图4来展现与中国存在合作关系的主要国家的数量及比例图。

表7 中英两国1999—2011年合作发文量(篇)及被引量(次)统计

年份	1999	2000	2001	2002	2003	2004	2005
发文量	5	3	1	6	2	10	5
被引量	0	6	8	11	6	12	21
年份	2006	2007	2008	2009	2010	2011	合计
发文量	8	11	9	16	18	21	115
被引量	31	44	40	72	88	116	455

表8 中美两国1999—2011年合作发文量(篇)及被引量(次)统计

年份	1999	2000	2001	2002	2003	2004	2005
发文量	3	7	3	4	6	8	8
被引量	0	0	2	3	11	8	21
年份	2006	2007	2008	2009	2010	2011	合计
发文量	11	11	26	27	42	52	208
被引量	38	47	62	79	128	152	551

---

① 庞学铨:《论人文科学的价值与功能》,《中共浙江省委党校学报》2009年第2期。

表 9　中德两国 1999—2011 年合作发文量(篇)及被引量(次)统计

年份	1999	2000	2001	2002	2003	2004	2005
发文量	1	0	0	1	0	0	0
被引量	0	0	0	0	0	0	0
年份	2006	2007	2008	2009	2010	2011	合计
发文量	0	0	1	8	5	4	20
被引量	0	0	0	6	4	12	22

表 10　中法两国 1999—2011 年合作发文量(篇)及被引量(次)统计

年份	1999	2000	2001	2002	2003	2004	2005
发文量	0	0	0	0	1	0	0
被引量	0	0	0	0	0	0	2
年份	2006	2007	2008	2009	2010	2011	合计
发文量	1	0	2	4	5	2	15
被引量	2	0	1	8	10	4	27

表 11　中日两国 1999—2011 年合作发文量(篇)及被引量(次)统计

年份	1999	2000	2001	2002	2003	2004	2005
发文量	0	0	0	0	0	0	1
被引量	0	0	0	0	0	0	0
年份	2006	2007	2008	2009	2010	2011	合计
发文量	1	0	3	5	2	3	15
被引量	0	0	0	2	2	7	11

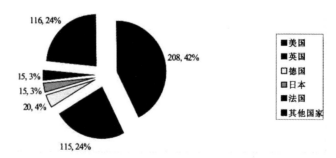

图 4　中国与国际间的合作论文数量与比例图

从表 7—表 11 及图 4 中数据可以看出,在人文科学领域按合作发文数量统计,与中国合作的五个国家的排名为美国、英国、德国、法国及日本,其中与美国合作论文的数量最大,超出中德、中法、中日合作论文数量的十倍之多。近五年来中国与上述五国在人文科学领域合作论文数量虽有所上升,但数量仍不高。从篇均被引次数分析,中英合作论文的篇均被引最高,达到 3.96 次/篇,其次是中美合作论文(2.65 次/篇),篇均被引次数最低的中法合作论文,仅为 0.73 次/篇。由上述数据可知,中英学者在人文科学领域已经具有一定的合作基础,合作论文的学术价值较高,但论文数量较少,增长速度缓慢。反观中美合作论文,其数量环比增长较快,被引量随之增加,继而推动中美学者在该领域的交流与合作。

为对中英两国 1999—2011 年在人文科学领域五个子领域的合作发文情况进行分析,我们绘制了表 12。

表 12　中英两国 1999—2011 年人文科学合作发文量统计

领域名称	合作发文量(篇)	占该领域中国国际合作发文比例(%)	占该领域英国国际合作发文比例(%)	占该领域中国总发文量比例(%)	占该领域英国总发文量比例(%)
语言学	84	30.43	5.24	5.11	0.65
人文综合	4	13.79	0.82	0.72	0.02
哲学	6	17.65	0.80	1.01	0.07
历史学	11	15.94	0.57	1.59	0.02
文学	10	12.35	1.91	0.83	0.04

从表 12 可以看到,中英两国各领域合作论文占该领域中国国际间合作发文比例都较高,但占英国国际间合作发文比例都低于 6%。在语言学领域,中英两国该比例都最高,说明两国在该领域的合作已经取得较多成果。在英国国际合作论文数量较大的基础上,两国在历史学和文学领域的合作论文数量分别为 11 篇和 10 篇,其他领域也取得了一定的合作成果。中英两国各领域合作论文占各国该领域论文的比重都不高,两国应该促进交流,在扩大优势学科领域学术份

额的同时,实现学科互补,不断推进弱势学科的发展,提升两国在人文科学领域的学术话语权。

四、结论与建议

综上数据分析,在人文科学研究领域,中英两国应该增加合作机会,共同提升学术研究能力和学术地位,具体分析结论和建议如下:

(1) 1999—2011年中国学者在人文科学领域的发文量远远小于英国学者,且数量差距较大。中国的发文量增长较快,且增幅远远高于英国。纵观中英两国论文的被引情况也可以看到,两国论文的篇均被引次数都不高。为了缓解在人文科学领域学术影响力的疲软问题,中英两国学者应优势互补,充分利用中国广袤的人才市场,借助两国在世界范围内的学术影响力,实现在人文科学领域的学术共赢,在提高学术论文份额的同时,增大论文的学术研究性。中英两国政府应该为人文科学领域的学者提供更好的交流平台,支持各大院校举办世界范围内的学术研讨会议,在面对面的交流过程中,促进彼此了解,共同撰写质量较高的学术论文。

(2) 从上述六国的国际间合作论文的数量和被引次数可以看到,中国和英国存在合作关系的论文数量占各国国际间合作论文的比例都不高,且被引次数也较低。其中人文科学领域的学科特征是主要原因,该领域研究的内容是基于各个国家亘古至今延续和发展起来的哲学、历史、艺术等,由于地理区域的差异,中英两国是在相对独立的情况下各自繁荣发展,直到近代人文科学才开始有所交融,直接导致了中英两国合作论文数量较少。中国历经几千年的发展,在人文科学领域独成体系,众多学者将目光聚焦国内学术期刊,忽视了外文期刊,而且很多中国该领域的专业术语没有对应的英文翻译,再加上中国该领域很多学者的英文水平无法撰写学术深度较高的论文,这些都成为中英两国学者在该领域学术了解和交流的障碍。

(3) 为了促进两国在人文科学领域的学术交流与合作,我们有以下几点建议:中英两国政府、院校应该设立更多该领域的合作项目,为两国的学术交流提供良好的合作平台;两国各大院校应该设立奖学金制度，签订交换生、访问学者协议，促进年轻学者的交流，为今后的学术合作提供大量的人力支持和智力储备；中英两国业界学者应该商议确定中国在该领域固有学术术语的英文表达，促进两国学者的相互了解，为今后的学术合作奠定基础；为了两国能无语言障碍的进行学术探讨，以世界通用的英语作为交流媒介，中国该领域的学者应该逐渐提高英语水平；如今，众多人文科学领域的学科与人文科学、计算机、统计学等相互合作，为人文科学带来了新的发展机遇，中英两国学者应该不断促进各个学科间的交流与合作，逐步增加两国在人文科学领域的学术份额，逐渐提高两国在该领域的学术话语权，实现学术共赢。

人文社会科学的多元评价机制：
超越 SSCI 和 A&HCI 的模式

王 宁

(清华大学外国语言文学系,北京 100084)

  SSCI(社会科学引文索引) 和 A&HCI(艺术与人文引文索引)自本世纪初引进中国学界以来,确实对中国人文社会科学的国际化进程起到了极大的推进作用,可以说它在某种程度上完成了自己的历史使命,也即促使中国的人文社会科学学者走出国门进而了解世界,特别是了解处于强势的西方学界的研究现状。因此我在一开始就以极大的热情为之在中国学界的应用推波助澜,并在国内多所"985"和"211"高校以及港台的高校作演讲,鼓吹这一相对而言比较客观和公正的国际性评价标准,同时也在多家报刊上发表了多篇文章和访谈[①],将其视为中国人文社会科学走向世界的一个重要步骤。但是十多年过去了,中国的人文社会科学国际化的现状如何呢？它是否已经真正摆脱了以往那种"自说自话"和"自娱自乐"的状态而融

---

① 我在这方面的文章主要包括：《国际英文权威学术期刊评介及写作策略》,《中国研究生》2003 年第 5 期；《对人文社会科学现行学术评价系统的确认与辩护》,《学术研究》2006 年第 3 期；《人文社会科学评价的多元化和国际化标准》,《重庆大学学报》2009 年第 4 期等。所接受的访谈主要见于葛涛：《人文社科期刊怎样进入国际权威领域？——王宁教授谈 SSCI 和 A&HCI》,《中华读书报》2003 年 9 月 3 日；陈菁霞：《中国人文社会科学研究如何跻身国际一流——专访清华大学外国语言文学系教授王宁》,《中华读书报》2011 年 2 月 25 日。

入国际学术话语中了呢？我们的学者在研究和著述中是否已经真正具有一种国际性的视野了呢？坦率地说，虽然较之过去情况有了大大的改变，尤其是一大批中青年学者直接用英文著述，在国际权威的 SSCI 或 A&HCI 来源学术期刊上发表论文，并产生了一定的影响；一些关注中国当代人文社会科学研究现状的海外汉学家和华裔学者领衔主编丛书或期刊主题专辑（special issue），有计划有目的地将那些不能用英文著述但确实卓有建树的中国学者的重要著作或论文翻译成英文，使他们在国际学界崭露头角；少数卓有成就的中国著名学者获得国际性的学术奖或当选为国际著名科学院的外籍院士，等等。这些都说明，中国的人文社会科学已经走出了一味追踪西方学界或干脆自我封闭或自娱自乐的怪圈，开始关注整个国际人文社会科学界的前沿理论课题并得到西方乃至国际学界的瞩目了。当然这只是好的方面。我在此仅想进一步提出目前我们面临的一些问题，或者说，就中国的人文社会科学国际评价标准方面提出几点新的看法。

首先，在实施了中国人文社会科学的国际化战略并以 SSCI 和 A&HCI 作为评价标准十多年来，我们应该有所前进，也即我们不能仅仅满足于在一些 SSCI 和 A&HCI 来源期刊上发表论文的初始阶段，而应该有所超越，同时对这单一的评价标准也应该有所超越。目前，摆在我们面前的一个怪现象就是：一方面，一些单位的科研机构不恰当地过分夸大 SSCI 和 A&HCI 数据库的检索作用，错误地认为这是评价人文社会科学国际化的唯一标准或绝对的标准，这显然既有悖于研发这两大数据库的汤森路透集团的初衷，同时也很容易忽视人文社会科学评价标准的另一些指标。另一方面，更多的高校和科研机构的主管部门仍对这两大数据库知之甚少，甚至根本忽视，它们仍然停留在如何鼓励自己的教师和科研人员用中文在 CSSCI 来源期刊上发表论文，对他们来说，既然不可能在 SSCI 和 A&HCI 来源期刊上发表论文，那么干脆就将其排斥在自己制定的科研奖励之外。这种自我封闭和虚无主义的态度显然不利于人文社会科学的国际化进程。我们应该看到，中国是一个人文社会科学大国，但并不是一个强国。现在中国的经济腾飞了，已经对全球经济做出了不可替代的贡献;中国的综合国力也大大地增强了,任何重要的国际事务如果没有中国的参加恐怕是难以得到妥善解决的;中国的科学技术近年来也取得了突飞猛进的发展,一些学科已经跻身或接近国际一流,中国科学家获得诺贝尔奖只是个时间问题了。所以作为人文社会科学学者,我们也应该促使中国的人文社会科学对国际学界作出重要的贡献。这应该是我们每一个有着强烈使命感和广阔的国际视野的中国人文社会科学学者应尽的责任。

诚然,在当今各种语言出版的数万种人文社会科学学术期刊中,汤森路透集团依靠专家评审和影响因子相结合的方法遴选出一些具有较高影响力和知名度的学术期刊,这就形成了我们今天所谓的SSCI 和 A&HCI 这两大数据库:前者截止 2012 年,共包括 3100 多种社会科学学术期刊,涉及政治学、经济学、法学、管理学等社会科学学科领域;后者截止 2012 年,共包括 1700 多种人文学科的学术期刊,涉及文学、历史学和哲学以及各艺术门类的学科领域。也许我们可以说,收录这两大数据库的刊物并非都是权威性的刊物,而且这其中还有不同的区划,也即真正跻身这两大数据库一、二区的刊物才是具有权威性的国际学术刊物。但是我们完全可以反过来证明,真正优秀的权威性期刊几乎无一遗漏地被收录在这两大数据库中。而且随着这两大数据库的日益发展成熟,它们目前呈一种动态的状态,开始时每两年或几年对来源期刊进行筛选,现在则几乎是每年都对来源期刊进行筛选,一些出版周期不正常、论文作者范围局限以及论文自引率偏高的期刊被毫不留情地排除了出去,而一些办刊刚满五年就在学界有着较好口碑和较大影响的新的刊物跻身来源期刊的行列。我想这是我们每一个关注这一数据库以及人文社会科学评价机制的学者都不可否认的事实。这也正是我们一方面指责它带有西方语言和文化霸权的印记,另一方面又不得不用它们作为我们自己的学术评价标准的一个悖论所在。

确实,长期以来,由于西方中心主义的作祟,一大批在本国语境下有着重要影响的非西方学术期刊被排除在这一数据库之外。在西方世界,也同样存在着英语中心主义,这就导致了不少在欧洲各国出版的非英语学术刊物也被排除在这一数据库之外。对于这一不公正的现象,汤森路透集团一直在予以改进,先是收录了大量非英语的欧洲语言出版的期刊,随后于 2005 年收录了第一家中文期刊《外国文学研究》。但是尽管如此,仍没有从根本上改变这一现状,对此,该集团的选刊主管人员已经有所意识,并试图在未来的几年内进一步加以改进,其中的一个重大举措就是要收录更多用中文发表的确实有较大影响力的学术期刊。①

第二,人文社会科学的国际评价标准,除了 SSCI 和 A&HCI 来源期刊外,还应该注重学术专著的出版,这一点尤其适合人文学科的评价。这里仅以美国学界为例。在美国著名的研究性大学,一位助理教授(assistant professor)要想获得终身教职(tenured position),光靠发表几篇论文显然是不够的,他必须在学校指定的一些权威性的出版机构,通常是大学出版社以及少量的以出版学术著作见长的商业出版社②,出版一部专著。因此一般在这些高校担任教授(full professor)的学者至少要出版两部专著:一部用来获得终身教职,另一部则用来晋升教授。由于中国目前出版机构的混乱,学者们只要向出版社提供资助都有可能使自己的专著得到出版,因此不少高校在考虑教师职务晋升时干脆不考虑专著的出版,这也是不公正的。毕竟一些严肃的出版社专门设立了出版基金,用来资助经过评审质量较高的学术专著的出版。但是在评价一个学者是否具有国际影响和水平时,则应考虑其在国际著名出版机构出版的专著,而不能仅仅以 SSCI 和 A&HCI 论文作为唯一的标准。对于少数学养丰厚但外语不好的学者,评价其国际水平和影响则要看他们的著作是否被国际著名出版机构组织翻译出版。仅仅在中国国内用中文出版著述的学者至少不能被认为是具有国际知名度和影响的学者。这一点应该是得到公认的。

---

① 2013 年 4 月 10 日上午,中国人文社会科学学术期刊国际化战略座谈会在清华大学召开,汤森路透集团副总裁兼选刊部主任詹姆斯·泰斯特(James Testa)和我本人分别作了主题发言。泰斯特在发言中表示,汤森路透集团在今后的几年将逐步收录一些确有影响的中文人文社会科学学术期刊,只是需要这些期刊按照该数据库的编排规范作一些必要的调整。

② 仅以欧美的一些英语出版机构为例,这些商业出版社包括:Routledge,Springer,Sage,Blackwell,McMillan,John Benjamins,Mouton de Gruyter 等。这些出版社都十分注重学术著作的出版,并有着严格的匿名评审机制。

第三，由于人文社会科学学者的研究对象在很大程度上是人和社会，因此更注重与国际同行的学术交流。评价他们的学术水平和成就以及影响力，除了出版物和论文外，还应考虑他们在公认的国际性学术组织的任职情况，这也是评估他们的学术地位的一个标准。和中国的一些学会所不同的是，国际上的学会领导人一般都实行选举制与提名制相结合的方法，一个人无论名气多大，都不可能一直占据某个学会会长的位置。当然，我们也应该注意到另一个事实，由于国际学术组织的领导人通常并非挂名的，而是要实干，因此有些著名学者不愿意担任这样的职务。但真正有影响和有权威性的学者，有时会被学会聘请为顾问或名誉理事之类的职务，这样一方面可以证明他们的学术地位和影响力，另一方面他们也不需要花费很多时间介入日常事务。此外，人文社会科学学者的国际学术地位和声誉还体现在他们是否被邀请担任国际权威期刊，尤其是 SSCI 或 A&HCI 来源期刊的编委或顾问，以及是否被重要的国际学术会议邀请作主题发言或大会发言。一个自己很少在国际学术期刊上发表论文的人是不可能被聘请担任刊物编委或顾问的，他/她也很难被邀请在重要的国际会议上作主题发言或大会发言。这一点也是基本的国际学术规范。

第四，作为评价人文社会科学学者的国际学术地位和成就，还有一个比较高的标准，也就是看他们是否获得一些公认的国际学术奖，或被授予著名大学的名誉博士学位。因为要获得这些奖项或名誉学衔的提名，一位学者也须经过许多不为他本人所知道的匿名评审。当然，不可否认的是，担任一定的领导职务或出于意识形态的目的，有些大学也会将这样的荣誉学衔授给它们所偏爱的人，但至少获此殊荣的人必须是一位有着广泛影响力的学者或为推进学术作出贡献的官员，当然有时也不排除少数企业家或社会活动家。但是在遴选学者作为候选人方面，任何大学都是非常严格的。

最后，作为人文社会科学学者所能获得的最高的国际性荣誉，也许就是被国际著名的科学院选为外籍院士或荣誉院士。我这里仅就我所当选为外籍院士的欧洲科学院作一简单介绍。欧洲科学院又称欧洲人文和自然科学院，总部设在英国伦敦，外文全称为 Academia

Europaea (The Academy of Europe),成立于1988年,是欧洲多国科学部长共同倡导创立,英国皇家学会等多个代表欧洲国家最高学术水平的国家科学院共同发起成立的一个包括东、西欧国家的国际科学组织。欧洲科学院分20个学部,其学科领域涵盖人文社会科学、自然科学和科学技术等,是国际上跨地域和学术领域最广泛、学术地位最高、影响最大的科学组织之一。该院院士来自35个欧洲国家,主要从欧洲各个国家的科学院院士中选出,代表着欧洲人文和自然科学界最优秀的科学精英和学术权威,目前有院士2700人左右,包括40多位诺贝尔奖获得者,其中有多位是在当选院士后才荣获诺贝尔奖的。欧洲科学院院士中也萃集了一大批人文社会科学学者,其中包括德国哲学家于尔根·哈贝马斯、社会学家乌尔利希·贝克、法国社会学家阿兰·图兰、文学理论家帕斯卡尔·卡萨诺瓦、英国社会政治学家安东尼·吉登斯,瑞典汉学家马悦然,比利时比较文学学者西奥·德汉、瑞士文学理论和历史学家让·斯塔罗宾斯基、荷兰文学理论家汉斯·伯顿斯等,外籍院士中的人文学者包括美国哲学家和语言哲学家乔姆斯基、澳大利亚语言学家韩礼德、美国比较文学学者戴维·戴姆拉什、马丁·普契纳等。被提名为欧洲科学院院士的候选人首先由来自不同国家的两名以上的院士联名推荐到所在的学部,经学部初审后达成共识,然后推荐到提名委员会进行通讯评审,通过后按照评审结果排序,最后由欧洲科学院的专门委员会审核通过。该院目前共有近100位外籍院士,主要来自自然科学各分支学科,来自人文社会科学学科的院士共300多人。被提名的外籍院士候选人一般须先在本国的科学院当选为院士,或先被某个国别或区域性的科学院选为外籍院士。因此,就这一点而言,能够最终当选的外籍院士也须经过多种途径的筛选才能脱颖而出。

当然,人文社会科学的评价远较自然科学的评价复杂,这其中仍有着不少人为的因素,但是真正优秀的学者或许因为种种原因而得不到本国或本地区学界的承认,但却能得到他国学术机构或区域性学术机构的承认,例如,我们所熟悉的法国哲学大师德里达在法国和欧洲都未能入选院士,但却当选为美国人文与科学院外籍院士,文学理论家伊格尔顿虽然同时当选为英国科学院院士和美国人文与科学院外籍院士，但却未能入选欧洲科学院院士。同样，一些与欧洲学界有着渊源关系的美国学者在本国也未能当选为院士，但却能当选为欧洲科学院外籍院士，这样的例子还能举出很多。但至少这些科学院在遴选院士方面首先考虑的学术标准，例如欧洲科学院的外籍院士遴选标准为这样三个：国际性的知名度（international distinction），在相关学科领域取得卓越的成就（outstanding achievements made in the relevant fields），与欧洲学界的牢固关系（strong links with Europe）。当然，当选为外籍院士的学者没有任何相应的待遇，也不允许个人申请或单位推荐，这一点与中国科学院的遴选程序有所不同。

总之，在人文社会科学的诸多评价标准中，SSCI 和 A&HCI 仅是其中之一，它作为一种人文社会科学国际化程度的最基本的评价机制已经起到了其历史作用，我们现在决不能仅仅依赖这一标准，而应当超越它。我在上面提到的另几条更高的标准就是对之的超越，它也说明了评价机制的多元化和更高的要求。但是由于当前这两大数据库的巨大影响，同时也由于我们暂时还拿不出一个更好的并能得到国际公认的新的数据库，因此我们不得不仍以它们作为评价人文社会科学国际化程度的标准之一。但是对于我们中国学者来说，我们切不可迷信它们，而要客观地对待它们，一方面努力将自己的优秀论文跻身其中，从而通过英文的中介产生重大的国际影响，另一方面，则应大力推广和普及汉语，加快其作为一种国际性学术语言的进程，同时努力将一些优秀的中文学术期刊推荐给汤森路透集团，使之跻身其中并产生广泛的国际影响。作为这方面先行一步的中国人文学者，我本人将一如既往地为之奋斗。我始终认为，中国的人文社会科学要想真正实现国际化，应该有如下四个步骤：首先是跟着别人说，其次是和别人一起说，再次是和别人对着说，最后是领着别人说。现在应该是我们迈出第二步和第三步并朝着第四步去努力的时候了。

学术国际化与社会科学评价体系
——以 SSCI 指标的应用为例

许 心 蒋 凯

《社会科学引文索引》(Social Science Citation Index, SSCI) 是 20 世纪 60 年代美国科学情报研究所建立的综合性社科文献数据库。中国众多高校将在 SSCI 上发表论文的数量引入社会科学评价体系中,作为衡量教师科研质量与能力的重要指标。这种做法有助于促进社会科学研究的国际化与管理评价的客观化,但也对本土研究造成了一些不利影响。如何看待在 SSCI 期刊上发表论文,涉及如何客观地看待学术国际化的问题。因此,中国需要建立一套多元化、本土化的评价体系,正确而客观地对社会科学成果进行评价。

《社会科学引文索引》(Social Science Citation Index,简称 SSCI) 因其覆盖学科较全、评价机制较成熟、评审专家权威,已成为西方学术评价的重要参考指标之一,在业界享有较高声誉。近年来,在标榜竞争、追求效率与卓越的"新管理主义"影响下,我国众多高校将在 SSCI 上发表论文的数量引入学术评价体系中,推动了社会科学研究走向世界,但也在一些情况下对本土研究带来了不利影响,促使学界对现行的社会科学评价体系进行反思与修正。

一、SSCI 指标的应用与必要性

随着全球化时代的到来,世界范围内的政治、经济、文化、教育等领域互动增多,各国之间的相互依赖性日益增强,逐渐形成相互联系、相互补充的有机整体。学术研究尤其是社会科学研究,也随着研究对象的全球化而不可避免地需要走向世界,交流沟通。20 世纪 80 年代以来,中国社会科学研究经过几十年的重建与发展,已经从借鉴西方模式到形成了自己的科学体系、理论框架、管理体制和评价机制。在学术国际化的背景下,中国社会科学研究一方面应当博采众长,引进国际先进文化并促进自身创新发展;另一方面也应当积极地将自身研究成果推向世界,与各国学者进行平等对话,在国际学术领域发出中国的声音。这在国家政府层面已经得到了重视,例如 2011 年发布的《国家哲学社会科学研究"十二五"规划》提出,中国哲学社会科学研究应当"把握时代脉搏,树立世界眼光,使哲学社会科学研究始终面向现代化、面向世界、面向未来",同时,应当"深入实施哲学社会科学研究'走出去'战略,推动我国哲学社会科学优秀成果和优秀人才走向世界,加强对外学术交流与合作,不断提升我国哲学社会科学研究的国际影响力"[①]。

发表国际论文是中国科学研究"走出去"的重要途径和表现,国际期刊的论文发表数量也是衡量高校科研能力的关键指标。在自然科学、社会科学和人文科学领域,这一指标通常分别通过 SCI、SSCI 和 A&HCI 期刊论文发表数来衡量。例如,在上海交通大学世界大学学术排行榜中,科研质量一项占了 20% 的权重,而这一项的衡量依据就是 SCI 和 SSCI 论文发表数[②]。

《社会科学引文索引》(SSCI)是 20 世纪 60 年代美国科学情报研究所建立的综合性社科文献数据库。数据库涉及经济、法律、管理、心理学、区域研究、社会学、信息科学等研究领域。2014 年共收

---

① 《国家哲学社会科学研究"十二五"规划》,《光明日报》2011 年 7 月 4 日。
② C. P. Chou, "The SSCI Syndrome in Taiwan's Academia", *Education Policy Analysis Archives*, 2014,22(29):1—17.

录期刊3000余种,语种包括英语、德语、法语、西班牙语、葡萄牙语等,其中英语类期刊数量最多,其次是德语和法语①。在社会科学领域,SSCI论文发表不仅被用来衡量高校的科研水准,也是对教师科研质量与能力进行考核的关键指标,在人才招聘、绩效考核、职称评定、职位晋升、科研奖励中占据重要地位。比如,复旦大学国际关系与公共事务学院在招聘青年研究员时,要求应聘者应"具有较高的科研能力",并且"已有多篇第一作者论文在SSCI上发表"②。北京大学在《北京大学社会科学国际学术论文奖励暂行办法》中规定,署名单位有"Peking University"并发表在SSCI、A&HCI或SCI引文数据库的文章,类型为Article的奖励6000元科研经费,其他类型文章奖励4000元科研经费③。在国内其他一些高校关于教师奖励的规定中,我们也可以看到类似做法,并且奖励力度普遍大于北京大学。

将SSCI论文发表作为中国高校学术评价指标,具有必要性和合理性。首先,这种评价标准符合高等教育研究国际化的趋势。学术的国际化是使用科学的方法、无障碍的语言、规范的样式在国际公共学术平台上展示和交流学术研究过程及其创新成果,为国际学术界所接受或应用④。SSCI作为国际知名的社会科学学术期刊检索系统,已经被普遍接受作为该领域的重要评价标准,是适合全球学者进行学术展示与交流的平台。中国学者的论文在SSCI期刊上发表,一方面说明其学术研究方法和成果符合国际规范,得到了国际学术界的认可;另一方面也能够显示中国学者在国际舞台上的影响力,在国际平台上发出自己的声音。中国高校在建设世界一流大学的过程中,如果在国际期刊上发表论文少、学术成果不参与全球争鸣,其国际影响力就会被质疑,可能将面临日渐边缘化的危机。因此,鼓励国

---

① Social Sciences Citation Inde[EB/OL].[2014-06-30]. http://thomsonreuters.com/social-sciences-citation-index.

② 复旦大学国际关系与公共事务学院招聘青年研究员1—2名[EB/OL].[2014-07-25]. http://www.sirpa.fudan.edu.cn/s/56/t/134/fe/5e/info65118.htm.

③ 北京大学社会科学国际学术论文奖励暂行办法[EB/OL].[2014-07-25]. http://skb.pku.edu.cn/public/others/09110911.html.

④ 朱剑:《学术评价、学术期刊与学术国际化——对人文社会科学国际化热潮的冷思考》,《清华大学学报(哲学社会科学版)》2009年第5期。

内学者在 SSCI 期刊发表论文,可以倡导中国社会科学积极地与国际接轨,是中国社会科学研究进入国际学术共同体的主要途径之一。

其次,以 SSCI 论文发表为学术评价指标具有定量评价的客观性。社会科学研究具有一定的主观色彩,如果不采取客观化的、可量化的指标,在评价和管理时难以保证公平。通过引入国际上普遍采用的评价方式,以 SSCI 期刊发表论文的数量和质量为标准进行学术评价,可以规范现有的学术评价体系。这在一定程度上也可减少学术评价的"暗箱操作"与"学术人情",为社会科学研究的国际化提供公平的竞争与激励环境。

在实践层面,将 SSCI 论文发表引入学术评价体系鼓励了我国学者在 SSCI 期刊上发表论文。根据刘莉和刘念才的统计,自 1978 到 2007 年,我国发表的 SSCI 论文数量呈逐年上升趋势,从 1978 年的 10 篇,上升到 2007 年的 1014 篇。与此同时,我国学者发表的 SSCI 论文占全世界 SSCI 论文的份额也在上升,由 1978 年的 0.01% 上升到 2007 年的 0.61%。其中,SSCI 发表数量上升最快的时间是 21 世纪初的十几年,年平均增长率一直保持在 11%—38% 之间[①]。这一时期正是我国社会科学研究"走出去"的时期,高校越来越重视 SSCI 期刊发表,也出台了越来越多的鼓励措施。因此,我国学者在 SSCI 期刊发表越来越多的论文,这与学术评价体系对国际发表的重视密不可分,也体现了中国社会科学研究逐步走向世界的过程。

二、过于强调 SSCI 指标的不利影响

以 SSCI 论文发表量为评价指标,有助于促进学术研究的国际化与管理评价的客观化。但是,SSCI 指标也是一把"双刃剑",在促进中国高校学术国际化的同时也埋下了一些隐患。如果在评价体系中过分重视 SSCI 指标,将产生三个方面的不利影响。

首先,过于强调 SSCI 期刊论文发表会导致国内学者迎合西方的学术范式,忽视对本土问题的深入研究。由于 SSCI 主要收录的是以

---

① 刘莉、刘念才:《1978—2007 年我国 SSCI 论文发表的基本态势研究》,《情报科学》2009 年第 10 期。

美国为代表的西方国家的期刊,以中国本土问题为主要研究对象的文章往往无法成为期刊关注的热点。为了吸引国外学术期刊的注意并在这些刊物上发表论文,中国研究者的视域也常常被"西方化"甚至"美国化"。覃红霞和张瑞菁对 SSCI 期刊 Higher Education 杂志论文进行了统计分析,发现从 1980 年至 2006 年,该刊物发表的 18 篇关于中国或由中国作者写作的文章中,大部分由台湾地区与香港地区的研究者发表,其研究课题也集中在中西比较、留学、学术自由等方面。当前中国教育领域亟待关注的难题,如高职教育、农村教育等问题并未真正成为该杂志关注的核心[1]。一味迎合 SSCI 期刊感兴趣的研究课题,将导致研究者出现三种现象:重点研究西方的问题、研究西方关注的中国问题、直接援引西方理论来解读中国本土问题。在极端情况下,这种"亦步亦趋式"的学术研究将会使中国学者不自觉地迷失于损己利人的学术歧途,逐渐变成英美大学中国研究中心的藩属[2]。

其次,在学术评价中引入 SSCI 指标是移植自然科学标准,忽视了社会科学的特殊性。虽然自然科学领域以 SCI 论文发表为重要评价指标,但是社会科学的研究具有自身特点,与自然科学有诸多不同。1. 二者的研究对象特质不同。自然科学的研究对象是蕴含在大量自然现象中的客观规律,这些规律不受国界与文化的限制。而社会科学的研究对象则是社会现象及规律,它们受到不同国情与文化传统的制约,具有社会性与历史性。2. 二者的研究范式不同。自然科学讲究严密的逻辑推演和客观的实验证据,研究范式较为统一。而社会科学的研究范式具有多元性,在研究的过程中需要以研究者为工具进行意义反思和建构。研究者自身的文化背景差异,很可能造成对同一研究对象不同的判断。3. 二者使用的语言工具不同。现代自然科学研究很早就建立起了英语的使用平台,具有统一的符号、公式和术语,为不同国家学者的交流构建了共同的话语体系。社会科学与之不同,语言作为学科研究的重要工具与主体,其差异性不能

---

[1] 覃红霞、张瑞菁:《SSCI 与高校人文社会科学学术评价之反思》,《高等教育研究》2008 年第 3 期。
[2] 胡显章、杜祖贻等:《国家创新系统与学术评价——学术的国际化与自主性》,济南:山东教育出版社,2000 年。

被抹杀。4.二者的研究成果呈现形式不同。在自然科学领域,学术成果多以论文形式呈现,例如爱因斯坦、哥德尔这样的科学家,一生中最重要的一两篇论文即可奠定其在科学史上的地位。而在社会科学领域,学术成果则以专著为主。根据荷兰高校1980—1985年年度报告中的出版品资料分析,人文社会科学的图书出版品比期刊发表数量更为庞大①。总之,社会科学研究对象的社会性与历史性、研究范式的多元性、语言工具的差异性和学术成果以专著为主的特性都决定了社会科学不能采取与自然科学研究相同的、单一化的评价体系。再次,过于强调SSCI期刊论文发表,会导致国内学界轻视母语研究成果。由于高校对于SSCI论文发表具有硬性要求或较高奖励,而且SSCI期刊对论文发表要求较高,一些学者选择将精力主要放在国际期刊上发表论文,将最好的研究成果以英文形式向外投稿。这导致本土学界流入越来越多的低层次论文,在本该发表优秀本土论文的顶级国内学术刊物上,出现了"真空"的状态。如果众多优质的研究成果不参与国内学界争鸣,这必将影响到中国学术界的健康发展。此外,为了SSCI发表,研究者也不得不舍弃母语而选择英语写作。国际著名教育学家菲利普·G.阿特巴赫(Philip G. Altbach)观察到,"英语的统治地位使得世界范围内的科学日趋成为使用英语的主要学术系统为主导的霸权统治,并且给不使用英语的学者和大学带来了挑战"②。在社会科学领域,学者们也面临同样的挑战。在SSCI收录的3000余种期刊中,大多数期刊语言为英语,其中显示来自中国的10本期刊,也均在香港或国外以英文出版③。母语是社会科学研究者们最为熟悉的语言工具,据此也可以做出最为深刻的思考。如果研究者纷纷放弃母语与母语思维,必将抑制社会科学研究的深入发展。

---

① 周祝瑛:《SSCI下的台湾高教竞争力:以政大学术评鉴为例》,《北京论坛(2010)文明的和谐与共同繁荣——为了我们共同的家园:责任与行动:"变革时代的教育改革与教育研究:责任与未来"教育分论坛论文或摘要集》,北京:北京大学出版社,2011年,第48页。

② [美]菲利普·G.阿特巴赫:《至尊语言——作为学术界统治语言的英语》,朱知翔译,《北京大学教育评论》2008年第1期。

③ ISI Web of Knowledge, Journal Citation Reports[DB/OL].[2014 − 07 − 25]. http://www.webofknowledge.com.

总体而言,在当前以 SSCI 指标为代表的学术国际化过程中,存在着"西方化"的趋势。部分中国的社会科学研究者在向国际标准靠拢时,也在潜移默化地按照西方的思考与表达方式,代替自身的研究方向与研究内容。我们应当对这种情况提高警惕,因为如果学术的政策、方向、审核与取舍全为西方学界所操纵,那么中国学者的角色将永远是奉承者及受审者,落入被动的地位[①]。长此以往,这种做法将会使中国学者丧失学术批判的能力和学术研究的自信,也必将会对我国社会科学的发展产生不利影响。

三、建立新的社会科学评价体系

如何看待 SSCI 指标在社会科学评价体系中的地位,对此问题的讨论并非中国大陆独有。例如,中国台湾学者周祝瑛指出,台湾地区存在着"SSCI 综合征"(SSCI Syndrome):由于政府和高校对于 SSCI 期刊论文发表的过分关注,学者们不得不投入大量时间和精力致力于国际论文发表,而忽略了教学及对本土问题的研究[②]。类似的"综合征"也出现在韩国和其他一些亚洲国家,引发了一些学者的质疑与反思[③]。在国际化与本土化的张力下,如何鼓励研究者趋利避害,在"走出去"的同时保持文化主权意识,是这些国家和地区的学者共同面临的问题。

中国学术研究在国际化的过程中经历了三重境界:第一重境界是把西方学术转译为中国现代学术,即输入阶段。第二重境界是向世界学术中心发出中国的声音,即输出阶段。前两种境界都未能摆脱"西方中心",体现着希望获得西方认可的心态。国际化的第三重境界,是发展根植于汉语的、本土的、原创性的学术。我国正处于学术国际化的第三个阶段,相应地也需要科研机构改变对 SSCI、

---

① 杜祖贻:《借鉴超越:香港学术发展的正途》,《比较教育研究》2000 年第 5 期。
② C. P. Chou, "The SSCI Syndrome in Taiwan's Academia", *Education Policy Analysis Archives*, 2014,22(29):1—17.
③ Shin, Kwang-Yeong, "Globalization and the national social science in the discourse on the SSCI in South Korea", *Korean Social Science Journal*, 2007,(1):93—116.

A&HCI 和 SCI 发表数量的盲目崇拜,建立适合于汉语学术的国际化评价体系①。鉴于单纯使用 SSCI 指标来评价社会科学研究成果所带来的不利影响,高校在改革社会科学评价体系时可以考虑从以下四个方面入手,建立起多元的本土化评价体系。

第一,打破数量桎梏,强调评价成果的多元性,切忌"一刀切"。正如上文所述,在人文社科领域,学术成果的表现形式并不仅仅是论文,而研究者的能力也不能仅从论文发表数量来衡量。因此应当建立一种多元评价标准,除了重视在 SSCI 和 A&HCI 来源期刊上发表论文外,人文学科的学者还应当在国际著名的出版社出版著作。学者追求在 SSCI 和 A&HCI 来源期刊上发文数量的同时,更应该注重文章的被引用率和实际影响力②。在评价成果多样化的方面,北京大学人文社会科学实行的"代表作"制度也是一种有益的尝试。该体系对文科学者的评价不以成果的形式和数量为主要依据,而是主要参考其"代表作","代表作"可以是一本著作,或者是几篇论文,无所谓国内或国际发表。此制度需要同行评议,这就保证了学术评议的公平合理,直接针对成果进行评估,突破了重数量轻质量的误区,每三到五年评价一次,尊重了人文学科的研究规律,是一种比较符合中国国情的评价体系③。

第二,国际化与本土化并重,在鼓励国际发表的同时保证对本土学术价值的尊重。在国际期刊发表论文值得鼓励,但在评价体系中不应赋予过多的权重。中国台湾的学者们于 2010 年向台湾"教育部"提交联名公开信,呼吁"停止将 SSCI 作为学术研究和政策的最佳参考指标",并提出建立一套多元的、国内国际并重的评价体系。在这套体系中,无论是在国际期刊上还是在国内期刊上发表论文,无论是在网络、报纸还是在 SSCI 上发表论文,无论是受聘为荣誉教授还是主持课题,都会被认为是学者参与科研的认证④。这种评价标准

---

① 桑海:《学术期刊与中国学术国际化》,《云梦学刊》2013 年第 4 期。
② 王宁:《人文社会科学评价的多元化和国际化标准》,《重庆大学学报(社会科学版)》2009 年第 4 期。
③ 党生翠:《美国标准能成为中国社会科学成果的最高评价标准吗?——以 SSCI 为例》,《社会科学论坛》2005 年第 4 期。
④ C. P. Chou, H. F. Lin, Y. Chiu, "The impact of SSCI and SCI on Taiwan's academy: an outcry for fair play", *Asia Pacific Education Review*, 2013, 14(1): 23−31.

摒弃了对国外期刊发表的一味推崇,体现出对本土学术期刊和发表的尊重。同时,鼓励学者在国内期刊发表,也能够引导学者采用中文进行写作,利用熟悉的母语进行更加深入的思考和研究。

第三,尊重学科差异,对人文社科领域不同学科区别对待。由于不同学科的研究边界不同、国际化程度不同、国际发表的意义不同,因此不应当对所有学科使用统一的评价标准。例如,现阶段对于中国历史和国际政治领域,就不应当使用同样的评价标准。因为前者的研究对象、研究语言、受众群体都决定了研究成果更适合优先在国内发表,而后者的成果不仅应在国内发表,也应当走向世界,接受国际认可。如果对二者的国际发表提出相同的硬性要求,则是不恰当且不符合实际的。因此,在制定相应的评价标准时,也应当充分考虑学科差异,进行区别对待。

第四,考虑到院校差异,不以同一标准来要求不同层次院校的教师。西蒙·马金森(Simon Marginson)指出,各国的高等教育均在一定程度上存在院校垂直分割的情况,即存在着顶尖研究型大学、研究型大学和单纯教学型大学的区分。三类高校的教师层次、生源水平、国际化程度均有不同,科研相对于教学的重要性也是依次降低的[①]。这种院校垂直分割在我国的高等教育领域也有所体现。我国本科院校有"985"高校、"211"高校与普通本科院校之分,不同层次院校对教师在国际期刊上发表论文的要求也应有所不同。如果让所有高校都向顶尖院校看齐,要求教师必须在国际期刊上发表论文,就会错误地引导教师,为其施加过多压力,减少其本该投入在教学上的时间和精力,对高等教育的发展带来不利影响。

总而言之,对于学术价值的评价,不应该仅仅根据 SCI 或其他外来机构的排名——也就是说,不应该将评价的权力交予外国人。支持以母语发表的研究成果,在国内和国际的发表间找到平衡,将有助于形成活跃的研究团体。而最为关键的是,要正确认识本国的科学与知识团体的重要性。虽然创造一种国内和国际的平衡状态或许并

---

① S. Marginson, "Dynamics of National and Global Competition in Higher Education", *Higher Education*, 2006, 52: 1-39.

非易事,然而,知识的独立却取决于此①。通过建立数量与质量并举、国际与本土并重、差异与共识并存的评价体系,中国社会科学方能既维护学术独立又参与国际争鸣,促进世界学术共同体在相互尊重和平等交流的基础上持续发展。

---

① [美]菲利普·G.阿特巴赫:《至尊语言——作为学术界统治语言的英语》,朱知翔译,《北京大学教育评论》2008年第1期。

中国社会科学的国际化与母语写作

熊易寒

近年来,中国社会科学的国际化取得了一定进步,国际影响力有所提升。但国内学术界对"国际化"的认识存在一定偏差,本文批评了抵制国际化的"学术民族主义"和丧失本土意识的"殖民地学术"。社会科学的国际化不仅仅意味着英文论文、国际会议和国际期刊,更重要的是采用科学的研究方法、积极参与国际学术对话和竞争,提出有国际影响力的理论范式,与国际同行共同设置研究议程。中国社会科学的发展需要处理好经验与理论、"在中国"与"为中国"、英文写作与中文写作的关系。国际化并不意味着丧失本土问题意识,对西方学术界亦步亦趋,也不意味着母语写作的自我矮化。高水准的中文学术写作也是国际化的一个组成部分。

近年来,中国社会科学的国际化作为中华文化"走出去"战略的一个重要组成部分,已经取得了一定的成果。根据《2011年度中国科技论文统计结果》来看,2010年《社会科学引文索引》(SSCI)收录了中国学者的论文5287篇,占收录论文总数的2.41%;2011年SSCI数据库收录论文24.18万篇,中国学者的论文为6380篇,占收录论文总数的2.6%,其中以中国机构为第一署名机构的论文为2954篇,占中国学者的论文总数的46.3%。尤其令人惊喜的是,中国大陆学者的名字也开始出现在《美国经济评论》《美国政治学评论》

《美国社会学评论》和《世界政治》等顶级期刊上。① 中国社会科学研究者的英文论文,无论从数量还是质量上看,较之过去都有了长足的进步。

然而,在为这些成就感到欣喜的同时,笔者也发现,国内相当一部分学者对于"国际化"的认识存在偏差。第一种态度是抵制和排斥国际化,持这种态度的学者认为,社会科学不同于自然科学,不需要走国际化的道路,在英文期刊上发表论文就意味着自觉或不自觉地接受西方学术界的文化霸权,丧失了中国本位的问题意识;第二种态度是将国际化简单地等同于 SSCI 论文,认为中文论文不值一提,只有 SSCI 收录的文章才是真正科学的研究。笔者将前一种立场称为"学术民族主义",后一种立场则是"殖民地学术"取向。在国内的学术会议和非正式交流中,我们不难发现,持这两种态度的学者并非少数,并且互不认同,若不能及时加以矫正,不仅不利于学术共同体的构建,也会妨碍中国社会科学的健康发展。

一、双重陷阱:"学术民族主义"与"殖民地学术"

"学术民族主义"往往以反对西方中心主义为借口,抵制国际化。持这一立场的学者认为,学术的背后总是隐藏着特定的意识形态,如果加入西方主导的学术生产体系,将不得不接受西方的学术霸权。中国学术应该有"中国特色",没必要与国际接轨。不可否认,社会科学确实与特定意识形态存在千丝万缕的联系,但既然是"科学",就有

---

① 代表性的作品有:Zheng Song(宋铮), Kjetil Storesletten and Fabrizio Zilibotti, "Growing Like China", *American Economic Review*, 2011, 101(1): 196—233; Shuaizhang Feng(冯帅章), Yingyao Hu, "Misclassification Errors and the Underestimation of U. S. Unemployment Rates", *American Economic Review*, 2013, 103(2): 1054—1070. Xueguang Zhou, Qiang Li(李强), Wei Zhao, He Cai(蔡禾), "Embeddedness and Contractual Relationships in China's Transitional Economy", *American Sociological Review*, 2003, 68(1): 75-102; Victor Shih, Christopher Adolph, Mingxing Liu(刘明兴), "Getting Ahead in the Communist Party: Explaining the Advancement of Central Committee Members in China", *American Political Science Review*, 2012, 106(1): 166-187; Lee, Ching Kwan, Yonghong Zhang(张永宏), "The Power of Instability: Unraveling the Microfoundations of Bargained Authoritarianism in China", *American Journal of Sociology*, 2012, 118(1): 1475-1508; Shiping Tang(唐世平), "Review Article: Reconciliation and the Remaking of Anarchy", *World Politics*, 2012, 63(4): 711—749.

其超越国界、超越政治的普世性。"殖民地学术"则以 SSCI 为最高学术标准,以期刊的排名和影响因子作为学术成就的象征。持这一立场的一些学者甚至拒绝用中文进行学术写作,不屑于在中文学术期刊上发表论文。而事实上严格来说,SSCI 并不是一个学术评价系统,而是美国信息科学研究所为了方便学者开展研究而开发的文献检索系统。有学者指出:"SSCI 的首要作用,是开辟了一种新型的以互引用关系为途径的检索系统,并由此引申出了评价功能。不能将其评价功能绝对化,引文影响力不能等同于学术影响力,用我国学者在 SSCI、A&HCI 的发文情况及引文状况,来判断和评价中国人文社会科学是不全面、不充分的。"[1]

笔者到国外参加国际学术会议的时候,偶尔有一些期刊编辑会向与会学者约稿,国内同行的第一句话往往是:"贵刊被 SSCI 收录了么?"相比之下,西方学者反而没有那么在意所投期刊是否被 SSCI 收录。笔者询问一位知名美国政治学家对于 SSCI 期刊的看法,她表示自己不太注意期刊是否被 SSCI 收录,更加看重的是期刊的学术声誉。一些 SSCI 期刊的学术水准并不高,而一些非 SSCI 期刊或者文集反而有很好的口碑,所以,她既给本专业的所谓权威期刊投稿,也会给一些非 SSCI 期刊甚至非匿名评审的同仁刊物投稿。她不太理解为什么中国学者如此看重 SSCI 期刊。

一位频繁在英文期刊上发表论文的学者曾善意地告诫笔者:如果想要在 SSCI 期刊上发表论文,首先,一定要重新包装你的研究问题,必须是西方人感兴趣的;其次,尽量不要引用中文学术作品,不得已的时候也要作为资料(data)来引用,不要引用他们的观点或理论。这位学者的经验之谈虽有一定的局限性,但也在一定程度上反映了西方学术期刊的"潜规则"。如果将 SSCI 期刊作为学术评价标准,很可能会诱导学者曲意迎合西方学术偏好。

不论是"学术民族主义",还是"殖民地学术",本质上都不是一种学术立场,而是一种隐蔽的政治立场。学术民族主义是妄自尊大和盲目排外,而殖民地学术则是丧失主体意识的自我矮化,两者都不是

---

[1] 李文珍:《理性看待 SSCI、A&HCI 热》,《中国社会科学报》2012 年 2 月 13 日。

开放、平等的姿态，在这样的心态驱使下，不可能产生伟大的学术作品。

以刊物的级别（譬如 SSCI 期刊、中文权威期刊、CSSCI 期刊）来衡量论文的水平、学术的优劣，无异于买椟还珠。好的论文当然更有机会发表在一流期刊上，但这只是概率性的，不代表所有高等级刊物上的文章都是好文章，也不代表普通刊物上就没有好文章。回到学术本身，用作品说话，这才是真正公允的学术态度。一方面，汉语学术界需要奋起直追，中文学术刊物尤其需要建立与健全匿名评审制度，提高学术品味和学术公信力；另一方面，汉语学术界也不可妄自菲薄，一味贬低中文学术写作的价值和影响。实际上，国内的一些高水平期刊，如《中国社会科学》《经济研究》《社会学研究》《历史研究》《经济学季刊》也不乏精品力作，部分优秀论文至少不输于 SSCI 中等期刊的发表水平。

衡量学术作品究竟好不好，不应该看它发表在什么刊物上，而是作品本身能否引发共鸣或争议。所谓共鸣是价值观和情感上的，即对选题重要性的认同。社会科学的研究不只是一种智力游戏，而必须服务于人类的福祉。如果没有对人类命运的深切关照和反思，就很难产生真正具有影响力和生命力的学术作品。

所谓争议是理论意义上的，重大的研究成果往往具有颠覆性，会对既有理论体系构成巨大挑战，因而往往会引起广泛关注和争议。伟大的作品要么是范式开创者，开启一种新的学术传统和研究取向；要么是范式终结者，作为一种研究传统的集大成者，为后来的研究转向提供动力和契机。没有争议，就没有创新。

二、不平等的对话："中国经验"与"西方理论"

长期以来，不论是中国学者还是西方学者，常常都会自觉或不自觉地将中国等同于经验，西方等同于理论，似乎中国只能贡献"地方性知识"（local knowledge），而西方则负责生产普遍化理论。中国学者在撰写论文的时候，也总是宣称要用独特的"中国经验"去与"西方主流理论"进行对话。大家在潜意识里已经默认了这样一种学术分工：中国学者为西方的知识生产体系提供"数据""案例"等原材料，西方学者则负责将这些来自第三世界（包括中国）的原材料进行深加工，使之上升到抽象和理论的高度，反过来再去指导中国学者的学术生产，挖掘更为丰富的数据与个案，如此循环反复。

一个让中国研究的学者们（包括中国学者和海外中国学的研究者）尴尬的现实是：中国研究一直没有做出多少具有原创性的理论贡献，更多的是作为理论的消费者，而不是理论的生产者。的确，我们现在所使用的研究框架和分析概念基本上是舶来品："现代化""政治系统""政治过程""利益集团""理性选择""社会资本"来自美国，"市民社会""公共领域""法团主义""国家建构""场域""惯习"来自西欧，"市场转型""政党—国家""软预算约束"来自东欧研究，"内卷化""地方性知识""道义经济学""弱者的武器"来自东南亚研究，"权威主义""大传统""小传统"来自拉美研究，"发展型国家"来自日本研究。中国研究只拥有"差序格局"（费孝通）、"全能主义"（邹谠）、"新传统主义"（华尔德）、"第三领域"（黄宗智）、"行政吸纳政治"（金耀基）等为数不多的拥有"自主产权"的概念，而且使用范围仅限于中国研究，无法像前面的那些概念一样漂洋过海，获得"普适性"的学术地位。换言之，作为区域研究的中国研究（不论是海外中国学还是本土研究），在理论建构方面都处于弱势地位。

这绝不是一个民族自尊心或自信心的问题，因为海外中国学也面临同样的困境。我们之所以不满于现状，不应是基于反西方中心主义的逻辑——"因为这个理论是西方人提出来的，所以不适用于中国，我们不能用"，这种"学术民族主义"无异于因人废言，本质上是一种政治立场，而不是一种学术批评，也许可以聊以自慰，但削弱不了西方理论分毫，对我们的学术研究更是有害无益。笔者更愿意将理论建构理解为学术研究的内在需求，而不是为了与蓝眼睛、白皮肤的西方人较劲。

如何摆脱这一困境？一个替代的研究策略就是将西方视为"经验"上的他者，而不是一种终极"理论"范式或标准。如果把西方视为国家形态或社会发展的"标准"，那就往往会下意识地将中国社会视为一种"病态"或者"残缺"形态，而如果将西方的历史和现实"降格"

为与中国经验同等的经验,而不是普遍主义的象征,那就不容易被这种西方中心主义的思维俘获。譬如,费孝通"差序格局"概念的提出,实际上是基于对中西方社会的观察和比较,他将西方的模式称为"团体格局",将中国的模式称为"差序格局"。

"西洋的社会有些像我们在田里捆柴,几根稻草束成一把,几把束成一捆,几捆束成一挑。每一根柴在整个挑里都是属于一定的捆、扎、把。每一根柴也可以找到同把、同扎、同捆的柴,分扎得清楚不会乱的。在社会,这些单位就是团体……我们不妨称之为团体格局。我们的社会结构本身和西洋的格局不相同的,我们的格局不是一捆一捆扎清楚的柴,而是好像把一块石头丢在水面上所发生的一圈圈推出去的波纹。每个人都是他社会影响所推出去的圈子的中心。"①

正如阎云翔所评述的那样,"为了更有效地说明中国社会的特点,费孝通采用了人类学的基本方法——比较法。他先描述出一个'他者',即西方的社会结构(团体格局),然后再以这个'他者'为鉴,反照中国社会结构的镜像。'差序格局'的概念必须放在这种中西方对比、比较的框架下才能呈现其全部意义"。② 在费孝通这里,中西社会是存在差异的,但差异的双方是平等的,不存在高下之分,更不存在"正常"或"病态"之分。

我们是需要"野性的思维",还是需要进入一个既定的学术传统?如何处理本土经验与西方理论的问题?这曾经是国内学术界争论的焦点:一方批评对方是朴素的经验主义,拒绝学术传统和学术规范,具有"反理论"倾向;③另一方则主张"少一些文明的规范,多一些野性的创见"④,强调中国的主体性,拒绝做西方理论的"应声虫"。

听上去双方都义正词严,理直气壮。事实上,这场论争也确实不是一个简单的孰是孰非的问题,而更多地是一个学术取向与研究风

---

① 费孝通著:《乡土中国、生育制度》,北京:北京大学出版社,1998年。
② 阎云翔:《差序格局与中国文化的等级观》,《社会学研究》2006年第6期。
③ 应星:《评村民自治研究的新取向——以〈选举事件与村庄政治〉为例》,《社会学研究》2005年第1期。
④ 吴毅、贺雪峰、罗兴佐、董磊明、吴理财:《村治研究的路径与主体——兼答应星先生的批评》,《开放时代》2005年第4期;吴毅、李德瑞:《二十年农村政治研究的演进与转向——兼论一段公共学术运动的兴起与终结》,《开放时代》2007年第2期。

格的差异问题。但是，论战的双方都存在一个本质化的倾向，即本土＝经验，西方＝理论，从而陷入了一个糟糕的二元预设，似乎本土所能贡献的就是经验，而西方所能提供的则是理论。

正如邓正来所言：中国社会科学要发展，就必须以中国社会科学的自主性为前提。而就建构或捍卫中国社会科学的自主性而言，我们则不仅必须关注知识研究本身的问题，而且还必须对中国既有的"知识生产机器"进行反思和批判。①

西方的学术霸权固然是一个事实，中国学术的主体性也仍然值得追求。但是，对于学术而言，比"主体性"更为重要的是"主体间性"。这是因为自我的发现往往是在与他者进行比较的过程之中得到的。就好比鱼儿只有上了岸，才能发现水对于自身的意义，"习以为常"往往会钝化我们的理论触觉。在实证研究过程中，与现有的理论进行对话，是产生新理论的一条重要途径，甚至是必由之路。譬如斯科特在与葛兰西霸权理论的对话中提出了"弱者的武器"，在与西方主流经济学的对话中提出了"道义经济学"；查特吉在与公民社会理论的对话中提出了"政治社会"；费孝通在与西方团体格局的对比中提出了"差序格局"。

因此，笔者不同意吕德文所说的："中国研究的起点和归宿都不会是以理论对话为取向的，而是以认识和理解中国为取向的。"②他认为要彰显"中国主位"，就必须坚持问题取向、经验取向。这无疑是将田野调查与理论对话相对立，人为地割裂了经验与理论，将理论对话排斥在学术生产的过程之外。而事实上，田野调查与理论对话是不可分割的，二者都是实证研究的基本环节。理论必然是在对话中产生的。翻一下学术杂志，我们会发现，自创概念很容易（学术界每天都在生产空洞无物的虚假概念），但有生命力、解释力的概念通常不仅仅是植根于经验，而是在与"他者"（外部经验和相关理论）的比较中产生的。没有比较，就很难分清楚特性与共性、个别与一般，就很难将重要的信息从原始状态中剥离出来，也就无法实现对具象的

---

① 邓正来：《研究与反思：关于中国社会科学自主性的思考》，北京：中国政法大学出版社，2007年。
② 吕德文：《在中国做"海外中国研究"——中国研究的立场与进路》，《社会》2007年第6期。

抽象。这就涉及另一个问题：中国社会到底有多特殊，以至于与西方理论进行对话都会遮蔽其特性？

中国当然有其特殊性，哪个社会不是如此？但如果没有比较、对照，我们能够分辨特性与共性吗？削足适履地用西方理论裁减中国经验固然不妥，一味地以中国主位来拒绝理论对话也未免矫枉过正。研究中国问题，既要关注中国的特性，也要关注中国的一般性。更何况，在现时代，我们已经很难分清楚哪些是"中国的"，哪些是"西方的"，无论是现实世界还是观念世界，更多的是中西互动的产物。对于研究者而言，重要的是于独特处探寻意义，从一般处发现通则。如果一个现象是中国特有的，那么我们要思考这种现象有什么特定的意义？这个意义可能是特殊的，也可能是普遍的，只不过其他社会存在一种替代性的价值载体。如果一个现象是中西皆然的，西方的理论是如何解释的，是否能够充分地解释中国经验？相同现象的背后也可能存在不同的发生机制和文化内涵。同与异、特性与一般，可能不是相互排斥，而是相互包含的关系。统一的脉络，才能有的放矢地提出理论性的问题（从这个意义上讲，学术研究必须有论敌，否则容易失之空泛），让自己获得一个更高的研究起点，使自己的研究构成一种学术增量，成为学术史和学术传统的一部分。① 反之，无视前人的研究成果，直接诉诸田野，则好比从零开始，事倍而功半。回避与孤立并不能确立真正的主体性，在对话与交流中所形成的不可替代性（即独到的贡献）才是真正的主体性。以理论为导向，即便不能建构理论，至少有望修正和补充理论，而这也是非常重要的工作。以周雪光为例，他发现当代中国地方政府自上而下的资源索取行为与传统社会主义计划经济中的"软预算约束"（科尔奈）有相似之处，只不过后者是下属企业向上级政府索取资源以弥补亏空，从而创造性地提出了"逆向软预算约束"，用以解释当代中国的地方政府间关系和政企关系。② 如果说"软预算约束"概念的运用体现了理论导向，那么笔者强调的理论导向绝不是要实证研究成为既有理论的注脚，而

---

① 熊易寒：《文献综述与学术谱系》，《读书》2007年第4期。
② 周雪光：《"逆向软预算约束"：一个政府行为的组织分析》，《中国社会科学》2005年第2期。

是说,我们在进行实证研究的时候,一定要进入一个学术传统,可以反传统(这也是进入传统的一种方式),但不可以无视传统。进入学术传"逆向软预算约束"则意味着在前人基础上的理论建构。由此我们可以看到,理论对话不仅没有伤害所谓的中国主体性,而且通过中国经验与他者的对照,帮助其确立了主体性。

如果说田野调查是看自己,那么理论对话则是看别人以及看别人眼中的自己(所谓"镜中我"),正是在相互的参照、对比当中,新的理论灵感和学术想象力得以迸发,从而为理论建构铺平了道路。

三、"在中国"与"为中国":中国社会科学的双重使命

所谓"在中国",用英文来表述就是 social science in China,是指"在中国"做社会科学研究,不存在中国特色的社会科学,中国只是一个田野(美国或欧洲各国也一样),中国的经验现象与世界其他地方一样受到普遍规律的支配,因此研究者必须通过对经验材料和数据的分析,通过理论与事实的互动、中西经验的对话,发现具有普遍意义的通则和理论。

唐世平指出:社会科学研究应该不断拓展理论的疆界,贡献新的理论。社会科学学者不应该只关注地方性知识,而应该研究大一点的问题,只有这样才能有更广阔的视野,产生强有力的理论,从而造福人类。人类在很多根本性的问题上是一致的。追求能够覆盖全世界某些共同问题的知识,永远都是学术的最高境界。[①]

这就意味着中国研究不能仅仅满足于阐释中国经验,而应该包括两个层次:一是研究中国,着重于描述和解释中国现象;二是"在中国"做研究,我们的理论不局限于解释中国,还具有更高的学术抱负,即上升为超地域的一般性理论。更重要的是,中国学者不能仅仅关注和研究中国问题,还必须研究全世界关注的问题。前者是地区研究的范畴,后者是学科研究的范畴。如果我们承认中国社会不仅有其特性,也具有人类社会的共性,那么,这两个层次都应该被视为中

---

① 张平:《唐世平:在"大理论"和现实关怀之间》,《中国社会科学报》2013 年 4 月 10 日。

国研究的组成部分,都应该成为中国学人的自觉追求。这就要求选题的多元化,不要局限于中国问题,事实上,近年来中国学者发表在国际顶级期刊的论文,既有基于中国经验或"中国悖论"的,[①]也有研究域外经验或全球性问题的。这是一个可喜的趋势。

所谓"为中国",用英文来表述就是 social science for national interest,社会科学必须关注社会的福祉和人类的命运,作为中国的社会科学研究者,还有义务为中国的社会发展与繁荣做出自己的贡献。唐世平认为:社会科学的根本任务是通过提供解决社会问题的知识来改善人类的福利。从这个层面上讲,社会科学不是"玩学术",而是要解决基本问题。所谓"现实关怀"既包括解决某个现代社会的具体问题,也包括关注现实社会的某个根本性问题。对实证类的社会科学学者来说,冲突与合作、政体或组织的兴衰就是两个根本性问题。[②]

从"为中国"的立场出发,中国的社会科学研究不能为发表而发表,不能满足于知识圈内部的"自娱自乐",在解释世界的同时也力求改变世界,为国家的繁荣发展、人类的文明进步做出自己的贡献。如果单独以论文发表为评价标准,近年来香港大学、香港科技大学的表现可谓风光无限,在一些排行榜上甚至比东京大学、巴黎高师、慕尼黑大学、曼海姆大学等传统名校更为抢眼,因为这些高校的很多研究成果(特别是人文社会科学领域)不是以英文发表的,而香港高校与英文学术界接轨程度更高。但东京大学对于世界科技发展和日本政治经济的影响、巴黎高师对世界哲学的贡献,远远超过了大学排名的意义。这绝不是说香港高校不够优秀,而是说英文论文的多寡并非是衡量学术贡献的最高标准,更不是唯一标准。

为什么在一个国际化的时代,母语写作依然重要? 首先,这是因为语言系统同时也是一个意义系统。每一种语言的背后都有某种独特的文化体系、价值体系和思维方式。虽然笔者相信,大多数中国问题都可以转化为一般化的知识,但由于社会发展阶段的差异或文化的差异,仍然有一些问题(至少在一定时期内)对于中国社会特别重

---

① 黄宗智:《悖论社会与现代传统》,《读书》2005 年第 2 期。
② 张平:《唐世平:在"大理论"和现实关怀之间》,《中国社会科学报》2013 年 4 月 10 日。

要,而对西方学术界来说则不那么值得关注。

其次,中文写作可以促进中文学术共同体的建设。笔者熟悉的一些优秀学者,既有能力在国际一流刊物上发表论文,同时也非常重视中文论文的写作。在他们看来,中文写作不只可以提升自己在国内学术界的声誉和地位,更重要的是,通过发表高水平的中文论文,可以促进中文学术界整体水平的提高。试想,如果有一天中国的优秀学者都只撰写英文论文,以至于中文期刊上的论文多是平庸之作,那么,我们应该如何评价中国学者的学术水平?

四、走向世界的中国学术

拒绝国际化的学术民族主义论者常常以费孝通先生作为社会科学本土化的典范,却忽视了费孝通先生是在英国接受了系统的人类学学术训练,"差序格局"的概念化也正是基于费孝通对中西社会的比较;主张 SSCI 本位的"殖民地学术"论者往往轻视中文写作的价值,却无视这样一个事实,陈寅恪、瞿同祖、萧公权、张培刚、费孝通、张仲礼等被西方学术界广泛接受和引用的中国学者,不仅有良好的英文能力和开放的国际视野,更有对中国社会和中国历史的深刻把握。那么,中国的社会科学研究者该如何提出既有中国立场又被国际学术界关注的研究问题呢?

一是事实观察。通过对社会事实的观察,发现有趣的和重要的现象,进而寻找其背后的缘由。譬如,为什么美国没有社会主义?为什么意大利的南部和北部实行的是同一套政治制度,民主的绩效却大相径庭?为什么许多发展中国家在经济快速增长时期往往伴随着比此前的贫困时期更多的社会动荡?宋铮发表在《美国经济评论》上的文章就属于这一类型,该文从中国金融市场发展不完善的角度解释了中国为何会出现巨额外汇储备,论证了中国政府并没有通过操纵汇率来实现国际收支顺差。①

---

① Song Zheng, Kjetil Storesletten, Fabrizio Zilibotti, "Growing Like China", *American Economic Review*, 2011, 101(1):196-233.

二是寻找理论与社会事实之间的不吻合,即所谓的"迷思"(puzzle)。通过在理论文献与经验世界的反复穿梭,发现理论与事实相悖反的情况。譬如,一部分新制度经济学者认为只要把价格搞清楚,就会有良好运行的市场。而事实并不见得如此。这背后的缘由是什么?

三是理论对话。通过文献阅读,对现有研究进行梳理,寻找现有理论的软肋,在理论争辩中找到自己的学术立场,或将原本对立的或不相关的理论范式整合起来,譬如,制度主义/理性选择取向与文化研究取向、结构主义与建构主义、冲突范式与和谐范式、多元主义与精英主义,这些看似针锋相对的理论传统是否可以调和乃至于整合成一个新的理论范式?[①] 譬如唐世平发表在《世界政治》上的综述长文,关注的是冲突之后的和(reconciliation)。通过对关于"和解"的三本专著和三本编著的建设性批判,文章着重讨论了四个大的问题:群体感情和群体政治的相互作用、国内政治和国际政治的相互作用,记忆的制度化,以及研究和解时可能需要注意的方法论问题。[②]

事实上,好的学术研究往往起源于意外。真正的研究不是一马平川,而是骑手(研究者)驯服烈马(待解释的理论问题)的过程,最终会达到哪里,骑手事先并不知道,路线和终点实际上是骑手与烈马磨合的结果。经典研究往往是非预期的意外后果,研究者在研究过程发现了更重要、更具理论挑战性的问题。

在中国社会科学迈向国际化的过程中,尤其需要处理好以下三组关系:

一是学术补课与理论原创的关系。1979年3月30日邓小平在党的理论工作务虚会上指出:"我并不认为政治方面已经没有问题需要研究,政治学、法学、社会学以及世界政治的研究,我们过去多年忽视了,现在也需要赶快补课……我们已经承认自然科学比外国落后了,现在也应该承认社会科学的研究工作(就可比的方面说)比外国落后了。我们的水平很低,好多年连统计数字都没有,这样的状况当

---

① 李辉、熊易寒、唐世平:《中国的比较政治学研究:缺憾和可能的突破》,《经济社会体制比较》2013年第1期。

② Shiping Tang,"Review Article:Reconciliation and the Remaking of Anarchy", *World Politics*,2011,63(4):711-749.

然使认真的社会科学的研究遇到极大的困难。"① 从那时开始,中国的社会科学界开始了向西方学习的"补课"进程,逐步建立了完整的学科体系,基本实现了学术规范化;但是,到目前为止,中国学术界在研究方法领域仍然相对落后,从这个意义上讲,"补课"仍未完成。但"补课"并不意味着放弃理论创新。中国学者应当有理论创造的志向和勇气,不仅要回答国际学术界的"热门问题",更要主动提出让国际学术界瞩目的研究议题。

二是宏大叙事与微观证据的关系。20 世纪 80 年代,刚刚从"文革"的严冬中走出来的中国学术界迎来一股"文化热",思想市场空前繁荣,学术作品层出不穷,但大多热衷于宏大主题,缺乏充分的证据和严谨的推理。从 90 年代中后期开始,学术界开始厌倦了大而不当的宏大叙事,逐步走向微观,经济学、政治学、社会学等学科都开始转向微观层次的实证研究,关注企业改革、经济增长、乡村选举、社会抗争、官员晋升、区域竞争等具体议题,在研究方法上也趋于科学严谨,大大提升了中国社会科学的规范化和科学化程度。但时至今日,微观化也产生了新的问题,即"只见树木不见森林"。譬如,近年来对中国的群体性事件的研究可谓是学术界的一大热点,如果仅仅看这些研究(无论是个案研究还是大样本的定量研究),似乎中国社会已经陷入严重的不稳定状态;然而,从总体上看,中国社会却保持了基本的稳定,政权的社会基础是比较稳固的。这就昭示我们:当前中国迫切需要"具有微观基础的宏大叙事"。从宏大叙事到微观研究,再到具有微观基础的宏大叙事,这是一个正反合的辩证过程。没有微观基础,宏大叙事就会失之笼统,流于空泛;没有宏大视野,微观研究就会走向琐碎,失之偏颇。

三是中国本位与国际视野的关系。中国学者需要超越中国、着眼世界的大视野,不能仅仅研究中国问题,不能仅仅向世界讲述中国故事,还必须研究美国问题、欧洲问题、非洲问题、中东问题、拉美问题。对于境外问题,以往中国学者虽不乏研究,但存在两大局限:首先是大而化之。譬如研究美国,大多停留在联邦层面的研究主题,没有具体的研究问题,而是就某一个话题泛泛而谈,大量转述二手经验

---

① 《邓小平文选》(第 2 卷),北京:人民出版社,1993 年,第 180 页。

材料,既没有跟主流理论进行对话,也没有一手的、系统的数据支撑,笔者称之为"蹩脚教科书式的博而不精"。其次是政策需求主导学术研究。譬如,由于改革开放以来中美关系构成了中国最为重要的外交关系,这一方面大大促进了中国的美国研究,另一方面也使得"中美关系"成为美国研究的主导框架,从而大大限制了美国研究的理论思维,使之成为国际关系学科的一个分支。事实上,我们更需要将美国作为一个独立的整体来加以研究。美国研究的对象不仅仅是中美关系,还包括地方政府、移民政策、国会游说、社会运动、公共服务、公民参与、族群冲突等等。同样的问题在非洲研究、欧洲研究等领域也存在。当前非洲问题是国际学术界的研究热点,中国学者研究非洲就不能仅仅着眼于中国在非洲的投资和利益保护,还必须关注中国的外商直接投资对非洲经济发展和社会结构的影响,以及那些看似与中国无关、却关乎非洲社会发展的"大问题"。

五、结论

社会科学的国际化不仅仅意味着英文论文、国际会议和国际期刊,更重要的是采用科学的研究方法、积极参与国际学术对话和竞争,提出有国际影响力的理论范式,与国际同行共同设置研究议程。中国社会科学的发展需要处理好经验与理论、"在中国"与"为中国"、英文写作与中文写作的关系。国际化绝不意味着丧失本土问题意识,对西方学术界亦步亦趋,更不意味着母语写作的自我矮化。高水准的中文学术写作也是国际化的一个组成部分,因为国际化并不是单单指向语言。如果一篇中文论文不仅符合国际学术规范,而且研究议题和研究方法是前沿的,研究水平是一流的,那么它无疑是一件国际化的作品,值得被世界各国的学者阅读,甚至被翻译为他国的文字。在迈向国际化的进程中,中国的社会科学研究者不仅需要方法和技巧,更需要理论自信和文化自觉。

第三编

中国哲学社会科学学术平台"走出去"

导　言

　　哲学社会科学学术平台是为学者研究提供的传播渠道和交流空间,其国际化程度的高低直接体现了中国社会科学"走出去"的成效和国际影响。主办哲学社会科学英文学术期刊、数字出版的数据库海外输出、国家建立"中华学术外译项目"等,都属于中国哲学社会科学学术平台"走出去"的举措。第三部分收录的9篇研究文章围绕这一主题展开,包括三个板块:第一,中国哲学社会科学期刊"走出去"研究。第二,中国哲学社会科学数字出版"走出去"研究。第三,国家社科基金"中华学术外译项目"施行情况研究。

一、中国哲学社会科学期刊"走出去"研究

　　诸平等在《SCI(E)、SSCI、A&HCI收录中国期刊的最新统计结果分析》中,对Web of Science(含SCIE、SSCI、A&HCI)收录的中国期刊进行统计分析,结果显示中国入选Web of Science数据库SCI(E)、SSCI、A&HCI三个引文数据库的期刊有二百余种,但是高影响因子的期刊不多,95%的入选期刊2010年的影响因子在2.0以下。文章指出了提高办刊质量,扩大入选期刊的国际影响力是未来努力的方向。

　　徐枫在《对中国人文社科学术期刊国际合作模式的思考》中,认为我国人文社科学术期刊国际化进程目前尚处于起步阶段,与国际出版商合作较少,合作模式主要体现在海外营销代理和版权合作方

面。国际合作有利于提升我国学术期刊的国际显示度和影响力,有利于学习国际先进的办刊理念,为组建自主性国际品牌期刊和出版平台培育人才。目前的国际合作模式存在一定问题,会导致学术信息不平等循环等状况。"借船出海"扩大期刊国际影响是特定时期的权宜之策;依靠自主创新、建立具有自主知识产权的国际期刊平台应是中国期刊可持续发展的战略目标,也是中国期刊人应对"斯蒂格利茨怪圈"的良策。

刘杨在《中国社科学术期刊"走出去"现状研究》中,利用相关数据库进行量化统计分析,指出虽然大部分期刊以不同方式实现了"走出去",但并没有在国际社科学术界发挥足够的影响力。主要"走出去"的学科集中在历史学、语言学、艺术学、文学、考古学、经济学等学科。专业化办刊模式更适应国际学术期刊出版环境和要求。以英文出版是中国社科学术期刊走向国际市场的有力媒介,但我国英文社科学术期刊还存在数量少、细分程度不高、刊物质量亟待提升等问题。中外合作出版增强了英文社科学术期刊的国际竞争力,为"走出去"提供了良好的平台和强大的动力。

徐阳在《中国人文社会科学英文学术期刊发展现状、问题及建议》中,通过对中国人文社会科学英文学术期刊办刊模式、国家资助、国际检索收录等情况的梳理,发现目前中国人文社科英文期刊的整体发展规模过小,办刊机构分散,没有形成合力,期刊的国际学术影响力有待提高,尚不能满足中国文化"走出去"和人文社会科学国际化的内在需求。文章还从刊号申请、政府资助、创办新刊、期刊推广、海外编辑人才等多方面提出相应建议,以提升中国人文社科英文学术期刊规模和水准。

鲍芳等在《〈运动与健康科学〉国际化稿件处理流程的设计与实践》中,以中国第一本被 SCI/SSCI 收录的体育学术期刊——《运动与健康科学》(英文版)为例,探讨英文科技期刊国际化稿件处理流程的设计理念与实践经验。着重讨论优化审稿流程的四大要素:灵活使用在线投稿审稿系统、充分利用编委资源、提升编辑的专业素养、管理好审稿人队伍;并审视在与国际出版机构合作模式下编辑加工环节的弊端,提出优化方案。

梁小建在《我国学术期刊的国际话语权缺失与应对》中认为，中国学术期刊缺乏国际话语权的根本原因是期刊在公信力、期刊质量和传播能力等方面与国际领先期刊相比有差距。提高出版质量是我国学术期刊增强国际话语权的治本之道。文章提出，学术期刊要完善审稿制度，增强学术期刊公信力；管理部门要完善学术期刊出版和评价体系，遴选和培育学术名刊；管理部门要建设学术期刊公益出版数据库，增强互联网传播能力。

二、中国哲学社会科学数字出版"走出去"研究

肖洋等在《入世十年我国数字出版"走出去"现状及问题研究》中提出，入世十年中国数字出版"走出去"呈现出从科技到人文、从产品到资本、从欧美到全球的发展轨迹，也暴露出版权纠纷频发、内容与文化水土不服、盈利模式不明晰、体制与观念滞后等突出问题。文章认为，未来阶段实施数字出版"走出去"的优先策略是政府要加大力度扶持赞助出版产业输出，出版企业要创新数字出版产品形式，集中资本、品牌、人才规模合力出击。

陈少华的《我国数字出版"走出去"发展及策略探析》总结了近年来包括期刊数据库在内的中国数字出版"走出去"取得的进展，分析了存在的不足，认为缺乏"走出去"的数字出版骨干企业，缺乏对国外数字阅读市场的系统了解和研究，面向"走出去"的数字出版产业链尚未形成，国内外的文化差异对中国数字出版"走出去"形成的障碍，中国数字出版企业缺乏充分的国际市场经验等，是目前数字出版"走出去"存在的不足。文章提出了促进中国数字出版"走出去"的10大策略：扩大和创新数字出版国际贸易方式；借助国际电商平台，直接输出数字化中文书报刊；针对海外专门市场，开发专题产品和服务；面向国际数字出版市场，鼓励企业资本多元化、实现跨行业合作、学习全球化运作；培育国际化的市场主体，充分利用好国内外两个市场；鼓励跨界合作、跨界经营，推动更多领域的企业和人员参与出版"走出去"的行列；合理选择国际市场，实行本土化运作；加强数字出版基地的国际化建设，使之成为我国出版"走出去"的主力军；完善数

字出版"走出去"的政策;加大国际化出版经营人才的培养。

三、国家社科基金"中华学术外译项目"施行情况研究

2010年,国家社科基金启动"中华学术外译项目",该项目主要资助我国哲学社会科学研究的优秀成果以外文形式在国外权威出版机构出版,进入国外主流发行传播渠道,以增进国外对当代中国和中国哲学社会科学以及中国传统文化的了解,推动中外学术交流与对话,提高中国哲学社会科学的国际影响力。该项目每年两次评审,已经成为中国学术"走出去"的重要平台。

杨庆存在《中国文化"走出去"的起步与探索——国家社科基金"中华学术外译项目"浅谈》中,陈述了"中华学术外译项目"实施以来所获得的国际影响力,并就该项目进一步促进中国学术"走出去"谈了几点思考:一是紧扣中国主题选择资助项目,确保成果的高品位高质量。二是加强国际学术出版信息的收集分析,增强工作针对性。三是从战略层面规划学术成果译介,形成传播合力。四是为培育高水平的外译人才队伍搭建平台。

SCI(E)、SSCI、A&HCI 收录中国期刊的最新统计结果分析

诸　平　史传龙

一、引言

尽管 2008 年和 2009 年已经有人先后两次报道过对汤森路透 (Thomson Reuters) 知识产权与科技集团的 Web of Science (含 SCIE、SSCI、A&HCI) 收录中国期刊的统计结果[①]，而且论文发表之后，引起广大读者的关注，下载达数百次。[②] 但是两年之后，中国入选 Web of Science 数据库的期刊会有哪些新变化，究竟有多少种中国期刊被收录？本文试图给出一个最新统计结果，帮助读者了解 Web of Science 数据库收录中国期刊的现状。

二、检索方法

基于"中国的期刊必定是中国作者投稿最多的期刊"这一思路，在 Web of Science 平台上选择 Science Citation Index Expanded

---

[①] 于澄洁:《SCI、SSCI 和 A&HCI 2008 年收录的中国期刊》,《科技文献信息管理》2009 年第 1 期；于澄洁:《SCI(E)、SSCI 和 A&HCI 收录中国期刊的新变化》,《科技文献信息管理》2010 年第 1 期。

[②] 中国知网(CNKI),中国学术期刊(光盘版)电子杂志社,中国学术期刊网络出版总库[DB/OL]. [2012-02-04]. http://acad.cnki.net/Kns55/brief/result.aspx? dbPrefix=CJFQ.

(SCIE)、Social Sciences Citation Index(SSCI)以及 Arts & Humanities Citation Index(S&HCI),在"地址"(Address)字段中输入"China""Taiwan""Hong Kong"及"Macau"等词汇进行检索;再使用"结果分析工具"(Analyze Results)对检索结果进行分析,按"来源出版物"(Source Titles)进行排序,对刊载中国作者论文最多的前500种期刊逐一进行甄别,确认其主办单位是否是属于中国(包括香港和台湾地区)。对于在国外出版的期刊,笔者采取登录期刊主页,按编辑部所在机构和地址来确认其国家归属。例如,*Chinese Journal of Communication* 是由英国 Taylor & Francis Group 出版的,汤森路透把该刊划归英国,但该刊编辑部是设在香港中文大学新闻传播学院传播研究中心[①],因此笔者认定该刊为中国期刊。再如,*Chinese Journal of International Law* 是由英国牛津大学出版社出版的,但在该刊的主页上明确显示,主办单位为中国国际法学会和武汉大学法学院,刊物主编为武汉大学法学院的易显河教授,作者投稿的联系人 Email 及邮寄地址均指向易显河教授[②],武汉大学法学院的主页上也把该刊列为本院的出版物之一[③],因此笔者亦认定该刊为中国期刊。

三、统计结果分析

(一)多种数据库同时收录的几种期刊

Web of Science 数据库中,SCI 收录中国期刊 33 种、SCIE 收录中国期刊 188 种(含 SCI 收录的 33 种期刊)、SSCI 收录 16 种(含 SCIE 收录期刊 3 种)、A&HCI 收录 9 种(含 SSCI 收录期刊 3 种),由于有 5 种期刊被多种数据库同时收录(见表 1),因此共收录中国期刊 207 种,如果按照编辑出版地进行分类,其中大陆(内地)地区出版的期

---

① 香港中文大学新闻与传播学院,Chinese Journal of Communication [EB/OL]. [2012-02-08]. http://www.com.cuhk.edu.hk/Default.aspx?lsubmenu=3&cmd=academic/cjoc.
② 武汉大学法学院,Chinese Journal of International Law [EB/OL]. [2010-09-01]. http://fxy.Whu.edu.cn/html/3/publication/2010/0902/155.html.
③ 中国图书进出口(集团)总公司报刊电子出版物部:中图报刊—国外报刊[DB/OL]. [2012-02-05]. http://periodical.cnpeak.com/periodical.aspx.

刊 148 种,台湾地区出版的期刊 39 种,香港地区出版的期刊 20 种。

表 1 被几种数据库同时收录的期刊

No	英文刊名	中文刊名	ISSN	主办单位	入选数据库	IF$_{2010}$	Since
1	CHINA AGRICULTURAL ECONOMIC REVIEW	中国农业经济评论（英文版）	1756-137X	中国农业大学；中国农业经济学会(北京)	SCIE SSCI	0.167	2009
2	INTERNATIONAL JOURNAL OF DESIGN	国际设计杂志（英文版）	1991-3761	台湾科技大学（台北）	SCIE SSCI A&HCI	—	2007
3	JOURNAL OF CHINESE LINGUISTICS	中国语言学报（英文版）	0091-3723	香港中文大学（香港）	SSCI A&HCI	0.320	1980
4	LANGUAGE AND LINGUISTICS	语言和语言学研究（英文版）	1606-822X	台湾"中央研究院"语言学研究所(台北)	SSCI A&HCI	0.123	2007
5	TRANSPORTMETRICA	交通运输计量（英文版）	1812-8602	香港运输研究学会(香港)	SCIE SSCI	0.808	2005

（二）年度收录量变化

最早被 SCI 数据库收录的中国期刊是台北出版的《中国化学会志（英文版）》(*Journal of the Chinese Chemical Society*, ISSN 0009-4536),论文收录始于 1961 年,该刊是 SCI 核心库的收录期刊,近十余年的影响力（SJR 和 Cites/Doc.（2years）以及影响因子 IF)变化见表 2。

表 2 《中国化学会志（英文版）》的影响力变化

Year	SJR[a]	Cites/Doc.(2years)[a]	IF[b]
1999	0063	0.34	
2000	0060	036	
2001	0066	053	
2002	0069	053	
2003	0063	048	0475
2004	0056	057	0593

续表

Year	SJR[a]	Cites/Doc. (2years)[a]	IF[b]
2005	0054	057	0617
2006	0047	058	0577
2007	0051	068	0643
2008	0046	072	0770
2009	0042	071	0653
2010	0042	066	0718
2011	0047	034	

Note a：http://www.scimagojr.com；
b：Journal Citation Reports，
http://go.thomsonreuters.com/jcr

从1961到2012年3月中旬，中国已经有207种期刊被SCI(E)、SSCI以及A&HCI数据库收录。如果按照年度收录情况进行统计分析，我们可以发现，从20世纪60年代初开始到60年代中期，断断续续，仅仅有4种期刊入选，60年代中期到70年代末，由于"文化大革命"的影响，SCI(E)、SSCI以及A&HCI数据库收录中国期刊几乎处于停滞阶段。从20世纪80年代开始，进入了一个新的发展期，大约在80年代中期，出现第一个高峰期；到90年代中期出现了第二个高峰期，2007年出现了第三个高峰期，详细的年度收录期刊数量变化见图1所示。

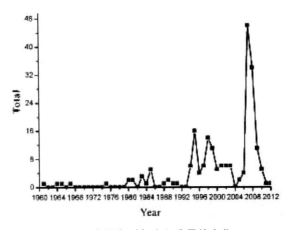

图1 中国期刊年度入选量的变化

(三) 影响因子(Impact Factor)的分布

入选 SCI 最早的中国期刊——《中国化学会志(英文版)》,半个多世纪以来,特别是进入 21 世纪以来,影响因子(IF)的变化(见表 2)在中国入选期刊中,并不算高,而是处于中等水平,但是一直能够被收录表明其发展水平基本与国际保持同步,否则被淘汰是必然结果。

根据 2011 年 6 月份汤森路透公布的 2010 年 SCIE 和 SSCI 的"期刊引证报告"(Journal Citation Reports),SCIE 收录的 182 种中国期刊中,IF 在 2 以上的期刊有 9 种,其中《分子细胞生物学报》(*Journal of Molecular Cell Biology*,ISSN 1674—2788)影响因子最高,IF= 13.4;其次是《细胞研究》(*Cell Research*,ISSN 1001—0602),IF = 9.417;《真菌多样性》(*Fungal Diversity*,ISSN 1560—2745)和《纳米研究》(*Nano Research*,ISSN 1998—0124)名列第三、第四,IF 分别为 5.074 和 5.071;《分子植物》(Molecular Plant,ISSN 1674—2052)影响因子名列第五(IF= 4.296)。IF≥2.0 的期刊仅有 9 种,不足收录期刊总数的 4.4%,即我国 207 种被收录的期刊中,有 95.6%的期刊 IF<2.0;IF<0.6 的期刊有 98 种,占被收录期刊总数的 47.3%,由表 3 统计结果可知,就我国入选期刊的整体而言,如果不考虑学科差异,IF 普遍明显较低,但是也许其中的某些期刊 IF 在其相应学科内比较靠前。

表 3　影响因子(IF)分布

1F	Journals				
	SCIE	SSCI	A&HCI	Total	Total%
13.4	1			1	0.5
9.147	1			1	0.5
5.000~5.100	2			2	1.0
4.000~4.999	1			1	0.5
2.000~2.360	4			4	1.9
1.000~1.999	38			38	18.3
0.600~0.999	47	1		48	23.2
0.024~0.599	88	9	1[a]	98	47.3
0	6	3	5	14	6.8
Total	188	13	6	207	100.0

需要说明的是由于汤森路透目前尚未公布 A&HCI 收录期刊的 IF，因此 A&HCI 收录的 9 种中国期刊（包括与 SCIE 和 SSCI 同时被收录的 3 种中国期刊）的 IF 空缺。对于汤森路透未能给出 IF 的期刊，我们通过 Elsevier B. V. 的 Scopus 数据库（http://www.scimagojr.com）进行检索，补充了部分期刊 2010 年的 IF 值（Cites per document,2Years），尽管二者之间由于统计源期刊存在差异，统计结果必然有所差别，但是本文涉及的期刊为数不多，所以补充结果不会对于统计带来实质性的影响。

（四）入选期刊编辑出版地域分布

对 207 种入选期刊的编辑出版地域分布统计结果表明，主要在北京、台湾和香港三地，北京有 87 种期刊入选，占入选期刊总数的 42.03％；台湾 39 种期刊入选，占入选期刊总数的 18.84％；香港 20 种期刊入选，占入选期刊总数的 9.66％。北京、台湾以及香港三地入选期刊之和为 146 种，约占我国入选期刊总数的 71％；207 种入选期刊来自全国 22 个省、直辖市、自治区以及特别行政区，其详细统计结果列入表 4。

表 4　入选期刊编辑出版地域分布

地域	期刊数/种	期刊数/％	地域	期刊数/种	期刊数/％
北京	87	42.0	湖南	2	1.0
台湾	39	18.8	山东	2	1.0
香港	20	9.7	山西	2	1.0
上海	14	6.8	陕西	2	1.0
浙江	6	2.9	福建	1	0.5
湖北	6	2.9	河南	1	0.5
江苏	5	2.4	海南	1	0.5
吉林	5	2.4	广东	1	0.5
辽宁	5	2.4	天津	1	0.5
四川	3	1.4	新疆	1	0.5
安徽	2	1.0	云南	1	0.5
合计				207	100.2

(五) 高校参办期刊入选统计结果

在本文统计的 207 种入选期刊中,有 40 所高等院校参与了 53 种期刊的编辑出版工作,由于其中有些期刊是多所高等院校联合承办(见后表),有些期刊是多种数据库同时收录(见表1),所以表 5 统计结果总数 SCI 或者 SCIE 数据库入选期刊 41 种,SSCI 数据库入选期刊 14 种,A&HCI 数据库入选期刊 4 种,合计应该为 59 种,大于高等院校参与编辑出版入选期刊总数(53 种)的原因是重复统计所致。由表 5 可以看出,高等学校参办的入选期刊中,浙江大学名列第一,有 6 种期刊入选 SCI 或者 SCIE 数据库;香港中文大学、吉林大学、台湾大学以及台湾科技大学入选不同数据库的期刊总数均为 3 种,并列排名第二。但是,吉林大学参办的 3 种期刊全部入选 SCI 或者 SCIE 数据库;台湾大学参办的 3 种期刊,有 2 种期刊入选 SCIE 数据库,而另外一种入选 SSCI 数据库;而香港中文大学入选不同数据库的期刊总数虽然也是 3 种,但是有一种期刊同时被 SSCI 和 A&HCI 数据库收录;而台湾科技大学虽然入选不同数据库的期刊总数也为 3 种,但是同一种杂志即《国际设计杂志(英文版)》(*International Journal of Design*,ISSN 1991—3761)被 3 种数据库同时收录。另外,中央财经大学、北京大学以及武汉大学合办的《经济学与金融学年刊(英文版)》(*Annals of Economics and Finance*,ISSN 1529—7373)在表 5 中重复扣除上述这些之后,高等院校参办期刊总数应该是 53 种。

表 5　高校参办期刊统计结果

高校名称	入选期刊数/种				入选期刊比例/%
	SCI(E)	SSCI	A&HCI	Total	
浙江大学	6			6	10.91
香港中文大学		3	1	3*	5.46
吉林大学	3			3	5.46
台湾大学	2	1		3	5.46
台湾科技大学	1	1	1	1*	1.82

续表

高校名称	入选期刊数/种				入选期刊比例/%
	SCI(E)	SSCI	A&HCI	Total	
清华大学(北京)	2			2	3.64
武汉大学		2		2#	3.64
香港城市大学		2		2	3.64
香港理工大学	2			2	3.64
中国农业大学	1	1		1*	1.82
北京大学		1		1	1.82
北京航空航天大学	1			1	1.82
北京科技大学	1			1	1.82
复旦大学	1			1	1.82
海南医学院	1			1	1.82
华中科技大学	1			1	1.82
华中师范大学			1	1	1.82
南京大学	1			1	1.82
南开大学	1			1	1.82
上海大学	1			1	1.82
四川大学	1			1	1.82
台湾朝阳科技大学	1			1	1.82
台湾成功大学	1			1	1.82
台湾东华大学	1			1	1.82
台湾高雄医学院	1			1	1.82
台湾海洋大学	1			1	1.82
台湾交通大学	1			1	1.82
台湾阳明大学	1			1	1.82
台湾政治大学		1		1	1.82
台湾中原大学			1	1	1.82
武汉理工大学	1			1	1.82

续表

高校名称	入选期刊数/种				入选期刊比例/%
	SCI(E)	SSCI	A&HCI	Total	
香港大学		1		1	1.82
香港急症科医学院	1			1	1.82
香港浸会大学	1			1	1.82
郑州大学	1			1	1.82
中国地质大学(武汉)	1			1	1.82
中国海洋大学	1			1	1.82
中国石油大学(北京)	1			1	1.82
中南大学	1			1	1.82
中央财经大学		1		1	1.82
合计	41	14	4	55	100.09

注＊：一种期刊被多种数据库收录；♯多所高等院校合办一刊。

需要指出的是，论文最早被收录的时间并不一定就是某种期刊入选数据库的时间，某种期刊某年入选 Web of Science 数据库之后，往往会有 1—2 年甚至更多的回溯数据被补充收录。例如，《金属学报（英文版）》(*Acta Metallurgical Sinica-English Letters*，ISSN 1006—7191)、《中国计算机科学研究前沿（英文版）》(*Frontiers of Computer Science in China*，ISSN 1673—7350)等期刊 2011 年刚刚被 SCIE 收录，这些期刊 2009—2010 年的论文也进入了该数据库，而《建筑模拟（英文版）》(*Building Simulation*，ISSN 1996—3599)甚至被回溯到 2008 年，所以本文统计结果是以论文被收录年为准。207 种入选期刊的详细统计结果列入表 6、表 7 以及表 8。注意表 6、表 7 以及表 8 中的 a 标注与表 2 相同，表明其数据来源于 Scopus ®数据库(http：//www.scimagojr.com)。

表6 SCI(E)收录的中国期刊(共188种,按IF排序)

No	英文刊名	中文刊名	ISSN	主办单位	入选数据库	IF_{2010}	Since
1	JOURNAL OF MOLECULAR CELL BIOLOGY	分子细胞生物学报(英文版)	1674-2788	中国科学院上海生命科学信息中心(上海)	SCIE	13.400	2009
2	CELL RESEARCH	细胞研究(英文版)	1001-0602	中国科学院上海生命科学信息中心(上海)	SCI SCIE	9.417	1999
3	FUNGAL DIVERSITY	真菌多样性(英文版)	1560-2745	中国科学院昆明植物研究所(昆明)	SCIE	5.074	2001
4	NANO RESEARCH	纳米研究(英文版)	1998-0124	清华大学(北京)	SCIE	5.071	2008
5	MOLECULAR PLANT	分子植物(英文版)	1674-2052	中国科学院上海生命科学信息中心(上海)	SCIE	4.296	2008
6	MATERIALS CHEMISTRY AND PHYSICS (Changed from Materials Chemistry Since 1983)	材料化学与物理(英法德文版)	0254-0584	台湾成功大学(台北)	SCI SCIE	2.353	1983
7	WORLD JOURNAL OF GASTROENTE-ROLOGY	世界胃肠病学杂志(英文版)	1007-9327	太原消化病研治中心(太原)	SCIE	2.240	1998
8	EPISODES	地质幕(英文版)	0705-3797	国际地质科学联合会(北京)	SCI SCIE	2.041	1983
9	CELLULAR & MOLECULAR IMMUNOLOGY	细胞与分子免疫学杂志(英文版)	1672-7681	中国免疫学会(合肥)	SCIE	2.026	2007
10	JOURNAL OF BIOMEDICAL SCIENCE	生医科学杂志	1021-7770	台湾行政当局科学委员会(台北)	SCI SCIE	1.962	1997

续表

No	英文刊名	中文刊名	ISSN	主办单位	入选数据库	IF$_{2010}$	Since
11	ACTA PHARMACOLOGICA SINICA	中国药理学报(英文版)	1671-4083	中国科学院上海药物研究所(上海)	SCI SCIE	1.909	1984
12	JOURNAL OF DIGESTIVE DISEASES (Changed from Chinese Journal of Digestive Diseases Since 2007)	消化病杂志(英文版)	1751-2972	"中华医学会"上海分会;"中华医学会"消化病学分会(上海)	SCIE	1.870	2007
13	COMMUNICATIONS IN COMPUTATIONAL PHYSICS	计算物理学通信(英文版)	1815-2406	Global Science Press(香港)	SCIE	1.835	2006
14	AEROSOL AND AIR QUALITY RESEARCH	气溶胶与大气质量研究(英文版)	1680-8584	台湾朝阳科技大学(台中)	SCIE	1.792	2008
15	INTERNATIONAL JOURNAL OF SEDIMENT RESEARCH	国际泥沙研究(英文版)	1001-6279	国际泥沙研究培训中心(北京)	SCIE	1.708	2007
16	NEUROSCIENCE BULLETIN	神经科学通报(英文版)	1673-7067	中国科学院上海生命科学信息中心(上海)	SCIE	1.667a	2009
17	CHINESE PHYSICS B (Changed from Chinese Physics Since 2008)	中国物理B辑(英文版)	1009-1963	中国物理学会;中国科学院物理研究所(北京)	SCI SCIE	1.630	1981
18	JOURNAL OF INTEGRATIVE PLANT BIOLOGY (Changed from Acta Botanica Sinica Since 2005)	植物学报(英文版)	1672-9072	中国植物学会;中国科学院植物研究所(北京)	SCIE	1.603	1998
19	ASIAN JOURNAL OF ANDROLOGY	亚洲男科学杂志(英文版)	1008-682X	中国科学院上海药物研究所(上海)	SCI SCIE	1.549	2000

续表

No	英文刊名	中文刊名	ISSN	主办单位	入选数据库	IF_{2010}	Since
20	ACTA BIOCHIMICA ET BIOPHYSICA SINICA	生物化学与生物物理学报（英文版）	1672-9145	中国科学院上海生命科学信息中心（上海）	SCIE	1.547	1995
21	HEPATOBILIARY & PANCREATIC DISEASES INTERNATIONAL	国际肝胆胰疾病杂志（英文版）	1499-3872	浙江大学医学院第一附属医院（杭州）	SCIE	1.514	2007
22	JOURNAL OF ENVIRONMENTAL SCIENCES-CHINA	环境科学学报（英文版）	1001-0742	中国科学院生态环境研究中心（北京）	SCIE	1.513	2001
23	JOURNAL OF GENETICS AND GENOMICS	遗传学报（英文版）	1673-8527	中国科学院遗传所；中国遗传学会（北京）	SCIE	1.494	2008
24	JOURNAL OF HYDRODYNAMICS	水动力学研究与进展 B 辑（英文版）	1001-6058	中国船舶科学研究中心（无锡）	SCIE	1.475	2008
25	INTERNATIONAL JOURNAL OF DIGITAL EARTH	国际数字地球学报（英文版）	1753-8947	国际数字地球学会（北京）	SCIE	1.453	2008
26	ACTA GEOLOGICA SINICA ENGLISH EDITION	地质学报（英文版）	1000-9515	中国地质学会（北京）	SCIE	1.408	1988
27	INTERNATIONAL JOURNAL OF FUZZY SYSTEMS	国际模糊系统学报（英文版）	1562-2479	台湾模糊系统学会（台北）	SCIE	1.362	2007
28	SCIENCE CHINA-LIFE SCIENCES (Changed from Science in China Series C: Life Sciences Since 2010)	中国科学—生命科学（英文版）	1674-7305	中国科学院（北京）	SCI SCIE	1.345	1996

续表

No	英文刊名	中文刊名	ISSN	主办单位	入选数据库	IF_{2010}	Since
29	JOURNAL OF NATURAL GAS CHEMISTRY	天然气化学（英文版）	1003－9953	中国科学院大连化学物理研究所；中国科学院成都有机化学研究所（大连）	SCIE	1.345	2007
30	PARTICUOLOGY (Changed from China Particuology Since 2008)	颗粒学报（英文版）	1674－2001	中国颗粒学会（北京）	SCIE	1.317	2007
31	JOURNAL OF SYSTEMATICS AND EVOLUTION (Changed from Acta Phytotaxonomica Sinica Since 2008)	植物分类学报（英文版）	1674－4918	中国植物学会；中国科学院植物所（北京）	SCIE	1.295	2003
32	SCIENCE CHINA-EARTH SCIENCES (Changed from Science in China Series D：Earth Sciences Since 2010)	中国科学—地球科学（英文版）	1674－7313	中国科学院（北京）	SCI SCIE	1.271	1996
33	ACTA PHYSICA SINICA	物理学报（中文版）	1000－3290	中国物理学会（北京）	SCI SCIE	1.259	1999
34	SCIENCE CHINA PHYSICS MECHANICS ASTRONOMY(Changed from Science in China Series G：Physics, Mechanics & Astronomy Since 2010)	中国科学—物理学、力学、天文学（英文版）	1674－7348	中国科学院（北京）	SCI SCIE	1.195	2003
35	JOURNAL OF POLYMER RESEARCH	高分子研究学刊（英文版）	1022－9760	中华高分子学会（台北）	SCIE	1.186	2002
36	INSECT SCIENCE	中国昆虫科学（英文版）	1672－9609	中国昆虫学会；中国科学院动物研究所（北京）	SCIE	1.129	2007

续表

No	英文刊名	中文刊名	ISSN	主办单位	入选数据库	IF$_{2010}$	Since
37	JOURNAL OF THE FORMOSAN MEDICAL ASSOCIATION	台湾医学会会志（英文版）	0929-6646	台湾医学会（台北）	SCI SCIE	1.125	1995
38	JOURNAL OF MICROBIOLOGY IMMUNOLOGY AND INFECTION	微免与感染杂志（英文版）	1684-1182	中华微生物学会；中华免疫学会；中华感染病学会（台北）	SCIE	1.116	2008
39	CHINESE SCIENCE BULLETIN	科学通报（英文版）	1001-6538	中国科学院（北京）	SCI SCIE	1.087	1989
40	JOURNAL OF RARE EARTHS	稀土学报（英文版）	1002-0721	中国稀土学会（北京）	SCIE	1.086	1995
41	CHINESE PHYSICS LETTERS	中国物理快报（英文版）	0256-307X	中国物理学会；中国科学院物理研究所（北京）	SCI SCIE	1.077	1989
42	BIOMEDICAL AND ENVIRONMENTAL SCIENCES	生物医学与环境科学（英文版）	0895-3988	中国疾病预防控制中心（北京）	SCIE	1.063	1998
43	ZOOLOGICAL STUDIES	动物研究学刊（英文版）	1021-5506	"中央研究院"生物多样性研究中心（台北）	SCI SCIE	1.045	1994
44	SCIENCE CHINA-CHEMISTRY (Changed from Science in China Series B: Chemistry Since 2010)	中国科学—化学（英文版）	1674-7291	中国科学院（北京）	SCI SCIE	1.042	1985
45	JOURNAL OF BIONIC ENGINEERING	仿生工程学报（英文版）	1672-6529	吉林大学（长春）	SCIE	1.032	2007
46	JOURNAL OF ZHEJIANG UNIVERSITY SCIENCE B	浙江大学学报B辑（生物医学与生物技术）（英文版）	1673-1581	浙江大学（杭州）	SCIE	1.027	2008

续表

No	英文刊名	中文刊名	ISSN	主办单位	入选数据库	IF$_{2010}$	Since
47	INTEGRATIVE ZOOLOGY	整合动物学（英文版）	1749—4877	中国科学院动物研究所；国际动物学会（北京）	SCIE	1.000	2008
48	CHINESE MEDICAL JOURNAL	中华医学杂志（英文版）	0366—6999	"中华医学会"（北京）	SCI SCIE	0.983	1964
49	PEDOSPHERE	土壤圈（英文版）	1002—0160	中国科学院南京土壤研究所（南京）	SCIE	0.978	2003
50	STATISTICA SINICA	中华统计学志（英文版）	1017—0405	台湾"中央研究院"统计科学研究所（台北）	SCI SCIE	0.956	1991
51	TAIWANESE JOURNAL OF OBSTETRICS & GYNECOLOGY	台湾妇产科医学会会刊杂志（英文版）	1028—4559	台湾妇产科医学会（台北）	SCIE	0.947	2008
52	WORLD JOURNAL OF PEDIATRICS	世界儿科学杂志（英文版）	1708—8569	浙江大学医学院附属儿童医院（杭州）	SCIE	0.945	2007
53	ADVANCES IN ATMOSPHERIC SCIENCES	大气科学进展（英文版）	0256—1530	中国科学院大气物理研究所（北京）	SCIE	0.925	1999
54	ACTA METALLURGICA SINICA-ENGLISH LETTERS	金属学报（英文版）	1006—7191	中国金属学会（北京）	SCIE	0.919a	2009
55	CHINESE JOURNAL OF CHEMICAL ENGINEERING	中国化学工程学报（英文版）	1004—9541	中国化工学会（北京）	SCIE	0.901	1994
56	NEW CARBON MATERIALS	新型碳材料（英文版）	1007—8827	中国科学院山西煤炭化学研究所（太原）	SCIE	0.888	2002
57	EARTHQUAKE ENGINEERING AND ENGINEERING VIBRATION	地震工程和工程振动（英文版）	1671—3664	中国地震局工程力学研究所（北京）	SCIE	0.880	2007

续表

No	英文刊名	中文刊名	ISSN	主办单位	入选数据库	IF_{2010}	Since
58	RESEARCH IN ASTRONOMY AND ASTROPHYSICS (Changed from Chinese Journal of Astronomy and Astrophysics Since 2009)	天文和天体物理学研究（英文版）	1674-4527	中国科学院国家天文台（北京）	SCI SCIE	0.856	2001
59	BOTANICAL STUDIES (Changed from BOTANICAL BULLETIN OF ACADEMIA SINICA Since 2006)	植物学汇刊（英文版）	1817-406X	"中央研究院"植物研究所（台北）	SCI SCIE	0.842	1965
60	PROGRESS IN NATURAL SCIENCE	自然科学进展（英文版）	1002-0071	中国材料研究学会；中国科学技术协会（北京）	SCIE	0.832	1996
61	CHINESE JOURNAL OF GEO-PHYSICS-CHINESE EDITION	地球物理学报（中文版）	0001-5733	中国地球物理学会；中国科学院地质与地球物理研究所（北京）	SCIE	0.832	1999
62	INTERNATIONAL JOURNAL OF ORAL SCIENCE	国际口腔科学杂志（英文版）	1674-2818	四川大学（成都）	SCIE	0.815	2009
63	TRANSPORTMETRICA	交通运输计量（英文版）	1812-8602	香港运输研究学会（香港）	SCIE SSCI	0.808	2005
64	CHINESE JOURNAL OF ANALYTICAL CHEMISTRY	分析化学（中文版）	0253-3820	中国化学会；中国科学院长春应用化学研究所（长春）	SCIE	0.798	1999
65	CHINESE CHEMICAL LETTERS	中国化学快报（英文版）	1001-8417	中国化学会（北京）	SCIE	0.775	1995

续表

No	英文刊名	中文刊名	ISSN	主办单位	入选数据库	IF$_{2010}$	Since
66	CHINESE JOURNAL OF CHEMISTRY	中国化学(英文版)	1001—604X	中国化学会;中国科学院上海有机化学研究所(上海)	SCIE	0.773	1995
67	JOURNAL OF COMPUTATIONAL MATHEMATICS	计算数学(英文版)	0254—9409	中国科学院计算数学与科学工程计算所(北京)	SCIE	0.760	1985
68	JOURNAL OF MATERIALS SCIENCE & TECHNOLOGY	材料科学技术(英文版)	1005—0302	中国金属学会;中国材料研究学会;中国科学院金属所(沈阳)	SCIE	0.759	1995
69	CHINESE JOURNAL OF CATALYSIS	催化学报(中文版)	0253—9837	中国化学会;中国科学院大连化学物理研究所(大连)	SCIE	0.752	2001
70	ACTA MECHANICA SINICA	力学学报(英文版)	0567—7718	中国力学学会(北京)	SCI SCIE	0.749	1995
71	ACTA PHYSICO-CHIMICA SINI-CA	物理化学学报(中文版)	1000—6818	中国化学会(北京)	SCIE	0.734	1985
72	SCIENCE CHINA-TECHNOLOGICAL SCIENCES (Changed from Science in China Series E: Technological Sciences Since 2010)	中国科学—技术科学(英文版)	1674—7321	中国科学院(北京)	SCI SCIE	0.729	1996
73	JOURNAL OF THE CHINESE CHEMICAL SOCIETY	中国化学会志(英文版)	0009—4536	化学会(台北)	SCI SCIE	0.718	1961
74	ACTA PETROLOGICA SINICA	岩石学报(中文版)	1000—0569	中国矿物岩石地球化学学会;中国科学院地质研究所(北京)	SCIE	0.718a	2000

续表

No	英文刊名	中文刊名	ISSN	主办单位	入选数据库	IF$_{2010}$	Since
75	NUMERICAL MATHEMATICS-THEORY METHODS AND APPLICATIONS	高等学校计算数学学报（英文版）	1004—8979	国家教育部；南京大学（南京）	SCIE	0.714	2008
76	JOURNAL OF ASIAN NATURAL PRODUCTS RESEARCH	亚洲天然产物研究杂志（英文版）	1028—6020	中国医学科学院药物研究所（北京）	SCIE	0.706	1998
77	FRONTIERS OF ENVIRONMENTAL SCIENCE & ENGINEERING IN CHINA	中国环境科学与工程研究前沿（英文版）	1673—7415	高等教育出版社（北京）	SCIE	0.705a	2009
78	ACTA METEOROLOGICA SINICA	气象学报（英文版）	0894—0525	中国气象学会（北京）	SCIE	0.704	2007
79	CHINESE OPTICS LETTERS	中国光学快报（英文版）	1671—7694	中国光学学会（北京）	SCIE	0.692	2007
80	CHINESE JOURNAL OF PHYSIOLOGY	中国生理学杂志（英文版）	0304—4920	"中华生理学会"；阳明大学（台北）	SCI SCIE	0.683	1998
81	JOURNAL OF THE CHINESE MEDICAL ASSOCIATION	中华医学会志（英文版）	1726—4901	"中华医学会"（台北）	SCIE	0.678	2008
82	TRANSACTIONS OF NONFERROUS METALS SOCIETY OF CHINA	中国有色金属学报（英文版）	1003—6326	中国有色金属学会（长沙）	SCIE	0.676	1995
83	JOURNAL OF GEOGRAPHICAL SCIENCES	地理学报（英文版）	1009—637X	中国科学院地理科学与资源研究所；中国地理学会；中国科学杂志社（北京）	SCIE	0.673	2007

续表

No	英文刊名	中文刊名	ISSN	主办单位	入选数据库	IF$_{2010}$	Since
84	CHINESE JOURNAL OF INORGANIC CHEMISTRY	无机化学学报(中文版)	1001-4861	中国化学会；南京大学(南京)	SCIE	0.670	1999
85	CHEMICAL JOURNAL OF CHINESE UNIVERSITIES-CHINESE	高等学校化学学报(中文版)	0251-0790	吉林大学(长春) 南开大学	SCI SCIE	0.66	1995
86	CHINESE GEOGRAPHICAL SCIENCE	中国地理科学(英文版)	1002-0063	中国科学院东北地理与农业生态研究所(长春)	SCIE	0.66	2002
87	ASIAN JOURNAL OF SURGERY	亚洲外科学杂志(英文版)	1015-9584	亚洲外科学会(香港)	SCIE	0.62	2006
88	RARE METALS	稀有金属(英文版)	1001-0521	中国有色金属学会(北京)	SCIE	0.643	1999
89	CHINESE JOURNAL OF CHEMICAL PHYSICS	化学物理学报(英文版)	1674-0068	中国物理学会(北京)	SCIE	0.642	2002
90	SCIENCE CHINA-INFORMATION SCIENCES (Changed from Science in China Series F: Information Sciences Since 2010)	中国科学—信息科学(英文版)	1674-733X	中国科学院(北京)	SCI SCIE	0.642	2002
91	JOURNAL OF MOUNTAIN SCIENCE	山地科学学报(英文版)	1672-6316	中国科学院成都山地灾害与环境研究所(成都)	SCIE	0.632	2007
92	CHINESE JOURNAL OF STRUCTURAL CHEMISTRY	结构化学(英文版)	0254-5861	中国科学院福建物质结构研究所(福州)	SCIE	0.624	1999
93	JOURNAL OF FOOD AND DRUG ANALYSIS	食品与药物分析杂志(英文版)	1021-9498	台湾行政当局卫生署药物食品检验局(台北)	SCIE	0.615	1995

续表

No	英文刊名	中文刊名	ISSN	主办单位	入选数据库	IF$_{2010}$	Since
94	ACTA CHIMICA SINICA	化学学报（中文版）	0567—7351	中国化学会（北京）	SCI SCIE	0.611	1980
95	TERRESTRIAL ATMOSPHERIC AND OCEANIC SCIENCES	地球科学集刊（英文版）	1017—0839	"中华地球科学联合会"（台北）	SCI SCIE	0.90	1998
96	FRONTIERS OF PHYSICS IN CHINA	中国物理研究前沿（英文版）	1673—3487	高等教育出版社（北京）	SCIE	0.81	2008
97	ASIAN JOURNAL OF CONTROL	亚洲控制学刊（英文版）	1561—8625	"中华自动控制学会"（台南）	SCIE	0.78	2003
98	CHINESE JOURNAL OF INTEGRATIVE MEDICINE	中国结合医学杂志（英文版）	1672—0415	中国中西医结合学会；中国中医研究院（北京）	SCIE	0.78	2007
99	JOURNAL OF THE TAIWAN INSTITUTE OF CHEMICAL ENGINEERS (Changed from Journal of The Chinese Institute of Chemical Engineers Since 2009)	台湾化学工程学会会志（英文版）	1876—1070	台湾化学工程学会（台北）	SCI SCIE	0.73	1994
100	JOURNAL OF SYSTEMS SCIENCE & COMPLEXITY	系统科学与复杂性学报（英文版）	1009—6124	系统科学与复杂性学报编辑部（北京）	SCIE	0.64	2007
101	PROGRESS IN CHEMISTRY	化学进展（中文版）	1005—281X	中国科学院；国家自然科学基金委员会（北京）	SCIE	0.60	2001
102	CHINESE JOURNAL OF ORGANIC CHEMISTRY	有机化学（中文版）	0253—2786	中国化学会（北京）	SCIE	0.55	1999
103	PLASMA SCIENCE & TECHNOLOGY	等离子体科学与技术（英文版）	1009—0630	中国科学院等离子体物理研究所（合肥）	SCIE	0.53	2003

续表

No	英文刊名	中文刊名	ISSN	主办单位	入选数据库	IF₂₀₁₀	Since
104	ACTA MECHANICA SOLIDA SINICA	固体力学学报（英文版）	0894—9166	中国力学学会（北京）	SCIE	0.43	1995
105	ACTA MATHEMATICA SINICAENGLISH SERIES	数学学报（英文版）	1439—8516	中国数学会（北京）	SCIE	0.40	1998
106	SPECTROSCOPY AND SPECTRAL ANALYSIS	光谱学与光谱分析（中文版）	1000—0593	中国光学学会（北京）	SCIE	0.32a	1999
107	TAIWANESE JOURNAL OF MATHEMATICS	台湾数学学报（英文版）	1027—5487（P）2224—6851（E）	"中华数学会"（台北）；台湾交通大学（新竹）	SCI SCIE	0.30	1998
108	SCIENCE CHINA-MATHEMATICS (Changed from Science in China Series A: Mathematics Since 2010)	中国科学—数学（英文版）	1674—7283	中国科学院（北京）	SCI SCIE	0.26	1985
109	APPLIED MATHEMATICS AND MECHANICS ENGLISH EDITION	应用数学和力学（英文版）	0253—4827	上海大学（上海）	SCIE	0.14	1997
110	ADVANCES IN APPLIED MATHEMATICS AND MECHANICS	应用数学和力学研究进展（英文版）	2070—0733	GLOBAL SCIENCE PRESS（香港）	SCIE	0.10	2009
111	FRONTIERS OF MATHEMATICS IN CHINA	中国数学研究前沿（英文版）	1673—3452	高等教育出版社（北京）	SCIE	0.494	2008
112	COMMUNICATIONS IN THEORETICAL PHYSICS	理论物理通讯（英文版）	0253—6102	中国科学院理论物理研究所；中国物理学会（北京）	SCI SCIE	0.488	1985

续表

No	英文刊名	中文刊名	ISSN	主办单位	入选数据库	IF$_{2010}$	Since
113	ACTA POLYMERICA SINICA	高分子学报（中文版）	1000-3304	中国科学院化学研究所（北京）	SCIE	0.481	1998
114	CHINESE JOURNAL OF POLYMER SCIENCE	高分子科学（英文版）	0256-7679	中国化学会；中国科学院化学研究所（北京）	SCIE	0.478	1995
115	ACTA METALLURGICA SINICA	金属学报（中文版）	0412-1961	中国金属学会（北京）	SCIE	0.477	2001
116	ACTA OCEANOLOGICA SINICA	海洋学报（英文版）	0253-505X	中国海洋学会（北京）	SCIE	0.476	2003
117	KAOHSIUNG JOURNAL OF MEDICAL SCIENCES	高雄医学院学报（英文版）	1607-551X	高雄医学院（高雄）	SCIE	0.474	2007
118	CHEMICAL RESEARCH IN CHINESE UNIVERSITIES	高等学校化学研究（英文版）	1005-9040	吉林大学（长春）	SCIE	0.460	1995
119	JOURNAL OF MARINE SCIENCE AND TECHNOLOGY-TAIWAN	海洋科学与技术学报（英文版）	1023-2796	台湾海洋大学（基隆）	SCIE	0.458	2007
120	CHINESE ANNALS OF MATHEMATICS SERIES B	数学年刊 B 辑（英文版）	0252-9599	复旦大学（上海）	SCIE	0.452	1981
121	JOURNAL OF INFRARED AND MILLIMETER WAVES	红外与毫米波学报（中文版）	1001-9014	中国科学院上海技术物理所；中国光学学会（上海）	SCIE	0.452	1998
122	OJRRENT ZOOLOGY	动物学报（英文版）	1674-5507	中国科学院动物研究所；中国动物学会（北京）	SCIE	0.449a	2010
123	CHINESE JOURNAL OF PHYSICS	中国物理学刊（英文版）	0577-9073	"中华物理学会"（台北）	SCI SCIE	0.444	1990

续表

No	英文刊名	中文刊名	ISSN	主办单位	入选数据库	IF$_{2010}$	Since
124	FRONTIERS OF COMPUTER SCIENCE IN CHINA	中国计算机科学研究前沿(英文版)	1673-7350	高等教育出版社(北京)	SCIE	0.438a	2009
125	PETROLEUM SCIENCE	石油科学(英文版)	1672-5107	中国石油大学(北京)	SCIE	0.432	2007
126	JOURNAL OF EXERCISE SCIENCE & FITNESS	运动科学杂志(英文版)	1728-869X	华人运动生理与体适能学者学会;香港浸会大学(香港)	SCIE	0.421	2007
127	JOURNAL OF MECHANICS (Changed from Chinese Journal of Mechanics-Series A Since 2004)	力学学报(英文版)	1727-7191	台湾大学(台北)	SCIE	0.408	1999
128	JOURNAL OF HUAZHONG UNIVERSITY OF SCIENCE AND TECHNOLOGY-MEDICAL SCIENCES	华中科技大学学报(医学英德文版)	1672-0733	华中科技大学(武汉)	SCIE	0.405	2007
129	JOURNAL OF INORGANIC MATERIALS	无机材料学报(中文版)	1000-324X	中国科学院上海硅酸盐研究所(上海)	SCIE	0.397	1998
130	APPLIED GEOPHYSICS	应用地球物理(英文版)	1672-7975	中国地球物理学会(北京)	SCIE	0.387	2007
131	JOURNAL OF WUHAN UNIVERSITY OF TECHNOLOGY-MATERIALS SCIENCE EDITION	武汉理工大学学报—材料科学版(英文版)	1000-2413	武汉理工大学(武汉)	SCIE	0.383	1995
132	JOURNAL OF TROPICAL METEOROLOGY	热带气象学报(英文版)	1006-8775	中国气象局广州热带海洋气象研究所(广州)	SCIE	0.380	2008
133	ACTA CARDIOLOGICA SINICA	中华心脏学杂志(英文版)	1011-6842	"中华心脏学会"(台北)	SCIE	0.378	2007

续表

No	英文刊名	中文刊名	ISSN	主办单位	入选数据库	IF$_{2010}$	Since
134	AGRICULTURAL SCIENCES IN CHINA	中国农业科学（英文版）	1671－2927	中国农业科学院（北京）	SCIE	0.376a	2009
135	ACTA MATHEMATICAE APPLICATAE SINICA ENGLISH SERIES	应用数学学报（英文版）	0168－9673	中国数学会（北京）	SCIE	0.371	2007
136	JOURNAL OF GREY SYSTEM	灰色系统学刊（英文版）	0957－3720	中华灰色系统学会（高雄）	SCIE	0.370	2007
137	JOURNAL OF SYSTEMS SCIENCE AND SYSTEMS ENGINEERING	系统科学与系统工程学报（英文版）	1004－3756	中国系统工程学会（北京）	SCIE	0.364	2007
138	ENGINEERING APPLICATIONS OF COMPUTATIONAL FLUID MECHANICS	计算流体力学工程应用（英文版）	1994－2060	香港理工大学（香港）	SCIE	0.360	2007
139	JOURNAL OF INTERNET TECHNOLOGY	国际网络技术学刊（英文版）	1607－9264	台湾东华大学（花莲）	SCIE	0.348a	2008
140	JOURNAL OF THE CHINESE SOCIETY OF MECHANICAL ENGINEERS	中华机械工程学刊（英文版）	0257－9731	"中华机械工程学会"（台北）	SCIE	0.343a	2008
141	JOURNAL OF CENTRAL SOUTH UNIVERSITY OF TECHNOLOGY	中南大学学报（英文版）	1005－9784	中南大学（长沙）	SCIE	0.329	2000
142	CHINESE JOURNAL OF OCEANOLOGY AND LIMNOLOGY	中国海洋湖沼学报（英文版）	0254－4059	中国海洋湖沼学会；中国科学院海洋研究所（青岛）	SCIE	0.325	2008

续表

No	英文刊名	中文刊名	ISSN	主办单位	入选数据库	IF_{2010}	Since
143	INTERNATIONAL JOURNAL OF MINERALS METALLURGY AND MATERIALS (Changed from Journal of University of Science and Technology Beijing Since 2009)	矿物冶金与材料学报(英文版)	1674-4799	北京科技大学(北京)	SCIE	0.322	1998
144	JOURNAL OF ZHEJIANG UNIVERSITY SCIENCE A	浙江大学学报 A 辑(应用物理与工程)(英文版)	1673-565X	浙江大学(杭州)	SCIE	0.322	2007
145	ALGEBRA COLLOQUIUM	代数集刊(英文版)	1005-3867	中国科学院数学与系统科学研究院(北京)	SCIE	0.305	1997
146	CHINA OCEAN ENGINEERING	中国海洋工程(英文版)	0890-5487	中国海洋工程学会,南京水利科学研究院(南京)	SCIE	0.302	1997
147	CHINESE JOURNAL OF AERONAUTICS	中国航空学报(英文版)	1000-9361	中国航空学会;北京航空航天大学(北京)	SCIE	0.301	2007
148	ADVANCED STEEL CONSTRUCTION	钢结构进展(英文版)	1816-112X	香港理工大学(香港)	SCIE	0.296	2008
149	JOURNAL OF EARTH SCIENCE (Changed from Journal of China University of Geosciences Since 2009)	地球科学学刊(英文版)	1674-487X	中国地质大学(武汉)	SCIE	0.286	2006
150	JOURNAL OF DENTAL SCIENCES	中华口腔科学杂志(英文版)	1991-7902	"中华口腔科学学会"(台北)	SCIE	0.286	2007

续表

No	英文刊名	中文刊名	ISSN	主办单位	入选数据库	IF$_{2010}$	Since
151	CHINESE PHYSICS C (Changed from High Energy Physics and Nuclear Physics-Chinese Edition Since 2008)	中国物理C（英文版）	1674-1137	中国物理学会；中国科学院 高能物理研究所（北京）	SCIE	0.266	1998
152	JOURNAL OF INFORMATION SCIENCE AND ENGINEERING	信息科学与工程学刊（英文版）	1016-2364	"中央研究院"资讯科学研究所（台北）	SCIE	0.265	1998
153	Journal of Ocean University of China	中国海洋大学学报（英文版）	1672-5182	中国海洋大学（青岛）	SCIE	0.256a	2012
154	CHINESE JOURNAL OF CANCER RESEARCH	中国癌症研究（英文版）	1000-9604	中国抗癌协会；北京市肿瘤研究所（北京）	SCIE	0.252	2007
155	PROGRESS IN BIOCHEMISTRY AND BIOPHYSICS	生物化学与生物物理进展（中文版）	1000-3282	中国科学院生物物理研究所；中国生物物理学会（北京）	SCIE	0.236	1995
156	JOURNAL OF THE CHINESE INSTITUTE OF ENGINEERS	中国工程学刊（英文版）	0253-3839	"中华工程学会"（台北）	SCIE	0.225	1994
157	JOURNAL OF TRADITIONAL CHINESE MEDICINE	中医杂志（英文版）	0255-2922	"中华医学会"；中国中医科学院（北京）	SCIE	0.225a	2009
158	ACTA MATHEMATICA SCIEN-TIA	数学物理学报（英文版）	0252-9602	中国科学院武汉物理与数学研究所（武汉）	SCIE	0.213	1983
159	JOURNAL OF THERMAL SCIENCE	热科学学报（英文版）	1003-2169	中国科学院工程热物理研究所（北京）	SCIE	0.212	2007

续表

No	英文刊名	中文刊名	ISSN	主办单位	入选数据库	IF$_{2010}$	Since
160	JOURNAL OF SYSTEMS ENGINEERING AND ELECTRONICS	系统工程与电子技术(英文版)	1004-4132	北京航天情报与信息研究所(北京)	SCIE	0.211	2007
161	HONG KONG JOURNAL OF PAEDIATRICS	香港儿科学杂志(英文版)	1013-9923	香港儿科医学会(香港)	SCIE	0.211	2008
162	CHINA FOUNDRY	中国铸造(英文版)	1672-6421	沈阳铸造研究所(沈阳)	SCIE	0.204	2007
163	NUCLEAR SCIENCE AND TECHNIQUES	核技术(英文版)	1001-8042	中国核学会;中国科学院上海原子核研究所(上海)	SCIE	0.204	2007
164	CHINESE JOURNAL OF MECHANICAL ENGINEERING	机械工程学报(英文版)	1000-9345	中国机械工程学会(北京)	SCIE	0.194	2008
165	BIOMEDICAL ENGINEERING-APPLICATIONS BASIS COMMUNICATIONS	生物医学工程(英文版)	1016-2372	台湾大学医学工程学研究所(台北)	SCIE	0.188	1994
166	NEURAL REGENERATION RESEARCH	中国神经再生研究(英文版)	1673-5374	中国康复医学会(沈阳)	SCIE	0.180	2008
167	ASIAN PACIFIC JOURNAL OF TROPICAL MEDICINE	亚太热带医药杂志(英文版)	1995-7645	海南医学院(海口)	SCIE	0.172	2008
168	HONG KONG JOURNAL OF EMERGENCY MEDICINE	香港急症医学期刊(英文版)	1024-9079	香港急症科医学院(香港)	SCIE	0.167	2008
169	CHINA AGRICULTURAL ECONOMIC REVIEW	中国农业经济评论(英文版)	1756-137X	中国农业大学;中国农业经济学会(北京)	SCIE SSCI	0.167	2009

续表

No	英文刊名	中文刊名	ISSN	主办单位	入选数据库	IF_{2010}	Since
170	LIFE SCIENCE JOURNAL-ACTA ZHENGZHOU UNIVERSITY OVERSEAS EDITION	生命科学学报—郑州大学学报(海外版)英文版)	1097−8135	郑州大学(郑州)	SCIE	0.158	2008
171	APPLIED MATHEMATICS-A JOURNAL OF CHINESE UNIVERSITIES SERIES B	高校应用数学学报B辑(英文版)	1005−1031	浙江大学(杭州)	SCIE	0.144	2008
172	HONG KONG JOURNAL OF OCCUPATIONAL THERAPY	香港职业治疗杂志(英文版)	1569−1861	香港职业治疗学会(香港)	SCIE	0.143	2007
173	JOURNAL OF COMPUTER SCIENCE AND TECHNOLOGY	计算机科学技术学报(英文版)	1000−9000	中国计算机学会;中国科学院计算技术研究所(北京)	SCIE	0.142	2000
174	JOURNAL OF IRON AND STEEL RESEARCH INTERNATIONAL	钢铁研究学报(英文版)	1006−706X	钢铁研究总院(北京)	SCIE	0.140	1997
175	RARE METAL MATERIALS AND ENGINEERING	稀有金属材料与工程(中文版)	1002−185X	中国有色金属学会;中国材料研究学会;西北有色金属研究院(西安)	SCIE	0.139	1997
176	CHINESE JOURNAL OF ELECTRONICS	电子学报(英文版)	1022−4653	中国电子学会(北京)	SCIE	0.135	2000
177	CHINA PETROLEUM PROCESSING PETROCHEMICAL TECHNOLOGY	中国炼油与石油化工(英文版)	1008−6234	中国石化集团公司石油加工研究所(北京)	SCIE	0.088	2007

续表

No	英文刊名	中文刊名	ISSN	主办单位	入选数据库	IF$_{2010}$	Since
178	DERMATOLOGICA SINICA	中华皮肤科医学杂志	1027—8117	台湾皮肤科医学会（台北）	SCIE	0.085	2008
179	HONG KONG lJOURNAL OF DERMATOLOGY & VENEREOLOGY	香港皮肤与性病学杂志（英文版）	1814—7453	香港皮肤与性病学会（香港）	SCIE	0.059	2008
180	CHINA COMMUNICATIONS	中国通信（英文版）	1673—5447	中国通信学会（北京）	SCIE	0.058	2007
181	JOURNAL OF GERIATRIC CARDIOLOGY	老年心脏病学杂志（英文版）	1671—5411	解放军总医院老年心血管病研究所（北京）	SCIE	0.052a	2011
182	INTERNATIONAL JOURNAL OF OPHTHALMOLOGY	国际眼科杂志（英文版）	1672—5123	"中华医学会"西安分会（西安）	SCIE	0.027a	2008
183	BUILDING SIMULATION	建筑模拟（英文版）	1996—3599	清华大学出版社期刊中心（北京）	SCIE	—	2008
184	INTERNATIONAL JOURNAL OF DESIGN	国际设计杂志（英文版）	1991—3761	台湾科技大学（台北）	SCIE A&HCI SSCI	—	2007
185	JOURNAL OF ARID LAND	干旱区科学（英文版）	1674—6767	中国科学院新疆生态与地理研究所（乌鲁木齐）	SCIE	—	2009
186	ASIAN HERPETOLOGICAL RESEARCH	亚洲两栖爬行动物研究（英文版）	2095—0357	中国科学院成都生物研究所（成都）	SCIE	—	2010
187	JOURNAL OF ZHEJIANG UNIVERSITY SCIENCE C COMPUTERS ELECTRONICS	浙江大学学报C辑（计算机技术与电子工程）（英文版）	1869—1951	浙江大学（杭州）	SCIE	—	2010
188	THORACIC CANCER	胸部肿瘤（英文版）	1759—7714	天津肺癌研究所（天津）	SCIE	—	2010

表 7　SSCI 收录的中国期刊(共 16 种)

No	英文刊名	中文刊名	ISSN	主办单位	入选数据库	IF$_{2010}$	Since
1	CHINA ECONOMIC REVIEW	中国经济评论(英文版)	1043—951X	China Economic Review Publishing(香港)	SSCI	0.947	1995
2	TRANSPORT-METRICA	交通运输计量(英文版)	1812—8602	香港运输研究学会(香港)	SSCI SCIE	0.808	2005
3	CHINA & WORLD ECONOMY	中国与世界经济(英文版)	1671—2234	中国社会科学院世界经济与政治研究所;中国世界经济学会(北京)	SSCI	0.75	2006
4	ASIAN JOURNAL OF WTO & INTERNATIONAL HEALTH LAW AND POLICY	亚洲 WTO 暨国际卫生法与政策期刊(英文版)	1819—5164	台湾大学法律学院亚洲 WTO 暨国际卫生法与政策中心;台湾大学出版中心(台北)	SSCI	0.333	2007
5	JOURNAL OF CHINESE LINGUISTICS	中国语言学报(英文版)	0091—3723	香港中文大学(香港)	SSCI A&HCI	320	1980
6	ANNALS OF ECONOMICS AND FINANCE	经济学与金融学年刊(英文版)	1529—7373	中央财经大学、北京大学、武汉大学(北京)	SSCI	0.278	2007
7	CHINESE JOURNAL OF INTERNATIONAL LAW	中国国际法论刊(英文版)	1540—1650	中国国际法学会,武汉大学法学院(武汉)	SSC	0.239a	2008
8	CHINA AGRICULTURAL ECONOMIC REVIEW	中国农业经济评论(英文版)	1756—137X	中国农业大学;中国农业经济学会(北京)	SSCI SCIE	0.167	2009
9	ISSUES & STUDIES	问题与研究(英文版)	1013—2511	台湾政治大学国际关系研究中心(台北)	SSC	0.130	1967
10	CHINA REVIEW-AN INTERDISCIPLINARY JOURNAL ON GREATER CHINA	中国评论(英文版)	1680—2012	香港中文大学(香港)	SSC	0.125	2002

续表

No	英文刊名	中文刊名	ISSN	主办单位	入选数据库	IF$_{2010}$	Since
11	LANGUAGE AND LINGUISTICS	语言和语言学研究(英文版)	1606-822X	台湾"中央研究院"语言学研究所(台北)	SSCI A&HCI	0.123	2007
12	ASIA-PACIFIC JOURNAL OF ACCOUNTING & ECONOMICS	亚太会计与经济(英文版)	1608-1625	香港城市大学(香港)	SSC	0.059a	2008
13	ASIA PACIFIC LAW REVIEW	亚太法律评论(英文版)	1019-2557	香港城市大学(香港)	SSCI	—	2007
14	INTERNATIONAL JOURNAL OF DESIGN	国际设计杂志(英文版)	1991-3761	台湾科技大学(台北)	SSCI A&HCI SCIE		2007
15	CHINESE JOURNAL OF COMMUNICATION	中国传媒(英文版)	1754-4750	香港中文大学(香港)	SSCI	—	2008
16	HONG KONG LAW JOURNAL	香港法律学刊(英文版)	0378-0600	香港大学法学院(香港)	SSCI	—	2010
1	JOURNAL OF CHINESE LINGUISTICS	中国语言学报(英文版)	0091-3723	香港中文大学(香港)	A&HCI SSCI	0.028a	1980
2	ARTS OF ASIA	亚洲艺术(英文版)	0004-4083	亚洲艺术出版公司(香港)	A&HCI	0.024a	1975
3	BULLETIN OF THE INSTITUTE OF HISTORY AND PHILOLOGY ACADEMIA SINICA	"中央研究院"历史语言研究所集刊(中文版)	1012-4195	"中央研究院"历史语言研究所(台北)	A&HCI	—	1994
4	FOREIGN LITERATURE STUDIES	外国文学研究(中文版)	1003-7519	华中师范大学(武汉)	A&HCI	—	2005
5	INTERNATIONAL JOURNAL OF DESIGN	国际设计杂志(英文版)	1991-3761	台湾科技大学(台北)	A&HCI SSCI SCIE	—	2007

续表

No	英文刊名	中文刊名	ISSN	主办单位	入选数据库	IF$_{2010}$	Since
6	LANGUAGE AND LINGUISTICS	语言和语言学研究(英文版)	1606－822X	台湾"中央研究院"语言学研究所(台北)	A&HCI SSCI	—	2007
7	LOGOS & PNEUMA-CHINESE JOURNAL OF THEOLOGY	道风基督教文化评论(英文版)	1023－2583	香港汉语基督教文化研究所(香港)	A&HCI	—	2007
8	SINOCHRISTIAN STUDIES	汉语基督教学术评论(英文版)	1990－2670	中原大学宗教研究所(台湾中坜市)	A&HCI	—	2007
9	UNIVERSITAS-MONTHLY REVIEW OF PHILOSOPHY AND CULTURE	哲学与文化(英文版)	1015－8383	台湾哲学与文化月刊社(台北)	A&HCI	—	2008

四、研究中国的外国期刊

在 Web of Science 数据库中,还有一些名称中带有"中国"(China 或 Chinese)字样的期刊(见表9),但是这些期刊是由国外一些机构创办的,刊载研究中国的政治、经济、哲学、社会学、法律、教育、医学等方面的论文,他们本质上并不属于中国期刊,为了便于参考,避免误解。将其列入表9,其中期刊简介参照中国图书进出口(集团)总公司出版的相关文献[①]。

---

① 中国图书进出口(集团)总公司报刊电子出版物部:中图报刊—国外报刊[DB/OL].[2012－02－05]. http://periodical.cnpeak.com/periodical.aspx.

表 9　Web of Science2011 年收录的研究中国的外国期刊

No	英文刊名	中文刊名	ISSN	主办单位	收录数据库	期刊简介
1	AMERICAN JOURNAL OF CHINESE MEDICINE	美洲中国医学杂志（英文版）	0192-415X	美国芝加哥大学	SCIE	论述文明传统和民族医学，包括四个方面：基础和临床研究；从历史、文化、社会经济等角度进行综合研究；各种文明医学比较研究；古今民族医学论著的翻译。
2	CHINA JOURNAL	中国研究（英文版）	1324-9347	澳大利亚国立大学当代中国研究中心	SSCI	研究中国的政治、经济、外交、文化，发表论文、评论和书评。
3	CHINA QUARTERLY	中国季刊（英文版）	0305-7410	英国剑桥大学出版社	SSCI	刊载有关当代中国，包括台湾地区和海外华人的政治、经济、社会、文学艺术和国际关系等方面的文章。
4	CHINA-AN INTERNAT-IONAL JOURNAL	中国（英文版）	0219-7472	新加坡国立大学东亚研究所	SSCI	报道当代中国包括香港、澳门、台湾，涉及政治、经济、社会、法律、文化和国际关系等领域。
5	CHINESE EDUCATION AND SOCIETY	中国教育与社会（英文版）	1061-1932	M E SHARPE INC(美国)	2011 年SSCI 不再收录	译载我国《教育研究》《人民教育》《中国教育报》等全国和地方报刊发表的有关教育和社会问题方面的文章。
6	CHINESE LAW AND GOVERNM-ENT	中国法律与政府（英文版）	0009-4609	美国加利福尼亚大学	SSCI	主要译载我国（包括台湾）报刊发表的有关资料。

续表

No	英文刊名	中文刊名	ISSN	主办单位	收录数据库	期刊简介
7	CHINESE MANAGEMENT STUDIES	中国管理研究（英文版）	1750－614X	Emerald 出版集团公司（英国）	SSCI	致力于传播有关中国企业、公司、法人机构管理等当前进程的研究。提供对中国管理思想、哲学理念及过程的深入分析，以及对中国领军人物的访谈信息等。
8	CHINESE SOCIOLOGICAL REVIEW (Chinese Sociology and Anthropology)	中国社会学评论（英文版）	2162－0555 [P] 2162－0563 [E]	M E SHARPE INC（美国）	SSCI	自2011年秋季起，正式更名为 Chinese Sociological Review (CSR)，由香港科技大学吴晓刚教授出任新的主编。
9	CHINESE SOCIOLOGY AND ANTHROPOLOGY	中国社会学与人类学（英文版）	0009－4625	M E SHARPE INC（美国）	SSCI	译载我国报刊发表的社会学和人类学方面的文章。自2011年秋季更名为8。
10	CHINESE STUDIES IN HISTORY	中国历史研究（英文版）	0009－4633	M E SHARPE INC（美国）	A&HCI	译载我国书报刊发表的有关中国历史的文章。
11	CONTEMPORARY CHINESE THOUGHT	当代中国思想（英文版）	1097－1467	M E SHARPE INC（美国）	A&HCI	译载我国期刊和图书中有关哲学研究的文章。
12	JOURNAL OF CHINESE CINEMAS	中国电影（英文版）	1750－8061	INTELLECT LTD（英国）	A&HCI	研究中国电影，借鉴世界增长最近中国电影的兴趣。
13	JOURNAL OF CHINESE PHILOSOPHY	中国哲学杂志（英文版）	0301－8121	国际中国哲学会（美国夏威夷大学）	A&HCI	主要刊载中国哲学史、哲学思想以及中国与西方哲学的关系等方面的研究论文。
14	JOURNAL OF CONTEMPORARY CHINA	当代中国（英文版）	1067－0564	TAYLOR & FRANCIS LTD（英国）	SSCI	刊载关于当代中国事务的理论与政策研究文章。

续表

No	英文刊名	中文刊名	ISSN	主办单位	收录数据库	期刊简介
15	LATE IMPERIAL CHINA	晚期中华帝国（英文版）	0884－3236	美国约翰·霍普金斯大学	A&HCI	刊载从14世纪到20世纪初中国明、清两个朝代的历史、经济、政治、哲学思想、宗教和文化艺术等方面的研究论文和出版物报道。
16	MODERN CHINA	现代中国（英文版）	0097－7004	SAGE出版公司（美国）	SSCI	研究中国历史和社会科学领域问题的刊物。
17	MODERN CHINESE LITERATURE AND CULTURE	中国现代文学与文化（英文版）	1520－9857	美国俄亥俄州立大学	A&HCI	刊载20世纪中国现代文学作品及其作家评论和采访录。

五、结束语

通过上述分析，我们可以简要归纳为如下几点：

（1）Web of Science 数据库中的 SCI(E)、SSCI 以及 A&HCI 三个引文数据库，目前尚在收录的中国期刊有 207 种，其中 SCI 收录 33 种期刊、SCIE 收录 188 种期刊（含 SCI 收录的 33 种）、SSCI 收录 16 种期刊（含 SCIE 收录的 3 种），A&HCI 收录 9 种期刊（含 SSCI 收录的 3 种）。

（2）从 1961 年中国期刊首次入选至今，按照目前被收录的期刊（以收录论文起始年计）数量，曾经出现过 3 个高峰期，第一个高峰期是在 1985 年，有 5 种期刊入选；第二个高峰期是在 1995 年，有 16 种期刊入选，第三个高峰期出现在 2007 年，有 46 种期刊入选。

（3）被收录的 207 种期刊中，有 53 种期刊是由高等院校主办，其余 154 种期刊是由专业学会、研究机构或者出版机构主办。53 种高校主办的期刊由 40 所高等院校参与，其中浙江大学主办的 6 种期刊被 SCI 或者 SCIE 收录,其余高校参与主办的期刊收录量均在 3 种或者以下。

(4) 本文统计的 207 种期刊,来自于全国 22 个省、直辖市、自治区或者特别行政区,其中北京名列第一,有 88 种期刊入选,台湾名列第二,有 38 种期刊入选;香港有 20 种期刊入选,名列第三;上海名列第四(入选期刊 14 种),其余被收录期刊的数量均在 6 种或者以下。

(5) 虽然我国已经有 207 种期刊被 Web of Science 数据库中的 SCI 或者 SCIE、SSCI 以及 A&HCI 三个引文数据库收录,但是,IF$\geq$2 的期刊有 9 种,不足收录期刊总数的 4.4%,即我国 207 种被收录的期刊中,有 95.6% 的期刊 IF<2.0;而且 IF<0.6 的期刊有 98 种,约占被收录期刊总数的 47.34%。由此可见,我们希望有更多的期刊入选 Web of Science 数据库,同时更希望有更多的期刊影响力越来越大。

致谢:在本文撰写过程中,得到西安石油大学图书馆于澄洁研究馆员的帮助和指教,作者在此深表谢意。

对中国人文社科学术期刊国际合作模式的思考

徐 枫

引 言

改革开放迄今,中国的影响力已不限东亚一隅,世界对中国的影响及中国对世界的影响正日益增长,并呈双向互动的良性态势。任何一个国家的经济发展到一定程度,必然会重视文化传播。中国作为一个地域性大国,不仅要在全球布局自己的经济利益、政治利益,也需要布局自身的文化利益。全球化进程需要各国进行文化交流、学术互动。可以说,构建高水平的国际学术期刊交流与合作平台,推进中国哲学社会科学研究走向世界,是中华文化"走出去"战略的重要组成部分,也是中国期刊人的理想和追求,并得到政府的大力倡导和支持。

据中华人民共和国新闻出版总署2012年7月公布的数据,截至2011年,全国共出版期刊9849种,总印数32.9亿册,其中哲学社会科学类期刊总印数占42.3%,位居第一。[①] 虽然我国学术期刊的国际影响力与发达国家相比仍存在很大差距,但从数量上看已成为世界期刊大国,并正在成为国际出版业的重要力量。

在出版国际化方面,近年来,国内学术期刊也纷纷走出国门,以

---

① 2011年新闻出版产业快速稳步增长(上)[EB/OL].[2012-7-12]. http://www.bk-pen.com.

不同形式尝试与信誉良好的国际知名出版集团进行合作,期望通过"借船出海"提升自身的国际影响力和核心竞争力。但与中国图书及科技期刊"走出去"的步伐相比,我国人文社科类学术期刊整体而言还处于起步阶段。如何整体谋划,切实将中国社科学术期刊"走出去"放到国家发展战略的高度来考量,去完善机制,加大投入,积极稳妥推进"走出去"工作,尤其是如何变"借船出海"为建设中国自主性的国际学术期刊平台,应成为未来我国期刊出版事业发展的重要着眼点。2011年,国家新闻出版总署颁布的《新闻出版业"十二五"时期发展规划》(以下简称《规划》)首次推出了"国家重点学术期刊建设工程",明确要在"十二五"期间着手"建立学术期刊科学遴选和培育机制,重点支持代表我国学术水平、具备国际办刊能力、具有良好发展前景的学术期刊发展;培育20种国际一流学术水平的国家重点学术期刊,培育一批有影响力的优秀学术期刊,推动我国学术期刊整体学术水平和国际影响力的提升"。"重点学术期刊建设工程"明确将"国际办刊能力""国际影响力""国际一流学术水平"作为未来期刊发展的目标和扶持重点。《规划》还同时推出多项国际性的出版工程、营销渠道拓展工程及海外发展扶持工程,提出要"以版权输出和出版合作等方式,实现对外出版发行,进入国外主流发行渠道,提高中国出版物出版水平和国际竞争力"。《规划》特别强调了人文社科期刊的国际化发展问题,提出要"向国际市场推广我国优秀思想文化、精神文明以及历史成就"。新闻出版总署的一系列措施无疑将有力推动中国人文社科学术期刊的国际化进程。

2011年11月,教育部也颁布了《高等学校哲学社会科学"走出去"计划》(2011[5]号文件),该计划除了涉及图书出版的"当代中国学术精品译丛""中华文化经典外文汇释汇校"等项目外,首次提出要重点建设一批国际知名的外文学术期刊。

在国家基金方面,国家自然科学基金重点学术期刊专项基金资助早在1999年即已设立,每两年(偶数年)受理一次,十多年来,在稳步推进中国科技期刊的国际化进程方面起了重要作用。2012年6月,国家社科规划办则首次推出了专门面向人文社科学术期刊的国家基金期刊资助项目,"国家社科基金学术期刊资助管理办法"明确将建设"国际知名或国内一流"的学术期刊列入"管理目标与要求",经费预算还将外文翻译费列为专项,并与稿费、审稿费等主要开支并列,全力扶持和助推中国学术期刊走向世界。此前的 2010 年,立足学术层面的国家社科基金"中华学术外译项目"也已设立,该项目主要资助我国哲学社会科学研究优秀成果以外文形式在国外权威出版机构出版,进入国外主流发行传播渠道,以增进国外对当代中国以及中国传统文化的了解,推动中外学术交流与对话,提高中国哲学社会科学的国际影响力。

关于学术期刊的国际合作研究,目前主要集中在自然科学期刊,其中较多为单个期刊的经验介绍,也有对某类期刊或某院、所期刊群国际合作情况的调研,代表作为郭玉等的《与国际出版集团合作的中国 SCI 期刊出版状况分析》(《编辑学报》2011 年第 6 期)、沈华等的《中国科学院科技期刊国际合作调查与思考》(《中国科技期刊研究》2011 年第 6 期)、马建华等的《我国科技期刊国际合作基本模式探析》(《中国科技期刊研究》2011 年第 6 期)等。由于人文社科学术期刊的国际化发展相比自然科学期刊更为缓慢,因而,一直以来我国有关人文社科学术期刊国际化问题的研究性论文相对较少。近年来,随着人文社会科学类英文学术期刊创刊种类的显著增加以及我国"走出去"步伐的加快,有关人文社会科学学术期刊国际化问题研讨的文章逐渐增加,如郑瑞萍的《中国人文社会科学学术期刊国际化的理论与实践》(《社会科学管理与评论》2010 年第 3 期)以《外国文学研究》及《浙江大学学报(人文社会科学版)》为例探讨了社科期刊的国际化问题。检视近年来社科期刊国际化研究论文,内容多偏于学术期刊国际化的内涵式发展理路或编委国际化、作者国际化、发行国际化等方面,也有的把视角延伸到国际出版商网络数据运作模式方面,如杨海平等的《国外学术期刊数据出版商的运作模式研究》(《出版科学》2012 年第 2 期),但均未涉及国际合作问题。有关人文社科学术期刊国际合作问题仅散见于零散的办刊经验介绍、媒体访谈或调研报告等短文中,尤以《中国社会科学报》的贡献最为突出。该报近年来刊发了不少期刊国际化问题的系列文章,其中《中国学术期刊国际化现状调查》(2011 年 5 月 18 日),访谈文章《借船出海提升中国学术期刊国际知名度》(2011年7月8号)等对中国人文社科学术期刊的国际合作模式有涉及。但相关专文研究尚未见到。

一、人文社科学术期刊国际合作概况

在经济全球化、政治多极化、文明多样化的今天,人文社会科学的理论发展和对策性研究与探索已愈来愈迫切地需要超越地域性的交流与沟通,国际学术共同体之间也需要有更多的互动与对话。由此,国内的一些人文社科学术期刊纷纷开始筹办英文刊,积极谋求"走出去"的途径,尝试与国际大型出版商合作,"借船出海",走向世界。另一方面,随着我国综合国力的提升,国际大型出版商也纷纷看好中国学术市场的未来发展,主动与我国英文学术期刊寻求合作,共谋发展。

目前,我国与国际大型出版商合作的期刊出版单位主要有出版社及高校、科研机构、行业协会主办的学术期刊。国际合作对象主要为著名的大型出版集团,如施普林格(Springer)出版公司、爱思唯尔(Elsevier)出版社、牛津大学出版社(OUP)、威立-布莱克维尔(Wiley Blackwell)出版集团、泰勒-弗朗西斯(Taylor & Francis)出版集团、自然出版集团(NPG)、英国物理学会出版社(IOPP)等。据不完全统计,截至2011年,中国大陆与国际出版集团合作的期刊至少在160种以上,其中以自然科学期刊为主,仅中国科学院的国际合作期刊就达59种,而人文社科类学术期刊参与国际合作的仅16种左右。人文社科类期刊的合作方主要有施普林格出版公司、泰勒-弗朗西斯出版集团、牛津大学出版社,以及哈珀-柯林斯、企鹅等国际出版集团。[①]
近年来,不少著名国际出版商还通过北京国际图书博览会等渠道与中国人文社科外文学术期刊进行合作,哈珀—柯林斯、企鹅等国际出版集团即由此与《青年与社会》《管理学报》《政治与法律》等达成合作协议。

---

① 李文珍:《"中国学术期刊国际化现状调查"之一:英文学术期刊基本状况调查》,《中国社会科学报》2011年5月11日。

总体而言,与中国大陆学术期刊合作最多的国际出版机构为施普林格,其次是爱思唯尔。施普林格不仅是与中国科技期刊合作最多的出版公司,也是迄今与中国人文社科期刊合作最多的著名国际出版机构。早在20世纪70年代,施普林格即开始与中国期刊合作,致力于中国期刊的国际化运作,并创建了"中国在线科学图书馆"。几十年来,施普林格与中国共同合作出版了90多种学术期刊;与我国科学出版社、高等教育出版社、浙江大学出版社、清华大学出版社等建立了合作伙伴关系,积极将中国出版的英文期刊推介给世界各地的学术机构、图书馆、科学家及研究人员,并通过SpringerLink在线全文数据库提供世界范围内的全文访问,成为把中国研究成果推介到西方的主要国际出版商。爱思唯尔于2005年开始与中国科技期刊建立合作关系(Chinese Journal Cooperation Program,CJCP),但其合作对象目前仅限于我国英文版的自然科学期刊,约40种左右,社科期刊基本没有。

与大型国际出版集团合作的人文社科类学术期刊数量极少,究其原因,客观上离不开语言因素。目前来看,大型国际出版集团基本只与中国的英文版人文社科学术期刊进行合作,如施普林格出版公司强调致力于提高中国英文版学术期刊的国际化运作,爱思唯尔最初与中国期刊合作时,根据语种不同分为CJCP A 和 CJCP B 两部分,CJCP A 完全针对中国英文版期刊,CJCP B 虽针对中文刊,但须将中文内容译成英文,稍后不久便中止了CJCP B 合作模式,只与英文期刊合作;威立-布莱克维尔出版集团同样要求合作者为英文刊。2009年,威立-布莱克维尔出版集团某资深出版人偶见《浙江大学学报(人文社科版)》,惊叹该刊论文质量、学术视野、理论深度、作者层次及地域性、审稿流程及栏目国际化程度等完全可媲美国际著名人文社科期刊,遂索取该刊全年刊物回集团高层论证后,主动提出了与该刊建立合作关系,甚至主动表示可以保持该刊大综合的内容,但唯一要求的就是改成全英文刊。

与自然科学不同,思想只有在母语中才能产生足够的震撼力与吸引力,人文学科独特的本土性及其文化传承功能,在本质上特别强调对母语的依赖,所以,无论从国家语言安全角度、信息战略角度、人文学科的特点等角度考量,条件成熟的社科期刊可以做全英文刊,对大部分人文社科学术期刊而言,最终的语言选择可能还是以母语为主。由于中国英文版人文社科学术期刊的数量本身就少,加上人文方面的内容翻译难度本身又较大等多种因素影响,"借船出海"的人文社科期刊就更少了。据 ISSN(国际标准连续出版物号)中国国家中心资料显示,1950 年至 2011 年,我国外文学术期刊创刊近 380 种(多为英文版),其中自然科学类期刊达 329 种,社会科学类只有 50 种左右,其中还包括了早期创刊的一些非学术性对外宣传期刊。英文版的社科类学术期刊大体只有 40 种左右,"借船出海"与国际出版集团合作的社科类学术期刊仅约 16 种,约占社科类英文期刊总数的 36%。[①]

社科类英文学术期刊的办刊主力主要为高校及研究机构,占比 50% 以上。与国际著名出版集团不同,在中国,由出版社主办的学术期刊相对较少,主办的社科期刊尤其是社科英文刊更少。以与施普林格合作的出版机构为例,中国科学出版集团 2005 年即与施普林格签订了战略合作意向书,其主办的《中国科学》《科学通报》等 31 种自然科学英文期刊均与施普林格建立了战略合作关系;近年来,浙江大学出版社、清华大学出版社出版的期刊中,也各有 3 份英文科技期刊与施普林格建立了合作关系。而社科领域直到近年才出现类似的合作办刊形态,主要代表为高等教育出版社。

高等教育出版社于 2005 年开始与施普林格合作,截至 2012 年底共有 24 种英文学术期刊通过 SpringerLink 向全球提供在线论文,其中科技期刊 17 种,人文社科类英文版学术期刊 7 种,是目前人文社科期刊参与国际合作最多的出版机构。这 7 种英文刊均为人文社科类的专业性期刊,内容包括经济、法学、教育、历史、哲学、文学、管理学等,已先后被美国、英国、荷兰、波兰、西班牙等著名国际检索机构的重要索引收录,让世界感叹于中国高速的经济发展之时,也感受到中国当代人文社科学术的风采。

[①] 李文珍:《"中国学术期刊国际化现状调查"之一:英文学术期刊基本状况调查》,《中国社会科学报》2011 年 5 月 11 日。

目前，高校主办的英文社科期刊主要有《复旦人文社会科学论丛》，该刊 2005 年创刊，经过几年试办，于 2008 年获得 CN 号，并正式以期刊形式出版，成为中国大陆首家推出的有正式刊号的高校人文社科英文期刊。该刊创办伊始即与德国施普林格建立战略合作关系。2013 年，中国人民大学期刊社也已获得社科期刊英文版 CN 号，并于 2013 年 1 月创办了《经济与政治研究》英文季刊。此外，山东大学《文史哲》等相关高校期刊也在纷纷筹划创办英文社科学术期刊。至于高校各院、所创办或拟创办的专业性英文刊相对就更多了。清华大学当代国际关系研究院主办的英文学术期刊 *The Chinese Journal of International Politics*（CJIP）创办于 2006 年，该刊创办过程本身即得益于麦克阿瑟基金会的提议与推动，创刊伊始即与牛津大学出版社确立了战略合作关系，2006—2012 年间连续获得麦克阿瑟基金会的经费资助，并于 2012 年被 SSCI 收录。

研究机构主办的英文刊主要有 1980 年创刊的中国社会科学杂志社的 *Social Sciences in China*（《中国社会科学》），该刊作为人文社科综合类英文学术期刊，同样是通过国际平台进行合作与发行的；另外，中国社会科学院经济研究所主办的英文刊《中国与世界经济》（*China & World Economy*）也早在 2005 年即与国际出版商合作，由研究所负责期刊内容，国际出版商负责刊物在国外的文本和电子版的出版发行，并于 2006 年被 SSCI 收录。

言及中国人文社科研究与世界交流，还不得不面对另一个现实：单向吸收比较多，互动交流比较少。包括版权的单向吸收。这种单向传播的方式显然不利于中国学术的交流与发展。20 世纪以前，中国文化的对外传播主要通过外国来华游学者和传教士完成，如唐朝的日本遣唐使、明代传教的利玛窦等。新中国成立以来，特别是改革开放以来，我国社科类英文学术期刊的陆续出现，无疑有利于中国学术与其他文明和文化系统间的对话交流，使中国学术得以在对话中充分表达自己、充实自己，而非仅做西方话语的吸收者和追随者。中国学术作为全球学术共同体的一部分，需要坚守自己的学术话语，也需要走向世界与国际学者互动对话，主动向世界传输中国特色的学术思想、理论概念、语法逻辑和话语体系，在世界学术体系中反映中国视角、中国经验和中国思想。在这方面,社科英文学术期刊无疑起着重要的传播和桥梁作用。

二、人文社科学术期刊国际合作模式

(一) 国际合作依据

改革开放以来,我国政府制定出台了一系列扶持文化产业发展的规划、措施及期刊国际合作的政策法规,为中国学术期刊的国际合作提供了重要政策依据和支持。

20 世纪 80 年代以来,我国政府发布的对外合作出版管理文件主要有:1981 年颁布的《国家出版局加强对外合作出版管理的暂行规定》;1994 年国务院新闻办公室、新闻出版署发布的《关于海外报刊不得在内地自行征订发行的通知》;2000 年新闻出版总署《关于规范涉外版权合作期刊封面标识的通知》;2002 年新闻出版总署颁发的《关于加强对出版单位境外出版机构联合冠名管理的通知》;2003 年新闻出版总署等发布的《外商投资图书、报纸、期刊分销企业管理办法》;2004 年新闻出版总署《关于进一步规范新闻出版单位出版合作和融资行为的通知》;2005 年《新闻出版中外合作项目审批》等。除了专门性文件以外,涉及期刊出版的其他文件中也间有涉及对外合作的相应条目,如 2005 年新闻出版总署颁布的《期刊出版管理规定》第三章第 29 条等;如 2013 年最新颁布的《国家新闻出版广电总局主要职责内设机构和人员编制规定》明确将"取消在境外展示、展销国内出版物审批"等。

上述文件表明,我国政府允许的期刊国际合作模式包括了海外营销代理、版权合作和广告代理三种。加入 WTO 后,我国政府只承诺逐步放开出版物的分销服务,凡涉及合作出版事宜,仍需按现行有关规定执行;出版物的出版被列入《外商投资产业指导目录》禁止项,也即我国政府尚不允许外商投资出版领域,不允许外商参与图书、报纸、期刊、音像制品、电子出版物的编辑出版工作。另一方面,为引进国外先进的科学技术和文化产品,我国政府也允许境外出版单位与国内出版机构就单个项目开展多种形式的合作,并对合作项目中的引进期刊采取了审批制。同时,我国政府对中国学术期刊"走出去"则予以强有力的鼓励和支持,如启动"国家重点学术期刊建设工程",培育 20 种国际一流学术水平的国家重点学术期刊。该工程遴选标准特别强调了"具备国际办刊能力",目标是"推动我国学术期刊整体学术水平和国际影响力的提升"。同时,"十二五"规划还专列了推动新闻出版业"走出去"部分,设立多种意在拓展国际主流营销渠道,推动更多的中国优秀出版物走向世界的建设工程。

上述政策法规无疑为中国学术期刊的国际化进程和健康有序发展提供了政策依据和指导。随着改革开放进程的深化,笔者认为,政府部门关于国际合作的相关文件尚有继续修订和补充的空间。如数字时代,国际间期刊数字合作平台相比其他出版物进展更为快速,亟须相关政策指导,但目前主管部门尚无国际数字期刊合作方面的文件出台;期刊出版单位与境外出版机构开展合作出版项目方面,《期刊出版管理规定》仅笼统提"须经新闻出版总署批准,具体办法另行规定"。另外,不少图书及期刊出版在国际合作方面已经走得较快,政府部门应适时予以跟踪指导,相关法律法规也亟须进一步完善,对合作中可能有的分歧或冲突,也应着眼于有利于我国学术竞争力和知识创新力提高的层面提供政策性意见。

(二)社科期刊的国际合作模式

目前,我国社科学术期刊的国际合作内容主要体现在两个方面,即海外营销代理、版权合作;自然科学学术期刊的国际合作模式相对更多些,还包括外文期刊中文版、广告代理以及早期有过的中外合资或合作办刊等。总体而言,中国社科学术期刊与国际知名出版商合作模式与自然科学期刊大体类似,且具以下共性:期刊版权一般归中方所有;一个合同期多为 3—5 年;中方拥有期刊稿件审定权和编辑权,国际出版商提供语言润色等技术帮助及网上投稿、审稿系统;中方负责印刷版的国内发行,国际出版商独家代理网络版的全球发行及印刷版除中国大陆外的全球发行;国际出版商通过其数据平台负责期刊的全球传播,帮助拓展国际市场,扩大期刊国际影响力;帮助中国期刊申请加入 SCI、EI、SSCI、A&HCI 等著名国际检索系统等。

1. 英文社科期刊的主要合作模式:海外营销代理

当前,就整个中国出版业而言,开展国际合作的范围和领域在不断扩大,并从单一的图书出版合作走向包括期刊、数字出版产品在内的多种出版物形态的合作。就中国社科学术期刊而言,海外营销代理是其融入世界学术共同体的主要手段,合作的基本形式主要是将期刊的网络版通过国外大型出版机构的网络平台面向全球进行传播与营销,部分国外出版机构还同时获得了中国学术期刊在国际上的印刷版销售代理权。合作的基本原则是"以资源换资源,以市场换市场,以进带出、双向共赢"。[1]

作为与中国社科学术期刊合作最多的国际出版机构,施普林格早在 20 世纪 70 年代即开始与中国学术期刊进行合作,并将中国英文版学术期刊合作项目统称为"中国在线科学图书馆"(Chinese Library of Science),还在中国设立了北京代表处。合作模式是:在尊重中方合作者对期刊所有权的基础上,在平等互利的原则下,通过签订合作出版协议,明确双方的权利和义务;在协议有效期内由中方编辑出版期刊,施普林格提供编辑技术支持与标准供应、期刊报告与分析服务等;合作期间,由施普林格独家负责合作期刊印刷版的海外发行,同时,利用其在全球的 70 个销售代表机构及各地的代理商,独家负责合作期刊电子版的全球发行,其中电子版通过著名的 SpringerLink 这一全球领先的数字出版平台及集团采购模式对合作期刊进行传播和营销,同时提供售后服务支持;另外,通过 SpringerLink 或专业统计公司,为合作方提供包括版税报告、使用报告、营销计划、营销报告等服务。牛津大学出版社的合作模式大体与施普林格相似,如与牛津大学出版社合作的清华大学当代国际关系研究院的 CJIP 杂志,组稿、稿件遴选(采用严格的双向匿名审稿制)、稿件修改及语言与体例规范方面的编辑工作,由 CJIP 编辑部负责,英国和印度的资深编辑负责期刊的编辑校对(主要是英文修饰),期

---

[1] 衣彩天:《国际合作出版的意义、形式及原则》,《编辑之友》2005 年第 2 期。

刊的印刷在美国完成，出版则在英国，牛津大学出版社负责总协调并协助期刊做好发行和推广工作，包括在 Foreign Affairs 广告。该模式从编校到出版发行涉及多个国家不同机构的合作，完全是国际化的运作方式。

总体来说，各出版商与期刊的合作模式基本相似但又各具特色。如期刊印刷版的海外发行基本由国际出版商代理，国内邮发不变。但网络发行模式则往往会有所不同，施普林格、爱思维尔由出版社代理期刊的海外网络版销售的同时，编辑部仍可将论文的网络版全文提供给国内数据库；NPG、OUP、Wiley 则完全独家代理期刊的网络发行，编辑部仅可在网上上传元数据，不可上传全文；NPG、OUP 还给部分刊物提供英文修饰服务、稿件处理系统服务。在发行费用分配方面也各有不同，有的采用部分返回、支付部分费用、补贴海外邮费等，也有的采用销售收入去掉成本后按比例返还等方式，一般返回 10%—20%。

2. 中文社科期刊主要合作模式：单篇论文版权引进

对大部分未与国际出版商建立合作关系的中文社科学术期刊而言，更多的国际合作主要体现在基于版权引进方面的合作，主要形式是中文学术期刊通过合法途径获取已在国际期刊中发表了的优秀外文论文，译成中文后刊发在中文版的学术期刊上。合作方主要是中国期刊与海外期刊，包括著名出版公司旗下的国际顶尖期刊。这种合作主要以单篇论文的版权引进为主，一般通过学者推介，选取在国际上有较大反响的、引领学科方向的前沿性学术论文或国际著名学者的优秀论文，由编辑部出面获取原作者授权、国际原发刊物授权，翻译后以中文发表；编辑部须在该中文论文显著位置如文章首页页下等注明此文原发期刊的刊名及刊期、版权许可情况等。一般而言，国际学术期刊的版权引进多以免费为主，大多数国家的人文社科学术期刊不会收取单篇论文的版权转让费，只要引进版权的期刊注明版权事项即可。若合作方是国际出版商，即使单篇论文的版权引进，也有可能被要求支付价格不菲的版权转让费。

就目前而言，期刊版权贸易的另一种形式，即国际期刊品牌的授权使用或曰授权出版,也即外方将其刊物的品牌授权给国内学术期刊使用的状况,或获取国外某社科类期刊全部版权并全文连续性译介出版的状况,在中文社科学术期刊中尚未见到。新闻出版总署对国内期刊引进国际期刊的内容或资料有一定的比例限制,一般来说,时尚类杂志须控制在50%以内,而科技类、学术类内容的版权引进比重则宽松很多,按新闻出版总署规定可达60%—70%,甚至更高。此举显然是为促进我国科技与文化的国际交流与发展,更好地为我国的现代化建设提供借鉴的。①

3. 新模式:创新型期刊出版合作方案"(P&H 模式)

近年来,在国际上备受争议的爱思唯尔出版社显然注意到来自期刊、机构用户及学者的抵制与不满,开始向学术期刊推出"创新型期刊出版合作方案"(Production and Hosting 模式,简称 P&H 模式),该方案内容有五:(1)版权归期刊;(2)期刊(编辑部)负责内容、学术质量把关和主编、编委的任用;(3)Elsevier 负责期刊生产及在 ScienceDirect 平台在线出版,全文发布;(4)读者从 ScienceDirect 平台免费下载期刊全文;(5)期刊依据所需服务的具体内容向爱思唯尔支付费用。P&H 模式还向编辑部提供不少出版流程方面的服务,包括排版与文字修订、作者校对、校样修改、数据转化、期刊在线出版服务等;提供 PDF 文件或按需印刷服务;提供编辑投稿系统、生产控制系统、ScienceDirect 在线出版全球发布、爱思唯尔期刊主页全球推广及搜索引擎优先排名服务等。在 P&H 模式下,期刊编辑部专注稿件内容和质量控制,包括收稿、审稿、退改、定稿等流程,爱思唯尔负责期刊排版与文字修订、校样修改与校读、稿件在线发布及印刷文档的提供等生产流程,可谓分工明确。

P&H 模式最值得关注的是国际出版商已不再独揽期刊的海外网络发行和印刷本发行权,也不再高价向世界各大图书馆销售其期刊网络产品,而是向用户提供免费下载的服务平台。在 P&H 模式中,唯一付费的是期刊编辑部,但编辑部除了继续保留对期刊管理的

---

① 房美丽、许淳熙:《与境外合作办刊的现行模式和影响探析》,《中国科技期刊研究》2004 年第 5 期。

主动权外,还获得了专业化出版质量保障,精确的目标受众和领先的数字出版服务,可较好地提升期刊文章的国际显示度和被引率,并获得未来发展方向的参考数据。但目前还没有社科期刊参与此类合作模式。

(三)国际合作模式利弊分析

目前,与国际出版商进行合作的社科期刊虽然数量不多,但定位明确,都采用英文作为出版语言,都在积极探索期刊的国际化发展路径,都以开放的姿态将走向世界作为期刊未来发展的目标,都希望通过国际合作融入国际学术共同体,与国际学者对话,传播中国文化和中国学术话语体系,提升中国学术的国际显示度。而国际知名出版商同样也在积极寻求与中国英文版社科期刊的合作,希望借此扩大自身在中国的品牌知名度和影响力,完善自身的数据库建设及区域性和代表性,抢占中国优质刊源、稿源和未来发展先机,并通过专享中国期刊的国际印刷版发行权和网络发行权获取不菲收益,提升其所占的中国期刊市场份额。可以说,双方目标虽不同,但通过合作达成各自期许的意愿却一致,这也使中外期刊有了合作基础。

1. 合作优势

(1)有利于获得国际推广,提升我国社科学术期刊的国际显示度和影响力,扩大中国社科学术期刊在国际市场上的占有率。

社科学术期刊是中国文化"走出去"的重要组成部分,与国际知名出版商合作,依托其品牌效应的支撑、科学的管理流程、成熟的编校经验、先进的办刊理念、严谨的出版规范、领先的数字出版技术和全球性的营销渠道,可以较好打开国际市场,拓展我国社科学术期刊的国际发行量、传播面和显示度;中国社科期刊也较容易被一些国际学术机构所认识、包容并接纳。相比自然科学期刊的传播,人文社科学术的国际传播在当下更有其特殊的积极意义和必要性,可有效促进中国学术话语体系的传播,在西方话语垄断和话语霸权中,顺应世界多极化趋势及伴随的国际话语多样化格局,传递来自中国学界的声音、思想与话语体系尤为重要。

（2）有利于学习国外先进的办刊理念，优化编辑部工作流程，提升期刊质量，创建期刊国际品牌。

中国人文社科学术期刊大多按传统三审制运作，向国际标准靠拢，采用同行审稿制度等先进运作模式可以有效提升中国期刊的国际化办刊程度，吸引国际优质稿源，提升我国学术期刊的办刊水平与实力；可以促进中国与国际期刊界的互动交流，让世界及时了解中国优秀期刊及其原创性成果，助推我国学术期刊在学习借鉴中逐渐培育自主性国际品牌；可以将稿件外包给以英文为母语的国际出版机构进行英文语言加工润色，提供编校技术支持与标准，使中国英文刊的语言表达更准确、期刊规范更符合要求，更易被国外学者接受。

（3）有利于国内出版集团在与国际出版商竞争与合作中获得借鉴，适时组建适合我国国情的、拥有优秀品牌期刊的自主性国际出版集团。

鉴于目前我国社科学术期刊大多还不太重视经营管理，有效的国际合作还可以开拓社科办刊人的视野，在合作中学会科学经营、管理期刊的方法，提升办刊理念。

（4）有利于被国际著名检索机构收录，进一步扩大中国人文社科期刊在相关国际学术机构或学术共同体中的传播通道。

自然科学期刊的经验表明，与国际出版商合作更容易被 SCI 等著名国际检索机构收录。以施普林格为例，JCR 2009 年报告显示，其"中国在线科学图书馆"有 90 多种中国期刊，被 SCI 收录达 46 种，同年，我国被 SCI 收录的英文期刊中有 47.9% 来自与施普林格合作的期刊；如与施普林格建立战略合作关系的浙江大学的英文科技期刊中，就有《世界儿科杂志》（WJP）等 5 种期刊被 SCI 收录。考察中国的社会科学类期刊，情况类似，参与国际合作的期刊显然比未合作者进入 SSCI 更具优势。如中国社会科学院经济研究所主办的英文版《中国与世界经济》（*China & World Economy*）、清华大学的 CJIP 等。

我国人文社科期刊被其他国际著名检索机构收录的情况大体也类似：截至 2011 年，与施普林格合作的高教出版社主办的 Frontiers 系列 7 种英文版人文社科类专业期刊，先后都被国际重要检索机构收录,其中有3种期刊分别被2家国际检索机构收录,1种被6家收录,2种被9家收录,最高的1种被11个收录(商业2,经济9,教育2,历史11,法学9,文学6,哲学2)。高教社Frontiers系列社科期刊能被国际重要检索机构收录,其通用的英文语言、单学科专业性期刊定位,尤其是施普林格的国际合作助推,无疑起到了不可忽视的作用。

当然也有例外,据中国科技信息研究所2011年12月公布的统计数据显示,2010年,SSCI收录期刊总数为2803种,中国出版的期刊仅1种(未含我国港澳台地区),这1种就是被A&HCI收录并有正式CN号的《外国文学研究》,该刊并未参与国际合作。此外,2007年被A&HCI收录的香港道风出版的《汉语基督教研究》、2010年被A&HCI收录的台湾中原大学出版的《汉语基督教学术论评》,也均未参与国际合作,且均为人文学科的中文专业期刊。未与任何国际出版机构合作的《浙江大学学报(人文社会科学版)》虽是中文期刊,而且是涵括人文社科各学科的大综合期刊,截至2011年,也已先后被8个重要国际检索机构的15个著名索引收录,成为目前中国人文社科类中文版期刊被国际检索机构收录最多的期刊,被收录数并不亚于英文且专业刊的Frontiers系列。值得一提的是,《浙江大学学报(人文社会科学版)》没有通过任何国际出版商帮助申请国际检索机构,除了三个是自主提出申请的外,其余均被国际重要索引主动收录。

就人文社科期刊而言,美国的"剑桥科学文摘"(CSA)是迄今收录中国人文社科类期刊最多的国际检索机构。2012年统计数据表明,截至2011年,被"剑桥科学文摘"收录的自然科学期刊达747家,而人文社科类期刊含港澳台在内才40多家,包括2011年新收的3种外文刊社科类期刊:大陆出版的《中国社会科学》(英文版),港台出版的《亚太语言教育学报》(葡萄牙语)、《亚洲艺术新闻》(英文版),人文社科期刊被收录量仅为自然科学的1/17左右,非常少,其中中文版社科期刊收录难度就更大了。再如"哥白尼索引"截至2012年1月收录科技期刊达560多家,收录我国社科期刊仅6家,其中2009—2010年整整两年间,唯一收录的仅有《浙江大学学报(人文社会科学版)》。可见,与自然科学期刊相比,我国人文社科学术期刊进入国际检索机构难度更大。

需要强调的是,中国期刊走向世界,其目标并非是西方化、英文化,更不是为了被国际检索机构收录。加入国际检索机构只是手段,不是目的。通过接轨登上世界学术期刊平台,是为了拓宽视野,立足全球的制高点创新理论,更好地向世界传播中国视角、中国经验和中国思想,更好地为发展自己服务。

2. 存在问题

学术期刊的国际合作方面,自然科学期刊比社科期刊走得更早、更快、更远,在与国际出版商合作与博弈的几十年中,也带来很多经验和值得思考借鉴的地方,包括不少困惑。鉴于社科期刊与自然科学期刊合作模式基本类似,很多问题产生的根源也往往基于内在的合作模式,所以,自然科学期刊合作中出现的问题无疑具有共性,值得社科期刊借鉴。

(1) 促使国内优质稿源外流,影响国内科技期刊健康发展,导致学术信息不平等循环。从合作模式来看,一方面,中国合作期刊的国际出版和发行几乎均被国际出版商"独家"垄断,由此,中国期刊很容易被其控制,难求更宽广的营销空间和更有利的发展机会;此外,国外出版商为获取丰厚的经济回报而对学术信息资源进行垄断,还会严重影响我国学术出版产业链的健康及有序发展,导致学术信息的不平等循环,并成为影响国家非传统安全的因素之一;另一方面,国际出版商旗下的期刊在合作中也得以不断提升其在中国的知名度和品牌效应,并借此抓取和吸引我国优质稿源,造成国内优秀论文大量外流。优质稿源是期刊的生命线,中国期刊失去优质稿源,就会折翼难飞。

(2) 短期合作容易造成品牌中断,论文版权丢失。从合作模式看,国际出版商与我国学术期刊的合作期限一般为 3—5 年,期间往往会买断合作期刊论文的版权予以独家销售,合作期内若未获利,国际出版商多会择时抽身,不再续签合同;与其合作的中国期刊因缺少长期的培育过程及足够的资金投入,往往陷入被动。

（3）导致国内合作刊的依赖感。笔者认为，从战略上考量，学术期刊国际合作不是目的，不是为获取短期营销所得等少量经济利益，应放眼长远，去学习国际先进的出版技术和理念，学会国际期刊的运作方式和国际平台的管理模式，合作当是手段和途径，最终是为树立自主品牌、发展自己服务。如果合作期刊的编辑对期刊国际化的认识不足，仅仅沿袭国际出版商的操作模式和流程套路机械运作，不思借鉴提升和自主发展的长远目标，长此以往，合作期刊编辑易产生对外商的依赖性，失去独立自主发展的进取性，从而远离国际合作的初衷和目的。

值得一提的是，国际出版商与中国期刊合作的目的显然更主要的还是为了自身的商业利益，他们关注中国期刊学术质量提升的目标取向更多是为自身数据库的质量考虑，因此，国际出版商提供的条件更多还有赖于期刊编辑部自身努力推进才能起作用，仅仅依赖是难以大有可为的。

三、思考与建议：变"借船出海"为创建"自主平台"

随着国外数字期刊的日趋垄断，全球科技期刊市场已由少数大型出版商占据，政府出钱产出学术论文，又由政府出钱从国外购买回来的学术信息不平等循环状况也在日益加剧，这种学术信息恶性循环的现象可形象地比喻为"斯蒂格利茨怪圈"。为了打破国外出版商对学术信息资源的垄断，我国迫切需要办出一批高水平的、面向世界的、具有规模化效应的自主性学术期刊品牌，并创建这样的具有规模化效应的出版平台，使中国学术期刊既可以通过国际合作的方式"借船出海"，又可以搭乘自己的战舰走向蓝海。

从长远看，中国学术期刊要走向世界，与国际出版商合作时尚应注意如下几个方面。

（一）培育自主性平台，创建自主营销渠道，助推中国学术期刊走向世界

目前，中国还没有类似国际著名出版商一样的兼具大型数字出

版平台、全球性网络销售渠道和高质量品牌期刊群组成的学术出版平台,国内社科或自然科学英文学术期刊往往只能通过国际合作来走向世界。面对这种状况,我们不能永远让面向世界定位的中国学术期刊继续走这种无偿或低价转让版权及发行代理、或失去独立主办者地位的路子去进行国际合作。有长远和战略上的谋划,依靠自主创新、建立具有自主知识产权的国际期刊平台,是中国期刊可持续发展的当务之急,也是中国期刊人、出版人应对"斯蒂格利茨怪圈"的良策。

搭建自主性学术出版平台需要政府大力支持。对有条件组建期刊社或整合多种英文社科期刊走向世界的大型出版集团,政府要鼓励并提供政策支持;对有能力面向世界或走向世界的单一中文社科期刊,政府相关机构也应通过实施系列工程、提供专项基金扶持等措施,助推其提升国际影响力。

(二)强化法律意识,明确合作主体

从现在来看,我国学术期刊多为非法人编辑部,且分散在不同的科研部门、不同的高校,各自为政,小而散的编辑部与经验丰富的大型国际著名出版公司合作时,以一己之力单独签约,往往缺乏谈判底气和筹码,不易争取应得之权益;英文合同也使编辑部处于劣势,不利于未来法律纠纷的解决;且以非法人编辑部出面签订协议,也的确存在合同主体不明确、不规范及自身权益无法得到保障等缺陷;编辑部缺少法律知识还容易留下法律仲裁等隐患,不利于国际合作的可持续发展。就国际合作而言,明确合作主体,将有利于期刊国际合作权益的保障和长远发展。

一般而言,出版社尤其是大型出版集团往往有着丰富的国际合作经验和版权运作能力,有能力规避国际合作的风险。鉴于此,一方面,我们要搭建主性国际期刊平台直接走向国际市场;另一方面,一般编辑部也可通过国内著名出版集团与国际出版公司对等谈判,单一的非法人期刊通过加盟这样的自主性出版集团可以有效保障自身权益,规避风险。

（三）保护数字版权，避免全球独家代理

签订国际合约时，中国期刊要注意保护自身的独立版权，至少要保持我国期刊作为第一主办单位，即使放置国际出版商标志，期刊版权仍须归中国所有。因此，版权页不仅要标注 ISSN 号，尤其要印上 CN 号；保留国内印刷版、电子版发行权的同时，国际发行权尤其海外网络发行权应尽量避免独家交付国际出版商，最好是允许对方发行，但不独家授权，尤其不能授权全球性的网络独家代理，即使授权其海外独家代理，也不能将国内的网络发行权一并交付外方。

在数字化的今天，传统纸媒发行逐渐萎缩已是不争的事实，数字化代表着期刊的未来，对学术期刊而言，网络发行所占份额也正在日趋增长。所以，从长远利益和未来发展的战略考虑，期刊的海内外电子版发行权一定要掌握在自己手中，坚决避免独家发行，尽可能减少国际出版商垄断中国学术信息资源、造成我国学术信息不平等循环的负面影响非常必要。

中国社科学术期刊"走出去"现状研究

刘 杨

在当今世界,国际间"硬实力"的竞争,已逐渐被更隐蔽的"软实力"竞争所替代。而"软实力"的主要构成要素——社会文化、价值观念、发展模式、意识形态等,正是社会科学研究的内容。在这个意义上,中国社会科学的研究成果、传播能力及国际竞争力,是国家"软实力"的重要标志和体现。21世纪初,我国出版业"走出去"战略与哲学社会科学"走出去"战略相继提出并同步发展,这是中国实施文化输出、主动介入全球化之争的必然要求——中国社会科学研究成果要想"走出去",就必须借助一定的载体,而我国出版业"走出去"恰恰是为优秀中国文化的输出提供载体。

在科学研究成果传播途径选择上,学术期刊可以说是最有效的传播载体,其精、新、快的优势和整合性强的特点使其成为反映一个国家学术研究质量和水平的重要指标。可以说,中国社会科学能否真正"走出去",社会科学学术期刊至关重要。那么中国社科学术期刊"走出去"现状如何、程度怎样?本文利用相关数据库,运用量化统计的研究方法,力求廓清中国社科学术期刊"走出去"的现状。

一、中国社科学术期刊"走出去"标准界定

多年来,"走出去"更多地被用于国家政策宣传与相关规划中,政

府及学术界并没有对判定一种出版物是否"走出去"进行相关标准的界定。根据学术期刊出版及传播特点,本文将中国社科学术期刊"走出去"的标准定为:(1)期刊被国外图书馆馆藏(包括以纸质版和电子版的形式);(2)期刊被在国际上具有较大影响力和代表性的知名数据库收录。这两个标准满足任何一个,都可以说这本社科学术期刊"走出去"了。需要说明的是,如果从不同的角度进行审视,期刊"走出去"的标准应该是多元的:从期刊的国际影响力角度看,一本期刊如果有一定的国际影响力,那我们完全可以说这本期刊"走出去"了;从期刊传播途径的角度看,除了被图书馆及知名数据库收录外,期刊还可以通过网络传播、人际学术交流等途径实现自身的"走出去"。但由于这些指标较难量化为标准尺度并以其为依据进行统计总结,所以本文以上述两个标准来衡量和考察中国社科学术期刊"走出去"的现状。

二、中国社科学术期刊被国外图书馆馆藏现状

参考中国科学文献计量评价研究中心和清华大学图书馆研制的《2012年中国学术期刊影响因子年报(人文社会科学)》收录的社科学术期刊名称条目,以及 ISSN 中国国家中心登记的中国出版的中英文社科学术期刊[①]名称记录,将符合本文统计要求的 2073 本社科学术期刊作为统计源,利用 OCLC[②] 的 WoridCat 数据库[③],于 2013 年 10 月 18 日至 10 月 30 日对全部统计源期刊进行检索[④]。需要说明的是,WoridCat 检索结果为全球图书馆收藏记录,包括中国大陆(内地)部分图书馆及中国港澳台地区的图书馆。本统计主要反映中国社科学术期刊被国外图书馆馆藏现状,所以将中国大陆(内地)及

[①] 中国出版的外文学术期刊基本使用英语这一国际通用的学术语言,以其他外语出版的期刊绝大多数为外宣性质刊物。

[②] OCLC,Online Computer Library Center,即联机计算机图书馆中心,是世界上最大的提供文献信息服务的机构之一。

[③] WorldCat 是一个由 2 万多个 OCLC 成员馆参加联合编目的数据库,它目前包括 400 多种语言的 6200 多万条记录,基本上反映了世界范围内的图书馆所拥有的图书和其他资料。

[④] 检索结果字数较多,由于本文版面有限,作者将完整结果放置于网址 http://user.qzone.qq.com/45263000/2。

港澳台图书馆从馆藏图书馆总数中去除。

(一) 馆藏整体概况

总体来看,在 2073 本中国社科学术期刊中,有 1931 本被国外图书馆馆藏,142 本未被任何国外图书馆馆藏(其中有 7 本只被中国港台地区图书馆馆藏)。即从"期刊被国外图书馆馆藏"这一"走出去"标准来考察,93.15%的中国社科学术期刊"走出去"了,6.85%的期刊目前尚未"走出去"。

在 1931 本被国外图书馆馆藏的中国社科学术期刊中,被 200 家以上(不含 200 家)国外图书馆馆藏的有 1 本,占总量的 0.05%;被 101～200 家国外图书馆馆藏的有 7 本,占 0.36%;被 51～100 家国外图书馆馆藏的有 74 本,占 3.83%;被 31～50 家国外图书馆馆藏的有 163 本,占 8.44%;被 11～30 家国外图书馆馆藏的有 756 本,占 39.15%;被 10 家以下(包含 10 家)国外图书馆馆藏的有 930 本,占 48.16%(如图 1 所示)。

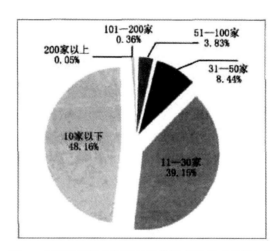

图 1　中国社科学术期刊被国外图书馆藏现状概况图

由以上数据可以看出,从总体上看,如果以被国外图书馆馆藏这一"走出去"的标准来衡量,中国社科学术期刊"走出去"取得了显著的成绩。但是如果从国外馆藏图书馆的数量多少来进一步分析考察这些期刊"走出去"的程度,被 30 家以下国外图书馆馆藏的中国社科学术期刊占了"走出去"期刊总量的近90%。可以说,中国大部分社科学术期刊虽然走出了国门,但是其"走出去"程度并不高。

(二) 基于国外图书馆馆藏的中国社科学术期刊"走出去"重点学科分析

根据统计数据,按照《中华人民共和国学科分类与代码国家标准》(GB/T13745—2009)的社会科学学科分类方法,对"走出去"程度较高(被50家及以上国外图书馆收录)的88本中国社科学术期刊进行考察,以总结这些期刊的学科分布,即国外读者重点关注我国社科研究中的哪些学科。

从刊物质量上来说,这88本期刊的学术质量较高,绝大部分被国内主要学术评价机构评为"核心期刊"。如表1所示,88本"走出去"程度较高的中国社科学术期刊中,综合性期刊16本,其中包含10本高校综合学报;专业性期刊72本,其中历史学期刊15本,语言学期刊9本,艺术学期刊9本,文学期刊8本,考古学期刊7本,经济学期刊7本,法学期刊4本,教育学期刊3本,民族学与文化学期刊3本,政治学期刊2本,社会学期刊2本,哲学期刊1本,宗教学期刊1本,管理学期刊1本。

表1 "走出去"程度较高的中国社科学术期刊
被国外图书馆馆藏情况及其研究学科

期刊名称	国外拥有馆藏的图书馆数量	学科
Social Sciences in China	214	综合
《人民音乐》	62	艺术学
《文物》	144	考古学
《南开学报(哲学社会科学版)》	62	综合
China & World Economy	130	经济学
《文艺理论研究》	61	文学
《读书》	123	综合
《世界汉语教学》	60	语言学
《考古》	123	考古学

续表

期刊名称	国外拥有馆藏的图书馆数量	学科
《历史教学》	59	历史学
《考古学报》	122	考古学
Journal of Ancient Civilizations	59	历史学
《求是》	111	政治学
《清史研究》	58	历史学
《历史研究》	110	历史学
《语文建设》	58	教育学
《中国语文》	98	语言学
《语言研究》	58	语言学
《语言教学与研究》	96	语言学
《中国国情国力》	58	经济学
《故宫博物院院刊》	95	考古学
《电影艺术》	58	艺术学
《文学评论》	94	文学
《人民教育》	57	教育学
《中国史研究》	90	历史学
《文史知识》	57	历史学
《近代史研究》	89	历史学
《中国现代文学研究丛刊》	57	文学
《中国社会科学》	89	综合
《中国法学》	57	法学
《中华文史论丛》	84	历史学
《社会科学》	56	综合
《红楼梦学刊》	82	文学
《文献》	56	历史学
《新文学史料》	81	文学

续表

期刊名称	国外拥有馆藏的图书馆数量	学科
《语文研究》	56	语言学
《北京大学学报(哲学社会科学版)》	81	综合
《中山大学学报(社会科学版)》	56	综合
《文学遗产》	80	文学
《辽宁大学学报(哲学社会科学版)》	56	综合
《哲学研究》	78	哲学
《人类学学报》	55	民族学与文化学
《考古与文物》	78	考古学
《当代电影》	55	艺术学
《文史哲》	77	综合
《世界宗教研究》	54	宗教学
《敦煌研究》	76	考古学
《经济管理》	54	管理学
《经济研究》	75	经济学
《当代作家评论》	54	文学
《历史档案》	74	历史学
《中国翻译》	54	语言学
《法学研究》	74	法学
《戏剧艺术》	54	艺术学
《文艺研究》	73	艺术学
《华东师范大学学报(哲学社会科学版)》	54	综合
《美术》	73	艺术学
《中国藏学》	53	民族学与文化学
《复旦学报(社会科学版)》	72	综合
《史学集刊》	53	历史学
《文史》	72	历史学

续表

期刊名称	国外拥有馆藏的图书馆数量	学科
《教育研究》	53	教育学
《社会科学战线》	71	综合
《学术月刊》	52	综合
《方言》	69	语言学
《农业经济问题》	52	经济学
《民国档案》	69	历史学
《舞蹈》	52	艺术学
《中国戏剧》	68	艺术学
《明清小说研究》	51	文学
《中国社会经济史研究》	67	经济学
《政法论坛》	51	法学
《美术研究》	67	艺术学
《中国经济问题》	51	经济学
《辞书研究》	66	语言学
《世界经济》	51	经济学
《史学月刊》	64	历史学
《中国边疆史地研究》	50	历史学
《民族语文》	63	语言学
《中共党史研究》	50	政治学
《南京大学学报(哲学·人文科学·社会科学版)》	63	综合
《厦门大学学报(哲学社会科学版)》	50	综合
《民族研究》	63	民族学与文化学
《吉林大学社会科学学报》	50	综合
《人口研究》	63	社会学
《人口与经济》	50	社会学

续表

期刊名称	国外拥有馆藏的图书馆数量	学科
《中原文物》	63	考古学
《政治与法律》	50	法学

由此可见:(1)在中国社会科学研究中,"走出去"程度较高的学科集中在历史学、语言学、艺术学、文学、考古学、经济学等学科;(2)在中国社科学术期刊群中,综合性期刊"三分天下至少有其二"[①],其数量远超过专业期刊,但在这88本"走出去"程度较高的社科学术期刊中,综合期刊的数量远少于专业期刊。这说明,专业化办刊模式能较有力地推动社科学术期刊"走出去"。

(三)基于国外图书馆馆藏的中国英文社科学术期刊"走出去"分析

在中国期刊"走出去"过程中,语言载体是关键因素之一。虽然以英文出版不是"走出去"的唯一选择,但不可否认,英文仍然是学术期刊走向国际市场的有力媒介。因此,基于国外图书馆馆藏情况,本部分针对中国英文社科学术期刊"走出去"做具体分析。

在本文统计的27本中国出版的英文社科学术期刊中,有25本被国外图书馆馆藏,2本未被任何国外图书馆馆藏,即从"期刊被国外图书馆馆藏"这一"走出去"标准来考察,92.59%的中国英文社科学术期刊"走出去"了,7.41%的期刊目前尚未"走出去",这与中国社科学术期刊"走出去"总体表现基本一致。具体馆藏及相关信息如表2所示。

---

① 朱剑:《高校学报的专业化转型与集约化、数字化发展:以教育部名刊工程建设为中心》,《清华大学学报(哲学社会科学版)》2010年第5期。

表 2　中国英文社科学术期刊被国外图书馆馆藏情况、
研究学科及与国外出版商合作出版情况

期刊名称	国外拥有馆藏的图书馆数量	学科	与国外出版商合作出版情况
Social Sciences in China（《中国社会科学》）	214	综合	泰勒·弗朗西斯（Taylor & Francis）出版集团负责海外发行
China & World Economy（《中国与世界经济》）	130	经济学	威利·布莱克威尔（Wiley-Black-well）出版集团负责海外发行
Contemporary International Relations（《现代国际关系》）	27	政治学	
China City Planning Review（《城市规划》）	31	人文、经济地理	
Frontiers of Law in China（《中国法学前沿》）	31	法学	汤森路透（Thomson Reuters）法律出版集团负责海外发行
China Tibetology（《中国藏学》）	29	民族学与文化学	
China Population Today（《当代中国人口》）	29	社会学	
China Economist（《中国经济学人》）	20	经济学	
Human Rights（《人权》）	17	政治学	

续表

期刊名称	国外拥有馆藏的图书馆数量	学科	与国外出版商合作出版情况
Frontiers of History in China（《中国历史学前沿》）	17	历史学	布里尔（Brill）出版集团负责海外发行
Foreign Affairs Journal（《外交》）	15	政治学	
Frontiers of Education China（《中国教育学前沿》）	12	教育学	布里尔出版集团负责海外发行
Fudan Journal of the Humanities and Social Sciences（《复旦人文社会科学论丛》）	11	综合	
Chinese Journal of Library and Information Science（《中国文献情报》）	7	图书、情报和文献学	
Frontiers of Economics in China（《中国经济学前沿》）	6	经济学	布里尔出版集团负责海外发行
International Journal of Disaster Risk Science（《国际灾害风险科学杂志》）	6	管理学	
Chinese Journal of Population Resources and Environment（《中国人口、资源与环境》）	5	环境科学	

续表

期刊名称	国外拥有馆藏的图书馆数量	学科	与国外出版商合作出版情况
China International Studies（《中国国际问题研究》）	4	政治学	
Frontiers of Philosophy in China（《中国哲学前沿》）	4	哲学	布里尔出版集团负责海外发行
China Standardization（《中国标准化》）	4	管理学	
Frontiers of Business Research in China（《中国工商管理研究前沿》）	4	管理学	布里尔出版集团负责海外发行
Ecological Economy（《生态经济》）	4	经济学	
Frontiers of Literary Studies in China（《中国文学研究前沿》）	3	文学	布里尔出版集团负责海外发行
QIUSHI（《求是》）	2	政治学	
Economic and Political Studies（《经济与政治研究》）	0	政治学	
Journal of WTO and China（《WTO与中国》）	0	经济学	

从表2可以看出，在25本被国外图书馆馆藏的中国英文社科学术期刊中，被200家以上（不含200家）国外图书馆馆藏的有1本，占

总量的 4%；被 101—200 家国外图书馆馆藏的有 1 本，占 4%；被 51—100 家国外图书馆馆藏的有 1 本，占 4%；被 31—50 家国外图书馆馆藏的有 3 本，占 12%；被 11—30 家国外图书馆馆藏的有 8 本，占 32%；被 10 家以下（包含 10 家）国外图书馆馆藏的有 11 本，占 44%（如图 2 所示）。

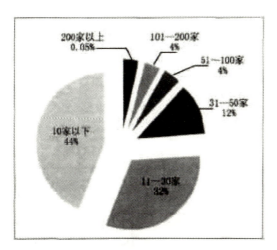

图 2　中国英文社科学术期刊被国外图书馆馆藏现状概况图

从被国外图书馆馆藏总体概况来说，英文社科学术期刊"走出去"程度要略高于社科学术期刊总体，特别是《中国社会科学》（Social sciences in China）和《中国与世界经济》（China&world Economy）更是成为了中国社科学术期刊"走出去"的领军者。

从期刊学科分布情况来看，这 25 本"走出去"的中国英文社科学术期刊中，综合性期刊 2 本；专业性期刊 23 本，其中政治学期刊 5 本，经济学 4 本，管理学 3 本，历史学 2 本，哲学 1 本，文学 1 本，人文、经济地理 1 本，法学 1 本，民族学与文化学 1 本，社会学 1 本，教育学 1 本，图书馆、情报和文献学 1 本、环境科学 1 本。由此可见：(1)中国英文社科学术期刊总量较少，学科分布较为分散，未能全面深入地反映我国社会科学学术研究成果；(2)政治学、经济学和管理学期刊在中国英文社科学术期刊中数量相对较多。需要说明的是：许多英文学术刊物在创办之时就担负着外宣的任务，内容界限较为模糊，即学术性与时政性、学术性与宣传性和政策性等交织在一起。

所以,在中国英文社科学术期刊中,具有政治宣传功能的政治学刊物数量相对较多。经济学和管理学期刊由于其研究学科在国际学术界更容易找到共同点,"走出去"相对容易,所以数量上较多于其他学科期刊。(3)在历史学、语言学、艺术学、文学、考古学等中国社科学术期刊"走出去"优势学科中,英文社科期刊的表现还亟待提升。(4)英文社科学术期刊中的专业性期刊远多于综合性期刊。

另外,综观中国英文学术期刊出版整体,不难发现较之中文学术期刊,一些英文学术期刊采取了与国外出版商合作出版的模式。近年来,中国学术市场的良好潜力吸引了许多大型国外出版商,他们与中国英文学术期刊合作意愿强烈,同时,国内的英文学术期刊也希望借助国外出版商良好的平台更好地走向国际学术市场。对中国英文学术期刊来说,中外合作出版为其"走出去"提供了良好的渠道和强大的动力。统计数据显示,在自然科学学术出版领域,仅施普林格出版集团、爱思唯尔出版集团、牛津大学出版社三家出版商就收拢了超过110种自然科学类英文学术期刊与其合作[①]。在本文统计的25种"走出去"的中国英文社科学术期刊中,有9种期刊与施普林格出版集团、威利-布莱克威尔(Wiley-Black-well)出版集团和泰勒弗朗西斯(Taylor & Francis)出版集团等出版商合作,约占总数的36%。

总之,以被国外图书馆馆藏这一"走出去"的标准来衡量,中国大部分社科学术期刊都实现了"走出去",但是"走出去"总体程度并不高。主要"走出去"的学科集中在历史学、语言学、艺术学、文学、考古学、经济学等学科。在"走出去"程度较高的期刊中,专业性期刊数量远多于综合性期刊。中国英文社科学术期刊总量较少,学科分布较为分散,从"走出去"比例上与社科学术期刊总体"走出去"表现基本一致,但其"走出去"程度要略高于社科学术期刊总体。在历史学、语言学、艺术学、文学、考古学等中国社科学术期刊"走出去"优势学科中,英文社科学术期刊的表现还亟待提升。三分之一以上的英文社科学术期刊采取与国外出版商合作出版的模式,合作方式为国外出版商负责英文期刊的海外发行业务。

---

① 李文珍:《中国学术期刊国际化现状调查》,《中国社会科学报》2011年5月3日。

三、中国社科学术期刊被国际主要知名数据库收录现状

随着科技的发展和研究者对学术信息整合需求的提高,学者在查找资料时往往会选择大型的数据库而不是去查找单独的期刊,对数据库的路径依赖使得在学术研究队伍中,读刊的人越来越少,读"库"的人越来越多,一本期刊能否"走出去"并产生一定的国际影响力,在一定程度上决定于是否能被知名数据库收录。本部分选择国际上具有较大影响力和代表性且收录社科学术期刊的知名数据库作为衡量期刊是否"走出去"的标准,从中国社科学术期刊被国际主要数据库收录的视角来考察中国社科学术期刊"走出去"的情况。

(一)中国社科学术期刊被国际主要知名数据库收录概况

笔者统计了EBSCO学术期刊集成全文数据库(Academic Search Complete)、JSTOR过刊全文数据库、SCOPUS数据库、SSCI和A&HCI对中国社科学术期刊的收录情况。截至2013年11月15日,中国社科学术期刊被上述数据库收录情况如表3所示。

表3 中国社科学术期刊被国际主要知名数据库收录情况

序号	期刊名称	语言	收录数据库名称
1	《心理科学》	中	EBSCO
2	China Population Today	英	EBSCO
3	Frontiers of Education in China	英	EBSCO,SCOPUS
4	Social Sciences in China	英	EBSCO,SCOPUS
5	Frontiers of Philosophy in China	英	JSTOR,SCOPUS
6	Frontiers of Law in China	英	SCOPUS
7	Frontiers of Business Research China	英	SCOPUS
8	Frontiers of Economics in China	英	SCOPUS
9	Frontiers of History in China	英	SCOPUS
10	Frontiers of Literary Studies in China	英	SCOPUS
11	China & World Economy	英	SCOPUS
12	《外国文学研究》	中(少量英文文章)	A&HCI

由表 3 可知，从数量上看，共有 12 种中国（不包括港澳台地区）社科学术期刊被上述数据库收录，这不仅无法和英美等学术强国相比，而且与亚洲一些国家及中国香港和台湾地区也存在一定的差距。以被世界社会科学研究界普遍认可的 SSCI 和 A&HCI 收录情况为例，据 ISI2012 年 6 月 28 日发布的最新数据显示：2012 年 SSCI 收录来自中国的社科学术期刊 13 本，除 1 本①经核实实际出版地为美国外，剩余 12 本中只有 1 本②来自大陆（内地），7 本③来自香港地区，4 本④来自台湾地区；同时，SSCI 收录日本社科学术期刊 14 本，韩国 16 本。2012 年 A&HCI 收录来自中国的社科学术期刊 9 本，其中只有 1 本⑤来自大陆（内地），3 本⑥来自香港地区，5 本⑦来自台湾地区；同时，A&HCI 收录日本社科学术期刊 6 本，韩国 7 本。如果说英美等学术出版强国在科研实力及语言方面的优势使得其被收录的期刊明显多于我国，那么我国与日本和韩国这些同样不以英语为主要语言的亚洲邻国之间的差距就值得我们深思。

从出版语言上看，这 12 本被收录的中国社科学术期刊中有 10 本为英文期刊，其中 9 本英文期刊采取与国外出版商合作出版的模式，合作方式为国外出版商负责英文期刊的海外发行业务。这再次说明了：(1) 以英文作为出版语言是中国社科学术期刊走向国际市场

---

① Annals of Economics and Finance（《经济学与金融学年刊》）实际出版地为美国。
② 1 本来自中国大陆（内地）的期刊为：China & World Economy（《中国与世界经济》）。
③ 7 本来自中国香港地区的期刊为：Asia Pacific Law Review（《亚太法律评论》）；Asia-Pacific Journal of Accounting & Economics（《亚太会计与经济学别》）；China Review—An Interdisciplinary Journal on Greater China（《中国评论——中国发展综合期刊》）；Chinese Sociological Review《中国社会学评论》，继承 Chinese Sociology and Anthropology）；Management and Organization Review（《组织管理研究》）；Pacific Economic Review（《太平洋经济评论》）；Transportmetrica（《运输》）。
④ 4 本来自中国台湾地区的期刊为：Asian Journal of WTO & International Health Law and Policy（《亚洲 WTO 与国际卫生法律与政策杂志》）；International Journal of Design（《国际设计杂志》）；Issues & Studies（《问题与研究》）；Language and Linguistics（《语言与语言学》）。
⑤ 1 本来自中国大陆（内地）的期刊为：《外国文学评论》（Foreign Literature Studies）
⑥ 3 本来自中国香港地区的期刊为：Journal of Chinese Linguistics（《中国语言学学报》）；Arts of Asia（《亚洲艺术》）；Logos & Pneuma-Chinese Journal of Theology（《道风基督教文化评论》）
⑦ 5 本来自中国台湾地区的期刊为：Sino-Christian Studies（《汉语基督教学术论评》）；Universitas—Monthly Review of Philosophy and Culture（《哲学与文化》）；Bulletin of the Institute of History and Philology Academia Sinica（《"中央研究院"历史语言研究所集刊》）；International Journal of Design（《国际设计杂志》）；Language and Linguistics（《语言与语言学》）。

的有力媒介;(2)中外合作出版为中国社科学术期刊"走出去"提供了良好的平台和强大的动力。

从学科分布上看,这 12 本期刊中有 1 本综合性期刊,其他 11 本都是专业性期刊,再次说明了在"走出去"的期刊中,专业性期刊数量远多于综合性期刊。11 本专业期刊涵盖了 9 个学科,未表现出明显的学科"走出去"优势。

(二)基于国际知名数据库收录的"走出去"的中国社科学术期刊影响力分析

以被国际知名数据库收录为标准,我国社科学术期刊"走出去"的数量不多,那么这些"走出去"期刊的学术影响力又如何呢?以被 SSCI 收录的唯一一本中国大陆期刊《中国与世界经济》为例,其在 SSCI 收录的 321 本经济类期刊中影响因子排第 205 名,处于 Q3 区域,这说明其国际学术影响力还有待提高。而从上文中国社科学术期刊被国外图书馆馆藏情况来看,《中国与世界经济》被国外 130 家图书馆馆藏,可以说是我国高水平社科学术期刊的代表,这一"代表期刊"的国际影响力尚且有待提高,那么不论"走出去"的标准是国际知名数据库收录还是国外图书馆馆藏数量,我国"走出去"的社科学术期刊整体的国际影响力还不足以对世界学术界产生足够的影响。

总之,以被国际知名数据库收录为标准,我国社科学术期刊"走出去"的数量较少,国际学术影响力也亟待提高。由于被收录期刊总量较小,未明显表现出哪些学科"走出去"的程度较高。在被知名数据库收录的这些期刊中,专业性期刊数量远多于综合性期刊,英文期刊远多于中文期刊,被收录的英文期刊多采取与国外出版商合作出版的模式,合作方式为国外出版商负责英文期刊的海外发行业务。

四、中国社科学术期刊"走出去"现状总结

本文以期刊被国外图书馆馆藏和被国际知名数据库收录两个标准来衡量和考察中国社科学术期刊"走出去"的现状。由于标准不同,得出的统计结果也各有侧重。笔者认为,这两个衡量标准及统计结果

恰好可以互相补充,例如,数据库收录样本较小,只能反映部分重点期刊"走出去"状况而不能反映全国 2000 多份社科学术期刊的总体状况,而被国外图书馆馆藏的标准弥补了这一不足;在"读库"时代,被数据库收录的期刊能更量化、更直观地说明哪种语言、哪种出版模式能够更好地推动中国社科学术期刊"走出去"并快速融入西方学术界,而这恰恰是国外图书馆馆藏这一标准难以得出的。所以,笔者将两种统计分析结论比照结合,进而廓清中国社科学术期刊"走出去"的基本情况。

在本文统计的 2073 本中国社科学术期刊中,虽然大部分期刊以不同方式实现了"走出去",但是"走出去"的总体程度不高,"走出去"期刊的国际影响力也很有限,可以说,这些期刊虽然实现了"走出去",但并没有真正做到"走出去",即进入国际社科学术研究领域并发挥足够的国际影响力。主要"走出去"的学科集中在历史学、语言学、艺术学、文学、考古学、经济学等学科。在"走出去"程度相对较高的期刊中,专业性期刊数量远多于综合性期刊,而在"走出去"程度较低的期刊中,综合性期刊占了很大比例。中国英文社科学术期刊数量虽少,但其"走出去"程度要略高于社科学术期刊总体,特别是被国际知名数据库收录的数量要远高于中文期刊。另外,虽然大部分英文社科学术期刊为专业性刊物,但多数以某一学科整体为其研究范畴,专业细分程度不高。在历史学、语言学、艺术学、文学、考古学等中国社科学术期刊"走出去"优势学科中,英文社科学术期刊的表现还亟待提升。较之中文社科学术期刊,部分英文期刊采取了与国外出版商合作出版的模式(被国际知名数据库收录的英文期刊多采取这种模式),合作方式为国外出版商负责英文期刊的海外发行业务。

由以上总结中,我们可以得出以下结论:(1)专业化办刊模式更适应国际学术期刊出版环境和要求;(2)英文出版是中国社科学术期刊走向国际市场的有力媒介;(3)我国英文社科学术期刊数量较少,专业细分程度不高,刊物质量亟待提升,对于世界学术界较感兴趣的、具有中国特有研究优势和特色的学科关注度不够;(4)中外合作出版增强了英文社科学术期刊的国际竞争力,为其"走出去"提供了良好的平台和强大的动力。

中国人文社会科学英文学术期刊发展现状、问题及建议

徐 阳

目前,中国国内(不包括港澳台地区)外文学术期刊近500种,基本上都以英文出版,其中人文社会科学类近50种[1](同时具有中文刊号和国际刊号)。与其他国家相比,国内人文社会科学英文期刊的发展起步较晚,速度较慢。例如,荷兰这个人口只有1675万的小国,其官方语言是荷兰语[2],但是它的英文期刊超过了3000种,其数量是我国的6倍。2012年全球出版行业的前五强中,荷兰占据两席,即励德·爱思唯尔集团(Reed Elsevier)和威科集团(Wolters kluwer)[3]。又如,同在亚洲的日本,其英文期刊也将近3000种,远远超过了中国和韩国。可见,在英文学术期刊出版方面,中国还落后于很多国家。本文将从办刊单位、办刊模式、国际检索收录等多方面对目前国内人文社会科学英文学术期刊的基本状况予以梳理,并提出相关发展建议。

---

[1] 英文学术期刊基本状况调查[EB/OL].[2014-08-11]. http://news.cntv.cn/20110519/105630.shtml.

[2] 荷兰概况[EB/OL].[2014-08-12]. http://news.xinhuanet.com/ziliao/2002-06/18/content_446015.htm.

[3] 2013年全球出版业50强收入排名报告出炉[EB/OL].[2014-08-14]. http://yingyu.100xuexi.com/view/otdetail/20130626/7105ee5c-d30a-44df-9cc2-f9da462f5703.html.

一、人文社会科学英文期刊的办刊单位

20世纪80年代以来,随着哲学社会科学的日益兴盛,国内人文社科英文学术刊物逐渐发展起来。目前,中国高校和研究机构是英文学术期刊的办刊主力。例如,中国社会科学院主办了5种英文期刊:*China Economist*(《中国经济学人》)、*The Yearbook of China's Cities*(《中国城市年鉴》)、*China & World Economy*(《中国与世界经济》)、*Social Sciences in China*(《中国社会科学》)、*Journal of Modern Chinese History*(《中国近代史》)。中国社会科学院是国内目前创办英文人文社科期刊最多的科研院所。

除了高校和科研院所办刊外,国内出版社也主办了一些英文刊物,以中华人民共和国教育部发起、高等教育出版社主办的"中国前沿"(Frontiers in China)系列期刊规模最大。其中,人文社会科学包括文学、历史学、哲学、经济学、管理学、法学和教育学7个学科门类,共7种,均为季刊,这也是国内第一个人文社会科学英文期刊群。除这7种外,还有19种自然科学、工程科学和生命科学期刊,其中有7种已经被美国汤森路透公司主办的科学网(Web of Science)的SCI数据库收录。7种人文社科期刊中,除文学和管理学类两种期刊是2007年创办外,其他5种均是2006年创刊。创刊伊始,这些期刊以翻译国内学术期刊已经出版的文章为主;从2010年开始,各刊陆续转为整刊原发,只出版英文原发文章和部分中文原发的翻译文章。出版社办刊,既可以由出版社包办从内容到出版、发行的所有环节,也可以与高校和科研院所联合办刊,各自承担某一环节,如*Frontiers Economics in China*(《中国经济学前沿》)与上海财经大学经济学院合作;*Frontiers of Philosophy in China*(《中国哲学前沿》)与北京师范大学哲学与社会学院合作;*Frontiers of Law in China*(《中国法学前沿》)与中国人民大学法学院合作;*Frontiers of Business Research in China*(《中国管理学前沿》)与中国人民大学管理学院合作;*Frontiers of History in China*(《中国历史学前沿》)与四川大学历史文化学院合作等。由这些高校机构主要负责内容的组

织和编辑,出版社负责后期出版、期刊推广、全线流程管理等。

当前,国内人文社科英文学术期刊无论是由科研机构办刊,还是国内出版社办刊,因限于国际市场的销售掣肘,大多选择与国际出版社合作。例如,《中国与世界经济》与美国威利-布莱克威尔出版公司(Whiey-Blackwel)合作;"中国前沿"的法学刊与英国汤森路透出版集团(Thomson Reuters)合作,文学刊、历史学刊、哲学刊、教育学刊、经济学刊及管理学刊与荷兰博睿学术出版社(Brill)合作;《中国社会科学》与泰勒-弗朗西斯出版集团(Taylor & Francis Group)合作等。但整体上,这些期刊销售的收入均不能抵偿办刊投入,很多都有较大的亏损,期刊运营主要依靠主办方的投入和政府项目的支持。

究其原因,主要在于国内的办刊模式与国际惯例不符。国际上,学术期刊以出版社办刊为主,学会、高校和其他机构为辅。比如,美国的约翰·威利父子出版公司(John Wiley& Sons,Inc.)拥有期刊1600多种,2013年收入总计为17.6亿美元。其中,期刊收入占48%,约8.45亿美元;教育类SSCI期刊中有21种由其出版,约占9.55%。又如,塞奇出版社(Sage Publications)以出版人文社会科学期刊为主,期刊数量在500种左右。其中,教育类SSCI期刊有22种由其出版,占10%。这些国际出版社均累计出版相当数量的学术期刊,并通过数字平台进行全球销售,以获取高额利润。而中国的英文期刊过于分散,不成规模,商业利润都被国外出版社获取,很难大规模发展起来。

二、人文社会科学英文期刊的办刊模式

国内现有的人文社科英文期刊或多或少地都采用了国际化办刊模式,组建国际化的编辑团队和编委会团队,并注意来稿作者的多样性。例如,"中国前沿"系列期刊的编辑团队就有多名海外知名学者——加拿大多伦多大学的许美德教授、美国得州理工大学历史学系王笛教授、美国纽约大学东亚系张旭东教授等,他们作为刊物的主编或编辑,直接参与文章的评审与决定工作,并为刊物质量把关。特别是这些学者在国际同行间和学术会议中对刊物的推介、约稿等工

作,对提升刊物水准和国际影响力起到了至关重要的作用。这些期刊的海外编委比例平均在60%以上,海外作者比例在50%以上,其中包括诸多国际知名学者,如历史学家埃尔曼、汉学家高力克等。需要指出的是,目前国家对英文期刊没有政治审查,主要依赖主办方的学术和政治自觉,存在一定的风险,特别是海外学者因不同的文化背景与意识形态,论述角度和话语方面可能存在政治风险。

国内英文人文社科期刊主要以中国学术话题为主,所发表文章的作者大部分来自国内。人文社会科学相比自然科学在学科方面有较大差异,从研究范式到研究话题都有较强的民族性,话题偏重于本土特色。特别是中国人文社会科学研究,在研究范式上与西方不够接轨,整体上体现出来的研究思路和论文写作方式与西方的学术规范体系有所偏差。这也造成我们的英文文章,在一定程度上与西方读者存在对话的困难。德国施普林格出版集团(Springer Group)曾经对中国国内某些英文期刊进行过专家评估,认为存在两个突出的问题:一是中国人独特的叙事结构令其他国家的读者无法理解;二是大量中国式英语的使用,令读者不知所云。作为"世界语"的英语,是中国人的外语,中国人在语言上的先天劣势,在人文社会科学上表现尤为明显。自然科学因大量统一的术语和量化结构,降低了对语言本身的要求;而人文社会科学要解释中国本土社会、历史、文化、教育、经济等独特的经验,使得人文学科对语言的要求更高。这就要求有以英语为母语的外籍编辑专门负责语言编辑加工。国内人文社科英文期刊的专职外籍编辑极少,有些期刊根本没有外籍编辑进行语言润色,有些期刊的语言润色环节由合作的国际出版社完成。

三、政府资助与国际检索收录

目前,国内英文人文社科期刊获得的政府资助主要是由国家社科基金"中华学术外译项目"提供的。该项目设立于2010年,主要立足于学术层面,资助中国哲学社会科学研究的优秀成果以外文形式在国外权威出版机构出版,进入国外主流发行传播渠道,以增进国外对当代中国以及中国传统文化的了解,推动中外学术交流与对话,以提高中国哲学社会科学的国际影响力。目前,已经获得资助的期刊有:《中国经济学人》《中国社会科学》《中国近代史》以及"中国前沿"系列的人文社会科学 7 种期刊等 10 种。资助额度为每期约 5 万元人民币,每年年底均需接受评估和考核。资助在很大程度上缓解了刊物主办方的资金压力,可以通过资助遴选优秀的国际译者和编辑,以提升刊物语言质量。

国内英文人文社会科学期刊被国际权威检索机构 ISI 收录的仅有 5 种,同时有国内刊号和国际刊号的仅有 2 种:其一为中国社会科学院世界经济与政治研究所主办、英国布莱克维尔出版社(Blackwell Publisher)出版的《中国与世界经济(英文版)》,该英文刊 1993 年创刊,2009 年被 SSCI 收录,2013 年影响因子是 0.772,位于 Q3 的顶部;其二是 2014 年上海体育大学与荷兰的励德·爱思唯尔集团合作的《运动与健康科学(英文版)》。杂志主编章建成教授曾任上海体育学院院长,执行主编前国际生物力学学会由主席、加拿大卡尔加里大学沃尔特·赫尔佐格(Walter Herzog)教授担任,创刊一年半即被收录。据美国汤森林路透公司的科学网(科学引文索引,包括 SCI、SSCI、A&HCI 三大权威检索)收刊人员反映,这与其国际化办刊和非常好的办刊主题有关,特别是其主题弥补了现有体育学在 SSCI 中的空白。

近年来,申请美国汤森路透公司的科学网的期刊逐年增加,但是最终收录率不到 10%,其中人文社科期刊收录率更低。科学网非常重视中国国内的英文学术期刊发展,负责收刊的原副总裁詹姆斯·泰斯塔(James Testa)每两年都会来中国专门听取一些刊物的介绍,并与办刊机构座谈。虽然国内期刊受到了很大的关注,但是整体收录率很低,特别是与港台地区相比。中国香港有 8 种 SSCI 期刊、3 种 A&HCI 期刊;中国台湾有 4 种 SSCI 期刊、5 种 A&HCI 期刊;而中国内地(大陆)仅有 5 种 SSCI 期刊,没有 A&HCI 期刊最近两年,国内人文社科期刊申请科学网被拒的原因主要有两个:一是引用率过低般都排在现有 SSCI 或 A&HCI 学科期刊库中的 Q4 末位,这表明刊物的学术影响力不够;二是刊物的主题过于宽泛,不够明确聚焦,特别是人文学科。

四、国内人文社会科学优秀英文期刊的流失

因刊号申请困难,造成了中国国内一些优秀英文期刊的流失。国内人文社科英文期刊均需有国内和国际双刊号,国内刊号是指中国报刊的代号,是报刊管理部门为了便于报刊统计、管理而按一定规则进行编排的号码总称;国际刊号是指国际标准连续出版物号,是为各种内容类型和载体类型的连续出版物所分配的具有唯一识别性的代码。上述中国国内近50种期刊的版权或是由负责出版的国内出版社拥有,或是由主办期刊的国内科研机构拥有。国内有一些与国外出版社合作的英文期刊仅有国际刊号,没有国内刊号,不计入中国外文学术期刊序列,也无法得到来自国内政府相关部门的管理与资助。比如,武汉大学易先河教授主编的 Chinese Journal of International Law(《中国国际法期刊》),由英国牛津大学出版社与中国国际法学会合作出版,2008年被SSCI收录;中国农业大学经管学院主办的 China Agricultural Economic Review(《农业经济评论》)于2010年被SCIE和SSCI同时收录; Annals of Economics and Finance(《经济学与金融年刊》),由武汉大学和北京大学联合主办,邹恒甫教授任主编,2008年被SSCI收录。这些优秀期刊都因没有国内刊号而无法得到国内相关部门的资助。

中国学术期刊(光盘版)电子杂志社、清华大学图书馆、中国学术文献国际评价研究中心联合组织的"2013中国最具国际影响力学术期刊""2013中国国际影响力优秀学术期刊"的遴选工作,也不将这类只有国外刊号的期刊列入其内。目前,这类期刊数量很多,特别是近几年来,随着高校和科研院所国际化的需求与日俱增,加上各类国际学术交流的推动,英文期刊数量增长很快,这些机构大多选择了直接与国外出版社合作,获得英文刊号。例如,北京师范大学黄荣怀教授2014年创办的 Journal of Computers in Education(《计算机教育期刊》)与德国施普林格出版集团合作,只有国际刊号;《文史哲(英文版)》(Journal of Chinese Humanities)2014年与荷兰博睿学术出版社出版了创刊号,也是只有国际刊号。这些英文期刊的流失,不利于

中国对英文期刊的整体管理和资助，特别是一些优质的期刊资源纷纷流向了国外，国外出版社也通过中国学术期刊资源获取了利润。

通过以上对人文社科英文学术期刊发展现状的梳理，可以发现由于语言壁垒、翻译困难、缺少国际发行渠道、刊号申请难度大等多方面原因，目前国内人文社科英文期刊的整体发展规模过小，办刊机构分散，没有形成合力，绝大部分刊物尚未被 ISI 收录，国际学术影响力还需提高，不能满足中国文化"走出去"和人文社会科学国际化的内在需求。

因此，我们建议从以下几个层面提升中国人文社会科学英文学术期刊规模和水准，进而提升中国人文社会科学的国际学术影响力：一是期刊管理部门适当放宽英文刊号申请要求；二是成立相关部门或委托专业机构对现有英文期刊进行政治审查，并予以相应管理；三是鼓励出版社规模化办刊，对搭建数字平台予以资金支持；四是新刊的主题应聚焦于新兴学科、二级甚至三级学科、跨学科；五是加强对翻译和润色的资助，推动引进国际编辑人才；六是加强对刊物的推广，特别是文章对学者的直接推广，推动阅读和引用，提升刊物的学术影响力。

《运动与健康科学》国际化稿件处理流程的设计与实践

鲍 芳 冉强辉 张 慧 高 伟

学术期刊国际化、世界期刊英文化已成为主流发展趋势,非英语国家在努力创办国际化学术期刊中,英文版势必先行。[①] 中国大陆(内地)已有五千余种科技期刊,其中英文版科技期刊(以下简称"英文刊")仅239种(均有CN号)[②],截至2013年6月,被美国《科学引文索引》(SCI)收录的中国英文期刊有152种(含港澳台以及没有CN号的期刊)[③]。汤森路透公布的SCI选刊标准主要包括4个方面:期刊出版标准、内容创新、国际多样性和引文分析。其中,"期刊出版标准"包括出版时效性、国际编辑惯例、英文文献编目信息和同行评议过程等方面。[④] 不难发现"期刊出版标准"这项最基本的选刊依据与

---

① 张月红、王森、林昌东:《国内英文版学术期刊的发展历史和国际化的实施举措》,《中国科技期刊研究》2003年14(Z1);冯庆彩、王紫萱、刘素琴等:《与时俱进勇于创新创办国际化科技期刊——Journal of Environmental Sciences 发展过程浅析》,《中国科技期刊研究》2012年第5期;金生、游苏宁、任红等:《探索医学期刊的国际化之路》,《中国科技期刊研究》2011年第6期。

② 中国科学技术信息研究所:《2012年版中国英文科技期刊引证报告》,北京:中国科学技术信息研究所,2012年。

③ Thomson Reuters, 2012 Journal Citation Reports Science Edition [EB/OL]. [2012-06-49]. http://web of knowledge. com

④ Jim Testa, The Thomson Reuters journal selection process [EB/OL]. [2012-05-01]. http://wokinfo.com/essays/journal-selection-process. 彭垣、鲍洪彤、季德春等:《英文科技期刊走向SCI的创业探索》,《学报编辑论丛》2007年第15期。

我们日常的编辑业务工作密切相关,而编辑日常工作的核心便是处理稿件,因此,稿件处理流程的设计与实施将直接影响期刊出版整体质量。科技期刊的稿件处理流程大致可分为审稿和编辑生产两个阶段,就这一点而言,中英文期刊并没有本质差异。但由于英文刊的作者、审稿人、读者和编委国际化程度相对较高,因此编辑部在制订稿件处理流程时,往往要更加注重"与国际接轨"。纵观现有文献,多侧重于在线投审稿系统的功能介绍、使用体会,以及稿件远程处理系统实践经验等[①],尚未有学者以期刊本身为出发点,全面介绍英文刊国际化稿件处理整体流程及要点。因此,本文以中国内地(大陆)唯一的英文版体育学术期刊《运动与健康科学》(*Journal of Sport and Health Science*,以下简称 JSHS)为例,探讨英文刊国际化稿件处理流程的整体设计理念以及操作实践,以供同行参考。

一、JSHS 简介

2011 年 8 月,经国家新闻出版总署批复,同意由上海体育学院创办中国大陆第一本英文版体育学术期刊 JSHS(季刊)。2011 年 11 月,杂志网站正式开通,并召开第一届编委会第一次会议;2012 年 2 月,与国际出版集团爱思唯尔(Elsevier)签约合作;2012 年 5 月 23 日,"创刊号"正式出版[②]。2014 年 1 月,JSHS 编辑部收到美国汤森路透科技信息所期刊评估部通知,JSHS 被 SCI 和 SSCI(社会科学引文索引)同时收录,追溯时间从 2012 年第 1 期(创刊号)开始。JSHS 创刊一年半即被 SCI 和 SSCI 两大数据库同时收录,从而成为中国第一本被 SCI/ SSCI 数据库收录的体育学术期刊,以及为数不多的同时被 SCI 和 SSCI 收录的综合性期刊。此外,JSHS 还被

---

① 刘谦、吴民淑、肖宏:《国际科技期刊几种常见在线稿件处理系统简介》,《科技期刊发展与导向(第五辑)》,上海:上海科学技术文献出版社,2005 年;黄娟、吴民淑:《〈中国药理学报〉使用 Scholar One Manuscripts 在线投稿审稿系统的实践》,《中国科技期刊研究》2011 年第 1 期;王国栋、张月红、刘昌来等:《稿件远程处理系统中几种角色互动的感受》,《编辑学报》2013 年第 6 期。

② Jian-Cheng Zhang, "The building of a dream: The inaugural editorial", *Journal of Sport and Health Science*, 2012, 1(1): 1−3; Walter Herzog, "Sport and health are global issues", *Journal of Sport and Health Science*, 2012, 1(1): 4.

Scopus、EMBASE 和 CSA 等数据收录。可以说,国际化高标准的稿件处理流程为 JSHS 快速发展提供了重要保障(图 1)。

二、JSHS 国际化审稿流程的运作

对于同行评议,广大科技期刊办刊人员早已耳熟能详,并且绝大多数期刊都已采取这样的审稿模式。对于英文刊而言,应时刻考虑如何与国际接轨,让国际审稿人消除"陌生感",乐于接受审稿任务,并便捷、高效地完成审稿工作。因此,建立适合刊物本身的审稿流程显得尤为重要。JSHS 经过半年的尝试,不断调整优化审稿流程,最终确定了以"认真 对待每篇来稿、发挥学科编辑作用、责任编辑全程监控"为准则的审稿机制。

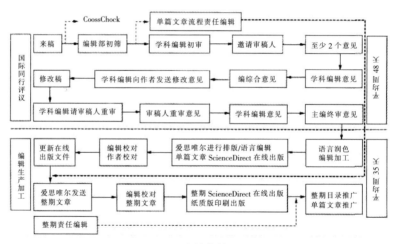

图 1　JSHS 稿件整体处理流程

(一)灵活使用在线投稿审稿系统

使用在线投审稿系统已成为英文刊发展的趋势。几经对比国内外多家投审稿系统,JSHS 最终选择了汤森路透公司旗下的 Scholar One Manuscripts 在线投审稿系统,这是一款全球科技期刊出版行业广泛使用的主流软件。它可实现投稿、审稿、编辑、出版印刷等过程的全程网络化、电子化,达到真正意义上的期刊出版的全程电子化运作管理。通过近 2 年时间的使用,JSHS 编辑已熟练掌握这一系统的

各项使用技巧,利用这一平台操控整个审稿流程。

使用国际知名投审稿系统的优点很多,在此不一赘述,但我们认为也不能过分依赖于审稿系统。对于审稿机制而言,要个性化、具体化,JSHS尝试开发适合不同工作主题的最优化途径。例如,在组织某一期"特刊"时,由于许多工作是由客座主编亲自出面联系,而客座主编工作风格各不相同,有人乐于使用在线投审稿系统,编辑部成员就会全面配合客座主编通过该系统完成审稿流程;也有人不习惯使用投审稿系统,我们就辅助其通过 E-mail 完成"特刊"的约稿和审稿工作,这种灵活的小范围"线下操作"可以提高客座主编的满意度,提升双方的工作效率,并为编辑部节约一定费用(在线投审稿系统通常按篇收费)。再如"亮点""评论""观点"等邀约的小文章也可以不通过投审稿系统,因为这类约稿大都来自专家级作者,不必像综述或原创论文一样严格执行同行评议流程,只需主编审稿并决定是否录用。需要注意的是,编辑部应建立相应的记录文档,定期录入所有"线上、线下"稿件进展情况,以便于统计分析,及时制订相应对策。

(二) 充分利用编委资源

编委对于期刊最核心的贡献便是约稿和审稿,尤其是对期刊稿件的评审和质量监控起着关键性作用。[①] JSHS 的国际编委比例占75%,为国际约稿和同行评议提供了重要资源。体育学术研究成果绝大部分属于交叉学科,因此 JSHS 的征稿范围偏向综合,包括运动医学、运动生理学、运动心理学、运动生物力学、运动生物化学、运动教练学、体育教育学、中国传统体育与养生等。这在客观上对 JSHS 的编委构成提出更高要求,即在考虑专家学术层次的同时,还要兼顾各小学科之间的平衡分布。为了保证科学、严谨、高效地处理每一篇来稿,JSHS 在审稿流程中设立了"学科编辑"(Associate Editor)这一关键角色,其职责是对稿件质量进行初步筛选,可直接拒稿;对初审通过的稿件邀请若干审稿人,确保有两个以上审稿意见返回,并结

---

① 刘雪立、徐刚珍、方红玲等:《科技期刊国际化的十大特征及其实现》,《中国科技期刊研究》2006 年第 4 期。

合外审意见,向作者提出"修改建议";作者提交修改稿后,学科编辑邀请审稿人重审,重审意见返回后,学科编辑给出"处理意见"。JSHS 目前有 7 名学科编辑,均为编委会成员。他们能对各自研究领域的来稿作出科学的评价,同时又能快速、准确地邀请到国际"小同行"作为审稿人,因此,JSHS 发给作者的审稿意见通常具有较强的说服力和建设性。

目前,JSHS 采用以学科编辑为主、编辑部编辑为辅的方式处理稿件,95% 以上来稿均有相应的学科编辑直接参与审稿流程,极少部分稿件由于找不到合适的学科编辑,便由编辑寻找合适的审稿人,但此类稿件需要主编对其学术价值和审稿人意见亲自把关并作出决定。然而,对比其他高水平国际体育学术期刊,JSHS 的学科编辑占编委会成员比例并不高(22%),如美国《运动与体育科学评论》(*Exercise and Sport Sciences Reviews*)和《体育运动医学与科学》(*Medicine & Science in Sports & Exercise*)分别为 65% 和 40%。因此,随着来稿量的增加和出版周期的缩短,未来 JSHS 的学科编辑比重还应不断增加。

主编的终审环节不容忽视。国际上的英文刊大都是主编亲力亲为,主编的学术水平和工作能力直接决定了刊物的品质。因此,我们国内的英文刊也应充分重视发挥主编的决策作用,而不能仅仅让主编充当"门面"。JSHS 主编在审稿流程中起着决定性作用。JSHS 进入审稿流程的每一篇稿件都要由主编给出终审意见。加拿大籍主编认真阅读所有审稿意见和学科编辑建议,及时作出"终审裁决",并亲自撰写每篇稿件的最终评审信件内容,在提出中肯而专业的评审意见的同时,还鼓励作者继续关注和支持 JSHS。在主编和学科编辑的带动下,JSHS 编委积极参与审稿和推荐审稿人,创刊近 2 年来编委参与审稿已超过 300 次。

(三)提升编辑的专业素养

编辑是审稿流程的监控者和润滑剂,国际化科技期刊对编辑人员专业能力的要求更高。① JSHS 要求每位编辑熟练掌握在线投审稿系统的操作流程,并对每篇稿件指定一名责任编辑(由编辑兼任),负责审核来稿格式是否符合要求、进行查重查新分析,推荐相应的学科编辑,并协调和监控整个审稿流程。目前,JSHS 编辑在审稿流程中实际上扮演着学科编辑"助理"的角色,目的是协助学科编辑快捷地完成各项工作。例如:定时查看稿件处理情况,提醒学科编辑及时进行操作;帮助学科编辑完善审稿人信息;在学科编辑偶尔"不到位"时,自行寻找备选审稿人;向主编提供完整的稿件信息,及时获取终审意见并转发给作者。

专家办刊是对学术期刊向高层次发展的必然要求。这里的"专家"既包括编委的全方位参与,更重要的是要求期刊编辑具备扎实的专业知识,力争成为相关学科领域的专家。JSHS 要求编辑在日常处理稿件的过程中不断积累经验,了解行业热点,提高职业敏感性。具体做法是:参加国内外学术会议;与编委保持紧密联系;通过每周例会交流工作心得;熟练使用 PubMed、Google 等各种途径,积累专家信息,不断完善审稿人数据库(JSHS 目前已积累 3000 余名国际专家数据)。

(四) 管理审稿人队伍

审稿人队伍建设是一个系统工程。由学科编辑出面邀请审稿人只是第一步,接下来还需要编辑部精心维护,才能形成良性循环和可持续发展。编辑首先要做的是对审稿人工作进行评价,即根据其工作效能在系统中予以打分,为以后选择审稿人做参考,打分过低的对象可直接排除或暂时"冷冻",对于分数高的审稿人可列为长期邀请对象(但要考虑工作量,不能过于频繁邀请)并进行感谢和鼓励。JSHS 每期杂志出版后,向本期所刊登文章的审稿人寄送一本纸版杂志;每年最后一期刊登"致谢审稿人",列出一年来的审稿人名单,并向审稿人寄送精心设计的纪念品,以示感谢。值得欣慰的是,2013 年已有 10 余位审稿人在审稿之后向 JSHS 投稿,且 80% 以上稿件最

---

① 吕盈盈、张欣:《英文版科技期刊编辑人员素质培养》,《中国科技期刊研究》2010 年第 2 期。

终被录用。

三、JSHS 国际化编辑流程的优化

本文前言提到的 SCI 选刊"期刊出版标准"中除了同行评议,还包括出版时效性、国际编辑惯例、英文文献编目信息,后面 3 项标准与编辑生产加工环节密切相关。目前,已有较多中国科技期刊走"借船出海"之路快速实现出版国际化。[①] 为了更好地执行"国际学术期刊规范化办刊路线",JSHS 选择与全球最大的学术出版机构爱思唯尔国际出版集团合作出版,所有发表的文章都经过爱思唯尔专业化的编辑和加工,拥有唯一的 DOI 号码;刊物无论是纸版还是网络版本,在排版布局方面都达到了国际期刊的水平;网版通过全球最著名的科技医学全文数据库之一 ScienceDirect 平台发布,在文献信息检索方面实现与国际期刊无缝连接;还采用了开放获取(Open Access)模式,全球科研人员可通过 ScienceDirect 平台、Elsevier 杂志主页和 JSHS 自身网站三大渠道随时免费下载所有文章的全文数据。Elsevier 提供的数据表明,JSHS 上线 20 个月以来(截至 2013 年底),ScienceDirect 用户数量呈直线上升趋势(2012 年为 14793 个,2013 年达到 25998 个),文章累计下载 75842 次。Elsevier 认为,这些数据对于一本新刊而言"非常难得"。

值得一提的是,JSHS 并没有完全依赖合作方爱思唯尔所提供的资源。我们认为"再好的合作模式也会有不如意的环节"。实践表明,这种合作模式主要存在"时间成本高"和"操作死板"两个弊端。JSHS 针对这两点,从编辑部工作实际出发,及时采取措施进行"补缺"和优化。

(一)缩短时间成本

从图 1 可以看出,JSHS 稿件的编辑生产加工环节由编辑部和出

[①] 程磊、张爱兰、李党生:《国际化视角——Cell Research 办刊经验点滴》,《中国科技期刊研究》2010 年第 5 期;郭燦芳、刘秀荣、郑爱莲:《Chinese Chemical Letters 主要指标变化及走"借船出海"的国际化之路》,《中国科技期刊研究》2012 年第 2 期。

版商爱思唯尔协调完成。在此合作模式下,爱思唯尔指派名出版编辑(Publishing Support Manager)和一名管理员(Journal Manager)负责JSHS,前者负责杂志初始化建设以及重要事务联络,后者则具体负责杂志的日常出版工作。由于爱思唯尔的排版业务均外包给第三方,每一道工序都有固定的时间限制,如单篇文章初排时间为7个工作日,校对稿修改需6个工作日,管理员编排整期杂志需7个工作日;另外,还存在时差以及双方节假日差异等问题。为了缩短杂志编辑出版流程,JSHS编辑部采取了以下措施:第一,提早进行"专题"组稿工作(通常提前10个月启动),确保约稿如期刊登;第二,遵循"稿件为先"原则,压缩编辑加工、校对的时间;第三,与管理员保持密切沟通,提前解决问题;第四,单篇稿件优先出版,编辑部完成语言润色和初次编辑即上传网络出版,并在接下来的排版、校对等环节不断加以更新;第五,由编辑部负责印刷工作,缩短整期杂志出版发行周期。

(二)提高编校质量

编校质量是衡量学术期刊整体质量的基础条件。国家新闻出版总署报刊司2007年度外文版学术期刊编校质量检查工作中,列入检查范围的100多种期刊中,以差错率万分之五(含)为合格标准,合格的仅为44种,合格率为29.7%。总体情况不容乐观,多数外文版学术期刊的语言规范和编校质量令人担忧。[①] 在2013年上海市期刊编校质量检查中,不合格英文期刊占7%[②]。值得说明的是,与编辑部自行排版和委托国内排版公司相比,JSHS在与国外出版机构合作过程中,编辑加工环节的"灵活性"较差,我们只能按照对方的"标准"流程进行操作,无法增加编校次数。为了克服这一弊端,在确保编校质量的同时合理控制编校工作周期,JSHS采取了以下5项措施:一是聘请母语为英语且具有较高专业学术水平的外籍语言编辑,对所有接受稿件进行首轮语言润色;二是对单篇稿件和整期杂志指派责任

---

① 晋雅芬:我国多数外文学术期刊编校质量堪忧[EB/OL].[2008-03-21]. http://www.chinaxwcb.com/index/2008-03/21/content_110162.htm.
② 2013年上海市期刊编校质量检查结果公示[EB/OL].[2014-03-31]. http://cbj.sh.gov.cn/cms/realPathDispather.jsp?resId=CMS0000000002924434.

编辑,推进单篇稿件和整期进度,并对编校质量负责;三是每一轮编校工作至少由 3 名编辑重复交叉进行;四是与作者密切沟通,至少让作者进行 3 次自我校对工作,确保不留问题"死角";五是请外审专家对出版前的整期杂志进行审读,以"第三方"视角发现问题。

四、结语

科学合理的国际化稿件处理流程是提升刊物国际竞争力的重要途径。JSHS 创刊近 2 年来,借鉴同行经验,接纳编委专家建议,不断优化稿件处理流程。目前已收到来稿近 400 篇,5% 稿件的通讯作者来自中国以外的 25 个国家和地区,其中欧美国家来稿占 65% 以上;已有六百余名专家为 JSHS 审稿,其中 95% 以上为国际审稿专家,来自全世界近 40 个国家和地区;自由来稿的拒稿率高达 86.3%,体现了 JSHS 稿件评审的高标准严要求。另外,JSHS 单篇文章的平均编辑加工周期已由初期的 40 个工作日下降为 25 个工作日,大大缩短了文章发表周期。2013 年上海市报刊编校质量检查结果显示,JSHS 的差错率仅为万分之进入"优秀"行列。JSHS 还将继续优化审稿流程和编辑加工环节,对提升英文刊学术质量和缩短文章出版周期进行深入探索,不断提升我国体育学术期刊的国际影响力和话语权。

我国学术期刊的国际话语权缺失与应对

梁小建

对学术研究来说,学术话语权与学术成果的评价和学术资源的分配密切相关。学术期刊作为学术成果发布平台,是学术话语权发挥作用的重要场域之一。学术期刊通过对学术成果的评价、选择和推荐,对学术研究发展的方向起到引导作用,包括对研究课题、研究方法、研究范式等的设定,这体现了学术期刊在学术研究中的话语权。话语权是学术研究发挥影响力的基础,也是学术期刊的核心资源。在全球化的文化开放和学术交流频繁的格局中,缺乏国际话语权是我国学术期刊的主要问题。这既与我国的经济政治大国地位极不相称,与我国丰富的学术期刊出版资源也不相称。我国学术期刊总体可分为科技期刊和人文社科期刊两大类群,两者的编辑出版既有共性,也有个性。因人文社科领域期刊在期刊评价方面特殊性强,问题更为突出,本文论述从学术期刊总体着眼,但把论述重点放在人文社科期刊。

一、我国学术期刊缺乏国际话语权的原因

我国学术期刊缺乏国际话语权既有客观方面的原因,也有主观方面的原因。客观方面的原因如国际学术期刊评价机构的垄断和偏见,这是造成我国学术期刊缺乏国际话语权的直接原因。主观方面

的原因是我国学术期刊在功能发挥上与国际领先学术期刊相比有很大差距。学术期刊的公信力、期刊质量和功能等方面与国际名刊相比,尚有差距,这是我国学术期刊缺乏国际话语权的根本原因。

(一)公信力有待增强

学术评价是学术期刊编辑出版活动的题中应有之义,也是学术期刊的神圣权利。学术期刊学术评价功能和地位的获得,是在与学术研究和学术共同体的长期互动历史中形成的。1665年,世界上第一份以"期刊"为名称的出版物《学者期刊》,是以报道法国和国外出版的图书目录为宗旨的,并不承担学术评价任务。法国《学者期刊》与英国皇家学会同年出版的会刊《哲学汇刊》(后改名为《皇家学会哲学汇刊》)一起,被认为世界学术期刊的鼻祖。19世纪,由于学术研究的繁荣,许多国家成立了由学者组成的专业学会,出版了一大批各个学科的学术期刊,以刊登学术论文和书评为主,在交流信息之外,学术期刊被赋予学术评价的功能。随着学术研究的繁荣和社会分工的发展,现代学术研究已经发展成为体系复杂、规模庞大的社会建制,学术传播与学术评价已经发展为学术研究社会建制带动起来的相关服务业,学术期刊因其学术共同体公共空间属性和与学术研究、学术共同体长期互动的实际表现,成为学术传播的主渠道和各方面都能接受的学术成果评价者。

组织和代表学术共同体对学术成果进行公正评价,优选刊登高质量的学术成果是学术期刊公信力的来源,这种公信力一旦丧失,学术期刊就会失去学术共同体代言人地位,随之失去话语权。衡量学术评价是否公正应包括评价制度和评价结果两个方面,即从制度上看学术期刊是否建立了公正合理的评价机制,从结果上看学术期刊是否对学术成果进行了准确的评价。同行审稿制度是学术期刊行使学术评价权利的合法性依据,因此被西方学术期刊普遍采用。事实证明,同行审稿能够将学术成果提交国内甚至国际学术共同体评价,使学术期刊达到本学科研究的较高水准。[①] 同时,同行审稿还可以

---

① 尹玉吉:《中西方学术期刊审稿制度比较研究》,《浙江大学学报(人文社会科学版)》2012年第4期。

避免由编辑部审稿带来的误判或版面寻租,体现学术期刊学术共同体代言人地位的合法性。尽管审稿制度也存在成本高昂、时效性差、评价质量可控性较差等难题,但基本上利大于弊,因此成为西方学术期刊制度建设中的关键环节。

目前,我国学术期刊审稿制度的主流还是"三审制"。"三审制"是一种与我国出版管理体制结合的审稿制度。我国出版管理体制的核心主要是审批制、主管主办制度和属地管理制度,这套体制的基本目标,是通过出版主体准入机制和有效的事后追惩机制保障意识形态安全和文化安全,确保这一目标实现的基本手段就是事前"三审制"和事后审读制度。"三审制"的弊端也很明显,即僭越学术共同体行使学术评价功能,使学术期刊的学术评价被行政权力或商业利益绑架,失去公信力和合法性。一些学术期刊把学术评价作为期刊编辑部的权利,进而把版面作为权利寻租的工具,极大地损害了学术期刊的公信力。公信力不佳的学术期刊,学术共同体代言人的地位尚且难保,何谈取得国际话语权。

(二)现有主流期刊评价体系难以催生人文社科名刊

国际学术话语权由国际学术名刊掌握。国际学术名刊是按照国际标准和规范编辑出版,有世界影响,能提供独创性和原创性,属国际一流信息源,文摘率、引文率及利用率高,代表世界科学研究现有水平和发展方向的学术期刊。[①] 美国科学信息研究所遴选世界上权威性强、影响力大的学术期刊编制国际权威检索数据库,其中 SCI 数据库收录期刊反映基础科学研究状况,SSCI 数据库收录期刊反映社会科学领域研究状况。据中国科学技术信息研究所中国科技论文统计与分析课题组统计分析,2012 年,SCI 收录中国期刊 135 种,约占收录期刊总数 2.25%。2012 年 SCI 收录中国科技论文 19.01 万篇,排名世界第 2,占论文总数 11.9%。SSCI 收录中国期刊 1 种,约占收录期刊总数的 0.02%(该数据库共收录期刊 4648 种)。2012 年

[①] 朱栋梁:《我国学术期刊创办国际学术名刊探讨》,《湖南社会科学》2007 年第 1 期。

SSCI 收录中国论文 8012 篇,约占收录论文总数的 3.1%。[①] SSCI 收录的中国社会科学论文绝大多数发表在外国期刊上。这反映中国社会科学期刊在国际学术传播中的话语权缺失。应该指出的是,SSCI 数据库基本不收录中国期刊的直接原因是评价机构的偏见,也不能仅仅以是否入选 SSCI 数据库判断一本学术期刊的水平。这一事实主要反映我国学术期刊评价话语权的缺乏,也反映了在现有评价体系之下,我国学术名刊的匮乏。

现有社科学术期刊评价体系难以催生高质量人文社科学术名刊。目前各界普遍认同的社会科学学术期刊评价方法,是借用图书馆期刊采购部门使用的学术期刊遴选机制,即社会科学引文数据库来源期刊遴选机制。该机制承认引文评价的合理性,并将期刊的被引量化统计数据作为评价学术期刊质量的唯一标准,这也是 SSCI 等的基本评价标准。某本学术期刊内容在规定时间段内被引次数越多,说明其学术水平越高;被引次数越少,说明其学术质量越低。期刊针对目标读者的特定需求定向传播内容的性质,决定了期刊编辑出版活动除了具有共性之外,还存在差别,类群分析是研究期刊的基本方法之一。学术期刊因其学术共同体代言人的性质不同于市场化大众期刊,对学术期刊的评价也不能一刀切,只要承认学科的分化和综合是科学发展的基本特征,只要承认学科发展阶段的差异,就应该承认学术期刊编辑出版形式的学科差别。引文评价方式注意到了学科的分化,对不同学科的学术期刊实行分类评估,但引文评价方法主要适用于科技期刊。科技论文的引文来源与发表来源基本重合,使该方法具有一定的自足性。引文评价法没有注意到,学术期刊只是人文学科论文引文的来源之一,而且不是最主要的来源。人文学科论文的引文,多数来自文史典籍或学术专著。学术期刊作为一种学术资源,只为人文学者提供部分资料。期刊数据库引文量化评价方法,因缺少对数据库之外学术资料来源的判断,难以对人文学科学术期刊及其论文水平进行令人信服的准确评价。期刊数据库引文评价

[①] 中国科技论文统计与分析课题组:《2012 年中国科技论文统计与分析简报》,《中国科技期刊研究》2014 年第 1 期。

带来的错误导向是部分学科论文的引文来源趋于单一化,作者只依靠期刊数据库材料快速生产论文的行为得到默许甚至鼓励,这是产生学术泡沫的因素之一。

引文评价方法有造成优质学术期刊出版资源分散和诱发学术成果评价标准滑落的趋势。学术论文的主要生产者是职业化的学术研究人员。他们的学术论文一般发表在高校、科研机构、学术团体主办的学术刊物上,这些是最重要的学术期刊。一些学术资源不足的期刊为了提高引用率,频繁向知名学者组稿,造成论文发表上知名学者从重要期刊到次要期刊的迁移和学术期刊出版资源的分散,难以集中优质资源出版知名期刊。长期以来,我国大量主要从事实际工作的论文作者和毕业后不从事学术研究工作的学生出于评定职称、职务晋升或取得学位的需要,在期刊上发表研究文章。这造成我国出版界对学术期刊缺乏明确的界定。在我国的近万种期刊中,除了部分市场化大众期刊、教辅期刊、小众期刊之外,超过一半的期刊刊登学术成果,大量工作指导类期刊、行业期刊成为学术论文发表的重要渠道。学术研究的泛化对学术生态和学术期刊出版生态都产生了影响。非学者身份的论文作者人数众多,论文以实务研究为主,围绕简单主题的论文数以千万计。跟风研究导致论文引用率像滚雪球一样不断增加,成为高被引论文和学术期刊追逐的对象。相反,一些发表在学报上的大块文章因为研究主题的高深和表述的综合性,不能方便引用者寻章摘句,成为低被引论文。这种反差有诱导学术成果评价标准滑落的趋势。

(三)信息服务意识和传播能力有待增强

学术期刊有两个基本功能,即信息服务和学术评价。信息服务能力是衡量学术期刊话语权的另一指标。国际学术名刊的最大特征是学术信息量大,可读性强,具有很强的信息服务能力。期刊信息服务能力越强,就越受读者的欢迎。我国的学术期刊在信息服务方面与国际学术名刊差距极大。中国人文社会科学学术刊物在某种程度上成了研究者个人琢磨如何能够发表论文的参照工具,而不再成为研究者个人进行学术研究的实质性知识参照。① 正因为它在满足国内外读者需求方面"不解渴",所以才缺乏影响力,出现不了国际名刊。没有为读者服务的意识,期刊内容与读者需要脱节、停留在自说自话层次,满足不了国内外读者的学术信息需求,何谈掌握国际话语权?

我国高校、社科院主办的学术期刊,内容绝大多数是综合性的,印刷版的学术期刊出版传播方式是对单篇论文进行统一打包销售,适合科研院所、图书馆等机构订阅提供阅览服务,供多学科科研人员按需阅读。限于科研领域,科研人员个人极少订阅综合性学报。在网络传播时代,学术传播渠道增多、研究人员和社会公众可以通过互联网使用期刊数据库中海量的论文资源。网络数据库能够满足读者对学术论文的大数据搜索阅读需求,在对搜索命令的响应中,综合性学术期刊中的单篇论文与专业性期刊单篇论文具有相同的显示概率。数据库增强了综合性学术期刊的传播能力。目前,学术数据库被商业机构垄断,学术期刊从数据库运营商得到的稿酬基本可以忽略不计,相当于免费提供网络传播,但读者并没有获得免费的服务。学术期刊的数据库传播能力亟待增强。

二、学术期刊增强国际话语权的应对

增强学术期刊公信力、提高出版质量是我国学术期刊增强国际话语权的治本之道。完善学术期刊质量评价体系,建设学术名刊是我国学术期刊增强国际话语权的路径选择。建设学术期刊公益出版数据库,增强互联网传播能力,是互联网时代学术传播的必然趋势。

(一)完善审稿制度,增强学术期刊公信力,提高作者服务水平

审稿是媒体体现编辑宗旨、落实编辑方针、保障内容质量和控制传播效果的一种普遍编辑活动。如果不能对传播的内容进行控制,那么充其量只是一个信息服务提供者,而不是一家媒体机构。在大

---

① 邓正来:《中国学术刊物的发展与学术为本》,《吉林大学社会科学学报》2005 年第 4 期。

众传播时代，大众传播媒体一般是专业化的媒介机构，依靠自身编辑记者队伍或采用通讯社稿件进行有组织的内容生产、发布，审稿不仅是媒体编辑部体现编辑宗旨、保障内容质量的必要环节，而且是传播机构组织管理的重要手段。大众传播媒体的编辑记者为媒体提供的信息产品属于职务作品，其编辑部门对编辑记者的稿件有生杀予夺的权力。我国大部分学术期刊目前实行的"三审制"，是与大众传媒机构一致的审稿制度。这种审稿制度能简化学术期刊编辑出版的组织管理，增强内容的可控性，确保编辑部意图的实现，但忽视了学术期刊编辑出版活动的特殊性，使我国学术期刊的公信力受到质疑。

学术期刊是依附于学术研究和学术共同体的传播媒介，与大众传播机构的内容生产方式有很大差异。学术期刊编辑部门一般没有作者队伍，而是从服务的学术共同体中优选作者和稿件，通过稿酬或约定方式获得投稿者投稿论文的传播权，进行出版传播活动。学术共同体的信任是学术期刊编辑部门从事学术评价活动的合法性来源。学术期刊编辑部只有依托学术共同体进行学术评价活动，才具有公信力，才能提高学术期刊质量。其实现形式必然是同行评审制度。同行评审作用的发挥有赖于完善的制度建设，以保证学术期刊通过组织同行评审为学术共同体服务，真正起到对学术成果进行准确评价和服务作者功能。

同行评审功能的发挥，有赖于完善的制度建设。同行评审制度一般有两种实现形式，即审稿专家和作者背靠背的"双盲"匿名评审和审稿专家公开、作者匿名的评审。"双盲"匿名评审的"利"在于评审专家在匿名状态下（在编辑部是实名的）可以抛开干扰因素，使同行内部评审看起来更像是外部评审，显得更为客观公正；"弊"则是由于评审专家的不透明，损伤了同行评审的公信力。我国实行同行审稿的部分期刊，由于承担着主管主办单位官方学术刊物的功能，同行评审有时沦为小圈子的游戏，成为一种形式主义；一些评审专家出于在匿名状态下评审的免责心理，不认真行使评审职责，使对同一学术成果的评价出现很大分歧，损害评审结果的公信力。相比之下，审稿专家公开、作者匿名的评审更具公信力，也更具有建设性。这种制度设计也能够增强评审专家的荣誉感和责任感，使他们的评审行为更具有建设性,也能破除同行评审的神秘感,促进学术共同体优良学风的形成。中国社会科学杂志社定期公布外审专家名单的做法值得提倡。这些外审专家形成中国社会科学杂志社的外审专家库,使学术共同体能够看到外审专家在学术共同体的广泛代表性,能够增强杂志学术评价的公信力。

同行评审制度不但是学术期刊对学术成果进行评价的合法方法,而且是学术期刊提高内容质量和服务学术共同体水平的基本方式之一。从理论上来说,学术期刊出版资源是无限的,可以在全国乃至全世界优选作者和作品,以保证其刊登高质量的学术成果。我国学术期刊提高出版质量的前提是为作者提供最好的出版服务。只有为作者提供了最好的出版服务,才能调动优质出版资源,吸引优秀作者投稿,为读者提供高质量学术成果。

(二) 完善学术期刊出版和评价体系,遴选和培育国家学术名刊

社科学术期刊数量众多、层次不一,办刊宗旨有很大差异,办刊主体多样,还存在综合性期刊和专业期刊同台竞争的面貌,构成复杂的出版体系。使用引文量化数据对这些期刊进行一刀切的评价,不仅抹杀了上述复杂性,无法反映学术期刊体系的真实情况,也难以承担遴选和培育国家学术名刊的功能。不解决我国学术期刊体系的现实问题,采用另立炉灶方式建设国家学术名刊,对提高学术期刊整体水平没有太大意义。要使国家学术名刊具有坚实的基础,应该改革我国学术期刊评价和学术期刊体制中的不适应之处,构建和完善开放、有序的学术期刊出版体系和与之对应的层次分明的评价体系。

学术期刊出版体系应该是开放的,这样更塑造学术期刊的公信力。我国有数十万社会科学工作者,主要分布在高等院校、社科院、党校等教学科研机构,这些机构都办有各类学术期刊。在教育部名刊工程社科学报的作者中,本校占比平均值为 41.2%。《厦门大学学报(哲学社会科学版)》作者的本校占比达到 77%。《广西民族大学学报(哲学社会科学版)》作者的本校占比为 18.8%,为名刊工程学报中最低。整体而言,社科学报载文的学缘结构较为单一。社科院期刊因与高等院校保有适当距离,被认为在学术评价上能够摒弃高等院校的门户之见,对学术成果实现公正评价,成为高校社科学者发表高质量学术成果的平台。一般认为,社科院系统期刊质量高于高校社科学报,《中国社会科学》是我国最权威的综合性社科期刊,《历史研究》等分别是史学等一级学科的权威期刊。中国社会科学院权威专业期刊70%的稿源来自高等院校[①],这与社科院系统研究队伍人数较少、高等院校社科学报容量较少有直接关系,但根本原因是社科院期刊的开放度赋予其公信力和话语权。

学术期刊出版体系和评价体系应该是有序、分层次的,这样才能发挥引导作用,有利于遴选和培育名刊。分层评价指的是从学术期刊刊登论文的研究层次不同这一实际出发,把定性评价与引文评价结合起来,实事求是地评价期刊的学术水平。在横向上,不同学科的学术期刊应分类评价。对那些发表主要不以学术期刊为引文来源论文的期刊,应以学术共同体和学术期刊同行评阅的定性评价为主,参考转载、评论、翻译、文摘、引文等定量评价指标。对那些既主要以学术期刊为引文来源,又主要以学术期刊为主要发表平台的学科的学术期刊,可以定性评价和定量评价并重。在纵向上,同一学科的学术期刊应进行分层评价。那些主要刊发职业学者论文的高校学报、社科院期刊、学会协会期刊,位于学术期刊金字塔的顶端。同行定性评价应主要以成果原创性和创新性为标准,考察其学术规范性和思想启迪性。辅之以评论、转载、翻译、文摘、引文等定量指标进行评价。那些主要刊发职称论文、学生论文的期刊,行业期刊,专业期刊构成学术期刊金字塔的基础。定性评价应主要以知识性和规范性为标准。可主要由相关职业领域的行业协会以及中国期刊协会行使质量评估职责。

学术期刊既是科研工作的龙尾,又是科研工作的龙头。增强中国学术期刊国际话语权,培育学术名刊,不仅需要新闻出版管理部门出版体制改革的配合,更需要学术研究管理部门的支持与指导。在对学术期刊进行分层评价的基础上,科技部、教育部、中宣部等专项科研基金提供者可对高校、科研院所、学会等机构主办的学术期刊予

---

① 梁小建:《社科学报服务文化强国建设的问题与对策》,《中国出版》2012年第11期下。

以重点扶持。根据现有学科需求以及科研机构协同创新的需要,择优培育或新创重点学术期刊,在期刊评价、审稿制度建设、办刊经费等方面予以支持和资助,推动国家社科名刊建设。

(三)建设学术期刊公益出版数据库,增强互联网传播能力

增强互联网传播能力是我国学术期刊争取国际话语权的必然选择。在满足网络时代读者对大数据学术资源的需求过程中,目前世界学术数据库商业出版模式已经非常成熟。学术期刊形成了借助数据库的"小发行、大传播"的出版传播模式。编辑部以较小的发行量满足管理者、作者、科研院所、图书馆等单位的收藏需要,借助网络数据库出版满足读者在线搜索阅读的需要。世界最大的爱思唯尔数据库独步全球,价格昂贵。我国中国知网、维普数据、万方论文等学术期刊全文数据库和读秀电子书全文数据库等占据中文学术资源数据库出版的垄断地位。这些商业数据库出版机构,利用全世界或全国学者的学术成果生产数据库产品,再作为最重要的学术资源之一,卖给学者所在研究机构,并且通过技术手段对学术资源的下载进行限制,仅允许购买者在特定的计算机上下载数据库内容。这限制了学术资源的公平开发和利用。为了给读者提供更好的信息服务,很多学术期刊自建渠道,在官方网站即时更新内容供公众免费下载,通过微博、微信、云存储等网络应用宣传推广期刊内容,但目前学术期刊的自建网络传播渠道非常零散,信息量小,内容不全,无法形成规模效应,免费信息服务水平和传播能力有待提高。

国家应加大对学术传播领域的资助力度,仅仅为学术期刊和学术著作提供部分办刊经费,使其能够组织出版高质量的学术成果是不够的,还要让这些宝贵的学术资源最大限度地发挥作用。在网络数据库出版环境中,为了让公共资助对学术期刊和学术著作出版的资助惠及学术界,进而服务社会,成本最低、效果也最好的办法就是学术期刊和学术著作的数据库公益出版。学术期刊数据库公益出版,是指在网络数据库出版环境中,作者或出版机构将研究成果提交给公益性的学术资源数据库,供国内外研究者和公众免费下载和阅读。无论从互联网逻辑,还是从学术期刊"小发行、大传播"理念和实践来看,我国学术期刊免费传播趋势已经比较明朗,但在功能发挥、发展模式和运行机制上还远未成熟。从功能上来看,目前学术期刊的自建网络传播渠道非常零散,信息量小,内容不全,其检索功能与传播力与商业学术期刊数据库相比不成气候。从发展模式看,我国的学术期刊免费传播主体大多是零散的学术期刊出版者,近年开始有全国哲学社会科学规划办公室资助的"国家哲学社会科学学术期刊数据库"等上线运营,这是与商业学术数据库以及开放存取数据库不同的新模式,有待进一步检验和完善。目前的学术期刊公益数据库遴选期刊的标准不明确、数据库存量较小、版权问题被悬置、数据库功能简单,无法与商业学术期刊数据库比肩。学术资源数据库公益出版和传播的来源遴选机制、质量控制机制、版权管理机制、绩效评估机制等,都提出了新的研究课题。发展学术资源的数据库公益性出版具有重大的现实意义。

总之,我国学术期刊缺乏国际话语权的根本原因是我国学术期刊在公信力、期刊质量和传播能力等方面与国际领先期刊相比,尚有差距。提高出版质量是我国学术期刊增强国际话语权的治本之道。要完善审稿制度,增强学术期刊公信力;完善学术期刊出版和评价体系,建设学术名刊;建设学术期刊公益出版数据库,增强互联网传播能力。

入世十年我国数字出版"走出去"现状及问题研究

肖 洋 谢红焰

2001年12月,我国正式加入世界贸易组织(WTO),出版产业对外开放进入一个全新阶段。弹指十年间,出版"走出去"成效显著,从2001年图书版权贸易输出与引进比例1∶13的差距缩小到2010年的1∶3,中国图书在海外的市场影响力逐年提升。入世十年是中国出版业践行文化"走出去"的成长阶段,也是出版业历经技术创新和产业变革的重要时期,数字出版一跃成为出版领域一颗闪耀的新星。

一、数字出版"走出去"的十年轨迹

我国数字出版的相关研究始于2000年,赖茂生发表于《中国电子出版》2000年第2期的《从电子出版到数字出版》一文在思考我国电子出版业前景时提到数字出版这一概念。追溯起来,我国数字出版"走出去"早期的表现形态恰恰是由学术"走出去"和网络数据库技术联袂演绎。1996年5月,《中国学术期刊(光盘版)》全国建网走向世界活动拉开帷幕。[①]

(一)内容的嬗变轨迹:从科技到人文。早期的数字出版"走出

---

① CNKI工程大事记(1995年—1997年)[EB/OL]. http://www.cnki.net/gycnki/gycnki04_1.htm.

去"浪潮由科技期刊数据库掀起,是伴随着学术走向世界的。《中国学术期刊网络出版总库》凭借资源完整等优势已连续16年出口美国、德国等50多个国家和地区,与Springer等大型出版集团建立了国际合作,建构了资源深度整合的国际化数字出版平台。"科学无国界",以学术科技为内容的出版物受民族文化差异性影响表现出的认知偏差要小得多。另一方面,外国人对中国美食、风水、建筑、武术等文化的景仰和痴迷,催生一批相关题材的数字出版物"走出去",以精美、易懂的图片、影像的数字形式引导外国读者认识中国文化,探求东方的文明。

(二)途径的发展脉络:从产品到资本。在《服务贸易总协定》(General Agreement on Trade in Service,GATS)要求各成员方逐步开放服务市场的影响下,承诺开放"出版与印刷"服务或被成员方拒绝或被添加限制条件,作为出版业产销中的出版物零售市场轻易成为"走出去"的先行军,且数字出版物具有"通信服务""分销服务"属性,开放限制较小,准入灵活,更易转换成初期市场上的优势。然而单凭产品"走出去"容易进入饱和阶段,从新闻出版总署年度统计的数据来看,全国音像制品、电子出版物累计出口额十年来一直低于300万美元,且自2006年峰值后持续下滑,由284.99万美元降为2010年的47.16万美元。数字出版"走出去"亟须进行从商品输出到资本输出的角色转变,两条腿走路,积极审视在全球出版经济和贸易格局中的定位。

(三)区域规模的拓展:从欧美到全球。数字出版"走出去"初期瞄准的是欧美市场,业务逐步扩大到全球区域,用户群规模也从海外华人延伸到更大范围的当地用户。自2004年美国纽约皇后公共图书馆和布鲁克林公共图书馆签约购买龙源电子期刊阅览室后,用户覆盖美国、加拿大、澳大利亚、新加坡、新西兰等600多家主流机构,美国纽约70%的公共图书馆、加拿大多伦多60%的公共图书馆均已使用。[①]

[①] 郝振省:《2009—2010中国数字出版产业年度报告》,北京:中国书籍出版社,2011年。

二、数字出版"走出去"的突出问题

入世以来,数字出版"走出去"虽形成若干市场模式并取得一定的进展,但也暴露出诸多困惑和影响可持续发展的问题,重点集中在以下几个方面:

(一)版权问题。版权问题事关数字出版"走出去"的原材料供给状况。数字出版发展的初级阶段,内容和技术之间的博弈以后者居上,以技术为支撑的平台服务商、网络运营商赚得盆钵满满的背后,作者和出版商这类创作、生产数字内容的版权方被边缘化,仅仅拿到少量的、不透明的收益。利益分配不均导致版权方授权流通出去的数字版权内容越来越少,内容质量也大幅下滑,侵权盗版问题接踵而至,也就有了中国文字著作权协会与谷歌、百度、苹果等的一系列维权行动。没有数字版权,数字内容走得越远,纠纷越多,更别谈"走出去"。

(二)内容与文化的水土不服。内容与文化事关数字出版"走出去"的产品形态和输出地域。东西方文化的差异由来已久,无论是语言生活习惯、思维方式和价值观念还是具体的出版物审美趣味、宗教信仰和文化需求,差距仍然很大,直接影响欧美国家消费者对我国文化的熟悉和接纳程度,并延缓其对我国数字出版物消费习惯的形成。

数字出版"走出去"的目标市场定位盲目也是影响内容文化水土不服的二重因素。因忽视地缘因素和文化亲缘性,"走出去"首先瞄准的是欧美文化产品的国际贸易主流市场,借"破难题"提升出版竞争力,而忽略东盟、日韩文化市场,选择这条未遵循先易后难的"走出去"之路注定荆棘密布。

(三)盈利模式问题。盈利模式问题事关数字出版"走出去"的可持续发展。没有稳定的盈利来源,"走出去"就成为一时之热和面子工程,只能扮演政府文化输出的代言人角色,且是在扶持中生存。

相比之下,网络游戏营收颇丰,专业期刊数据库、电子书和网络文学"走出去"势头强劲,如2010年期刊数据库的海外付费下载收入近千万美元,电子书海外销售收入超过5000万元人民币,网络游戏出口额突破 2 亿美元。① 在数字内容拥有方缺席条件下形成的盈利模式并不能构成整个数字出版产业的积极稳健的盈利模式,事实上它们在影响数字内容和版权的规模化方面起着决定性作用。

(四)体制与观念的滞后性。体制与观念事关数字出版"走出去"的外部环境和保障。近年来,国家陆续颁布了数字出版产业发展的相关政策,2010 年 8 月 16 日新闻出版总署颁布《关于加快我国数字出版产业发展的若干意见》,提出"组织实施民族网游动漫海外推广计划,大力支持国产原创网游动漫产品开发海外市场","鼓励企业充分利用国际国内两种资源和两个市场,借助网络传输快捷、覆盖广泛和无国界特性,加快推动优秀出版物通过数字出版方式进入国际市场,参与国际竞争,不断增强中国新闻出版的传播能力,提高中华文化的国际影响力;重点扶持和培育在'走出去'方面措施得力、成效显著的数字出版骨干企业和示范单位,对切实跨出国门并取得显著成绩的重大项目和重点企业予以资金资助、税收减免和其他奖励"。2010 年 10 月 9 日新闻出版总署颁布《新闻出版总署关于发展电子书产业的意见》,"支持和鼓励电子书企业'走出去',拓展海外市场,提高我国电子书产业的国际竞争力"。

政策出台正值我国电子书产业处于无序竞争、缺乏准入制度的产业发展关键时期,在表现出政策及时性的同时也暴露出体制观念的滞后,同时,执行力如何需要时间的检验和后续相关政策的跟进。其他法律法规如《出版管理条例》自 2001 年 12 月 25 日颁布直到 2011 年 3 月 19 日修订,《互联网出版管理暂行规定》自 2002 年 6 月 27 日公布至今未修订,均相距 10 年左右时间。《手机媒体出版服务管理办法》《数据库出版服务管理办法》《互联网文学出版服务管理办法》《互联网游戏审批管理细则》等部门规章尚属空白,数字出版产业法规体系亟待规范和完善。

---

① 柳斌杰:《大力提升我国新闻出版业的国际竞争力——在全国新闻出版走出去工作会议上的讲话》,《中国新闻出版报》2011 年 12 月 23 日。

三、数字出版"走出去"的策略与思考

入世十年,给我国出版业提供了参与国际市场竞争的经济平台,数字出版业要想把握契机"走出去",实现"十二五"末期数字出版产品和服务出口额超10亿美元的目标,需要政府、企业、学研机构合力营造繁荣的文化平台,迎接媒介全球化、出版全球化的市场竞争和文化角逐。

(一)政府扶持资助出版产业输出。数字出版"走出去"具有重要的战略意义。《新闻出版业"十二五"时期发展规划》指出"十二五"时期的主要目标之一是重点支持企业以动漫、网游、期刊数据库、电子书等数字出版产品和服务开拓海外市场;新闻出版总署在《数字出版"十二五"时期发展规划》中也进一步强调"走出去"作为数字出版业发展的战略重点,不仅要推动数字出版产品"走出去"、版权"走出去",更要实现企业"走出去"、标准"走出去"。但目前数字出版"走出去"不均衡的现状亟须政府层面的政策扶持。政府可在政策引导、资源整合和团队建设方面出台具体措施,主管部门设立专门的输出协调机构,培育专业化、规模化的版权输出代理机构,组织参加和举办国际化的书展活动,加强对外宣传和推广,逐步建立健全数字出版产品及服务出口的外汇管理、区位重点、税收优惠等政策。

同时,政府需加大资金扶持力度,充分配合中央和地方的文化产业发展专项资金、出版基金及相关项目扶持资金的投入,实施财政补贴、奖励输出,重视资金的孵化作用,既关注大型出版集团数字出版"走出去"的规模化效应,又鼓励中小型出版企业数字出版"走出去"的创新和突破,并在资金上给予充分支持,缓解"走出去"经费不足的压力。

(二)创新数字出版产品形式。数字出版产品的形态多样性给出版企业实施数字出版"走出去"提供多重路径,企业自身需创新思维,充分挖掘优势资源,重组出版价值链,以新的产品和服务形式践行"走出去"的方略。创新数字出版产品形式也在某种程度上缓解了版权、内容与文化的水土不服和盈利模式等问题的压力。

浙江出版联合集团将集团内出版社的原创漫画资源制作成英、

日两种语言的手机漫画,通过签约日本 NTT solmare(日本电话电报株式会社旗下子公司)开展手机漫画业务合作,产品在日本、美国、新加坡等 30 多个国家上线,供手机用户付费阅读。数字出版与传统纸质出版的技术差异便于将不同的文化理念灵活地注入产品,以图文声像、动漫、环境渲染、肢体语言等途径发挥新媒体的传播优势,弥补同等内容以传统出版形式在国外遭遇水土不服的缺陷。

(三)集中资本、品牌、人才规模合力出击。我国数字出版"走出去"整体现状弱而散,无论是借船出海还是造船出海,要提高与国外数字出版机构贸易竞争合作的对话实力,必须形成一定的规模,单兵作战在"走出去"的风险承担、长久持续、成本效率等方面均有劣势。出版企业集团尤其是拥有类似资源的可协调合作,集中资本优势抱团出击。大型集团内部要重点关注和扶持数字出版"走出去",转变传统的海外市场拓展思路,在资金力度上有所体现和倾斜。

品牌和人才规模的集中则有助于解决内容、文化水土不服的尴尬和矛盾。品牌是进入市场初期抵抗风险和获取卖点的保障。广西出版传媒集团所在省份经济、文化、出版资源均欠发达,但一直致力于培养品牌出版人,充分依托广西面向东盟的独特地域优势,拓展东盟文化市场,在数字出版"走出去"打造面向东盟市场的特色文化产品方面摸索出新道路。

美国学者詹姆斯·彼得拉斯曾指出:"美国文化帝国主义有两个主要目标,一个是经济的,另一个是政治的,经济上是要为其文化商品攫取市场,政治上则是要通过改造大众意识来建立霸权。"[1]我国的数字出版产业也要坚持全球生产与销售一体化的商业策略,一方面促进数字出版贸易输出,开拓全球消费市场;另一方面进行全球文化生产,让出版企业落地生根,实现数字出版"走进去"。

---

[1] James Petras, "Cultural imperialism in late 20th century", *Economic and Political Weekly*, 1994, 29(32):2070—2073.

我国数字出版"走出去"发展及策略探析

陈少华

我国的出版"走出去"肩负着实现对外传播中华文化、塑造国家形象、拓展国际出版市场的多重责任和任务。随着社会信息化、数字化的发展,国内外传统出版传媒业正在向数字化转型。在欧美发达国家,数字阅读已成为主流。2011年,亚马逊网站的用户购买Kindle电子书的数量已经超过纸质版图书。2012年,《大英百科全书》停止了纸质版的出版。相对于传统出版,数字出版"走出去"优势更加明显。因此,我国的出版"走出去",应该将数字出版列为出版"走出去"的突破口,数字出版成为我国出版"走出去"的新型重要力量,甚至成为我国出版"走出去"的发动机和战略选择。本文在分析我国数字出版"走出去"现状及机遇的基础上,剖析存在的问题和面临的挑战,并提出相关对策和建议。

一、数字出版"走出去"取得进展

总体而言,近五年来,我国数字出版"走出去"的规模不断扩大、影响不断增强、模式不断丰富、力量不断加强。2010年,我国数字出版产品和服务出口就超过两亿美元,超过了我国出版品实物出口累计金额3690万美元,显示了数字出版"走出去"的优势。为了加快我国数字出版"走出去"的发展,新闻出版总署2012年出台了《关于加快我国新闻出版业走出去的若干意见》,要求到"十二五"末,当年数字出版产品和服务出口金额要突破 10 亿美元,年均增长 30% 以上。在政策鼓励和市场驱动的双重作用下,我国数字出版"走出去"的步伐明显加快。据报道,2011 年中国原创网游海外销售达到 3.6 亿美元,到 2013 年增长到约 10 亿美元,并在欧洲、日本、美国等地区建立了分支机构,开发出的游戏覆盖了 100 多个国家和地区的用户,推动了中华文化走出去。

我国主要的期刊数据库,以及大量电子书,通过数字版权授权、合作建立平台等方式,不断进入海外数字图书馆、数字书店等,累计海外销售收入估计超过 1 亿元。

在数字出版标准国际化建设方面,我国研制的复合数字出版标准 ISDL/MPR 被国际标准组织立项,标志着我国在应用关联标识符构建数字复合出版应用系统中走在了世界出版科技发展前列,引领了数字复合出版产业发展的新趋势。

与此同时,国内相关机构加强了"走出去"的数字出版平台的建设和运营,比如,中国图书进出口(集团)总公司开发的"易阅通"已有 6 万多种电子书上线,安徽时代出版集团开发的"优乐互动"少儿主题阅读平台于 2013 年投入运营,外研社在着力打造综合性国际语言文化交互平台。中国出版集团、江苏凤凰出版集团、北京中文在线等企业,通过自建或合作的方式,以期实现数字内容在两万多家海外图书馆、苹果和亚马逊等重要电商平台上的可见和可售。

面向数字出版"走出去"的跨界合作也取得重大进展,比如,出版界与我国举办的海外教育机构孔子学院合作,对国际汉语学习资源进行重点运作。出版界还借助苹果、亚马逊、京东等电商平台,实现数字内容的海外销售。中南出版传媒集团与华为技术公司合作成立天闻数媒公司,投资数亿资金打造海外数字出版平台,借助中南出版集团的内容优势、华为公司的海外 3.2 亿用户网络优势,联合将数字内容传输到海外,承担起一份中国文化"走出去"的重任。

二、不足与挑战

1. 缺乏"走出去"的数字出版骨干企业。我国数字出版企业规模较小,对我国数字出版实物输出、版权输出和海外数字业务拓展都十分不利。数字出版企业"走出去"的形式单一,在国外投资办企业的屈指可数,国际数字出版标准建设和影响力还很薄弱,有待加强。

2. 缺乏对国外数字阅读市场的系统了解和研究。数字出版企业要想"走出去",必须认真研究国内和国际两个市场。

3. 面向"走出去"的数字出版产业链尚未形成。目前数字出版企业在海外缺乏独立且具有影响力的交易平台,从而在一定程度上阻碍了数字出版产业链的形成。我国数字出版基地在一定程度上实现了数字出版产业集群效应,但"走出去"的优势目前还未显现。

4. 国内外的文化差异阻碍我国数字出版"走出去"。要实现我国数字出版产品和企业在外国落地生根,必须对当地文化有非常深刻的了解和适应。而语言差异和文化差异,不利于数字出版的跨文化传播,需要尽快克服。

5. 我国数字出版企业缺乏充分的国际市场经验。只有充分了解和遵守国际市场的运作规律,做好国际市场风险预测工作,有效且及时规避国际风险,才能避免不必要的损失。在国际贸易的过程中,还需要经受住国外严格的审查制度。

三、面临机遇

发达国家和地区的网络普及率较高,数字化阅读习惯已经形成。居民的文化素质普遍较高,人均阅读量远远高于世界平均水平。

根据瑞典互联网市场研究公司 Royal Pingdom 报告,2012 年全球互联网用户约 21 亿,其中欧洲约 5 亿网络用户,普及率为58.3%;北美2.73 亿,普及率为 78.3%。据有关研究,2009 年,日本 3G 市场用户数达到了 9963 万,占到日本手机总用户数的92.7%,几乎实现了全民手机阅读。如此庞大的数字出版产品消费市场,对于我国数字出版企业来说,是难得的历史机遇。

与此同时,国外出版市场细分化程度高,缩小了传统出版商的盈利空间,有助于数字出版的发展。比如,针对国外读者对我国古籍和中医等图书的兴趣,自主开发更具针对性的数字出版物,实现题材中国化和市场国际化的运营模式。

此外,发达国家数字出版和数字阅读市场比较规范,交易系统相对较为完善。

四、路径与策略

1. 扩大和创新数字出版国际贸易方式。借鉴一般外贸的服务外包、海外代理、资本运营和品牌运营等方式,通过数字产品出口、版权贸易、业务合作、借用对方销售渠道等方式。

2. 借助于国际电商平台,把中文书报刊数字化,直接输出到海外懂中文的读者手中。比如,国内出版社把中文电子书,直接放到亚马逊、苹果商店或者京东商城等电子商务平台,国外华文读者可付费下载,直接在终端阅读。

3. 针对海外专门市场,开发专题产品和服务。如语言学习类出版社,可利用本社的成百上千种汉语学习图书内容建立资源库,打造网络汉语教育平台,并实现对外汉语教材数字出版。世界各地学生通过网络付费,可以轻松下载学习汉语教学资料。而医药类出版机构可以建立综合性或者专题性的中医知识数据库,向海外提供服务。

4. 面向国际数字出版市场,鼓励企业资本多元化、实现跨行业合作、学习全球化运作。比如,与海外出版商、投资商共同组建企业;收购国外出版或技术公司;与国际知名企业建立合作伙伴关系等。

5. 培育国际化的市场主体,充分利用好国内外两个市场。加强内容开发、重视人才培养、打造营销网络和落实扶持措施。出版社只有定位于国际化出版,才能占领更为广泛的市场,实现利润最大化。相比于国际出版集团,我国出版大多是"自给自足"的内贸型,不是外向型产业。只有把握好国内外两个市场,才能真正实现出版"走出去"。

6. 鼓励跨界合作、跨界经营,推动更多领域的企业和人员参与出版"走出去"的行列,鼓励出版界与 IT 企业的跨界合作,特别要鼓励具有广泛海外市场和服务网络的企业参与到数字出版"走出去"的行列。比如,华为与中南传媒合作成立数字出版企业,依托华为的全球化网络,有助于数字出版走向国际。

7. 借鉴发达国家出版"走出去"的成功经验,加强对外汉语教育,增加国外读者对中华文化的认同,合理选择国际市场,实行本土化运作,有助于克服和规避数字出版的对外贸易壁垒,在合作中减少交易、谈判成本。比如,与覆盖170多个国家、世界三大数字图书馆平台之一的英捷特全球数字图书馆平台建立合作。

8. 加强数字出版基地的国际化建设,使之成为我国出版"走出去"的主力军。我国目前建设有十多个国家级数字出版基地,大多实现了数字出版产业链集群,汇集了大量的技术资源、内容资源、政策资源,具备"走出去"的条件,具有开展海外业务的能力,有助于扩大企业业务,也有助于数字出版基地形成国际影响力。

9. 完善数字出版"走出去"的政策,加强对出版"走出去"的动态评估,建立出版国际贸易公共服务平台,推进出版"走出去"的健康发展。放宽对"走出去"业务、产品和企业的审批,扩大企业的申请面,建立外销型出版物(业务)的备案制度,发放专用的号码。对于备案的产品、业务或企业,给予税收优惠和业务补助。

10. 加大国际化出版经营人才的培养。加强业界与高校合作,科学制定人才规划,依托目前20多所开设有出版硕士专业的高校,允许高校开门办学,创办面向"走出去"的出版硕士研究生班(方向),培养出版国际化高端人才。

(本文系作者主持的国家社科基金项目"我国数字出版'走出去'的发展机理及动态评价研究"的阶段性成果,批准号:12BXW023。)

中国文化"走出去"的起步与探索
——国家社科基金"中华学术外译项目"浅谈

杨庆存

十八大以来,国家围绕提升文化软实力、扩大对外文化交流和提高国际话语权,作出一系列重要部署,特别是习近平同志发表了一系列重要讲话,指出了中国文化"走出去"的重要性、紧迫性,指出了中国文化"走出去"的方法、目标和途径。这次研修,是落实国家文化发展战略和中央相关精神的具体举措。中国文化是华夏民族历史实践和思想情感的智慧结晶,既"源远流长,积淀着中华民族最深层的精神追求",又"代表着中华民族独特的精神标识"。[①] 把中国文化推向世界,让世界深入了解中国,是文化工作者义不容辞的历史责任。借此机会,我将围绕国家社科基金"中华学术外译项目"(以下简称外译项目)谈四个方面,供大家参考。

一、外译项目的基本情况

外译项目从 2009 年开始策划并调研,2010 年正式启动,主要资助我国哲学社会科学学术研究优秀成果的翻译与国外的出版发行,推动中外学术交流与对话,提高中国文化特别是创新理论的国际影

---

① 习近平在中央政治局第十三次集体学习时的讲话。

响力和学术话语权。

目前,重点资助四个方面:一是研究马克思主义特别是中国特色社会主义理论体系的优秀成果,二是研究中国发展道路与发展经验的优秀成果,三是研究中国传统文化和民族精神的优秀成果,四是体现中国社会科学研究前沿水平的优秀成果。

外译项目随时受理申报、一年两次集中评审。国内出版的学术著作的译稿,或以外文写作并完成60%以上的成果,均可申报。目前资助英、法、俄、德、日、韩、西、阿8个语种。资助标准为1万汉字1万元。全国社科规划网站有全面详细的介绍,如有需要,可以查看。

二、外译项目的实践反响

外译项目实施以来,由于将翻译成果纳入国家项目范围,使长期以来译作不被承认是科研成果的局面得到彻底改变,受到学界特别是高校教师的热烈欢迎。截止到2013年底,受理申报600多项,批准资助200多项,涵盖20多个一级学科,已出版40多种,受到国内外学术界的普遍好评。

外方出版机构多是具有国际影响力的知名出版社。如英国剑桥大学出版社、美国圣智学习出版社、德国施普林格出版社等。根据全球最大的图书馆目录数据库(Worldcat)检索显示,已出版成果被众多国外图书馆收录。如《中国民间组织30年》《中国经济转型30年》和《中国对外关系转型30年》分别被60多家图书馆收录。

《南沙争端的由来与发展》被菲律宾南海问题专家、前驻新加坡大使阿尔伯特·恩科米恩达(Albert Encomienda)称为"具有信服力的著作"。美国普林斯顿大学图书馆馆长卡琳·崔纳(Karin Trainer)称赞《中华人民共和国国情词典》"总结并填补了外国对于近现代中国认知的某些空白"。

外语教学与研究出版社于2012年在伦敦举办《中国经济改革发展之路》首发式,剑桥大学出版社将其收入"剑桥中国文库"(Cambridge China Library)丛书。社会科学文献出版社于2013年9月在莫斯科举行《中国特色社会主义理论体系探源》《民族复兴之路的回望与思考》俄文版首发式,国内外多家媒体报道。前不久,国务院新闻办公室和比利时欧洲学院共同建立的图书馆"中国馆"揭牌,展示了一批外译项目成果并被收藏,受到习近平等国家领导人、外国政要及学者的充分肯定。

三、关于中国学术"走出去"的几点思考

近年来,对于中国学术"走出去"的初步探索,取得一定成效,但与国家文化发展战略的要求相比,才刚刚起步。全国社科规划办拟以加强和改进外译项目为重点,继续做好几件事。

一是紧扣中国主题选择资助项目,确保成果的高品位高质量。一方面牢固树立精品意识,推选出体现国家当前最高学术水平的标志性研究成果,确保成果出的去、立得住、传得开。另一方面,精心组织遴选研究中华优秀传统文化的原创性学术著作,委托经验丰富的高水平翻译和出版发行团队,成规模地及中国推动学术论著的外译推介,让更多优秀成果走向世界。

二是加强国际学术出版信息的收集分析,加强工作针对性。做好相关信息收集和研究工作,是提高学术外译科学化水平的基础。目前,我们对相关信息的了解还不深入、不全面、不系统,比如,关于国外读者的关注热点和阅读习惯、国外学术著作的出版发行规律、国外汉学家的地域分布与语种分布、政治倾向和译介成果等等,知之不多,尤其在研究方面存在短板。今后要在这些方面下足工夫,提高学术外译的科学化水平。

三是战略层面规划学术成果译介,形成传播合力。传播力决定影响力,话语权决定主动权。要从中国在全球发展的战略高度规划中国文化海外传播与发展,推动中国学术与国际学术的实践互动,着力实现外译成果"落地生根、开花结果"。我们拟加强与相关部门的沟通协作,建立健全合作机制,整合优质资源,科学设计、分步实施、持续推进;同时利用各种影响较大的对外交流平台,依托具有丰富对外交流经验的国内出版机构,"造船出海"与"借船出海"等多种渠道并用。我们还计划建立外译项目国际学术影响跟踪机制,建立共享

性的"国际学术影响力追踪档案",奖励督促成果作者增强学术"走出去"的自觉与自信,积极参与高水平的国际交流与合作。

四是为培育高水平的外译人才队伍搭建平台。推动中国文化"走出去",翻译人才是关键。学术成果外译,对译者学术水平和语言水平的要求很高,这比文学作品和通俗理论读物的翻译难度高得多。我们拟利用国家社科基金学术外译项目,努力为培养高水平的外译人才队伍创造条件,提供便利,特别是培养优秀中青年人才。当然,类似这次高级研修班的学习交流平台,无疑也是培养和发现优秀学术外译的好途径。

四、认识、建议与期待

一是关于中华文化翻译与传播。中华文化具有鲜明突出的民族特色,"是民族的,越是世界的",但只有通过翻译,才能把"民族的"变成"世界的",否则,再优秀的文化成果,也只能是"关在笼子里的老虎",影响力有限,无法展现"虎威"和旺盛的"生命力",无法发挥巨大的"能量"。正如翻译使中国学人了解了亚里士多德的《诗学》,而不再只是津津乐道刘勰的《文心雕龙》,能够阅读汉译本莎士比亚戏剧,而可以与关汉卿的戏剧创作作比较。奥斯托洛夫斯基《钢铁是怎样炼成的》汉译本,曾经激励了中国无数青年勇往直前,不怕艰难,保尔·柯察金代表着人类的顽强毅力和坚强精神,成为人们崇拜的偶像。中国文化也只有通过外译,广泛传播,才能爆发生命力,发挥影响力。

二是关于精选具有人类文化普遍意义的优秀著作。翻译和传播中国文化,必然要有选择,有重点。要从推进人类健康发展的高度,优先选择那些最具民族特色、最具普遍意义和最有典型意义的优秀成果,选择有利于推动人类进步,有利于促进全世界和平和睦和谐,有利于深刻认识事物发展规律,有利于激发人们创造活力和传达正能量的优秀成果。

马克思、恩格斯著作的汉译传播,改变了中国历史发展进程;而孔子学说的外译,不仅被西方视为"东方的《圣经》",而且让当代众多获得诺贝尔奖的自然科学家认为,21世纪的人类生存,要从孔子那里汲取智慧。《孙子兵法》成为美国西点军校颇受欢迎的读物,而英国赫胥黎的《天演论》与法国卢梭的《民约论》都深刻地影响了中国学人的思想观念。这些人类文化的优秀成果无一不是通过外译向全世界传播。中国文化业必然走这样的路子,必须选择最有人类意义的著述,才能产生最好的最长远的效果。

三是关于科学运用受众国语言概念。中国文化外译难度大,要求高。必须立足实效,充分考虑受众的文化背景和理解能力。世界各民族创造的文化的优秀成果是人类共有的精神财富,只有通过广泛传播和相互借鉴,才能促进人类文明的健康发展。译者必须具备多文化、多语言汇通与转换的超强能力。原著的思想性、理论性与吸引力、感染力,是选择翻译必须考虑的重要元素。而翻译的科学性、准确性和生动性,决定着传播力、影响力和生命力,要精心选择有利于受众理解和接受的概念表达,提高传播的效果。利玛窦来中国传教,根据中国文化发展的实际情况,采用"补儒易佛"的策略,选择中国文化经典《中庸》《诗经》中的"上帝"概念,来代替基督教的"天主",由于符合中国本土传统文化的习惯,而获得文化界包括当朝皇帝的理解与支持。最近,西方汉学家曾批评中国人自己把"君子"译为"绅士",偏靠西访话语,"邯郸学步",丢失了民族特色,实际上"君子"的含义之丰富要远远大于"绅士"。这都是很典型的案例。

最后,衷心希望各位专家学者,一如既往地支持"中华学术外译项目",共同推动中国文化和中外学术的交流与传播。同时,也期待涌现大批世界著名的中国翻译家!

第四编

中国哲学社会科学"走出去"的语言问题

导 言

中国哲学社会科学"走出去"不得不面对的问题是语言问题,第四部分收录的6篇研究文章都与这个主题相关。6篇研究文章中,既有涉及"走出去"语言战略的宏观层面的文章,也有对"走出去"工作中中译外翻译问题的讨论,还有的文章则涉及其他具体的领域,比如,对非英语国家学者的国际发表研究、对在华召开的国际学术会议工作语言的思考等等。"走出去"过程中语言问题是必然要面对的,但这方面的研究还不是很充分,还需要我们继续关注这方面研究的进展。

关于中国哲学社会科学"走出去"的语言战术战略,沈骑等在《国际学术交流领域的语言规划研究:问题与方法》中,从国际学术交流的语言规划角度提出了一个重要的问题,即国际学术交流语言规划研究事关中国学术"走出去"的大局。文章评述了国内外国际学术交流领域语言规划研究的现状,在此基础上探讨了中国国际学术交流领域语言问题和语言规划研究的方法。文章认为,国际学术交流领域的语言规划是中国学术"走出去",融入中外文化交流和合作新局面的一个重要命题,也是语言规划研究学科拓展、研究方法和范式突破的一个新领域,是中国领域语言规划和领域语言学研究的重镇之一。文章认为,系统开展中国国际学术交流领域的语言规划研究,可以结合语言规划与语言政策的相关理论,以语言规划的三个维度(语言本体规划、语言地位规划与语言习得规划)为规划基础,确定国际学术交流领域五个对象层次和十个具体语言问题领域,初步构建出中国国际学术交流领域语言规划研究的分析框架。

张辉的《中华文化典籍的翻译与传播》,许方、许钧的《关于加强中译外研究的几点思考——许钧教授访谈录》和吴志攀的《当代中国法律领域价值理念的国际传播问题浅析》这3篇文章,都涉及中国哲学社会科学"走出去"过程中中国学术中译外的翻译问题。

张辉在《中华文化典籍的翻译与传播》中指出,目前中华文化对外的传播,以及中国文化对世界的影响力与中国文化本身的内涵和蕴力相比,存在着巨大的反差。中国文化典籍的对外翻译工作要从国家语言能力和文化软实力建设的高度出发,推进中国文化的对外翻译事业;重视和加强中译外人才队伍建设以及国内外交流与合作,有效解决中国对外翻译事业所面临的人才短缺问题。

《关于加强中译外研究的几点思考——许钧教授访谈录》写到了许钧教授对中译外的思考。许钧认为,随着中国文化"走出去"的推进,中译外进入了一个非常重要的时期。发展中译外事业是提升我国软实力,增强国际影响力的战略需要。对外译介首先要形成一种中华文化价值观,这是一个非常重要的。对译介内容的选择要建立在文化自觉之上,并以此来承载我们中华文化的核心,得到国外更深入的了解与接受,他特别提到要强调应该加强中国特色社会主义思想的外译研究。许钧还提出了一些中译外研究的重点,比如:从翻译的本质和功能出发考察翻译活动在整个社会历史变革中的地位;进行多元的译者模式研究,探索不同模式开展翻译实践的有效性;进行译本形态研究,思考不同形态对翻译成品接受效度的影响;开展翻译作品的传播机制研究等。

吴志攀在《当代中国法律领域价值理念的国际传播问题浅析》中认为,加强和改进我国法律领域价值理念的国际传播工作,应重点关注媒体报道、法律翻译和法学研究三个方面,大力加强中国法治的国际形象建设,提炼和宣传中国法治观念,着力改变目前境外主流媒体对我国法治进行负面报道的不利局面,继续加大投入,促进我国法律文本和法学著作的翻译,以合作共建等形式在国外知名大学设立中国法律的研究机构。

最后两篇文章涉及具体领域的语言问题。其中徐昉的《非英语国家学者国际发表问题研究述评》一文梳理了学术写作研究领域三本国际核心期刊 1995 年后刊登的国际发表相关论文,发现非英语国家 EAL(English as an Additional Language,英语作为其他语言)学者既面临国际发表的英语写作和科研方法问题,也面临国际发表过程中的复杂性问题。文章进而基于相关研究探讨了这些问题及其应对方法,论述了中国学者国际发表研究状况及其启示,展望了国际发表研究的发展空间。

李希等的《在华召开的国际学术会议的工作语言问题》一文,研究了 2010 至 2012 年间在华召开的国际学术会议的工作语言使用情况。他们的研究收集到符合国际会议标准的会议 36 次,其中人文社会科学领域的会议 8 次,自然科学领域的会议 28 次。调查结果显示,英语是全部会议的工作语言,汉语使用率较低,但已发展到 50%,"英汉双语"的格局正在形成。会议翻译存在问题较大,同声传译采用率最高只有 20%,远不能满足会议需求。文章提出,会议工作语言作为保证会议质量、扩大会议影响的重要条件,应当给予高度重视,要采取有效措施,甚至应考虑制定必要的法规制度。

国际学术交流领域的
语言规划研究:问题与方法

沈骑 夏天

一、引言

进入新世纪以来,在全球化浪潮下,科学研究的国际交流和传播中的语言问题和语言规划研究已经成为国际社会语言学研究的新热点。在各类国际学术交流领域,语言问题不容忽视,语言作为科学研究和学术交流的载体和工具,在学术交流过程中发挥着举足轻重的作用。在这方面,国外已经形成较为成熟的语言规划研究方向,研究深度和广度不断扩展。相比之下,我国国际学术交流领域语言规划研究尚未系统开展,现有研究存在焦点单一、问题意识不突出、语言规划研究严重缺位的局限,对我国国际学术交流领域的语言状况、语言使用、语言[①]态度、语言能力、语言地位乃至学术语言话语权等问题缺乏深入调查和研究,从而导致这一领域的语言问题日益突出。

---

① 本研究得到国家社科基金青年项目"非传统安全领域语言安全问题与语言规划研究"(12CYYO16)、上海市教育科学研究市级项目"语言安全视域下的外语教育战略比较研究"(B12017)和2013年国家语委科研基地重大项目"国家外语能力调查与公民外语能力提升策略研究"(ZDJ125-2)的资助。《外语教学与研究》编辑部及匿名审稿专家提出了宝贵修改意见,在此谨表谢忱!

近十年来,在学界相关争论不绝于耳(参见阎光才 2004[①];党生翠 2005[②];王宁 2006[③];朱剑 2009[④];赵宴群 2010[⑤];陈理斌、武夷山 2011[⑥];陈明瑶 2011[⑦];桑海 2013[⑧]),这些争论,从宏观到微观,从语言战略到语言规范,都涉及国际学术交流领域的各种语言问题,在很大程度上反映出这一领域现实语言问题的多样性和紧迫性,以及开展相应的语言规划研究的必要性。国际学术交流语言规划研究是新时期国家外语规划的一项重要新任务,事关中国学术"走出去"的大局,而学术"走出去"是文化"走出去"的核心和关键。李宇明(2011)[⑨]在论述国家语言能力规划问题时,专门提及国家外语研究能力和国家学术语种的规划问题。他还指出中国领域语言生活的学术研究亟待开展,领域语言规划在国家语言生活管理中占有重要地位(李宇明 2013[⑩])。为此,本文拟简要评述国际学术交流领域的语言规划研究,探讨中国国际学术交流领域的语言问题和语言规划研究的方法,希冀以此推动中国国际学术交流领域语言规划研究的深入开展。

二、国际学术交流领域语言规划研究概述

国际学术交流领域的语言规划是一个涉及多学科(至少涉及语言学、国际关系、新闻传播学、教育学和社会学等学科)、以问题为导

[①] 阎光才:《话语霸权、强势语言和大学国际化》,《华东师范大学学报(教育科学版)》2004 年第 1 期。
[②] 党生翠:《美国标准能成为中国人文社科成果的最高评价标准吗?——以 SSCI 为》,《社会科学论坛》2005 年第 4 期。
[③] 王宁:《对人文社会科学现行学术评价系统的确认和辩护》,《学术研究》2006 年第 3 期。
[④] 朱剑:《学术评价、学术期刊和学术国际化——对人文社会科学国际化热潮的冷思考》,《清华大学学报(哲学社会科学版)》2009 年第 5 期。
[⑤] 赵宴群:《对我国人文社会科学工作者在 SSCI、A&HCI 期刊发表论文的分析和思考》,《复旦教育论坛》2010 年第 1 期。
[⑥] 陈理斌、武夷山:《世界学术期刊出版语言选择现状与趋势》,《科技管理研究》2011 年第 1 期。
[⑦] 陈明瑶:《人文社会科学研究的英语著述出版现状和趋势考察》,《中国出版》2011 年第 17 期。
[⑧] 桑海:《中国学术国际化的三重境界》,《人民日报》2013 年 6 月 6 日。
[⑨] 李宇明:《提升国家语言能力的若干思考》,《南开语言学刊》2011 年第 1 期。
[⑩] 李宇明:《领域语言规划试论》,《华中师范大学学报(人文社会科学版)》2013 年第 3 期。

向的现实议题,也是语言竞争和传播的新领域之一(赵守辉、张东波 2012①)。国外较早从语言规划角度探讨国际学术交流语言问题的学者是 Baldauf 和 Jernudd,他们对这一领域的关注始于其对北欧斯堪的纳维亚地区心理学学术刊物语言使用的个案调查(Baldauf&Jernudd 1983②,1987③)。此后,相关研究不断深入发展,特别是近十五年来,成果逐渐丰富起来。最为显著的例子就是国际应用语言学学会(AILA)对这一领域的关注。该会会刊 *AILA Review* 2007 年在第 20 期以专刊形式发表主题为"当前国际学术交流领域的语言不平等现象"的 8 篇论文,集中探讨了全球范围学术交流中的语言问题和语言政策走向等热点问题。此外,语言政策研究国际期刊 *Current Issues in Language Planning* 和 *Language Policy* 也分别于 2006 年第 1 期和 2013 年第 3 期推出专栏,均从语言规划和语言政策角度探讨非英语国家学者在国际学术交流与论文发表中的语言问题。从总体来看,国外研究视角多样,已基本形成从研究者个人和学术群体到高校和科研机构等多层次理论和实践研究体系。就语言规划的类型而言,德国语言学家 Kloss(1969)④的两分法,即语言本体规划(language corpus planning)和语言地位规划(language status planning),以及 Coper(1989)⑤提出的语言习得规划(language acquisition planning)作为两分法的补充类型都是被广泛采纳的分类。国际学术交流领域的语言规划研究也主要表现为上述三个类型,下面对此做简要介绍。

(一)国际学术交流语言的地位规划研究

语言地位规划是指社会通过法律或相关规定对语言角色和功能

---

① 赵守辉、张东波:《语言规划的国际化趋势:一个语言传播与竞争的新领域》,《外国语》2012 年第 4 期。

② R. Baldauf, B. Jernudd, "Language of publications as a variable in scientific communication", *Australian Review of Applied Linguistics*, 1983, 6:97—108.

③ R. Baldauf, B. Jernudd, Academic communication in a foreign language: The example of Scandinavian psychology, *Australian Review of Applied Linguistics*, 1987, 10:98—117.

④ H. Kloss, "Research Possibilities on Group Bilingualism: A Report", Quebec: International Center for Research on Bilingualism, 1969.

⑤ R. Cooper, *Language Planning and Social Change*, Cambridge: CUP, 1989.

做出规定的活动①,例如对什么样的语言赋予什么地位,什么语言是官方语言,什么是非官方语言却是通用语言,以及在什么场合下可以使用什么语言等规划活动。语言地位规划的实质是对语言的用途或功能的分配,对语言使用的场合(如学术语种)做出规定。Baldauf & Jernudd 调查了 1979—1983 年期间北欧出版发行的 6 种心理学刊物的语言使用和语言问题,研究发现,为了满足国际交流和传播的需要,特别是为了扩大国际关注度,这些刊物都面临逐步放弃本土语言转向英语发表论文的艰难抉择。进入 21 世纪后,面对全球化背景下英语成为国际学术交流"至尊语言"这一现实,法国学者 Calvet(2006)②反思在英语霸权之下,法语学术语言地位式微给法国文化和语言安全带来的威胁;德国学者 Ammon(2001③,2007④)一直致力于从学术交流史流变中观察学术语言地位的变迁问题,他通过对乌利希国际期刊数据库(Ulrich's Periodical Directory)调查发现,虽然英语作为国际学术语言大行其道,但德语作为重要学术语种在医学、部分工程学科领域的国际影响力依旧;此外,西班牙学者 Hamel(2006)⑤、丹麦学者 Phillipson(2010)⑥以及意大利学者 Calaresu(2011)⑦等分别探讨和分析了西班牙、丹麦以及意大利等国学者在国际学术交流语言地位和使用上的不平等问题。概言之,西方非英语国家学者出于语言安全、学术安全乃至文化安全等考虑,对国际学术交流的语言地位、语言霸权现象以及语言选择、语言态度与语言信仰等问题都进行了较为深入和具体的探索。值得我们深思的是,作

---

① J. Lo Bianco, "language policy and planning", In N. Hornberger&S. McKay, 2010.
② L. Calvet, *Towards an Ecology of World Languages*, Cambridge: Polity Press, 2006.
③ U. Ammon, *The Dominance of English as a Language oe Science*, Berlin: Mouton de Gruyter, 2001.
④ U. Ammon, "Global scientific communication: Open questions and policy suggestions", *AILA Review*, 2007, 20:123—133.
⑤ R. Hamel, "Spanish in science and higher education: Perspectives for a plurilingual language policy in the Spanish-speaking world", *Current Issues in Language Planning*, 2006, 7:95—125.
⑥ R. Phillipson, *Linguistic Imperialism Continued*, London: Routledge, 2010.
⑦ E. Calaresu, "The declining ststus of Italian as a language of scientific communication and the issue of diglissia in scientific communities", *International Journal of the Sociology of Language*, 2011, 210:93—108.

为一个文化和学术大国,在面对英语作为国际学术语言,以及由此形成的西方国际学术话语体系的现实困境下,我国学者,特别是语言学家,还鲜有关注汉语在国际学术交流领域的地位问题,仅有个别国际关系研究者对此问题有所警觉和思考(参见苏长和2010[①],2011[②];桑海2013[③])。

(二)国际学术交流语言的本体规划研究

语言本体规划指的是对语言本身的改造,如词典的编纂、语法的说明、借词的规定、术语的修订以及书写系统的完善和规范等。在全球化时代,国际学术交流日益频繁,国际学术交流语言本体规划活动的重点是国际学术交流术语统一和规范、语体风格一致、语言表达选择(choice in language)和写作规范的比较和标准界定等具体问题,如 Ferguson et al. (2011)[④]比较了英国学者和西班牙学者在学术术语和语言表达上差异,同时也揭示了国际期刊制定的语言规范和要求对于非英语国家学者的不利因素;再如,新加坡学者赵守辉、张东波(2012)[⑤]认为在学术交流中,互联网的普及加速了英语的国际化,语言规划者都要面对专业术语是直接采用英语还是翻译或另造新词/字的艰难抉择。在国际学术交流过程中,学者使用语言的调适和规范也是一个重要问题,Lillis & Curry(2010)[⑥]历时八年,运用民族志研究方法记叙了 50 位非英语国家学者(来自斯洛伐克、匈牙利、西班牙和葡萄牙四国)为达到国际学术期刊的语言要求,在论文写作、投稿、编读往来以及论文评审后修改论文过程中的语言斟酌和文字润色的艰辛经历。

国内学者对国际学术交流语言本体规划的活动,主要是在双语

---

① 苏长和:《假如世界只有英文》,《东方早报》2010 年 10 月 20 日。
② 苏长和:《国际学术话语体系的中国转向如何可能》,《文汇报》2011 年 8 月 22 日。
③ 桑海:《中国学术国际化的三重境界》,《人民日报》2013 年 6 月 6 日。
④ G. Ferguson, C. Perez-Llantada, R. Plo., "English as an international language of scientific publication: A study of attitudes", *World Englishes*, 2011, 30:41—59.
⑤ 赵守辉、张东波:《语言规划的国际化趋势:一个语言传播与竞争的新领域》,《外国语》2012 年第 4 期。
⑥ T. Lillis, M. Curry, *Academic Writing in a Global Context: The Politics and Practice of Publishing in English*, London: Routledge, 2010.

辞书编纂和修订方面,除此之外的研究重心有两个方面:一方面,从国际交流角度探讨学术术语标准化和规范化问题,如吴玉章(2003)[①]、李照国(2008)[②]和屈文生(2012)[③];另一方面,关注国际学术交流英语论文写作和演讲语篇层面,如胡瑾、曾蕾(2007)[④]和黄萍、赵冰(2010)[⑤]。国内外研究均表明,对于非英语国家,特别是第三世界国家的学者而言,提升学术交流的语言能力(当前主要是英语),学习和掌握国际学术语言使用规范,似乎已是提升学术国际化水平的现实选择。

(三) 国际学术交流语言的习得规划研究

语言习得规划,也称为语言教育政策研究,主要研究教育(中)语言规划问题。它与地位规划和本体规划密切联系,Cooper(1989:35)[⑥]认为语言教育是语言规划活动中一个不可忽视的目标和焦点,他提出这一新领域是因为在语言交流和使用过程中,必然产生语言学习和传播等具体活动。需要指出的是,学术交流英语(English for academic communication)一直是英美国家应用语言学第二语言英语教学(ESL)传统研究领域,但是相关研究往往关注微观语言技能教学,而语言习得规划研究则更为广泛地关注国际学术交流语言政策(包括显性和隐性语言政策)、促进和提高国际学术交流能力的语言课程和教学政策(包括教材编写、教法探究和教师配备等),以及国际学术交流语言的写作指导和服务机制等问题。

首先,在政策层面,丹麦学者Phillipson(2010)[⑦]解读了联合国教科文组织(UNESCO)关于高等教育学术语言多样化的政策,但他经过调查发现欧洲高校(荷兰、瑞典、芬兰等国)实际上奉行的却是"惟

---

① 吴玉章:《规范学术术语的必要性、原则和方法》,《中国社会科学院院报》2003年6月12日。
② 李照国:《中医基本名词术语:英译国际标准化研究》,上海:上海科学技术出版社,2008。
③ 屈文生:《中国法律术语对外翻译的问题与成因反思》,《中国翻译》2012年第6期。
④ 胡瑾、曾蕾:《国际学术交流英语演讲稿语篇模式分析》,《外语教学》2007年第3期。
⑤ 黄萍、赵冰:《中国大陆及香港地区学者国际期刊英语论文发表之对比研究》,《外语与外语教学》2010年第5期。
⑥ R. Cooper, *Language Planning and Social Change*, Cambridge: CUP, 1989.
⑦ R. Phillipson, *Linguistic Imperialism Continued*, London: Routledge, 2010.

英语"的隐性学术语言政策;意大利学者Gazzola(2012)①指出在国际科研文献计量指标体系(ISI)下,该国以及欧盟其他国家不少研究型高校推行的语言政策助推了英语作为学术交流语言的影响和作用。

其次,在学术团体和个人语言规划维度上,一方面,国际学术会议语言的使用也是语言习得规划的重点问题,因为国际会议是学术团体组织和进行国际学术活动的重要交流渠道,有学者(Ricento & Hornberger 1996②)关注到非英语国家语言教师学术会议的语言使用问题,例如日本语言教师协会(JALT)就实行英语作为唯一会议语言的隐性语言政策,尽管该协会95%的会员都是日本学者。另一方面,在学术期刊发表论文的语言选择也是学术团体和个人必须正视的语言规划问题。还是日本的例子,东京大学外籍教授Coulmas(2007)③对该校主办的67种学术刊物从1980—2005年发表论文的语种进行了文献计量统计,发现自然科学领域学者注重英语发表高水平论文,而人文社科学科教师倾向于使用母语撰写并发表研究成果,尽管用英语发表论文的数量在不断上升,但日本大学对于教师论著发表的语言政策并无强制规定。

最后,在语言教学与写作服务方面,Lillis和Curry一直致力于从语言社会学视角考察多语背景学者(multilingual scholar)在国际学术交过程中发表英文的语言策略与语言服务研究,研究表明:学术英语能力成为非英语国家学者从事国际交流中极为重要的学术能力之一,为此,学术语言经理人或是中介服务成一种新兴的业态,备受追捧(Lillis & Curry 2010④)。此外,在教学政策研究层面,还有学者分别从学术写作实践中的地缘政治差异(Canagarajah 2002⑤)、学术

---

① M. Gazzola, "The linguistic implications of academic performance indicators: General trends and case study", *International Journal of the Sociology of Language*, 2012, 216:131—156.
② T. Ricento, N. Hornberger, "Unpeeling the onion: Language planning and policy and the ELT professional", *TESOL Quarterly*, 1996, 30:401—427.
③ F. Coulmas, *Language Regimes in Transformation*, Berlin: Mouton de Gruyter, 2007.
④ T. Lillis, M. Curry, *Academic Writing in a Global Context: The Politics and Practice of Publishing in English*, London: Routledge, 2010.
⑤ S. Canagarajah, *A Geopolitics of Academia Writing*, Pittsburgh: University of Pittsburgh Press, 2002.

写作和发表中的权力和意识形态问题(Pennycook 2001[①];Bensch 2001[②];Casanave&Vandrick 2003[③])以及为非英语国家人士提供论文语言服务规划和训练问题(Burrough-Boennisch 2008[④])等方面入手研究。在研究方法上,上述国外研究多以质性民族志研究和深度访谈法收集数据并分析为主,辅以问卷调查等定量研究。

在语言教育规划层面,国内研究一方面探讨国际学术交流英语课程设置和教材编写问题,如从丛、李咏燕(2003)[⑤]、蔡基刚(2012)[⑥]等都从"学术交流英语"课程和教学等方面提出改进策略与方法,初步界定了"学术交流英语"与现有普通英语课程与教学在课程、教材、教学方法以及师资培养上的差异,提出高校外语教育模式应当向"学术英语"转变。另一方面,也有不少学者从学术话语权和文化安全角度对教育领域中的国际学术交流语言问题进行反思和批评,如谢天振(2005)[⑦]和阎光才(2004)[⑧]等。

综上,国际学术交流语言在教育领域的问题与语言地位规划和本体规划都有着千丝万缕的联系,形成三位一体的具体问题领域。相对而言,国外研究较为成熟和全面,基本勾勒出这一研究领域的状况,不足之处在于缺乏国家层面的研究,未能从国家宏观语言规划视角看待国际学术交流语言的问题,当然,这可能与国外大学体制和科研制度有一定关系。从国内研究现状看,相关研究存在着微观语言教育研究与宏观话语研究相脱节的问题,缺乏系统分析框架和途径,亟待从多维度、多层面探索中国国际学术交流领域的语言规划研究

[①] A. Pennycook, *Critical Applied Linguistics: A Critical Introduction*, Mahwah: Lawrence Erlbaum, 2001.
[②] S. Benesch, *Critical English for Academic Purposes*, Mahwah: Lawrence Erlbaum, 2001.
[③] C. Casanave, S. Vandrick, et al. *Writing for Scholarly Publication: Behind the Scenes in Language Education*, Mahwah: Lawrence Erlbaum, 2003.
[④] J. Burrough-Boenisch, "Negotiable acceptability: Reflections on the interactions between languageprofessionals in Europe and NNS scientists wishing to publish in English", *Current Issues in Language Planning*, 2008.7:31-43.
[⑤] 从丛、李咏燕:《学术交流英语教程》,南京:南京大学出版社,2003年。
[⑥] 蔡基刚:《学术英语课程需求分析和教学方法研究》,《外语教学理论与实践》2012年第2期。
[⑦] 谢天振:《外国语言文学学位论文:用什么语言写作?》,《中国外语》2005年第5期。
[⑧] 阎光才:《话语霸权、强势语言和大学国际化》,《华东师范大学学报(教育科学版)》2004年第1期。

的问题与方法。

三、中国国际学术交流领域语言规划研究框架建构

李宇明(2008)[①]认为,但凡开展一个崭新的领域语言规划研究,一要明确和掌握这一领域语言生活和语言使用基本状况,二要确定该领域存在的语言问题及需要制定的语言政策,三是研究提升该领域语言能力和素质的措施和标准等问题。因此,笔者认为,系统开展中国国际学术交流领域的语言规划研究,可以结合语言规划与语言政策的相关理论,以语言规划的三个维度(语言本体规划、语言地位规划与语言习得规划)为规划基础,确定国际学术交流领域五个对象层次和十个具体语言问题领域,初步构建出中国国际学术交流领域语言规划研究的分析框架。研究简图如下:

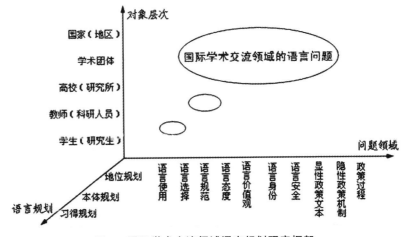

图1 国际学术交流领域语言规划研究框架

(一)中国国际学术交流领域的对象层次

传统的语言规划观都将国家和政府作为规划主体,现代语言规划观认为语言规划和语言政策从制定、实施、评价和调整全过程来看,是多层面的、有多方参与的规划活动,尤其是具体微观语言规划

---

① 李宇明:《提倡开展领域语言研究》,《江汉大学学报(人文科学版)》2008年第6期。

领域更是如此,犹如洋葱切面(Ricento & Hornberger 1996①),需抽丝剥茧式地分层审视。从国际学术交流领域看,语言规划从宏观到微观,从学术共同体到个人,至少涉及以下五个不同的对象层次:

1. 国家层面。涉及不同国家、不同区域和地区,旨在推进国际学术交流,扩大国际学术话语权的语言政策与战略。改革开放三十多年以来,中国学术在借鉴中创新,当前正面临从单向输入为主,向国际双向互动转变的新局面,亟须研究相关的语言战略问题,需要研究外语学科对于中国学术国际化和中国文化"走出去"的重要价值和作用(束定芳2013②;王宁2013③)。

2. 学术团体层面。包括国内外学术期刊、专业协会、学术组织、学术出版社以及学术中介公司等实体机构,这些团体的语言政策直接影响到国际学术交流的语言选择和语言规范等具体问题。当前我国学术期刊群体正在研究国际化战略,这里的语言问题将直接决定其国际化的程度和效果。

3. 高校科研机构层面。包括各种类型的高校(如综合类、外语类、师范类、理工类、文史类)和各类科研院所。需要注意的是,不同层次的高校和不同的学科领域可能会在国际学术交流中执行不同的语言政策。

4. 教师(研究者)层面。每一个致力于国际学术交流的教师以及科研工作者都是相关语言政策的真正执行者和贯彻者,不同学科和专业教师的语言信仰和语言态度推动着学术共同体语言实践。需要指出的是,外语教师在这一层面的角色尤为关键,因为他们还是语言政策制定的催化剂(Ricento & Hornberger 1996④)。外语教师的教学和研究都会对语言政策实施和调适产生重要作用。

5. 学生层面。包括博士研究生和硕士研究生,也包括部分创新能力超群的本科生,也是语言规划的主要对象和执行者。广大学生

---

① T. Ricento, N. Hornberger, "Unpeeling the onion: Language planning and policy and the ELT professional", *TESOL Quarterly*, 1996, 30:401−427.
② 束定芳:《关于我国外语教育规划与布局的思考》,《外语教学与研究》2013年第3期。
③ 王宁:《中国文化走出去:外语学科大有作为》,《中国外语》2013年第2期。
④ T. Ricento, N. Hornberger, "Unpeeling the onion: Language planning and policy and the ELT professional", *TESOL Quarterly*, 1996, 30:401−427.

也迫切需要培养并形成学术语言素养和语言应用能力,通晓国际学术交流的语言规范,积极投入到国际交流的语言实践中去,从而成为具有国际视野的各类卓越研究型人才,这也是摆在外语教育工作者面前的语言教育规划新课题。

(二)国际学术交流领域的语言问题领域

以色列语言学家 Spolsky(2004)[①]提出语言规划和语言政策研究的三个主要内容,即语言实践、语言信仰以及语言管理。这三方面的研究内容基本涵盖国际学术交流领域的主要问题领域,每一个领域又可细分为若干个次领域:

1. 语言实践。国际学术交流领域的不同对象层次的具体语言实践活动主要包括语言使用、语言选择、语言规范等三个实际语言行为问题。例如在我国境内召开的各类国际学术会议语言使用状况、我国人文社科学者发表论文的语言选择以及国际学术交流语用规范等问题都是值得调查研究的新问题。

2. 语言信仰。主要包括在该领域中学术群体和个人的语言信仰或是语言意识形态,涉及不同对象的语言态度、语言身份、语言价值观、语言安全等与语言社会心理有关的重要问题。例如学术期刊国际化过程中如何处理语言态度和语言身份适应问题,如何树立和调整正确的语言价值观,如何维护学术语言安全等问题,都需要开展语言信仰的语言社会学调查。

3. 语言管理。不同对象层次都会在国际学术交流领域语言规划过程中,对自我或是群体实施语言管理来规范和治理相关语言行为,这里就有体现显性语言政策的政府文本或是法规、实际语境和相关话语体现出的隐性政策机制、相关语言规划提出和实施的政策驱动因素和动机分析以及语言管理的实际制定过程等四个问题领域。

(三)国际学术交流领域的语言规划

基于上述对象层次和问题领域语言问题的调查和分析,语言规

[①] B. Spolsky, *Language Policy*, Cambridge: CUP, 2004.

划的主要任务就是提出相应的措施和改进建议,探索提升国际学术交流领域语言能力和解决问题的途径、方法和机制。首先,国际学术交流的语言地位规划将对国际学术交流的语种规划、学科语言规划、出版和发表语言规划、学术会议语言规划等提出解决方案。其中国际学术交流的语种规划问题就是一个重要议题,学术语言的国际化是否就意味着"英语化"? 这就要考虑学术语言多语化问题,除了英语,还有哪些关键语言是学术语种规划需关注的? 这些都需引起规划者重视。

其次,国际学术交流的语言本体规划主要应对学术术语规划、学术语言标准化、现代化与信息化规划等问题进行研究。这里就需要研究学术和科技术语的译入和译出规范和标准问题,这一问题必将牵一发而动全身地影响到语言标准化和信息化等语言技术领域。

最后,国际学术交流语言习得规划包括国际学术交流语言课程政策、教学政策、教师培养规划、教材规划、资源规划以及语言服务规划等实际问题探索,这就需要建立一个合理科学的语言教育规划研究体系。2013年初,上海市在全国率先试点开展大学英语课程改革,其核心就是以"学术英语"作为改革的突破点,目前全市已有26所高校投入到这一改革之中。同时,上海还应开展多语种学术研究语言课程规划和设置工作。从2013年上半年我们对上海各高校学术研究语种课程的调查结果看,除英语等通用外语外,仅有拉丁语、梵语和古希腊语等研究语种在个别高校开设课程,这在一定程度上反映出上海高校外语研究能力的匮乏,这一局面亟待改变。当然,任何一项语言规划过程往往都不是一蹴即就、一劳永逸的,需要在充分调研和论证的基础上,根据上述分析框架建立一个动态跟踪机制,形成一个长效管理和研究模式。

四、结语

国际学术交流领域的语言规划是中国学术"走出去",融入中外文化交流和合作新局面的一个重要命题,也是语言规划研究学科拓展、研究方法和范式突破的一个新领域,是中国领域语言规划和领域语言学研究的重镇之一。本文在对这一领域国内外研究现状梳理的基础上,首次提出了一个基于不同对象层次、多问题领域的语言规划分析框架,希望能够弥补国内研究在问题意识和研究方法上的缺陷,推动研究的深入发展。

中华文化典籍的翻译与传播

张 辉

中国是一个历史悠久的文明古国,历史文化博大精深。在五千年的历史长河中,中国文化表现出强大的应变力和再生力,具有稳定的持续性,它不但孕育了中国灿烂的历史,而且也促进了周边国家的发展,对人类文明做出了杰出的贡献。但是,目前中国对外的文化传播,以及中国文化对世界的影响力与中国文化本身的内涵和蕴力相比,存在着巨大的反差。自古以来,中国历史上的译介活动源远流长,但无论是从数量上、质量上,还是从影响力上,译出的作品都难以与译入的作品相比,这已是个不争的事实,造成了中国和国外文学文化交流活动的不平等。因此,越过文化障碍,加强中国优秀文化的对外传播,增进与国际社会的了解和沟通,有利于中国正面形象的树立,有利于中国在国际事务中处于主动地位,有利于为经济建设创造良好的国际环境,有利于推动世界和平与发展。如何越过国际文化间障碍,加强中国文化的对外传播和对外交流,成为时代的一个重大命题。改革开放 30 多年来,中国经济实力、综合国力和国际影响力增强,对外开放力度加大,这种情形给中国文化的对外传播带来了前所未有的机遇。中国文化典籍的对外翻译工作已引起党和政府的高度重视以及学界与翻译界的高度关注。党的十八大提出了提高国家文化软实力,增强中华文化国际影响力的重要任务。随着中国作家莫言首获诺贝尔文学奖,世界对中国文化、中国文学的关注骤然增加,其中翻译作用功不可没。目前,如何进一步开展和深化典籍翻译事业,已是摆在全国有识之士和全球华人面前的一项义不容辞的光荣使命。结合相关领域的既有成绩和经验,笔者提出一些设想和建议,希望引起有关方面和学界、译界的关注。

一、中国文化对外翻译出版历史回顾

在"全国翻译工作座谈会暨中国翻译协会成立30周年纪念大会"的会议上,中国译协联合北京外国语大学发布了《中国文化对外翻译出版发展报告2012》。这是我国首部对中国文化对外翻译出版事业历史轨迹和发展现状具体化的行业报告。该报告以1979年为界,将中国文化对外翻译出版的发展轨迹分为两大历史时期,即1949至1979年的前30年、1980至2009年的后30年。

根据报告显示,在1949—1979年的30年间,中国共用44个外文翻译出版了13个大类的中国文化图书,总品种数量为9356种,其中最多的是马克思列宁主义、毛泽东思想、邓小平理论这一分类,为3045种。其次为中国政治、法律、文献类的外译出版,共有2709种。这两类内容占据了整个中国文化外译图书总品种的62%,体现了前30年间中国对外译介的文化特征。

1980至2009年的30年间,翻译成各个外语语种出版的图书累计共有9763种。其中,数量最高的是历史地理类,达到2426种,其次是中国政治法律类为2079种,再次为中国艺术类为1347种,文化、科学、教育、体育类为1018种(其中包含中国武术类),中国文学类为993种,中国经济类为745种,语言文字类为493种,中医药类315种,哲学宗教类181种,社会科学总论类118种,最少的为马列主义、毛泽东思想类,为48种。从总品种来看,后30年仅比前30年的9356种多出407种,总量上并没有增加多少,但从翻译出版的内容、品种和规模上看,都大大超过了前30年。

报告中还指出,近十年来,特别是随着中国改革开放事业的不断深入发展,在中国文化"走出去"战略实施的带动以及中国图书对外推广计划、"中华学术外译项目"等国家主导的对外重大项目的牵引下,中国的对外翻译出版事业取得了长足的发展,对外译介的内容不断丰富,队伍不断壮大,初步形成了以中国外文局、中央编译局、新华社、中新社、中央电视台对外部、中国日报、人民网、新华网、中国网等一大批国家级对外传播专业机构为主,同时又有上海、广东、云南、广西等一些地方对外传播报刊,连同翻译服务公司、专兼职翻译从业者的庞大阵容,中国文化对外译介出版迎来了一个百花齐放的历史新时期。

二、中华文化典籍翻译中应注意的问题

对外翻译是整个中国翻译事业的重要组成部分,在宣传和推广中国文化、促进中外交流中发挥着不可替代的作用。尤其是近年来,我国有关方面高度重视"中译外"工作,将之视为关乎中国国际形象的大事,并把它提升到国家战略的高度。在中华文化经典"走出去"的过程中,亟须注意以下几个问题。

(一) 重新认识中国文化及其典籍,制定对外推广长期战略

文化的对外传播涉及不同文化体系的个人、组织、国家等社会群体,不同的文化背景会造就不同的行为准则和价值判断,应当既立足于全球化的文化高度,又注重文化的多元性,体现全球意识和民族意识的有机结合。中国文化的对外传播,不能是民族文化的简单语言转换或求同;中国文化的对外传播应做到"和而不同",应有足够的自信心来充分展现中华民族光辉灿烂的历史、勤劳奋发的现状以及建设一个和谐世界的愿望,同时,在传播中要注重弘扬中国的优秀文化和吸收世界优秀文化。对外传播的中国文化应该具有鲜明的个性和民族特色,以展示中国人民具有的勤劳、勇敢、智慧、正义的优点或传统,塑造完美的国家形象。

就典籍翻译的文本范围而言,以前较为传统的认识是孔孟加老庄,最多扩展到先秦诸子,翻译领域则长期局限于唐诗宋词,再加上一些散文名篇。这样的认识显然不够全面。重新认识中国文化典籍,需要突破原来的认识模式。重新认识中国文化及其在世界文化

格局中的地位，以现代学术眼光出发并从文化战略的高度，进行全面的反思和深入的思考。这就要加强国内不同学科之间的联系和沟通，交流思想和观点，互通信息和资料，以便形成一种开阔而博大的学术视野和对外交流的全球化文化战略眼光。具体而言，所谓中国文化典籍，就是以我们常说的儒释道、文史哲为基础，逐步扩大到包括天文地理、工艺制造、书画艺术、文艺理论等领域，也可以包括园林建筑、习俗制度等文献层面。文化典籍的外延（所有重要文献）和下限（不止于明末清初）可以适当调整，以免视野受限而影响决策和交流。

我国相关部门加大了支持中国作家和作品的创作推广力度，陆续推出"中国图书对外推广计划""大中华文库"和"中国文化著作翻译出版工程"等对外出版项目，意义深远，值得长期执行并逐步完善。

"汉语热"在国外已持续多年，到 2010 年底，各地的孔子学院和孔子课堂数目已接近 700 所，但学习汉语人数的增加未必意味着中国文化和文学翻译人才的相应增多。以英国为例，目前真正致力于中国文学翻译的学者只有蓝诗玲（Julia Lovell）等少数几人。在中外交流中，文化赤字以及汉语同其他主要语言之间的"翻译不平衡"现象势必仍将延续。因此，国外对中国文化的"索取"和我国方面的主动"走出"并存的局面也将长期存在。制定中国文化对外推广的长期战略，将有序推动相关工作。

（二）加强典籍翻译的组织性和计划性，集国家与民间力量探索中外合作

众所周知，中国文化典籍的翻译主体，经历了外国人、海外华人和中国译者几个发展阶段。在不同发展阶段中，对外翻译工作表现出一定程度上的重心转移和新翻译模式的不同选择。这无疑是可喜的。但值得注意的是，我们的对外翻译工作仍显得缺乏系统和目标，使得这个本来是要大力推进、稳妥进行的文化项目显得缺乏主脑和操作的有序性。为了有效地进行规划和实施，作为典籍翻译的推动力和检验者，就不能不重视它的组织工作。我们可以在国家层面上继续组织大型的翻译和研究项目，如在"大中华文库"的基础上，进一

步发挥国家职能部门、出版编辑部门和翻译研究部门三方面的积极作用,加强统一协调,取得更大的成就。

在这里,作者想特别强调对外翻译中多方合作的重要性。在中国译协原常务副会长林戊荪的倡导和推动下,香港学者和内地译界以及国际出版社密切合作完成《中国翻译话语精粹》,其翻译出版和推广的经验值得借鉴。中国外文局和中国翻译协会及其地方各分委员会一直起着很好的推动和宣传作用。继续发挥其作用,积极开展翻译的组织活动和研究工作,无疑是十分重要的。此外,也可以发挥其他学术研究团体和社会团体的组织和号召作用,如全国一级学会"中国英汉语比较研究会"增设了"汉语典籍英译研究学科委员会",会长潘文国积极参与指导典籍翻译会议。迄今,全国性的典籍英译学术研讨会议已经召开多届。当然,专家学者和翻译家个人的作用也不容低估,特别是少数翻译精英的积极带头作用,如许渊冲、汪榕培、王宝童、卓振英等已取得不少翻译实践和研究成果,应继续发挥他们的领军作用。

对外译介作品的受众在国外,中外合作的重要性尤为凸显。这种合作可以是多方面的。首先,在条件具备时,争取使更多的译作进入欧美主流出版社,如20世纪30年代,初大告的英译本《中华隽词》和蔡廷干的《唐诗英韵》均由英美重要出版社推出,并且请国外知名学者作序,译作出版后不久即获得较好的反响。其次,建议设立专项基金,资助承担对外翻译项目的学者赴西方汉学机构进修,谋求与国外学者的合作,历史上一些经典外译作品,如辜鸿铭翻译的《论语》和《中庸》、熊式一英译的《王宝钏》以及初大告等人的主要译作,均是在译者旅英期间完成的。再次,进一步吸引国外学者参与中国作品的译介,除部分项目对国外招标外,积极尝试国内作家、学者与国外译者的合作,在寻求合作时不能局限于欧美国家,应充分考虑其他国家和地区学者对中国文化的兴趣,如印度籍作家、诗人维克拉姆·塞斯,他所翻译的李白、杜甫和王维三位中国古典诗人的作品在1992年出版后曾引起广泛关注。最后,国外译者在选择原作时或有一定的盲目性,应主动向其推荐更能代表中国文化成就的作品。

（三）加强典籍翻译的学科建设和翻译人才培养，提高翻译质量

典籍的翻译工作内容包括两个大的方面：一是经典确定和翻译选择、翻译过程与出版工作；二是翻译批评和理论研究工作。此前，人们比较注重典籍翻译本身，而在翻译批评和研究方面重视不够。在一次全国典籍翻译会议的总结报告中曾提出翻译工作的继续打造翻译精品、重视批评建设、提倡理论研究三大任务。从第六次典籍英译学术研讨会以来，我们已开始重视翻译批评和理论建设问题，但是，相关工作还是刚刚起步，许多事情还没有开展，专业人员的缺乏是一大瓶颈，研究水平的提高也十分紧迫。

高水平对外翻译人才的匮乏是制约中国文化经典"走出去"的瓶颈之一。在这种局面下，除了注重人才培养外，更需动员全社会的力量，整合各涉外部门、高校和研究机构的人才，建立对外翻译人才储备库。国内已有不少高校拥有翻译本科专业、翻译硕士专业学位（MTI 教育）项目以及翻译学的博士研究方向。南开大学、苏州大学、大连理工大学、汕头大学、河北师范大学等成立了翻译研究中心或中国文化典籍翻译研究所，不少学校在现有教育体制和课程系统内谋求发展，有重点、有步骤地进行典籍翻译和研究工作，取得了可喜的成就，并且培养出了一大批专门研究典籍翻译的博士和硕士。这些成绩虽然显著，但距离实际需求仍有很大的距离，无论在数量上和质量上都是远远不够的。我们希望这些工作都能进一步有效地开展起来，为典籍翻译和中国文化的对外传播奠定人才基础。

三、结语

中华民族是一个伟大的民族，文化典籍的对外译介是一项伟大的系统工程，需要精心的规划与实施，需要多方面力量的参与。作为一项跨文化活动，中国文化典籍的翻译传播归根结底与经济发展、社会稳定、文化发达有着十分重要的联系。我们希望，党和政府给予更大力度的支持和指导，包括翻译界、学术界和出版界在内的社会各界进行更多的沟通与合作，共同出好翻译精品，把中国文化推广到世界，推进入类文明与和平事业的发展。

关于加强中译外研究的几点思考
——许钧教授访谈录

许　方　许　钧

随着中国文化"走出去"成为当前中国文化建设的重要方针之一,"如何加强中译外研究"这一议题在翻译研究领域得到了前所未有的关注与重视。那么,为何要加强中译外研究?如何加强中译外研究?中译外研究具有哪些研究议题与热点?笔者带着这些疑问请教了中国翻译协会常务副会长、南京大学许钧教授。

许方:长期以来,我国的翻译活动都以外译中为主,多关注外国作品的译入,而对本国作品的译出缺乏重视和研究。随着国家文化事业的发展,翻译活动开展得越来越广泛,中译外及其研究也一改原先备受翻译界冷落的状况。我注意到近年来您尤为关注中译外研究这一问题。能否先请您谈一谈,为什么您对中译外研究予以特别的重视呢?

许钧:以往,在翻译研究的整体视野中,我们主要把目光投向外译中。众多的翻译研究成果,如罗新璋编选的《翻译论集》,基本上探讨的都是外译中的问题。外译中当然非常重要。而如果从翻译史的角度来反观中国外译历史,不难发现其中也出现过一些比较重要的中译外发展时期。比如17世纪之后,进入中国的西方传教士,将中国的部分文化,包括一些经典著作译成外语,传播到西方,在当时直接推动了西方汉学的发展;20世纪二三十年代,一批早期的留学生对中国文化进行推介,他们通过自译(autotraduction)的形式,自己撰写英文把中国的思想传播到国外,也有一些留学生积极译介中国文学一些具有代表性的作品;新中国成立之后一个时期,包括改革开放初期,西方对中国认识不足,也欠缺了解的兴趣,为改变这一状况,我国主动宣传自己,努力向外译介自己的文学与文化。翻译活动是文化交流的先锋,大规模的翻译活动总是出现在历史的重大节点,目前我国正处于这样一个把中华文化推向世界的重要发展时期。无论从翻译的历史还是研究的历史着眼,我们看到在中国的土地上,中译外又迎来了一个重要时期,我们对中译外的重视程度越来越高,"熊猫丛书""大中华文库""国家社科基金中华学术外译项目""经典中国国际出版工程"等重大的外译出版工程就是明证。可以说,加强中译外研究是时代赋予我们的重任。我身处这样一个时期,深感中译外研究的必要性与责任感,我认为有必要同大家分享我对中译外研究的一些想法。

许方:中国翻译协会自成立以来一直致力于中译外工作的推动与研究。2012年在其成立30周年之际,中国翻译协会发布了《中国文化对外翻译出版发展报告》,系统总结了新中国成立60年来对外翻译出版的历史轨迹和发展现状,并给出对外翻译出版的启示与建议,虽然是薄薄的一册,但内容相当有分量。我特别注意到引言里有这样一句话:"把自己的母语——汉语大量翻译成外语,这是世界翻译史上的伟大实践。"这句话非常激励人心,鼓舞我们为中译外事业的发展做出努力。这种阶段性的总结也为下一阶段翻译事业的发展指引了方向。我们感受得到中国翻译协会对于中译外事业的重视与期许。您刚才也说目前是中译外的一个重要时期,我们对中译外的重视程度越来越高,那么为何以往大家更多地关注外译中的问题,而如今对中译外已然达到了这样一种重视程度呢?

许钧:人类社会不断交流其创造的文明成果,互通有无,彼此促进,必须借助翻译。应该说,没有这项旨在沟通人类心灵的跨文化交际活动,人类社会便不可能有今天的发展。从悠久的中国翻译史来看,中国社会的每一次发展与变革,都与翻译活动启、自、相关。按照当下的说法,一个国家内部的发展与国际地位的奠定很大程度上要依赖文化软实力,而文化软实力无论输入与输出,首先是一个翻译问题。中译外作为国家文化传播与交流的重要途径,自然是提升我国软实力的关键因素之一。以往我们一般关注的翻译行为以单向的居多,而现在要有一种双向的目光,像法国汉学家艾田蒲提出的"光自东方来",他强调了一种双向的视野,一个国家旺盛的文化生命需要对外的吸收以及内部的输出两个方面,这是一种双向的交流。我们以前的翻译研究,较多地关注外译中,在某种程度上忽视了中译外的研究。你刚才提到《中国文化对外翻译出版发展报告》,这项工作做得很好,我同意报告的判断,中国人自己承担的大量的中译外活动确实是一种"伟大实践"。无论从历史的角度,还是现实的角度,尤其是出于新时期中国文化"走出去"的战略需要,中译外问题都应该得到翻译学界的重视。

许方:回顾我们的历史,无论于国外还是国内,凡是一个民族要复兴的时候,翻译一定是它的先声,是它的排头兵。您认为发展中译外事业是提升我国软实力,增强国际影响力的战略需要,那么在目前我们的经济发展、外交军事的力量不断强大,在世界上越来越具有影响力的时候,我们的翻译应该怎样来对他国、对世界产生影响呢?

许钧:在我看来,翻译对外的深层次影响体现在价值观上,价值观的影响从某种角度来说就是一种文化的影响。因此,我觉得我们的对外译介首先要形成一种中华文化价值观,这是一个非常重要的问题。文化价值观凝练了中华民族文化的核心,面对中华民族五千年的历史,我们应该把最本质、最优秀、历史最精华的部分译介出去。从翻译实践角度看,我们国家的做法应该是全世界独一无二的,有些国家确实在推广自身文化,但是没有一个国家像中国一样通过自己的对外翻译来做这样一项工作。在英国、法国、美国等国,很少有人将他们的著作翻译成中文向我们推广,唯独中国不光大量进行外译中的工作,而且把中文翻成英文、法文、俄文、德文、日文等多个语种进行推广。这个问题在理论上存有争议。我们加强研究,有两个层次的问题:首先是有没有必要这么做,其次是具体的效果如何。我个人认为,出于历史、政治、意识形态等多方面的考量,在目前看来,这仍然是一项"不得不"做的工作,也就是说目前我们不得不去做中译外的工作。在汉语在全球的影响尚不广泛,全世界学习汉语的人数,包括学习的深度还不够,对中国的认识常常仍停留在较肤浅层面的情况之下,要想他们对中国思想、中国文化、中国文学等进行深入和全面的译介是不现实的,所以从这个意义上,中译外工作是目前的一种战略需求。但是在短时间内,即便部分优秀的作品被译介出去,仍难以形成一条主脉,缺少了由各种思想的交锋而形成的一种主流文化体系,难以形成中国文化价值观的合力,就会在国外体现得相对凌乱,甚或矛盾,反而不利于增强中国文化的对外影响力。所以,我们在对外译介中国文化的时候要有一种文化自觉,把握好中国文化里最核心的内容,以国外易于接受的方式一步步推介出去,需要我们对从文本选择到翻译推广等各个环节的选择性来体现。在这方面,我们有不少问题需要反思。谢天振教授提过不少有益的建议,我们应该重视。

许方:的确,对译介内容的选择要建立在文化自觉之上,并以此来承载我们中华文化的核心,得到国外更深入的了解与接受,这也是中国文化"走出去"战略的主旨。可以说对于中译外我们已经跨出了一大步,可以看到目前国内对外翻译活动非常丰富。比如中国典籍的翻译,"大中华文库"从《论语》开始选出了我国先秦至近代文化、历史、哲学、经济、军事、科技等领域最具代表性的经典著作进行外译,除了这种思想典籍之外,包括其他专著,如农学《齐民要术》、药学《本草纲目》都已经开始了译介。中国文学的译介目前也非常红火,近年来,不光国外对中国文学越来越感兴趣,翻译的中国文学作品越来越多,而且国内还通过图书支持的项目往外译介,如"中国图书对外推广计划",很多中国当代优秀作家作品的译介都得益于此。还有中国当代的哲学思想、社科成果也开始进行译介。各种国际活动都需要翻译的参与;还有影视作品、对外宣传品的翻译。由于国力的增强,在各个领域对外的援助、投资、工程项目增多,我们的技术也要翻译出去。多年以来,我们党和政府特别注重主流意识形态的地位,因此,中央文献、国家政府文件、相关部门的对外宣传材料,更是全都靠自己组织翻译力量来做。别的不说,包括毛泽东思想、邓小平理论、"三个代表"重要思想、科学发展观,都要翻译。那么,你对目前如此丰富的中译外活动怎么看呢?

许钧：我们的翻译活动越来越多,应该说在历史的任何时期,中译外活动都没有如今天这般丰富,这是大家乐而见之的事。如此多的中译外活动在开展,然而我们对这些问题的研究情况到底如何呢？我可以举一些简单的例子。比如中国典籍的翻译,我们作为研究者必须关注到,这些典籍可能在不同的国家,不同的时期,由不同的译者翻译过,而我们为什么还要自己来翻译,这是一个理论研究的问题,我们不能只管翻译,而要试图解决这样一个问题：在别的文本已经存在的情况之下我们为什么要译？我们翻译界总觉得自己研究的问题似乎不重要。再如,毛泽东思想已有了近85年的外译和传播历史,情况到底如何？译介和传播有什么障碍？效果如何？据马祖毅先生的研究,毛泽东著作在国外有十几种语言的译介。1927年5月27日,共产国际的机关刊物《共产国际》用俄文发表的第一部毛泽东著作就是《湖南农民运动考察报告》。西方也是通过这部作品对毛泽东的思想有了初步的认识。为什么对毛泽东思想的译介始于那个时间,选择这部著作？新中国成立后,国外对毛泽东著作的译介很多,如日本共产党还成立了"毛泽东选集翻译委员会",组织翻译毛泽东著作多卷。日本毛泽东文献资料委员会编辑出版了20卷的《毛泽东集》。80年代初,美国弗吉尼亚州奥克顿的中国资料研究中心影印出版了《毛泽东讲话和文章汇集》,全套23卷,共计550页。我们国家从20世纪50年代开始组织力量翻译毛泽东的著作。国内外的译介选本有何不同？翻译策略有何区别？关键性的思想如何译介？这些翻译活动和翻译问题都值得我们研究。

在此,我要特别强调一下,应该加强中国特色社会主义思想的外译研究。新中国成立六十年来,中国特色社会主义思想,包括毛泽东思想、邓小平理论、"三个代表"重要思想、科学发展观等等的外译就存在一些问题。先不谈别的,光这些专有名词的翻译就有很多种译法,各个语种之间各译各的,同一个语种中各部门之间,像外交部、新华社、国际广播电台、外文局,他们之间的翻译方法也不尽统一,这么一来就出现了一个非常核心的问题,就是我们的翻译仅仅是把大概意思翻译出去呢,还是要参与构建中国革命实践的这些伟大理论呢？

如果要参与理论的构建，就要在翻译上特别注重关键概念和关键术语的译介。比如最近说的特别多的"小康"建设，"小康"这个概念很重要，但其含义难以把握，就我所知，法语就有三种官方的翻译，各主要语种也是各译各的，相互之间的意义差别非常明显。一个核心概念，最好有一种固定的译法，随便翻译，达不到目的。对这些问题不加强研究，问题就看不到，翻译就会很盲目。翻译达不到目的，还不如不译。

再看我们中国的儒学在国外的译介情况，你会发现我们往往只是从《论语》的翻译角度去讨论，然而儒学在各种不同时期在中国本身就有不同的理解，那么在国外对儒学有哪些不同的理解？法国人与美国人的理解又有何不同？我认为这样的一些研究工作是十分有价值的，其价值不仅仅在译介研究本身，国外的译介和阐释在一定意义上还可以丰富儒学和推动儒学的发展。在新的历史时期内，国家文化发展战略意识发生的根本性变化需要翻译研究的积极回应。作为翻译者和翻译研究者，我们需要对翻译活动及以此为依托的跨文化交流活动的机制进行探索，提出参考建议，促使决策者对跨文化交流中的各种影响因素有更为理性的理解，引导文化交流向更理智、更健康的方向发展，努力减少误读和误解，化解分歧与冲突，推动中华文化走向世界。总的来说，目前有相当丰富的中译外活动，但研究甚少，这项工作有待我们去拓展。

许方：您刚刚解释了我们为何要加强中译外研究，也针对几个外译问题提出了值得我们深思的研究方向。那么在我们对于现实所面临的基本问题有一个清醒认识，以及目前对于中译外丰富形式有一种客观了解的基础之上，如何来加强中译外的研究，能否请您系统地来讲讲您的观点？

许钧：翻译研究应该关注并推动中外文化之间进行平等、双向的交流。这一方面意味着翻译和翻译研究要以开放的心态来面对异质文化与文明，积极吸收各国优秀文明成果，认识并弥补自己的局限；另一方面则意味着要走向他域、融入世界，把中华文化的优秀成果持续地、有效地介绍给世界，增进世界对中国的了解，维护人类文明进步的多样性。具体而言，中译外研究需要在三个方面有所作为。

一是从文化史和思想史的角度梳理一下我们自己的家底。看看我们的文化传承里到底培育、创造和留下了哪些文化成果？哪些成果是我们需要海外读者了解和认识的？哪些成果有助于西方读者消除对于中国文化的误解和分歧，从而帮助他们树立正确的中国形象？学者们曾多次提及西方读者和西方译者对于中国文化的"东方主义"解读，以为中国文化只有暴力、落后和性。因此，梳理家底可以有助于形成正确的文化史观，从而准确地推介中国文学和文化。

二是从翻译史的角度出发对人类交流的历史进行考察与研究。我们一直强调，一个研究者必须要对翻译的本质有深刻的了解，翻译不仅仅是一种文字的转换，不应只是为了翻译而翻译，它一定是同一个国家的文化与思想的发展相结合的。正因如此，通过对翻译活动、翻译事件的考察，我们对中华民族历史上上下下，或强大，或衰弱，或黑暗，或光明的时期就能看得一清二楚。对于翻译的本质和作用有了正确的认识之后，我们翻译研究者一定要建立一个翻译的历史观，要清醒地认识翻译事件、翻译活动在每一个不同的历史时期所完成的作用。通过梳理接受国某一重要时期的翻译现象、翻译主体活动和重大翻译事件，或通过考察某个具体译者或译本个案，从翻译活动兴起的原因、展开的模式、译介的内容等诸多层面入手，揭示某一国家某一特定历史时期的社会状况和精神面貌，加深我们对目标文化语境的了解和认识，从而有针对性地进行中译外的工作。

第三，中译外研究要具有开阔的视野，在多元文化的背景下以跨学科的研究视野对中译外活动展开研究。翻译活动不是一种孤立的活动，不仅仅是简单的语言转换，中译外研究应该关注翻译活动的全过程，包括翻译动机、翻译的规划、翻译的文本选择、翻译的策略、翻译的推广、翻译的影响。考察一个翻译产品的产生、传播、接受的全过程必然会牵涉到相关学科，这是一个互动的整体。举一个简单例子，比如"中国文学海外百年传播研究"这个项目，它的传播一定与翻译有关，它一定是在译介的基础上进行传播。问题是研究传播学的人对译介可能不了解，而对译介学进行研究的人可能对传播学不了解，那么在这种情况下我们就要有跨学科的视野，倘若没有这样一种整体的跨学科意识，这样的工作就无法做好。

许方：具备正确的文化史观、翻译的历史观以及跨学科视野，无论对翻译进行个案研究、断代研究或文本研究，都将从不同视角丰富我们对于中译外事业的认识，从而促成我们的文化在海外得到实质性的关注与认可。那么，中译外研究到底要有哪些研究领域？您认为，中译外过程中有哪些问题需要研究者高度关注和重新思考呢，可否给出一些参考？

许钧：目前中译外研究出现了一些热点，我认为我们研究者可以从以下几个方面入手来进行中译外的研究。

第一，研究者可以从翻译的本质和功能出发去考察翻译活动在整个社会历史变革中的地位，明确翻译活动的作用与使命。具体而言，我们可以考察接受国在不同历史时期，尤其是19世纪迄今，翻译心态以及目标文化对于翻译文本的接受心态的历时变化；例如西方世界对于《赵氏孤儿》的翻译心态与接受心态的研究。同时，重点考察那些在目标文化中产生了重要社会影响的翻译文本，例如寒山诗在美国以及其他西方国家的译介与接受研究，从而准确把握"译什么""何时译""怎么译"等中译外研究的关键性问题，为中华文化"走出去"战略提供可资借鉴的翻译经验和现实参考。

第二，研究者可以进行多元的译者模式研究，探索不同模式开展翻译实践的有效性。很多学者对译者模式都有过探讨。有人坚持所谓的"汉学家模式"；有人笃信"本土译者模式"；还有人倡导"中西合译模式"。不难想象，中译外比较理想的译者是译入语为母语的译者，而非中国本土译者。这就好比人们很难想象，如果让法国人将法语文学作品译成中文后拿给中国人看，到底又是怎样的一番情形。然而，如果我们纵向考察19世纪的外国传教士，20世纪初，尤其是二三十年代，中国早期的留学生群体，以及20世纪中叶以来的国外汉学家的翻译实践的话，便不难得出这样的结论，中译外事业其实是需要所有类型译者的共同合力，这样才可以立体、全面、准确地传达"中国声音"。因此，除了加强与外国译者合作之外，同时也要求我们重视对本土中译外人才的培养，从制度法规、课程设置、海外合作等多个层面来提高培养质量，实现文化自觉，用国外易于接受的方式推介中国文化里最核心的内容，满足目前的国家战略需求，完成这一

"不得不"做的工作。

第三,研究者可以进行译本形态研究,思考不同形态对翻译成品接受效度的影响。我们可以考察不同的翻译版本,如节译本、编译本、绘画普及本、全译本、全译加注本等,对不同读者群的实际影响力以及由此产生的外文译本的社会影响力。从而可以为同一文本生产出不同形式、不同种类的外文译本找到现实依据和理论支撑。通过这些立体的、变通的翻译模式,海外读者便可以分阶段地、多维度地了解中国文化;事实上,我们永远也无法期待西方读者对于中国文本有一劳永逸的完整的理解力,毕竟文化间也存在着不同程度的不可通约性。只有通过不同形式的媒介,甚至通过将中国文本拍成电影、做成电脑游戏等手段,中国文本、中国文化和中国形象才可以实现在海外的有效传播、合理译介与广泛接受。

第四,研究者还可以开展翻译作品的传播机制研究。翻译作品如何传播?是由政府或外宣机构出面采用赠书的形式?还是由国内出版社走正常的图书流通渠道?抑或是由国外主流刊物进行针对目标读者的文本评介,然后带动翻译文本的销售?当然,所有的传播途径其实都应该齐头并进。不过,如果能有效并充分利用国外出版机构及主流媒体进行出版、评论和推介,那么中国文学作品的接受力和传播力就会得到明显改进。因此,如何沟通国外出版机构和主流媒体,是中国文学"走出去"面临的又一重大难题。事实上,莫言获得诺贝尔文学奖在很大程度上还得益于他的文学代理人。与之相反,国家社科基金的"中华学术外译项目"一直以来推进得不够顺畅,其原因恐怕就在于与国外出版社的沟通障碍。显然,仅仅依靠学者个人的力量或者是某个学术机构的力量来与国外媒体进行协调和沟通,是远远不够的。在这方面,政府、商业机构和个人都要发挥作用,尤其是政府机构,应该在这些方面有很大的作为。

许方:中国文学外译的研究是我们研究中译外的重点之一。您提到莫言获奖,让我想到一个问题。英译者葛浩文"整体编译"的翻译对莫言获奖的影响曾引起广泛的讨论,而其实西方国家的文学编辑在定稿过程中发挥的作用比国内编辑要大得多,他们常常出于读者接受或市场考虑要求修改或删节。以往涉及翻译我们都讲作者、译者和读者，很少会去谈编辑，而如今编辑的选择策略势必成为我们考察翻译全过程中必不可少的一环。

许钧：你提到的这点的确非常重要，应该引起我们的高度重视和深度研究。很多西方汉学家和翻译家在各种场合都谈到海外出版商和编辑对于翻译文本的修改与删减问题。我们可以将翻译家交给这些出版社的初始译本和最终出版的译本进行细致对比和研究，考察出版商和编辑修改和删减的标准到底是什么？同时，还可以横向比较法文译本、英文译本、德文译本等不同译本的修订标准，从而可以考察不同目标语文化对于翻译文本的典型阅读方式和主流阅读期待，为我们的中译外事业在文本选择以及翻译策略选择方面提供借鉴和参考。此外，还可以对出版商和编辑的修订标准进行历时的研究，考察在不同的历史时期，他们修订标准的历时变化，从而把握某些带有规律性的东西，同时还可以对引起他们修订标准变化的原因进行分析，考察其文学多元系统的历时变迁，从而为中国文化"走出去"之"何时译"提供理论参考。

还有一点，我觉得非常重要。中译外事业应加强与学术界的协同合作。最近一个时期，我们国家的教育部门特别强调协同创新，我注意到中国人民大学、北京外国语大学等成立了"协同创新中心"，有的中心就叫"中国文化走出去研究协同创新中心"，还有对外传播研究中心。我们的中译外研究应该得到这些机构的支持。此外，也可以和世界各地的孔子学院建立各类可持续发展的协作研究关系，共同推进中国文化的外译事业。同时，应充分利用来华的外国留学生和海外的中国留学生这两股力量。对于来华留学，政府可设立高额的政府奖学金或者研究基金，吸引世界各国的青年来华留学，亲身感受和学习中国文化。当他们学完归国后，他们就会成为散布在世界各地的传播中国文化的点点星火。对于海外的中国留学生，政府同样可以设立某种类型的研究基金或者翻译基金，鼓励他们在国外通过各类媒体或媒介翻译、介绍中国文化。事实上，早期的留法学生对于中国现代文学在法国的译介和接受，就起了很大的作用。中国当代文学在法国的译介，中国在法的留学生也贡献多多。

最后，我还想说，我们在重视"走出去"的同时，应努力推进"请进来"的文化战略。我们的各个部门、学术团体、商业机构等力量,可以通过各类机会,包括留学项目、学术交流,甚至各种旅游推广手段,邀请海外的学者、留学生和社会各界人士来中国真实感受中国文化,激发他们对于中国文化的了解欲望。只要有了发自内心的需要,也才会有真正的接受。在这方面、英、美、澳等国的教育产业和旅游产业应该可以给我们很多的启示。因此,我们呼吁国家有关部门应深入调研,即时出台相关的外国人来华的一系列便利措施,以一种开放、包容的心态吸引外国人来华留学、观光;同时切实做好我们的文化产品的宣传与介绍。这样一来,也许我们的文化甚至不需要走出国门就可以部分实现海外传播的历史夙愿。

当代中国法律领域价值理念的
国际传播问题浅析

吴志攀

2013年,吴邦国同志在全国人民代表大会常务委员会工作报告中指出:"到2010年形成中国特色社会主义法律体系"的立法工作目标,已"如期形成并不断完善",这一"立足中国国情和实际、适应改革开放和社会主义现代化建设需要、集中体现党和人民意志"[①]的中国特色社会主义法律体系,使国家建设的方方面面都基本实现了"有法可依",是我国民主法治建设的重大成就。

法治建设既是我国现代化建设的重要组成部分,也有着对外的功能与意义。中国法治建设应该适应并服务于国家改革开放的大局,其成就应该得到国际社会的认可。因此,我们有必要研究和讨论:中国法治的国际形象究竟是什么样的?应该如何塑造我们的国际形象?而核心的问题是:中国特色社会主义的法治价值理念应该如何进行国际传播?

"从传播的角度看,国家只有通过国际传播才能争取国外公众的理解、支持与共鸣,才能在国际社会中树立预期的国家形象。"[②]当前

---

① 吴邦国:全国人民代表大会常务委员会工作报告[EB/OL].[2013-3-20]. http://news.xinhuanet.com/2013lh/2013-03/20/c_115091312.htm.
② 黄振:《全球化背景下中国国家形象的塑造》,《新闻传播》2007年第4期。

的国际话语体系主要由西方世界掌握,西方在媒体报道、学术研究等领域拥有主导性权力,在很大程度上决定了国际舆论和学术评价的走向。但是,以欧美为主体的西方国家在进行价值传播和舆论引导时,主要是基于西方的历史发展和文化环境,依循的是西方的道德、思想、习惯和价值理念,未必愿意或者能够对中国社会的发展状况作出因时因地的客观评价。所以,在认识到我国法律发展的已有成就和价值内涵的基础上,也需要我们进一步研究我国法律价值理念在国际平台传播的问题。

一、中国法律价值理念内涵

在国际平台上传播我国的法律价值理念,首先需要明确我国法律发展的成就和方向,挖掘我国法律价值理念的独特内涵,只有这样,才能在对外传播中明确定位,掌握主动权。

(一) 中国特色社会主义法律体系的形成

中国的法制现代化端倪出现在19世纪的租界中,并在清政府、北洋政府和南京国民政府时期都获得一定推进。中华人民共和国成立后,尤其是1978年改革开放以来,我国法制建设进入一个崭新的阶段,在探索中不断向现代化迈进,通过法律移植和本土化建设,在民主法制方面取得了重大成就,逐步形成了中国特色社会主义法律体系。这意味着"涵盖社会关系各个方面的法律部门已经齐全,各法律部门中基本的、主要的法律已经制定,相应的行政法规和地方性法规比较完备,法律体系内部总体做到科学统一"[1]。这些成就在进行中国法律研究的国际学者中也得到了认同,但他们"既看到了中国在法治和民主道路上的长足进步,又误以为中国会走向西方式自由民主国家"[2],没有观察到中国社会独特的政治、文化传统,在对中国的

---

[1] 吴邦国:全国人民代表大会常务委员会工作报告[EB/OL].[2013-3-20]. http://news.xinhuanet.com/2013lh/2013-03/20/c_115091312.htm.

[2] 施雪华、刘耀东:《国内外学者对中国法制建设、法治国家与政治发展研究综述》,《西北大学学报(哲学社会科学版)》2011年第3期。

法律现状和发展方向进行评价时不能因地制宜。

（二）后发型法制国家

在世界法制发展进程中反观中国的法律发展，我们可以看到，相比于以欧美为主的西方国家，我国的法律现代化进程是被动的、后发的。后发型指"因一个较落后的法律系统受到了较先进法律系统的冲击而出现的转变过程"①，意味着中国的现代化法制建设与两千多年的中国法制传统是脱节的，并没有在原有的法制土壤中得到升华和改进，而是打破了原有的法律环境和人文传统，以一种外在植入的方式嫁接而来。从法社会学层面上看，法律存在和其所处社会的适应性、统一性问题，其中重要的一个方面即"移植的法律得到当地文化和民族传统的承认"②。改革开放以后，我国民主法制的探索依然以法律移植为主，学习、借鉴国外已有的法律成果，这样的做法一方面最大程度地获取了国外有益经验，加快了我国法制现代化的进程，另一方面也带来了移植法律的水土不服问题，一些基于国外文化基因的法制构建无法在国内得到有效认同。

（三）中国法律价值理念

西方的法律价值以个体为出发点，讲求的是独立个体之间通过契约规范权利义务，在出现问题时通过法律诉讼来保障自身权益；中国的社会环境发源于农耕文明，以集体为出发点，在熟人社会中人与人之间存在着密切的交往，相比通过法律来解决争端，更倾向于在内部调解中化解矛盾。"中国把以西方国家国情为基础的法制移植到自己国家出现的矛盾，会突出地显现在法律的适用中，特别是在司法实践中。"③有学者指出，我们在近百年的西化运动中，割断了两根脐带，一根是中国传统文化的脐带，另一根是大陆法系的脐带，不但过

---

① 梁迎修：《辛亥革命以来的中国法制现代化——历史演变及其实践逻辑》，《河北法学》2011 年第 9 期。
② [意]D. 奈尔肯、[英]J. 菲斯特编：《法律移植与法律文化》，高鸿钧等译，北京：清华大学出版社，2006 年。
③ 王立民：《中国法制现代化诸问题研究》，《太平洋学报》2010 年第 3 期。

分对抗中国传统文化,也偏离了西方法文化的精神。① 在中国的传统观念中讲究"天人合一"、以和为贵,在群体聚居生活中更加强调社会和谐、礼仪传统,离开这样的文化土壤则不能够有效解释中国的法律发展过程。我们应该重视对本土法治资源的开发,在中国法律文化背景下,发掘自身独特的法治价值与理念。

二、法律价值理念的国际传播现状

(一) 媒体报道:中国法治镜像

在当今世界,我们仍处于源自西方的话语结构网络之中,以欧美为主体的西方占据主流和强势地位,主导新闻报道议题的设置和国际舆论导向。媒体被同时看作意识形态的工具和自由市场中的商品。这种媒介体制反映了媒介所处的社会的政治体制和主流哲学,而要探索法律领域的价值理念及国际传播方案,首先需要理解国际媒介体制,需要辨识"不同媒介所映射的哲学基础或政治信条"②。西方媒体经过多年的发展已经形成了庞大的规模,在国际信息传播和舆论引导方面具有绝对优势。以美国为例,它拥有全球最大的媒体王国,无论是媒体数量还是网络覆盖范围在全世界都是首屈一指,美国广播管理委员会通过电台、电视、广播、互联网及其他新媒体以六十余种语言向全球发布信息,传媒巨头与其他国家的机构合作,建立自己的分支机构,构筑起全球化的网络。③ 同时,西方媒体的自我定位中一直宣称其独立性与客观性,然而实际上,输出本国价值观和反对其他具有潜在威胁的国家始终是它们工作的重点。

对于中国改革开放以来的法治进程,普遍的共识是整体上取得了突出进步并正向前发展。探究中国法律价值、法治理念的传播路径及效果,需要观察外国主流媒体对中国法治状况的关注、报道和评

---

① 范忠信:《中西法文化的暗合与差异》,北京:中国政法大学出版社,2001年。
② [英]詹姆斯·卡伦、[韩]朴明珍主编:《去西方化媒介研究》,卢家银、崔明伍、杜俊伟等译,北京:清华大学出版社,2011年。
③ 吴飞、边晗、毕研韬:《美国国际传播战略的几个关节点》,《新闻界》2013年第8期。

价。通过分析2010—2012年美国、日本和港澳台地区的主流媒体①对中国（大陆）法律案件、法治状况的报道，可以发现，这些报道关注导向以法律新闻事件为主，关注涉外（涉港澳台）案件②，对中国（大陆）政府行为，如涉及人权保护、官员腐败等敏感问题进行负面评价，批评中国法律定义不清、审判程序不公正。报道虽号称"客观""真实"，较少出现记者或编辑主观观点，但其价值观和意识形态的传输隐藏于报道细节之中，特别是涉及敏感问题的报道，政治倾向非常明显。因此，一些对华报道的媒体所呈现出来的图景虽然是中国的故事，但仍然是外部视角，歪曲、误解很多。例如，《纽约时报》2012年对吴英案的报道（《中国法院推翻年轻女富豪的死刑判决》，2012年4月21日），尽管报道案件事实部分总体比较客观，但引用国内外专家学者观点和看法时，具有鲜明的导向性，因为其所作的引用基本来源为国内著名右派人士的观点，倾向明显，集中批判现有制度。

同时，国外媒体在进行宣传报道时，通常选取具有争论性或负面性的新闻，以吸引读者的眼球，获得更多的关注，所以我国法律领域的一些软肋成为了外媒关注的焦点。比如在2010年薛峰案的报道中，《华尔街日报》"China Sentences U. S. Geologist in Secrecy Trial"，2010年7月6日）称，"中国对涉及国家安全的数据非常敏感，尽管北京方面对秘密信息的定义仍然模糊不清"，而薛峰经历了"延长羁押""快速审判"等不正当司法程序。国际媒体在形成对中国的刻板印象以后，一些正常的新闻事件也被大肆渲染歪曲。例如全国人大基本法委员会副主任、特区政府前律政司司长梁爱诗在一次非正式的学术交流中，就居港权、人大释法等香港面临的司法问题发

---

① 这些具有代表性的主流媒体分为三类：第一，代表西方强势资本主义社会的美国主流媒体——《纽约时报》《华盛顿邮报》《华尔街日报》、CNN；第二，代表东方并与中国密切相关的日本主流媒体——《读卖新闻》《朝日新闻》《每日新闻》《日经新闻》《产经新闻》；第三，在"一国两制"、"一个中国"制度背景下的香港、澳门、台湾地区的主流媒体——《明报》《信报》《星岛报》《经济报》《自由时报》《苹果日报》（台湾版）等。本文的搜索方法是使用EBSCO Newspaper Source报纸资源数据库（该数据库提供35种美国和国际报纸的全文，还包括375种美国报纸的摘录文章，并提供电视和广播的新闻稿）以及相关媒体官方网站，利用"China""trial""law"等关键词，将时间范围限定为2010—2012年，搜索相关报道。

② 如2010年谷歌案，参见《华尔街日报》2010年7月10日报道，"Beijing Lets Google Keep A Toehold In China"；2012年苹果商标案，参见《纽约时报》2012年2月24日报道，"Court Refuses Injunction In Apple Trademark Case"。

表了自己的看法,这种正常学术讨论遭到香港部分媒体攻击,认为她干预香港的司法独立。①

可以看到,外国主流媒体报道中国法律案件具有强烈的主观选择性,国外受众长期在负面基调下了解中国,对中国产生了极大的不信任感,对中国的国际形象造成了恶劣影响②,而我国媒体的对外宣传渠道还十分单一,国际覆盖率无法与世界传媒巨头相比肩,法律领域的舆论引导往往被西方价值观所主宰,不能够发出属于自己的声音,树立民主与法制国家形象的任务仍然非常艰巨。

(二)法律翻译:从"跨语系"到"跨法系"

对于法律领域的价值理念传播,在法律移植——无论是植入还是移出——的大环境之下,法律文本、法学著作的介绍和翻译都需要给予关注。特别是随着经济社会的发展和国际地位的提升,我国对法律文本翻译的数量和质量需求不断加大。全球信息的流动需要从"单向"走向"多元",我国法律翻译也正经历从"引进来"到"走出去"的变化。

法律翻译,是对法律思想观念、法律语言文化、法律规范和法律文本的跨法系交流行为和跨语系交际行为。区别于一般的文学翻译,表意的准确性、文体的正式性和词语的晦涩难懂性成为了法律翻译最主要的语言特征,但最大的挑战,并不在于跨语系的变换,而是跨法系的交流。这不仅要求有很好的语言功底,也需要有足够的法律知识和逻辑。法律翻译具有强烈的专业性、技术性、实践性特点。当前,我国法律翻译存在两大问题:第一,法律翻译的准确性不足,对"跨法系交流"认识不足,忽视了因法律解释方法差异所造成的影响。比如,当不同国家出现贸易纠纷,争端双方对于WTO协定或成员方国内法律及政策中某些用语的意义发生争议时,专家组和上诉机构通常会通过查阅权威词典来寻找争议用语的定义,并以此为基础来确定用语的通常意义,即字面解释法(literal approach)。而根据英文

---

① 林焕光:香港司法独立不会因个别言论动摇[EB/OL].[2012-10-14]. http://news.stnn.cc/hongkong/201210/t20121014_1807797.html.

② 赵磊、卢雅君:《中国形象以及国际印象》,《学习时报》2012年2月20日。

词典对中文法律文本做逐词剖析,会因立法范式、法律文化及翻译方法的迥异,得到一系列"不可控"的结果,而这些不利后果全部由中方承担,成为国际争端解决实践中的一个重大隐患。第二,法条翻译的权威性不足,法律文本的翻译缺乏政府组织力量的引导,特别是法条的翻译,其权威性则更为重要。在我国的《立法法》中,只明确"法律解释权属于全国人民代表大会常务委员会",却并未明确法律的翻译权,或应以哪种译文为最终唯一的效力文本或官方文本。以在WTO争端中涉及争议的《中华人民共和国商业银行法》第34条为例,全国人大法工委网站、中国人民银行条法司网站、美国商务部调查报告中出现的翻译版本各异,而在没有统一官方文本的情况下,对方很可能从自身利益出发,选取对其最有利的方式翻译或选择翻译文本,并进而通过词典含义的文义解释来达到自己目的,对我国当事人和国家利益的维护构成极大隐患。

法学著作是学术研究的智慧成果,是学者智识的书面表达,不仅包含对该国现行法律的理解和解释,更涉及对法学理论、法律价值理念与社会经济文化等诸多内容的论述。法学著作的外译是指将我国学者的法学著作以外文形式在国外权威机构出版,进入国外主流发行传播渠道。法学著作的外译是增进国外对中国法学各方面的了解,推动中外法学学术交流的必要手段,同时也是对外传播我国法律领域价值理念的重要途径。当前,我国法学著作的外译存在两大问题:首先,我国法学著作的外译数量过少,且输出目的地分布不均衡。据不完全统计,建国之后我国法学著作外译的总数约为40本,并且除了少数几本获得国家社科基金"中华学术外译项目"资助的著作,以及瞿同祖先生早年的两本著作在建国初期被翻译成英文在欧美等地出版外,其余大多数外译的法学著作被翻译成日文、韩文在日韩出版。这与同期我国引进的外国法学著作汉译本的情况相较[1],相差悬殊。后者数量共计1000本左右[2],并且其来源相对均衡,来自美

---

[1] 参见刘毅:《他山的石头:中国近现代法学译著研究》,北京:中国法制出版社,2012年,第112—133页。

[2] 其中,1949年至1978年之间就有280本外国法学著作翻译到中国。参见刘毅:《他山的石头:中国近现代法学译著研究》,北京:中国法制出版社,2012年。

国、苏联、日本、德国、法国等法治相对成熟的国家的法学著作数量均十分充裕,并涵盖了其主要法哲学理论和部门法制度的各个方面。其次,当前外译行为以学者个人的外译活动为主,缺乏规模化的外译活动。比如,具有代表性的个人外译著作有林来梵的《中国的主权、代表与选举》(日本晃洋书店1996年版)、杨立新的《中国民法的理论与实际》(日本成文堂株式会社2001年版)等。只有寥寥几本法学著作的外译受国家有关部门组织的外译项目的资助。目前,向法学著作外译提供过资助的外译项目仅有国家社科基金"中华学术外译项目"与"中国文化著作对外翻译出版工程"两个,而且由于这两个外译项目本身举办历史不长(前者从2004年开始,后者从2009年开始),且并非只针对法学著作,所以,通过这两个项目成功外译的法学著作并不多。与之相反,外国法学著作的汉译则几乎都是通过受到有关部门资助的法学译丛的方式规模化地引入中国的。其中,著名的外国法学著作译丛有"外国法律文库""美国法律文库""当代德国法学名著""波斯纳文丛"等。

(三)法学研究:面向新兴的学术生态

国外知名大学的法学院对社会和公众舆论有很大影响,在研究国家形象传播与塑造中,学术界和新闻界是两大重点关注对象。通过检索研究发现,目前除耶鲁大学、哥伦比亚大学、密歇根大学、纽约大学、早稻田大学等校设有中国法研究中心(所)之外,许多重要大学还缺少专门的中国法律研究机构。以耶鲁大学法学院中国法律研究中心为例,该中心近期关注的中国法制问题主要有司法改革、政府信息公开、公众参与、人权保护、程序公正、违宪审查制度的建立等等,基本集中在公法领域,并与中国当下政治治理问题紧密相关,而对于中国法律其他方面的变化(如《民事诉讼法》的修改等问题)研究较少。该中心的学术研究主要在于帮助西方了解中国的"政治法律"制度,并为中国的社会治理做出法律解读,表现出较强的倾向性。这种倾向导致其在对中国法制进行研究时会有一定程度的方向偏差,如中心在"司法改革"问题上的叙述为:"但是,司法不独立、人员素质参差不齐、立法滞后、犯罪嫌疑人保护不足、贪污腐败、依赖政府等问题都在影响中国法院公正、高效审判。"上述问题诚然在中国都或多或少存在,但是西方研究者的这种倾向性在表述中得到了放大。当然,耶鲁大学中国法律研究中心绝大多数出版作品观点中立、客观。同时,该中心采取中外合作模式,研究人员包含中国学者,对于促进我国法治现状以及社会理念的传播具有正面作用。由此,中国法律研究中心的政策和运作机制或许可得到改进,以促进法学学术研究和法律理念的传播,我们面对的将是新兴的学术生态。

三、对策与建议

(一)坚持依法治国理念

依法治国,指广大人民群众在中国共产党领导下,国家各项工作依照宪法和法律开展,实现国家治理各环节的规范化、程序化、法制化。坚持依法治国,一方面是充分尊重人民当家做主权利、反映人民群众意志、保障人民群众利益的基本选择,另一方面也是我国实现法制现代化,塑造民主与法制国家形象,获得国际社会认可的必然要求。中国作为大陆法国家(又称"成文法"国家),更关注立法的质量和体系,而英美作为普通法国家(又称"判例法"国家),更看重案件的审理和法官的释法。立法、司法、执法是一个动态的过程,本身不可割裂,但由于时间段和文化的差异,侧重点各有差异。中国特色社会主义法律体系形成后,总体上解决了有法可依的问题,对有法必依、执法必严、违法必究提出了更为突出、更加紧迫的要求。切实保障宪法和法律的有效实施,应当成为未来内部工作和外部宣传的核心任务。因此,促进中国法律领域价值与理念的国际传播,最根本的,仍然需要不断提升我国法治状况,完善立法、严格执法、公正司法,加强工作透明度,最终树立法律权威。

(二)树立本土价值自信

学界要建立起自己的制度自信。中国的法学理论界和教育界批判意识和改革意识较强,很多问题内部批判之声更甚于外部。中国的法制生长于中国的国情国策、历史传统、社情民意,如果身处于其中的人都只是一味以西方标准量度、怀疑、批判自身,那就很难期盼得到他人的理解和尊重。针对外界批判较多的民主、自由、人权问题,我们要有自己的声音,而非站在西方价值立场上,一味开展自我批判,否则自己的问题没解决,反而为他人提供了攻击的靶子和弹药。中国法制现代化的最终道路必然是西方化与本土化的结合①,只有深刻理解西方价值文化的精粹,才能够有所取舍、为我所用;只有认识到中国问题具有的独特文化环境,才能够深入中国社会法律实践,做出合理、公正的解读。

(三) 改变对外宣传模式

中国的对外宣传模式一直是由政府单一渠道主导,但是我们需要认识到,一方面,媒体是立法、行政、司法之外的第四种权力,在舆论引导和国家发展中具有极大的自主性和影响力,在民众中通常塑造自身客观、公正、亲民的形象;另一方面,在信息化时代,互联网风行全球,信息传播的速度和内容都获得了爆炸性的发展,我们已经不能透过国家层面的控制完全掌握信息传播的渠道。所以,正视这些问题,需要我们改变过去的对外宣传思路,采取更加开放和透明的姿态,构建多层次的法治理念传播体系,建立与外国主流媒体的直接沟通。同时,新媒体是现阶段信息传播、信息共享的有效平台,对外宣传中可以通过重视网络传播的力量,在有争议性的议题中,发挥"意见领袖"的作用,制造东方话语优势,直接深入到西方民众的社会生活和讨论中去,改变过去由单一宣传和外媒主导塑造的中国国家形象,在国际社会中赢得舆论主动权。

(四) 重视法律翻译"走出去"

法律翻译"走出去"首先需要获得国家的大力支持,立法、司法、执法、外交、外经贸、外宣等部门要与学术研究机构紧密配合,构建跨部门的协调机制,制定规范的法条翻译参考文本,确保翻译工作的权

---

① 汤唯:《法社会学在中国——西方文化与本土资源》,北京:科学出版社,2007年,第198页。

威性。在高校及科研机构中进一步投入力量加强有关学术研究,并培养法律和外语复合型人才,培养一批既具有良好外语素质又了解不同法系特点的专家。同时,在法学译著方面,鼓励学者创造出更多反映我国现实问题的独创性成果,注重对中华法系传统法律文化中精华部分的研究和借鉴,明确我国法律领域独特的价值和理念,在国际社会中获得认可并扩大传播。在外译过程中,实施更多有组织的外译项目,降低学者外译著作的成本,提高外译活动的积极性,并有效增加外译数量,调整输出目的地分布,系统介绍中国法律制度的现状,并针对国外对中国法治的误解和偏见,对外译法学著作的研究方向进行引导,切实增进国外对中国法律领域价值理念的认识。

(五)加强法学领域的国际合作与交流

在中国法律文化和价值理念传播过程中,高等教育机构应当成为重要阵地。现阶段以合作共建的模式在国外知名大学的法学院设立中国法律研究机构具有可行性,即借鉴孔子学院的模式,由中方大学牵头,与国外大学法学院合作,并由中方派出学者,以中心为阵地,在外国开展中国法律文化的推广与传播。此类中心成立后,可以开展以下几项工作:(1)课题研究。中心的中外中国法专家就中国当下的热点法律问题展开研究,并在有学术影响力的刊物、期刊上发表或集册出版;(2)招生教学。吸收一定数量的学生在中心从事侧重于中国法研究领域的学习,并在法学院开设中国法专题课程;(3)学术访学。定期以中心名义邀请中国法学专家讲学、学术访问;(4)以学术平台带动国内外企业、政府机构之间的法律互动,举行研讨会、咨询会、互访等活动,实现中外法律的交流。无论哪一项工作,中国法研究机构的设立都可成为中外法律交流的高端平台。

西方媒介似乎理所当然地把资本主义民主当作媒体动态发展过程中的一个静止性背景。可是在其他的社会政治环境中,特别是正经历社会转型的中国,一百年甚至更短的时间内就发生了翻天覆地的变化。① 我们要改变这种静止的、单向的传播,必须组织力量向世界介绍中国,制造东方的话语优势;培养复合型人才,做好法律文本和法学著作的翻译工作;加强学术交流,以合作共建的模式在国外知名大学的法学院设立中国法研究中心。诚然,技术层面的努力需要更广阔的制度供给,政府组织功能的发挥,以及更重要的,社会本身的发展才可以最大程度上促进我国法律领域价值理念的传播。

---

① 马杰伟:《反思媒体研究:以中国为例》,见[英]詹姆斯·卡伦、[韩]朴明珍主编:《去西方化媒介研究》,卢家银、崔明伍、杜俊伟等译,北京:清华大学出版社,2011年,第38页。

非英语国家学者国际发表问题研究述评

徐 昉

一、引言

非英语国家EAL(English as an Additional Language,英语作为其他语言)学者在国际期刊发表研究论文,尤其在(S)SCI或者A&HCI期刊发表论文,是这些国家各学科领域走向学术国际化的必然趋势。在我国,近年来国际学术发表正逐步成为高校研究者学术生涯的发展要求。过去30多年中,EAL学者如何在国际主流期刊发表论文受到研究者的持续关注,在国外学术英语写作研究领域这已成为一个热点课题。国际上主要有三本SSCI期刊发表有关该话题的研究论文:《专门用途英语》(*English for Specific Purposes*)、《二语写作》(*Journal of Second Language Writing*)和《学术用途英语》(*Journal of English for Academic Purposes*)。本文基于这三本期刊1995年[①]以来刊登的所有相关论文,述评EAL学者的国际发表问题与应对研究,聚焦我国学者的国际发表问题研究,讨论这些研究带给我们的启示,进而探讨国际发表研究的发展空间。

[①] 这些期刊的官方网站提供1995年之后论文的全文,1995年之前的论文仅提供提要。

二、国际发表的论文质量问题与应对研究

（一）论文质量问题：英语写作和科研方法问题

笔者回顾梳理国际发表相关文献后发现，大量研究指向 EAL 学者的论文质量问题，具体包括英语写作习惯、语言使用、研究设计与科学方法等互为关联的问题。各类相关研究显示，很多问题并不是单独出现，从研究方法的科学性到研究中的伦理问题，从研究方法呈现到观点论证，从言辞表达到段落组织，从基本语法、语言风格到评价意识，诸多层面的各种问题在论文写作中犬牙交错地共现。

具体来看，因研究视角不同各国学者的论文写作问题略有差异。例如，ElMalik & Nesi(2008)[①]对比了苏丹和英国研究者发表在国际期刊上的 20 篇医学论文。结果发现，苏丹学者的论文都遵守传统的"引言(Introduction)—材料与方法(Materials and Methods)—结果(Rsults)—讨论(Discussion)"(IMRD)语步结构，但各部分的语言组织呈现方式不尽相同，尤其是在讨论部分，作者如何解释研究结果的意义和关联方面存在一定差异；语言形式的差异主要体现为苏丹作者使用的模糊限制语类别单一，英国作者使用更多的名物化形式。Jaroongkhongdach 等(2012)[②]做了类似的研究。他们通过比较泰国学者与国际学者发表的各 100 篇论文，发现泰国学者论文的文献综述、方法和讨论部分写作差异较大，并在合理性论证、评价解释意识和连贯性方面普遍存在问题。Mungra & Webber(2010)[③]分析了对意大利作者所写医学英语论文的同行评审意见，揭示了出现频率最高的问题是论文呈现的科学性与方法，其次是词汇语法、语言表达冗

[①] A. ElMalik, H. Nesi, "Publishing research in a second language: The case of Sudanese contributors to international medical journals", *Journal of English for Academic Purposes*, 2008, 7(2): 87—96.

[②] W. Jaroongkhongdach, et al., "Differences in quality between Thai and international research articles in ELT", *Journal of English for Academic Purposes*, 2012, 11(3): 194—209.

[③] P. Mungra, P. Webber, "Peer review process in medical research publications: Language and content comments", *English for Specific Purposes*, 2010, 29(1): 43—53.

长或重复。Cho(2009)①通过问卷调查和访谈发现,韩国高校教师和研究生认为语言使用是他们论文写作的问题区域,其中句子结构的问题最大,语法方面冠词使用最难。

以上研究在一定程度上反映了很多 EAL 学者向国际期刊投稿论文遭拒的主要原因,再次明证了稿件生存的基石是严谨合理的科研方法、达意连贯的英语文本和符合学术规范的论证方式。

(二) 论文质量问题应对:运用个人策略和团队策略

相关研究(如 Gosden 1995②,1996;Cargill&O'Connor 2006③;Belcher 2007④)显示,要提高论文质量,EAL 学者个体需要反复修订编辑论文,善于和期刊评审协商问题,同时还可以接受研究方法培训与写作培训,如有可能应在论文写作过程中得到众多塑造者(shaper)的协助。

从个人策略来看,作者要耐心地反复修订、校阅和提交论文。Belcher(2007)⑤对1998—2001年《专门用途英语》的录用稿件和被拒稿件进行了抽样分析,结果发现作者的执着精神对论文发展相当重要,即便评审指出诸多批评意见也不应灰心,而应不断校阅、修订、提交,这将十分有助于达到最终发表的目的。

就写作过程而言,培养学术交际能力和加强学术身份建构极为重要。Gosden(1995)对写作与发表过程的本质进行了深入分析。该研究首先基于社会建构主义视角,指出作为写作新手的 EAL 学者必须了解学术话语团体的内部规则,学会与论文评审专家协商;然后,研究借鉴系统功能语言学的分析框架,考察了 EAL 学者的修订

---

① Dong Wan Cho, "Science journal paper writing in an EFL context: The case of Korea", *English for Specific Purposes*, 2009, 28(4): 230-239.

② H. Gosden, "Success in research article writing and revision: A social-constructionist perspective", *English for Specific Purposes*, 1995, 14(1): 37-57.

③ M. Cargill, P. O'Connor, "Developing Chinese scientists' skills for publishing in English: Evaluating collaborating-colleague workshops based on genre analysis", *Journal of English for Academic Purposes*, 2006, 5(3): 207-221.

④ D. Belcher, "Seeking acceptance in an English-only research world", *Journal of Second Language Writing*, 2007, 16(1): 1-22.

⑤ Ibid.

论文在内容、人际和语篇意义等不同层面的特征,进一步说明了 EAL 学者修订论文的过程就是与评审专家进行协商的互动过程,突显了学术交际能力在论文写作中的重要性。Gosden(1996)还通过口头报告的形式,考察了日本 EAL 写作新手第一次国际发表的感受,涉及论文撰写、二语写作中的翻译等,同样也强调了学术交际能力在应对外部批评意见做出修订中的重要性。

从团队策略来看,开展有针对性的培训可以帮助 EAL 学者提高研究与写作能力。Cargill & O'Connor(2006)分析评价了一个通过工作坊帮助中国科学家提高论文发表能力的项目,认为这样的培训使参与者更加注重合作,显著增强了他们国际发表的信心。此外,论文得到不同塑造者的编辑修订也是一条重要的团队策略。Boenisch(2003)[①]指出一些成功发表的文章从成稿到出版的过程中,参与者包括语言专业人员和学术话语团体成员。由此可见,团队策略与个人策略是相辅相成的。

三、国际发表的复杂性问题与应对研究

(一)国际发表的复杂性问题:语言、权力和政治等多因素问题

除了论文质量问题以外,一部分研究揭示了 EAL 学者面对国内发表还是国际发表的选择困境和复杂性。从文献梳理结果来看,这种复杂性主要表现在 EAL 学者可能面临写作上的困难和评审者的偏见,或可能面临扩大本国、本地区影响力还是提升国际权威性之间的权衡,同时在一定程度上也包含某种政治与权力关系。

复杂因素之一是语言问题。这一问题得到韩国、波兰、苏丹、泰国等国不少研究者的一致认同。他们认为 EAL 学者有一定的写作困难,并通常在语言措辞、段落组织、研究方法呈现等方面遇到相同的困难。为解决这些写作困难,EAL 学者必须投入更多时间撰写论

---

① B. Boenisch, "Shapers of published NNS research articles", *Journal of Second Language Writing*, 2003,12(3):223—243.

文,而且成稿也不一定能够达到发表水平。这般权衡之后,EAL 学者最后往往会退却,毕竟用母语写作更加快捷且达意。再者,语言问题的复杂性更突出地表现为国际期刊的匿名评审对 EAL 学者的稿件可能持有偏见(Flowerdew 1999①;Cho 2009)。尽管越来越多的期刊评审由来自非英语国家的研究者担任,但这并不意味着这些评审能够接受不符合英语学术规范的稿件。要解决语言复杂性这一问题,关键看使用何种写作样式和语言使用方式能够获得国际学术圈的认可。

复杂因素之二是学者选择在国内还是国外学术圈打造影响力。Duszak & Lewkowicz (2008)②的研究展现了波兰的论文发表状况。这一研究通过问卷调查指出,在应用语言学、外语研究、心理学和医学领域,波兰研究者尽管用英语发表论文能在世界学术领域获得认可,但是用波兰语发表无疑能在本国扩大自身影响力,而且表达了一种立场和态度,以抵制英语在国际学术话语中的霸权地位。

复杂因素之三主要是边缘国家学者与国际核心发表圈之间的权力关系。作为学术英语界的元老之一,委内瑞拉学者 Salager-Meyer (2008)首先指出世界不平等的现象科学出版界也存在,虽看似不大但实质意义不小。研究引用 2003 年欧洲统计数据指出,美国、欧盟国家、日本等强国出版的科学研究成果占全世界总量的 78.3%,而且这种巨大的优势随着数字化差距(Digital Divide)的扩大还在不断增加。在分析发展中国家学术出版的地域、政治背景之后,研究着重剖析了边缘国家研究者的两类受歧视现象:一是这些研究者被称为"核心学术圈知识的消费者",二是他们被学科内的国际核心交流圈封锁在外。与此相呼应,Flowerdew 和 Li(2009)通过对中国内地高校的调查发现,部分研究者认为国际发表圈似乎并不信任来自发展中国家的创新研究,只是有选择性地采纳符合他们视角的研究。不

---

① J. Flowerdew, "Problems in writing for scholarly publication in English: The case of Hong Kong", *Journal of Second Language Writing*, 1999,8(3): 243—264.
② A. Duszak, J. Lewkowicz, "Publishing academic texts in English: A Polish perspective", *Journal of English for Academic Purposes*, 2008,7(2): 108—120.

过 Salager-Meyer(2008)[①]指出,实际上无论是核心国家还是边缘国家的研究者,其资历深浅、网络渠道多寡等因素对于论文成功发表的关键性正在降低,但是研究者的语言能力仍应得到重视,而且对于非本族语研究者而言,语言能力因素很可能与语言以外的因素(即研究能力)裹挟在一起阻碍研究成果发表。

综上可知,EAL学者是否愿意为国际发表撰写论文、最终是否能够成功发表这两方面都存在不少制约因素。换而言之,国际发表是学者学术身份构建过程中的一项选择,做出选择的过程受到多种因素影响。随着学术国际化进程的加快,国际发表将会面临更多相关问题,比如:EAL学者如何拓展国际发表的视野与能力,如何提高自身的语言能力和研究能力?国际发表圈如何在世界通用语范畴下界定学术写作范式,怎样平等对待非英语国家EAL学者研究中的创新理论与成果?对这些问题的深入探讨将有效消除国际学术圈中的地域失衡、国籍偏见等现象,从而真正促进学术全球化。

(二)国际发表复杂性问题应对:观念革新和实践

有关如何革新国际发表圈观念和实践的文献不多,对此似乎也只有学术英语界的资深专家握有话语权。他们提出了若干方案,以求缓解现状。最有代表性的,当属 Salager-Meyer(2008)和 Flowerdew(2008)的见解。

Salager-Meyer(2008)指出,科学、技术和出版是发展中国家生存与发展所必需的三个元素。针对边缘国家的国际发表问题,她提出了短期方案和长期方案。短期方案包括力求增加发展中国家的匿名审稿专家,减少这些国家学者的发表费用,帮助创建公开、免费的学术网络渠道等。长期方案包括着力推进科学多语制(scientific multilingualism),创设地区性高水平期刊,采用同行评审机制,跨越国界采用地方性视角,倡导用地区主流语言发表论文(如拉美地区除英语以外,可使用西班牙语或葡萄牙语),论文提要和关键词使用双

---

① F. Salager-Meyer, "Scientific publishing in developing countries: Challenges for the future", *Journal of English for Academic Purposes*, 2008, 7(2): 121-132.

语甚至三语,并且院校的经济激励政策应对发表在地区性高水平期刊和国际期刊上的论文一视同仁。

同年,Flowerdew(2008)运用 Goffman 的经典著作《污名:受损身份管理诠释》中的污名概念(指社会赋予某一群体的贬低性社会标签),讨论如何理解 EAL 学者的国际期刊发表劣势,包括如何管理和抵制污名。研究指出,Goffman 的污名理论尽管能够帮助英语为母语但写作能力不强的研究者和 EAL 学者一起共同理解并缓解 EAL 学者的发表困境,还是不足以彻底解决问题。然而,Flowerdew(2008)使用污名概念讨论 EAL 学者的发表问题遭到了写作界元老 Casanave(2008)[①]的反对,她认为讨论复杂问题时所用的术语非常关键:污名一词会将复杂问题过于简单化,也使得 EAL 作者(所谓有污名的人)与母语写作者、期刊编辑、评审专家(所谓正常人)的概念混为一谈,学术期刊对作者类别的界定应尽量少用一分为二的解决办法。

撇开术语不谈,Flowerdew(2008)在其研究中提出了重要的观念革新,认为要有效改善现状,各学科团体对 EAL 学者应该达到的发表论文的英语写作水平必须有一个准确判断,并且这种判断的主要标准不是"标准英语",而是语言的可理解性(intelligibility)。基于这一认识,Flowerdew 针对语言可理解程度问题提出了议案,建议通过建设大型 EAL 学者学术文本语料库来确立判断标准。这一提案得到了不少学者的支持(如 Cho 2009),但是目前对其的研究还是一片空白。

近来,《学术用途英语》的创刊主编 Swales 似乎有意重拾论文发表相关话题,并且用实证数据来说话(Swales & Leeder 2012[②])。他们的研究指出,现在的高校不仅看论文是否是国际发表,而且愈发看重所发表文章的引用率。研究通过 Google Scholar,Scopus,Web of Science 等数据库调查了 1990 至 1999 十年中《专门用途英语》期刊

---

① C. P. Casanave, "The stigmatizing effect of Goffman's stigma label: A response to John Flowerdew", *English for Academic Purposes*, 2008, 7(4): 264—267.

② J. Swales, C. Leeder, "A reception study of the articles published in English for Specific Purposes from 1990—1999", *English for Specific Purposes*, 2012, 31(2): 137—146.

所有论文的接受情况,特别对引用率最高的15篇文章进行了分析,发现这些文章的接受情况与作者个人背景——性别、母语、地位、院校等——没有直接关系,而且EAL作者占60%之多,主要影响因素是研究话题(topic)和研究手法(treatment),引用率前两位论文的作者都是在非英语环境中工作的EAL女性。Swales和Leeder(2012)的研究用数据与事实说明,EAL学者的国际发表和接受并不如想象中那般复杂,最重要的还是论文本身的质量。要在国际期刊上成功发表论文并提高论文在国际学术圈的接受度,EAL学者关键要提高自身的科研能力和英语水平,这是他们准备或继续在国际期刊发表论文的长期努力方向。

四、我国学者国际发表研究及其启示

就我国学者的国际发表而言,已有研究分析了我国学者的论文写作困难、影响我国学者参与国际发表的认知状态和多种因素,描述了个体研究者的论文从写作到发表的过程。这些研究也提出了相关建议,对我国学者进一步参与国际发表具有重要启示意义。

首先,在写作困难方面,Flowerdew(1999)多年前就通过深入访谈界定了我国香港学者的一系列写作困难,包括语言表达手段欠缺,写作时间更长,词汇不够丰富,立场声明力度不当,写作过程受母语影响,定性研究比定量研究难写,写作风格趋于简单,尤其是文献综述和结果讨论部分的写作存在更多问题。时至今日,上述几项困难恐怕还是影响我国学者衡量用母语还是用英语发表的重要因素。

在影响因素方面,对我国大陆(内地)、香港和台湾等地的相关研究比较深入,还有研究发现我国内地学者和香港学者的观念有所不同。Flowerdew & Li(2009)[①]对我国大陆某研究型高校人文社科领域的20名教师进行了访谈,以了解英语论文在他们学术发表中所占的比例以及他们对学校国际发表政策的态度。结果发现,教师总体

---

① J. Flowerdew, Y. Li, "English or Chinese? The trade-off between local and international publication among Chinese academics in the humanities and social sciences", *Journal of Second Language Writing*, 2009,18(1):1—16.

上持有以下观点：一是学校政策似乎更偏向于鼓励国内发表，国际发表对职业发展的影响不大；二是国内和国外学界分属两个不同的学术话语团体，国内学界提出的一些学术问题在国际研究中并不是热点或并不存在，而且国内发表的反思式、思辨式研究论文亦很难进入主要倡导实证研究范式的国际学术交流领域；三是国际发表圈似乎并不信任来自发展中国家的创新研究；四是部分学校用几千块钱奖励国际发表，不仅无法与学者的多年科研等值，反而似乎增添了某种商业色彩。相比之下，我国香港学者的发表诉求似乎更具国际化视野。Li & Flowerdew(2009)考察了香港人文与社会科学领域学者的发表态度，表明香港学者通过英语写作和各种策略使论文得以发表，其首要原因是他们认识到国际发表有助于体现研究的权威性。

和高校教师群体国际发表有所不同的是博士生群体，他们的国际发表过程在更大程度上展现的是研究新手的特征。已有研究主要考察了我国自然科学领域博士生参与国际发表存在的问题及其解决策略。Li(2006b)[①]调查了我国大陆一名物理学博士生以发表论文为目的的英语论文写作过程。在社会政治维度下，该研究指出论文发表过程受到一系列与权力关系相关因素的影响，包括写作者与教育机构之间的权力关系（发表是院系对博士生的毕业要求）、与导师之间的权力关系（导师的专业知识水平和权威性更高）以及与期刊审稿人之间的权力关系（审稿人处于发表圈的核心位置）。Huang(2010)[②]以我国台湾理科博士生为访谈考察对象，通过分析访谈内容发现博士生认为自己在国际发表中处于劣势的主要原因是英语能力有限，不过英语在理科研究中的位置并不是最重要，加上他们对英语写作缺乏自信，和导师之间的权力关系也不平衡，因此他们没有动力去改变现状。这些研究给我国学者的国际发表带来了有益启示：

第一，从写作者身份来讲，研究新手要成功发表论文需要多个塑造者参与论文修改编辑。在这方面，有研究证实语言修订的帮助来

---

① Y. Li, "A doctoral student of physics writing for publication: A sociopolitically-oriented case study", *English for Specific Purposes*, 2006, 23(4): 456—478.

② J. Huang, "Publishing and learning writing for publication in English: Perspectives of NNES PhD students in science", *Journal of English for Academic Purposes*, 2010, 9(1): 33—44.

源通常是导师、同辈及语言专业人员,相关辅助还可能来源于海外与国内合办的 EAP 培训活动以及海外的论文编辑服务系统,当然这样的服务尚需在可及性、经济性和专业性等方面进一步提升(Li&Flowerdew 2007①)。第二,从论文发表的认知特点来看,写作者要明确与论文相关的学术话语团体有三个互涉层面,包括所在的学科大领域、由中文论文代表的国内学术话语团体以及由英语论文代表的国际学术话语团体。对于不同话语团体在理论研究和实证研究中采用的写作范式,写作者必须有清晰的语类意识,而且很重要的一点是能从独立和批评的视角参与学科知识构建(Li 2006a②)。第三,英语水平有限的理科博士研究生可以通过 EAP 课程或者工作坊等获得明确的学术写作指导。在这方面,如何增强 EAP 写作课程的有效性,还需更多研究(Huang 2010)。第四,写作新手要避免二分法思维方式,即仅把投稿作者分为英语作者和非英语作者两类,尤其在面对理由不充分的审稿评价时,应该学会跟审稿人进行有策略的协商,逐渐培养自身有效发表的沟通能力和自信(Huang 2010)。

五、对国际发表拓展研究的思考

从 EAL 学者国际发表研究现状来看,研究总体上还局限于 EAL 学者的发表行为和文本问题。显然,根据当前学术国际化日渐深化的现实背景和学科发展的需求,这一课题的研究范围和理论范式亟待拓展,可以更为多元。我们应该认识到,我国研究者如何通过国际发表参与国际学术对话,是对国家科研发展和国家外语能力建构具有重大意义的研究课题。

第一,这一课题需要我们思考如何促进我国高校师资研究能力与跨文化学术交流能力发展。可以预见,未来十到二十年,我国研究者的国际学术交流意识将会进一步增强,国际发表领域也将越来越

---

① Y. Li, "Flowerdew J. Shaping Chinese novice scientists' manuscripts for publication", *Journal of Second Language Writing*,2007,16(2):100—117.

② Y. Li, "Negotiating knowledge contribution to multiple discourse communities: A doctoral student of computer science writing for publication", *Journal of Second Language Writing*,2006,15(3):159—178.

多地出现我国研究者的名字。在这样的预期背景下考察非英语国家学者的国际发表问题,有必要探讨和解决一系列基本问题,譬如:不同学科研究者的学术英语写作能力如何发展?如何拓宽我国学者的国际学术视野?提高高校教师科研写作能力有何模式可用?与国际期刊编辑或匿名评审之间的交流应运用什么语言与语用策略?国际学术团体的话语权有何特征与历时性变化?在此仅列举部分问题。

第二,这一课题还需要我们深入探讨我国大学英语和专业英语的人才培养与课程设置。一方面,EAL 学者论文写作中的语言可接受度是一个有意义的研究问题。特别是在稿件语言可以理解但不符合写作传统的情况下,审稿人是坚持稿件必须完全符合英语修辞习惯,还是允许有所变化,这值得深入探讨。因此,在英语作为世界通用语(lingua franca)这一范畴下,英语写作的模式需要再规范(Flowerdew 2008;Huang 2010)。另一方面,针对我国大学英语教学中未充分重视英语国际语的交际有效性,还需深入探究多个层面的问题,包括英语国际语的教学框架(文秋芳 2012a[1],2012b[2])、EAP 课程的设置与教学方法(张沉香 2006[3];龙芸 2011[4];蔡基刚 2012[5])、人类文化全球化背景下的跨文化能力培养(文卫平 2002[6];潘亚玲 2008[7])等。在理论范式上,这些问题正是话语研究、语篇分析、语用学、二语习得、语料库语言学、批评语言学、教师发展等研究领域的重要课题。这些研究领域可以互相借鉴与融合,存在着巨大的发展空间。

---

[1] 文秋芳:《英语国际语的教学框架》,《课程·教材·教法》2012 年第 1 期。
[2] 文秋芳:《大学英语面临的挑战与对策:课程论视角》,《外语教学与研究》2012 年第 3 期。
[3] 张沉香:《澳大利亚伍伦冈大学"学术英语"课程教学模式》,《解放军外国语学院学报》2006 年第 4 期。
[4] 龙芸:《学术英语课程在大学英语应用提高阶段的定位研究——网络环境下的 EAP 课程实践》,《外语界》2011 年第 5 期。
[5] 蔡基刚:《"学术英语"课程需求分析和教学方法研究》,《外语教学理论与实践》2012 年第 2 期。
[6] 文卫平:《再论后殖民语境的后殖民英语与英语教育》,《外语与外语教学》2002 年第 5 期。
[7] 潘亚玲:《我国外语专业学生跨文化能力培养实证研究》,《中国外语》2008 年第 4 期。

在华召开的国际学术会议的工作语言问题

李 希 杨洪娟

一、关于国际学术会议的工作语言问题

随着我国国际交往的日渐频繁、综合国力的不断提升和科学技术的快步进展,在华召开的国际学术会议数量逐年上升,参会人数不断增多[①]。这为国内外专家学者提供了更多的学术接触与交流机会,也为世界学术成果的相互融合与传播架起了桥梁;同时,如何提升会议质量,充分扩大会议影响,已成为学界需要进一步思考的问题。

学术会议当然首先是把会议开好,但是只有这样还不够。很多学术同行或学术近邻可能没有与会,会议成果还应当尽可能地向这一会外的学术圈辐射。此外,随着社会文化水平和科技水平的提高,社会对一些学术会议的议题也会感兴趣,特别是有些学术会议讨论的就是社会问题,其学术观点可以甚至也应当向公民社会传递。如果把会议成果向会外的学术同行或学术近邻传递称为"第一辐射圈"或"专家辐射圈"的话,那么学术成果向公民社会传递可以称为"第二辐射圈"或"公民辐射圈"。就此而言,提升会议质量、扩大会议影响,不仅要考虑会议本身的学术质量,还要考虑会议的学术辐射力。其

---

① 孙泽厚:《学术会议质量国内外比较研究》,北京:中国科学技术出版社,2009年。

间有诸多方面的问题可以探讨,本文关注的是会议工作语言问题。

会议工作语言是开好学术会议的重要保障条件之一。一个学术会议的全程包括策划、筹备、召开和后续等阶段,这所有阶段规定使用的语言,都是会议工作语言。详而论之,会议工作语言应包括会务工作用语、会议文件用语、会议发言及发言稿(或 PPT)用语、翻译用语、会议文集用语等等。理想的会议工作语言,应当是参会人都能使用自己最为熟悉的语言表达和听取学术意见,而且会议之外的人都能通过自己最为熟悉的语言获取会议信息。但是由于世界语言多达 5 千种以上[①],人类至今还不具备采用如此大量的语言作为学术会议工作语言的能力。现实中可以采用的方法是:

1. 选用国际学术界最为通用的一种或几种语言作为国际会议工作语言。这是成本和效益的比值最为合适的语言策略。国际学术界一般认为英语最为通用,多数国际学术会议一般都选择英语作为工作语言。但在一些特殊的学术圈中,法语、西班牙语、德语、俄语、阿拉伯语等也较通用。选两种或几种通用语作为工作语言的国际学术会议,也有一定比例。

2. 把举办国的本土语言作为会议工作语言之一。将本土语言纳入国际会议的工作语言,十分必要,因为:1)举办地参加会议的人员、服务会议的人员一般较多,使用本土语言利于会议内的学术交流和会议服务;2)利于将会议成果向举办地的社会辐射;3)语言是一个民族的精神和财富[②],是一个民族认同的标志,更是民族的象征(Chríost,2003[③];戴曼纯 2011[④]),将本土语言作为国际学术会议的语言,也是对举办地的尊重。

3. 特别语言服务。对于不谙熟通用语和本土语的参会人,应给予特别的语言服务,比如配专门的翻译进行"耳传"等。会议采用多种工作语言通常需要翻译,在学术会议的正式环节一般采用交传方

---

① 董之侠:《世界主要语言手册》,北京:商务印书馆,2008 年。
② J. Joseph, *Language and Identity: National, Ethnic, Religious*, Basingstoke: Palgrave Macmillan, 2004.
③ D. Chríost, *Language, Identity and Conflict: A comparative study of language in ethnic conflict in Europe and Eurasia*, London: Routledge, 2003.
④ 戴曼纯:《国家语言能力、语言规划与国家安全》,《语言文字应用》2011 年第 4 期。

式,比如开幕式、闭幕式等,其他环节多采用同声传译方式。也有些报告人利用 PPT 来帮助解决语言问题,比如用双语做 PPT,或是 PPT 使用 A 种语言,报告则使用 B 种语言。

二、在华召开的国际学术会议的工作语言调查

近年来,很多人都要求把汉语作为在华召开的国际学术会议的工作语言,批评一些在华召开的国际学术会议不提供汉语服务。例如:新浪新闻中心(2006)[①]有文章批评说,在中国召开的国际学术会议为什么要排斥汉语? 从学术领域自动退出的汉语会是什么前途? 李德毅(2007)[②]的研究发现,在华召开的国际学术会议无一例外地将英语作为工作语言,基本不提供中文服务,许多会议报告人,包括中国人只用英语发言,无交传或同传,致使多数参会人无法顺畅地获取学术知识和交流学术思想。本文拟对 2010—2012 年在华召开的国际学术会议的工作语言使用情况进行调查,了解近年的相关情况,并就国际会议工作语言问题提些建议。

(一) 材料收集

国际大会和会议协会(International Congress and Convention Association)对国际会议的定义是:国际会议是固定性会议,至少在 3 个国家轮流举行,与会人数至少 50 人以上。参考这一定义,本文搜集材料的对象限定为:(1)会议轮流在世界各地定期召开;(2)至少有 3 个国家的学者参会。

在中国大陆召开的学术会议,冠以"国际"名称者不少,但这些会议有许多不具有国际连续性,参加会议者的成分"国际性"也不高,通过以上两条的限定,可以增加收录数据的可信度。此外需要说明的是,港澳台地区也常举办国际学术会议,但是由于那里的语言生态状

[①] 新浪新闻中心:学术会议按惯例使用英语汉语将沦为科学看客[DB/OL]. [2012-11-15]. http://news.sina.com.cn/c/2006-07-05/113010338834.shtml.

[②] 李德毅:在国内的国际学术会议上使用双语,如何? [DB/OL]. [2012-09-30]. http://www.china.com.cn/xxsb/txt/2007-04/30/content_8199758.htm.

况与内地不完全相同,且材料搜集多有不便,本文材料未涉及这三个地区。

笔者主要通过 CNKI、中国学术会议在线、百度、谷歌上发布的会议通知,查询举办国际会议的网站或网页,并咨询组委会、主办方或承办方。自 2010 年 1 月到 2012 年 12 月①,共收集到符合以上条件、且能提供会议工作语言信息的国际学术会议 36 次,其中人文社会科学领域的会议 8 次,自然科学领域的会议 28 次;会议召开地点分布全国多个城市,参会人数最少 53 人,最多达 1,800 人;参会人员最少来自 3 个国家,最多 58 个国家(详情见附录)。

(二) 数据分析

本文对收集到的材料从三个方面进行统计分析:(1)会议工作语言使用的总体情况;(2)会议工作语言使用的发展趋势;(3)中外参会人数情况。

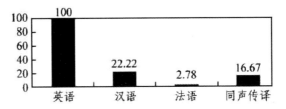

图 1 国际学术会议工作语言使用的总体情况

图 1 是 2010 年 1 月到 2012 年 12 月在华召开的 36 次国际学术会议使用工作语言的情况。如图 1 所示,在华召开的国际学术会议的通用语言是英语和法语,但是,两者使用的差异极大。英语是所有会议的工作语言,而法语作为会议的工作语言仅在 2010 年 10 月在杭州召开的第 69 届世界铸造会议上使用过,占总会次的 2.78%。汉语以本土语言的身份进入会议工作语言,使用频率也比较低,占总会次的 22.22%。特别语言服务的情况应当能够大致满足不懂会议工作语言的与会者的需求,关键环节也可能使用交传,但是,最能反映

---

① 2010 年之前的很多国际学术会议,或因会议通知、会议网页已删除,或会议主办方的联系方式已失效,为统计方便,本文只使用了 2010—2012 年的材料。虽有缺憾,但也基本能够说明在华召开的国际会议的工作语言情况及其发展趋势。

会议语言服务、最能体现会议工作语言效力的是同声传译。图 1 显示,同声传译的使用频率只有 16.67%,低于汉语作为工作语言的使用频率,这说明汉语作为会议工作语言有时是没有得到落实的。

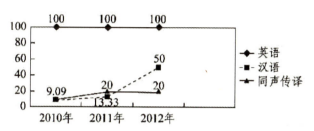

图 2 国际学术会议的工作语言使用的发展趋势

图 2 是 2010 年 1 月到 2012 年 12 月在华召开的国际学术会议使用工作语言的分年度情况,显示出会议工作语言使用情况的变化。由于法语作为会议工作语言只使用了一次,图 2 就不再反映法语的情况。通过图 2 可以看到:(1)英语是所有在华召开的国际学术会议的工作语言,使用情况没有变化;(2)汉语作为在华召开的国际学术会议的工作语言,比率上升趋势明显,2010 年为 9.09%,2011 年为 13.33%,2012 年达到 50%,占会议总数的一半。这说明,本土语言作为国际学术会议工作语言的意识越来越强烈;(3)同传的使用率也呈上升趋势,但上升幅度不显著,由 2010 年的 9.09%上升到 20%。

中国参会人多于外国参会人[①]。三年来在华召开的 36 次国际学术会议,共有 15,733 人参加会议[②]。在这 36 次会议中,有 21 次会议报道中只有参会总人数,没有区分中外参会人。我们统计了报道中有中外参会人数的 15 次会议的数据。这 15 次会议的参会总人数为 7181 人,其中中国参会者为 4414 人,占参会总人数的 61.47%;其他国家的参会者为 2767 人,占 38.53%。参会人员的情况是影响会议采用什么工作语言的一个重要因素。

综上所述,在华召开的国际学术会议的工作语言有如下特点:

---

① 2010 年在清华大学召开的第 33 届国际燃烧会议,外国参会者 1026 人,中国参会者 245 人,外国参会者多于中国参会者。除此之外的其他 35 场国际学术会议,国内参会者都多于国外参会者。

② 参会人的数据并不精确。参会人的数据一般来自会后报道,报道中的数据多为约数,因此,笔者在统计人数时只取具体数字。比如:约 60 人、60 多人,统计时以 60 人计。

(1)英语是全部会议的工作语言,法语等只在特殊会议上可能成为工作语言。(2)汉语作为会议工作语言的使用频率较低,但已呈现逐年上升趋势。特别是随着中国参会人数增多等因素,汉语作为会议工作语言将呈上升趋势。(3)同声传译的使用率很低,不能满足会议需要,不能保证会议工作语言发挥应有的作用。

三、关于在华召开的国际学术会议的工作语言的若干思考

笔者通过电话、电邮等方式向部分国际会议的主办方、承办方或参会人咨询会议工作语言情况,并综合国内外的相关情况,对在华召开的国际学术会议的工作语言问题作进一步的分析与思考。

(一) 思想意识问题

国际学术会议使用哪些语言作为工作语言,首先是思想意识层面的问题。有不少人认为,国际学术会议要与国际接轨,只能用英语作为会议工作语言。一位自然科学领域的国际学术会议的主办方联系人Y先生说:"这是一个国际会议,任何场合都使用纯英文。"Y先生的说法具有一定代表性,但是其认识并不全面。

首先,只使用英语作为会议工作语言,并不等于与国际接轨。英语当今的国际地位,决定了它是国际学术会议工作语言的首选或必选。Swaan(2008)[1]把全球语言比作语言"星系",有四个部分构成:类似太阳(sun)的超超中心语言(hypercentral language),类似恒星(star)的超中心语言(supercentral languages),类似行星(planet)的中心语言(central languages)和类似卫星(satellite)的边缘语言(peripheral languages)。Swaan认为,语言的学习与使用呈"向心"趋势,因为处于超超中心圈的语言(英语)能为使用者带来经济、地位、交流等方面的便利。国际学术会议选择英语作为工作语言,是大

---

[1] Swaan, Abram de., *Words of the Word: The Global Language System*, Cambridge: Polity Press Ltd. 2008.

势所在。但是,国际学术中心除了英语圈之外,还有法、德、俄、西、阿、意、华、日、韩等语言圈,适当地选择这些语言作为在华召开的学术会议的工作语言,既具有学术交流的意义,更具有维护人类文化多样性的意义。

其次,将本土语言列为会议工作语言,也是国际学术会议的通常做法(李德毅,2007)①。就当前情况而言,汉语作为在华召开的国际学术会议的工作语言,比例还比较低,这既不合乎国际惯例,也不利于我国学者畅快地表达自己的学术见解,顺畅地理解他国学人的学术新得,不利于会议成果向我国的学界和公民社会辐射,不利于中国科学技术和中华语言走向世界。但是也需要看到,汉语作为在华召开的国际学术会议的工作语言的比例在不断上升,学界在呼吁,参会的华人学者在力争。比如,李宇明(2004)②认为,争取汉语作为各种国际会议(特别是在中国召开的国际会议和以华人为主体的国际会议)的会议语言,增强国家软实力。诺贝尔奖得主丁肇中教授2004年在上海召开的第四届全球华人物理学大会③上,坚持用汉语作报告。我国数学家朱熹平教授在北京召开的2006年国际弦理论大会上用汉语演讲,赢得了会场阵阵掌声。中国有能力举办国际学术会议,就有能力、有义务将汉语列入会议的工作语言。

(二)会议翻译问题

翻译,特别是同声传译,是开好国际学术会议、发挥工作语言功效的基本语言保证。在华召开的国际学术会议中,同传使用率仅有16.67%,最高也只占到20%。同传的使用,总体上说对与会者皆有利,但当前最受益的是中国学者,因为中国学者的英语水平一般都不是特别好,不可能达到像使用母语那样自由地进行学术交流。

同传使用率过低,除了思想意识方面的原因之外,还有两个重要

---

① 李德毅:在国内的国际学术会议上使用双语,如何?[DB/OL].[2012-09-30].http://www.china.com.cn/xxsb/txt/2007-04/30/content_8199758.htm.
② 李宇明:《强国的语言与语言强国》,《光明日报》2004年07月28日。
③ 该会议的论文汇编、会议网站、演讲、提问、会场门口的指南等,全部使用英语,部分海外华裔学者要求采用中英文双语,但会议以国际惯例为由拒绝使用。

因素:一是同传人才不足。因国内缺少非通用语种人才①,导致非通用语种的同传人才也极为匮乏;学术翻译牵涉到众多学科,而翻译人员即使外语好,母语并不一定好,学科知识也未必能满足需要。二是经费不足。笔者咨询时,有位自然科学会议的组委会成员 Z 先生说:"会议资金不多,支付不起同传费用,用中、英文对照的 PPT 代替纯英文发言稿,多少可以解决听不懂英语的问题。"看来解决会议同传问题,需要加快培养"外语＋母语＋学科知识"的复合型同传人才,其中包括培养非通用语种的同传人才。同时要充分重视同传的作用,保证会议同传的经费。

会议翻译问题还有很多,如会议中的特殊语言服务、学术成果在会后的多语种翻译出版等。

(三) 法规制度问题

在华召开国际学术会议应该使用什么工作语言,我国目前还缺少相关的法规制度。笔者在问及一位自然科学会议的组委会成员 X 女士为何该次会议不用汉语时,她就说也没有法律规定必须要用汉语。我国对在华召开的国际会议已有若干规定,如中共中央办公厅、国务院办公厅 2006 年制定了《关于在华举办国际会议的管理办法》,财政部 2012 年制定了《在华举办国际会议费用开支标准和财务管理办法》等,但是对于会议工作语言还缺乏应有的法规制度。

E. Haugen 说过,哪里有语言问题,哪里就要对语言进行规划②。世界上很多国家都有语言法,也有对在本国召开的国际会议的工作语言作出规定的。例如法国 1994 年颁布的"杜邦法"(Toubon Act,又称《关于法语的使用法》)第 6 条规定,在法国召开的由法国人主办的国际会议中,法国人用法语发言;会议使用其他语言时,需使用法语作同传。该法还规定,违反这一条款的个人最高可罚款 5000 法郎,公司最高可罚 25000 法郎。我国在 2000 年颁布了《国家通用语言文字法》,使我国的语言生活和语言生活管理进入了法制化的轨

---

① 文秋芳、苏静、监艳红:《国家外语能力的理论构建与应用尝试》,《中国外语》2011 年第 3 期。
② 陈章太:《语言规划研究》,北京:商务印书馆,2005 年。

道，应当在此基础上，参考国际上的有关做法，结合我国实际情况，制定在华召开的国际学术会议（乃至在华召开的其他国际会议）的工作语言的法律法规。

四、结语

2010至2012年间，在华召开的重要国际学术会议有36次，其中人文社会科学领域的会议8次，自然科学领域的会议28次，如果把这看作学术国际化的一个指标的话，自然科学领域的国际化明显高于人文社会科学领域的国际化。

这些会议的工作语言基本上是英语。汉语作为会议工作语言显然偏少，但这一问题已经逐渐得到重视；从发展趋势上看，将逐渐形成"英汉双语"的会议工作语言格局。为了促进这一格局的形成，必须加强汉语作为会议工作语言重要性的认识，充分发展会议的同声传译，甚至需要像法国那样建立相应的法规制度。这些理念和举措，也适合在华举办的其他国际会议。下一步，还应当尽力争取汉语成为在其他地方举办的国际会议的工作语言。

当然，一个好的学术会议，不仅会议要开好，而且还要将会议成果向没有与会的学术同行和学术近邻辐射，向公民社会辐射。就此而言，理想状态的国际学术会议的工作语言应当是：a) 国际学界公认的若干通用语言＋b) 会议举办地的本土语言＋c) 特殊语言服务。中国作为一个负责任的、具有较强科技实力的大国，应当为这一理想状态做出规划，做出贡献。

附录：2010—2012年在华召开的国际学术会议情况

说明：下列会议名称后面的（　）中是会议通知上规定使用的工作语言，[　/　]中/的前面是会议召开过程中实际使用的工作语言，/的后面是该会议在召开过程中是否使用同传，最后列出参会人数。会议按召开时间的先后顺序排列。

2010年召开的会议：

国际风景园林师联合会世界大会（IFLA）第47届世界大会：（英

语),[英语/无同传],2000多人。

国际普世对话学会(ISUD)第八届世界大会:(英语),[英语/无同传],60多人。

第33届国际燃烧会议:(英语),[英语/无同传],国内245人,国外1026人。

第八届生成语言学国际会议:(英语),[英语/无同传],国内330多人,国外120多人。

第十二届磁悬浮轴承国际学术会议:(英语),[英语/无同传],国内76人,国外54人。

第十一届合金与复合材料半固态成形国际会议:(英语),[英语/无同传],国内80多人,国外70多人。

第十一届国际材联亚洲材料大会:(英语),[英语/无同传],国内1550多人,国外250多人。

经济发展思想比较国际研讨会:(英语),[英语/有同传],国内40多人,国外13人。

第69届世界铸造会议:(英语、法语),[英语/无同传],700多人。

第八届开放获取柏林国际会议:(英语),[英语/无同传],国内180人,国外100多人。

第八届泛华统计国际学术会议:(汉语、英语),[英语/无同传],国内100多人,国外300多人。

2011年召开的会议:

第14届国际大气结构物覆冰国际大会:(英语),[英语/无同传],国内193人,国外55人。

第四届国际现代学徒制创新研究暨第七届亚洲职业教育学会国际会议:(英语),[英语/无同传],100人。

第四届纺织生物工程和信息学会国际会议(YBIS2011):(英语),[英语/无同传],105人。

第八届IEEE信息与自动化国际会议暨国际集成技术研讨会:(英语),[英语/无同传],200人。

第16届木材、纤维和制浆化学国际会议:(英语),[英语/无同传],410人。

APTEL2011国际会议:(英语),[英语/无同传],100人。

第八届国际景观生态学大会:(英语),[英语/无同传],国内450多人,国外400人。

第十三届国际电分析化学会议:(英语),[英语/无同传],530人。

第16届世界应用语言学大会暨第6届中国英语教学国际研讨会:(汉语、英语),[汉语、英语/有同传],1500人。

第五届国际沙棘协会大会:(汉语、英语),[汉语、英语/有同传],国内605人,国外85人。

国际财联第41届世界大会:(英语),[汉语、英语/有同传],400人。

第七届亚太国际干燥会议:(英语),[英语/无同传],约200人。

第十届移动学习国际会议:(英语),[英语/无同传],110人。

第十三届国际体视学大会:(英语),[英语/无同传],约200人。

第11届亚洲铸造会议:(英语),[英语/无同传],国内170多人,国外40人。

2012年召开的会议:

第三届语言音调方面国际研讨会:(英语),[英语/无同传],国内80多人,国外约60人。

第23届世界力学家大会:(英语),[英语/无同传],1560人。

第十届教育媒体国际会议:(汉语、英语),[汉语、英语/无同传],250人。

2012计算机辅助外语教学国际研讨会:(英语),[英语/无同传],国内130多人,国外70多人。

第四届世界中西医结合大会:(汉语、英语),[汉语、英语/无同传],700多人。

2012年文体学国际研讨会暨第八届全国文体学研讨会:(汉语、英语),[英语/无同传],150人。

第十一届固态和集成电路技术国际会议:(英语),[英语/无同传],600多人。

2012年第2届IEEE云计算与智能系统国际会议:(英语),[英语/无同传],400多人。

第二届科学、技术、工程、数学(STEM)教育应用国际会议:(汉语、英语),[汉语、英语/有同传],200人。

2012中欧语言合作研讨会:(汉语、英语),[汉语、英语/有同传],国内152人,国外77人。

附录:中国哲学社会科学海外传播研究论文存目(2012—2014)

备注:本存目分为两部分,第一部分为2012年至2014年间国内学术期刊上发表的与中国哲学社会科学"走出去"直接相关的研究论文索引,第二部分为国内各高校2012年至2014年间完成的以中国哲学社会科学"走出去"为选题的硕士和博士学位论文,两部分索引均按发表或完成的年份先后排序。本存目未列入发表在报纸和网络上的相关新闻报道和文章。

一、2012—2014 中国哲学社会科学"走出去"研究论文

1. 诸平、史传龙:《SCI(E)、SSCI、A&HCI 收录中国期刊的最新统计结果分析》,《宝鸡文理学院学报(自然科学版)》2012 年第 2 期。
2. 叶文振、李静雅:《中国人口学科国际化水平及其影响因素》,《人口研究》2012 年第 2 期。
3. 李卫红:《在武汉大学哲学社会科学工作会议上的讲话》,《武汉大学学报(哲学社会科学版)》2012 年第 3 期。
4. 张国斌:《借鉴法国文化推广经验改革中国文化"走出去"方式》,《行政管理改革》2012 年第 5 期。
5. 施建军:《推进哲学社会科学"走出去"战略加强国际文化和学术的沟通与交流》,《北京教育(高教)》2012 年第 6 期。
6. 明星:《同方知网:数字时代的知识方舟》,《中关村》2012 年第 8 期。
7. 张国斌:《借鉴法国文化推广经验改革中国文化"走出去"方式》,《行政管理改革》2012 年第 5 期。

8. 李卫红：《努力开创高校哲学社会科学"走出去"工作新局面》，《中国高等教育》2012年第9期。
9. 肖宏：《关于我国学术期刊"走出去"的思考》，《编辑之友》2012年第10期。
10. 肖洋、谢红焰《入世十年我国数字出版"走出去"现状及问题研究》，《编辑之友》2012年第10期。
11. 朱旭峰、礼若竹《中国思想库的国际化建设》，《重庆社会科学》2012年第11期。
12. 夏建白、杨蕾、范以锦、张月红、郭全中：《学术期刊走出去的路径新探》，《编辑之友》2012年第12期。
13. 王友贵：《从1949—1977年中国译史上的翻译需要审视"中华学术外译"》，《外文研究》2013第1期。
14. 张伟：《关于新时期我国人文社会科学国际化发展若干问题的思考》，《中国人民大学教育学刊》2013年第1期。
15. 刘杨：《中国社科学术期刊走出去困境及制约因素分析》，《中国出版》2013年1月下。
16. 原祖杰：《学术期刊：西方的困境与中国的机遇》，《文史哲》2013年第2期。
17. 殷冬水、曾水英：《国际化：社会科学研究的蜕变与革命——关于我国社会科学研究国际化战略的前瞻思考》，《社会科学管理与评论》2013年第2期。
18. 文少保：《我国高校哲学社会科学"走出去"的策略与路径》，《中国高等教育评估》2013年第3期。
19. 张占奇：《哲学社会科学"走出去"战略背景下国际化外语人才培养的思考》，《天津市教科院学报》2013年第3期。
20. 14.张辉：《中华文化典籍的翻译与传播》，《沈阳师范大学学报（社会科学版）》2013年第4期。
21. 白云：《中英两国在社会科学领域的合作与对比研究》，《图书与情报》2013年第4期。
22. 徐昕《中英两国在人文科学领域的合作与对比研究》，《图书与情报》2013年第4期。
23. 张辉《中华文化典籍的翻译与传播》，《沈阳师范大学学报（社会科学版）》2013年第4期。
24. 李希、杨洪娟《在华召开的国际学术会议的工作语言问题》，《语言文字应用》2013年第4期。
25. 李钢、梁泳梅、刘畅《中国经济学的学术国际影响力研究——基于对Econlit数据库的统计分析》，《经济学动态》2013年第5期。

26. 徐枫:《对中国人文社科学术期刊国际合作模式的思考》,《河南大学学报(社会科学版)》2013 年第 6 期。
27. 沈骑、夏天《国际学术交流领域的语言规划研究:问题与方法》,《外语教学与研究(外国语文双月刊)》2013 年第 6 期。
28. 吴志攀:《当代中国法律领域价值理念的国际传播问题浅析》,《中国高校社会科学》2013 年第 6 期。
29. 邵磊、瞿大风、张艳玲《基于 Elsevier Science 共享平台的文献量化统计分析——以国际顶级旅游学刊 ATR(2005—2012)发表中国作者论文为例》,《图书馆工作与研究》2013 年第 12 期。
30. 徐昉:《非英语国家学者国际发表问题研究述评》,《外语界》2014 年第 1 期。
31. 许方、许钧:《关于加强中译外研究的几点思考——许钧教授访谈录》,《中国翻译》2014 年第 1 期。
32. 李雪涛:《对国家社科基金"中华学术外译项目"的几点思考》,《云南师范大学学报(对外汉语教学与研究版)》2014 第 1 期。
33. 张广智《中国史学:在与世界史学互动中前行——以国际历史科学大会为中心的考察》,《文史哲》2014 年第 2 期。
34. 刘杨:《中国社科学术期刊"走出去"现状研究》,《出版科学》2014 年第 3 期。
35. 陈平:《高校哲学社会科学研究"走出去"问题与对策——对高校科学研究优秀成果奖的数据分析》,《重庆大学学报(社会科学版)》2014 年第 4 期。
36. 王宁:《超越 SSCI 和 A&HCI》,《云梦学刊》2014 年第 3 期。
37. 熊易寒:《中国社会科学的国际化与母语写作》,《复旦学报(社会科学版)》2014 年第 4 期。
38. 杨庆存:《中国文化"走出去"的起步与探索——国家社科基金"中华学术外译项目"浅谈》,《中国翻译》2014 年第 4 期。
39. 许心、蒋凯《学术国际化与社会科学评价体系——以 SSCI 指标的应用为例》,《重庆高教研究》2014 年第 6 期。
40. 刘雪立、盛丽娜、丁君、郑成铭、刘睿远、张诗乐:《中国社会科学研究国际化现状》,《科学学研究》2014 年第 6 期。
41. 梁小建《我国学术期刊的国际话语权缺失与应对》,《出版科学》2014 年第 6 期。
42. 鲍芳、冉强辉、张慧、高伟:《〈运动与健康科学〉国际化稿件处理流程的设计与实践》,《中国科技期刊研究》2014 年第 6 期。
43. 刘雪立,盛丽娜,丁君,郑成铭,刘睿远,张诗乐《中国社会科学研究国际化现状》,《科学学研究》2014 年第 6 期。

44. 程莹、张美云、岨媛媛《中国重点高校国际化发展状况的数据调查与统计分析》,《高等教育研究》2014 年第 8 期。
45. 陈少华《我国数字出版"走出去"发展及策略探析》,《对外传播》2014 年第 11 期。
46. 徐阳:《中国人文社会科学英文学术期刊发展现状、问题及建议》,《世界教育信息》2014 年第 19 期。

二、2012—2014 年中国哲学社会科学"走出去"学位论文

47. 王帆:《在华外国人的媒介使用与效果研究》,复旦大学博士学位论文,2012 年 4 月。
48. 李细成:《中国哲学视域下的耶儒互动研究》,山东大学博士学位论文,2012 年 4 月。
49. 曲慧敏:《中华文化走出去战略研究》,山东师范大学博士学位论文,2012 年 6 月。
50. 马军海:《马克思主义哲学中国化的文化自觉》,东北师范大学博士学位论文,2012 年 12 月。
51. 朱义华:《外宣翻译研究体系建构探索》,上海外国语大学博士学位论文,2013 年 5 月。
52. 张文攀:《中国英文对外传播期刊的传播策略研究》,陕西师范大学硕士学位论文,2013 年 5 月。
53. 李颖:《芬兰的中国文化翻译研究》,北京外国语大学博士学位论文,2013 年 6 月。
54. 潘暐:《中国文化走向阿拉伯世界研究》,上海外国语大学硕士学位论文,2013 年 12 月。
55. 白玉杰:《中国哲学典籍英译语境本体性研究》,河南大学博士学位论文,2014 年 4 月。
56. 孟德楷:《国际历史科学大会与百年中国:1900—2010》,山东大学博士学位论文,2014 年 4 月。
57. 杨静:《美国二十世纪的中国儒学典籍英译史论》,河南大学博士学位论文,2014 年 4 月。
58. 吴霁霁:《"孔子文化走向世界"问题研究》,曲阜师范大学博士学位论文,2014 年 4 月。

59. 林文艺:《主流意识形态语境中的中国对外文化交流》,福建师范大学博士学位论文,2014年4月。

60. 岳文典:《公共外交视阈下中国传统文化的价值分析》,中共中央党校博士学位论文,2014年4月。

61. 赵长江:《19世纪中国文化典籍英译研究》,南开大学博士学位论文,2014年5月。

62. 赵跃:《孔子学院教育功能研究》,山东大学博士学位论文,2014年5月。

63. 胡兴文:《叙事学视域下的外宣翻译研究》上海外国语大学博士学位论文,2014年5月。

64. 叶聪:《〈JR中国〉英文版的国际营销策略研究》,昆明理工大学硕士学位论文,2014年5月。

65. 张逸飞:《国外报纸与中国英文报纸涉藏报道分析》,西藏民族学院硕士学位论文,2014年5月。

66. 吴筱筠:《新世纪以来美国关于中国特色社会主义经济的研究》,武汉大学博士学位论文,2014年5月。

67. 孙一楠:《国际话语权建构模式研究》,外交学院博士学位论文,2014年6月。

68. 栾小惠:《〈走向世界〉杂志对外传播研究》,山东大学硕士学位论文,2014年9月。

69. 李钢:《和而不同——历史文化视阈下的〈论语〉英译研究》,湖南师范大学博士学位论文,2012年12月。